KB091373

파이썬으로 구현하는
로보어드바이저

파이썬으로 구현하는 로보어드바이저

포트폴리오 최적화에서 마켓타이밍, 팩터 투자, 딥러닝까지

윤성진 · 리준 · 이유리 · 조민기 · 허재웅 지음

i!i
에이콘

에이콘출판의 기틀을 마련하신 故 정완재 선생님 (1935-2004)

진짜 전문가들의 현실적이고도 친절한 퀀트 투자 전략 교과서. 퀀트 투자 전략을 쉽게 가르쳐 준다는 책은 많지만 어렵게 가르쳐 주거나 아예 가르쳐 주지 않기도 한다. 그러나 이 책은 약속을 지켰다. 금융의 기초 이론부터 코딩 그리고 실전까지 퀀트 투자 전략의 거의 모든 것을 쉽게 풀어 설명하고 있다. 코딩을 아는데 금융을 모르는 사람, 금융은 아는데 코딩을 모르는 사람 또는 금융과 코딩 모두 모르지만 알고 싶은 사람들에게 추천하고 싶은 책이다. 독자 모두 이 책을 통해 초보 탈출에 성공했으면 하는 바람이다.

－홍기훈

케임브리지 대학교 경제학 박사, 홍익대학교 경영대학 부교수

단순히 투자를 가르치는 것을 넘어서 투자자가 금융 시장의 복잡성을 깊이 이해하고 스스로를 무장할 수 있게 해주는 책입니다. 이 책을 통해 독자분들은 시장의 변동성에 두려움을 느끼지 않게 될 것이며 어떤 시장 상황에서도 최적의 결정을 내릴 수 있는 능력을 갖추게 될 것입니다. 로보어드바이저와 금융 AI의 세계로의 여정을 시작하고 싶다면 이 책은 당신에게 필수적인 동반자가 될 것입니다. 이 책은 금융 투자를 진지하게 고민하는 모든 이에게 변화의 바람을 가져다 줄 것입니다.

－박선영

예일 대학교 경제학 박사, 동국대학교 경제학과 교수

나만의 투자 마법 지팡이 만드는 비법을 얻다.

투자에 관심을 가진 사람이라면 한 번쯤 자신만의 자산 배분 전략을 실행해 보고 싶었을 겁니다. 나만의 마법 지팡이, 로보어드바이저 시스템 말이죠. 재미 삼아 만들어 보려면 약간의 금융 지식과 파이썬 코드를 통해 어렵지 않게 시도해 볼 수 있습니다. 하지만 내노라하는 선수가 모두 참여하는 자본 시장에 들어가려면 보다 체계적인 이론과 실전 노하우가 필요합니다.

『파이썬으로 구현하는 로보어드바이저』는 기본적인 금융 이론을 파이썬 코드로 변환하는 것부터 멀티 팩터 투자, 딥러닝 예측에 이르기까지 핵심 이론에 실전 노하우를 담았습니다. 금융 AI 연구원들이 실제 로보어드바이저 시스템의 핵심 엔진을 개발했던 경험이 있었기 때문에 가능했던 일입니다.

자신만의 자산 배분 전략을 실제 시장에서 활용해 보려는 분이라면 핵심과 노하우가 담긴 본서가 훌륭한 길라잡이 역할을 해 줄 것입니다. 한 장씩 넘기며 실행하다 보면 나만의 투자 마법 지팡이를 갖게 될 것입니다.

– 조성주

KAIST 경영대학 교수

로보어드바이저 서비스 개발에 참여했던 시절, 퀀트 분야에 대한 미숙한 이해는 저에게 많은 어려움을 안겨줬습니다. '왜?'라는 질문은 제 일상이 됐고 퀀트 개발자들과의 소통은 종종 저를 답답함의 늪으로 이끌었습니다. 그때 이 책이 제 곁에 있었다면 그 모든 대화가 얼마나 더 유연하고 생산적일 수 있었을지 아쉬울 따름입니다.

이 책은 퀀트적 사고와 트레이딩 알고리듬의 복잡한 세계를 헤쳐 나가는 데 필요한 등대와 같습니다. 명료하고 직관적인 설명은 퀀트 분야의 핵심 개념을 누구나 쉽게 이해할 수 있게 해주며 퀀트적 알고리듬을 기반으로 한 다양한 서비스 개발 과정에서 마주치는 수많은 '왜?'에 대한 답을 제시해 줍니다. 퀀트 및 금융업에 관심이 있는 분들, 저와 같이 효율적인 팀워크를 구축하고자 하는 모든 개발자에게도 꼭 필요한 책이 될 것입니다.

– 김경덕

교보DTS, AI사업팀, 데이터 엔지니어

르네상스 테크놀로지의 높은 수익률은 트레이딩, 투자 전략에 있어 사람의 지식, 경험, 직관을 넘어 수학과 통계의 시대로 전환 시켰습니다. 또한 생성형 AI의 출현은 우리 인류 사회에 새로운 변곡점을 만들어 내고 있으며 투자 시장에서도 AI를 이용한 새로운 가치 창출에 많은 관심과 노력이 이뤄지고 있습니다. 이 책은 제목과 같이 수학, 통계, AI를 이용한 투자 전략에 관심이 있는 초보 퀀트에게 친절한 시작점이 될 수 있습니다. 금융 용어가 낯선 입문자에게 그림, 대화식 교육법, 배경지식을 활용해 쉽게 이해될 수 있도록 구성돼 있으며, 각 퀀트 투자 전략마다 파이썬 코드, 구현 순서, 개발 과정을 소개해 프로그램 개발에 익숙하지 않은 초보자를 배려했습니다. 무엇보다 퀀트 투자 전략과 더불어 최근의 기술 흐름인 딥러닝을 이용한 시장 모니터링 방법을 소개해 딥러닝에 대한 기본적인 개념과 금융 분야의 AI 적용 방법에 대해 배울 수 있습니다. 어렵게 느껴지는 금융 용어와 개념을 쉽게 익히고 싶은 사람, 프로그램을 이용한 퀀트 투자에 관심 있는 사람, 모두에게 이 책을 추천합니다.

– 이정우

금융기업, 금융 AI 서비스 개발, AI 엔지니어

최근에 많은 사람이 ETF, 액티브 ETF, 로보어드바이저, 인공지능 투자, 생성 AI, 챗GPT를 이용한 투자 등에 대해서 이야기하고 있다. 이러한 최신 트렌드를 이해하는 과정에서 실제로 투자에 한번 적용하고 싶은 마음은 누구나 가지고 있다. 그러나 금융 이론도 잘 모르는데 어떻게 해야 할까? 본서는 이러한 일반 사람들의 요구에 대답하고 있다. 기초 금융 이론과 함께 실무에 도움이 되는 충실한 코딩 콘텐츠를 제공함으로써 최근 유행하는 퀀트 투자를 새로 접하는 입문자들을 위한 훌륭한 지침서 역할을 하리라 본다. 퀀트 투자에 대한 많은 책이 있지만, 본서만큼 완결성과 간결성을 갖춘 책은 드물다. 기초 포트폴리오 이론에서 여러 팩터 전략, 기술적 분석, 매크로 전략을 포함한 멀티 팩터 모델, 딥러닝 및 블랙-리터만 모델을 포함한 고급 최적화 전략 등의 실무에서 사용하는 다양한 기법을 장별로 데이터 소스와 함께 파이썬 코드를 자체 완결적으로 제공함으로써 독자들에게 편의성도 동시에 제공하고 있다. 초보 퀀트를 위한 책이라지만, 본서를 숙지하면 실제로는 중급 수준까지 실력을 향상시킬 수 있을 것이다. 본서가 다루는 퀀트 투자 또는 로보어드바이저 분야는 전통 투자 이론의 새로운 해석과 새로운 빅 데이터의 가용성 및 최근 인공지능의 놀라운 발전과 함께 이전에 상상하던 수준 이상으로 발전하고 있다. 이러한 새로운 흐름을 따라가는 데 발판이 되는 지침서로서 본서를 독자들에게 추천하고 싶다.

– 이기홍

피츠버그 대학교 경영학 박사, WWG 자산운용사

일반 투자자가 퀀트 투자 시스템을 구축할 수 있는 체계적인 방법을 제시하는 책이다. 데이터 수집부터 주문, 투자 전략 수립, 투자 성과 평가, 시각화에 이르기까지 필요한 파이썬 코드를 단계별 투자 프로세스에 입각해서 종합적인 구축 로드맵을 제공한다. 또한 시장 타이밍 전략, 팩터 투자 전략, 자산 배분 전략은 물론 딥러닝을 통한 시장 예측, 고급 최적화 기법까지 포함하고 있어 초보 퀀트에서 고급 퀀트에 이르기까지 최신 주제들을 학습할 수 있는 장점이 있다. 퀀트 투자에 필요한 전반적인 이론과 실제 적용 방법을 모두 아우르고 있는 이 책은 로보어드바이저를 개발하려는 초보 퀀트들에게 필수적인 지침서가 될 것이라고 생각한다. 아울러 점차 자동화된 투자솔루션에 대한 수요가 증가함에 따라 기술적 구현뿐만 아니라 투자 전략의 기본 원칙과 최첨단 방법에 관심 있는 모든 투자자들에게 필독서로 추천하는 바이다.

– 홍창수

『퀀트의 세계』(에이콘, 2022) 저자, NICE P&I

| 지은이 소개 |

윤성진

KAIST 전산학과에서 컴퓨터 그래픽스를 전공했으며 LG전자 전자기술원, 티맥스소프트, 액센츄어 등에서 소프트웨어 연구 개발, 미들웨어 및 모듈형 로봇 플랫폼 제품 기획 업무를 수행했다. 인공지능 전문가로서 한국외국어대학교에서 딥러닝, 자료 구조, 데이터 마이닝 등을 가르쳤다. 인공지능연구원에서 연구소장으로서 AI 솔루션 연구 개발을 총괄하면서 서울과학종합대학원대학교 AI첨단대학원 겸직 교수를 역임하고 있다.

리준

북경대학 수학과에서 응용수학, 중국인민대학 통계대학원에서 경제통계를 전공하고 중국 장성증권회사(북경)에서 6년간 계량화 투자 사업을 수행했다. 그 후 한국으로 이주해 KAIST 전산학과에서 AI 석사 학위를 취득했으며 인공지능연구원에서 금융 AI 솔루션을 연구하고 개발했다. 현재는 금융 시계열 예측 관련 연구 및 개발을 하고 있다.

이유리

경희대학교 산업경영공학과를 전공했으며 인공지능연구원에서 머신러닝 엔지니어로서 딥러닝을 활용한 이미지인식 솔루션 및 금융 AI 솔루션 개발을 수행했다. 현재 우리은행 마이데이터플랫폼부에서 데이터 사이언티스트로 근무하고 있다.

조민기

경희대학교에서 응용수학과 경제학을 전공했으며 UNIST 수리과학부 금융수학랩에서 석사를 졸업했다. 이후 인공지능연구원에서 딥러닝을 활용한 로보어드바이저를 개발했으며 딥러닝을 활용한 시계열 데이터 분석 연구를 이어 나가고 있다.

허재웅

임페리얼 칼리지 런던에서 물리학을 전공한 뒤 UNIST에서 수학 석사를 졸업했다. 인공지능연구원에서 머신러닝을 사용해 로보어드바이저를 개발했으며 현재는 양자 컴퓨터를 사용해 금융 문제를 푸는 연구를 하고 있다.

| 지은이의 말 |

지난해 금융 AI 솔루션을 연구하고 개발하는 우리 팀에서는 로보어드바이저를 만들고 싶어 하는 사람들에게 우리의 경험과 지식을 나눌 수 있으면 좋겠다는 이야기가 나왔다. 퀀트 투자와 관련된 책이 이미 시중에 있고 인터넷으로 자료도 쉽게 찾아볼 수 있지만, 로보어드바이저의 핵심 엔진을 만들고 운영해 본 경험을 바탕으로 쓴 책이라면 사람들에게 실질적인 도움이 되지 않을까 하는 생각에 모두 공감했다. 그렇게 팀원들은 의기투합했고 각자 주제를 맡아서 원고를 쓰기 시작했다. 하지만 다섯 명의 저자의 머릿속에 있는 지식을 마치 한 사람의 머리에 있는 것처럼 일관되고 자연스럽게 표현하는 일은 만만치 않았고, 바쁜 일상에서 원고 작업을 하기 위해 많은 노력을 기울여야만 했다.

대학원에서 인공지능 강의를 병행하고 있기에 금융 AI에 관심이 있는 학생들을 종종 만날 수 있었고 그중에는 로보어드바이저를 직접 만들고 싶어 하는 분들도 있었다. 그분들과 이야기하면서 현실적으로 금융 지식이 있다고 하더라도 개발이 익숙하지 않거나 반대로 개발 능력이 있어도 금융 지식을 따로 습득해야 해서 퀀트 투자를 하고 싶어도 시도하지 못하고 꿈으로만 간직하고 있는 사람들이 많다는 사실을 알게 됐다. 그래서 이 책이 그런 분들에게 좋은 가이드가 됐으면 좋겠다는 생각이 들었다.

이 책에서는 금융 이론을 처음 접하는 사람들도 쉽게 따라가며 이해할 수 있도록 경험적인 스토리 기반으로 설명하는 방식을 취하고 있다. 그리고 코드는 상세한 예외 처리는 과감히 생략하고 주요 로직이 드러나도록 최대한 간결하게 작성했다. 또한 코드를 의미상으로 이해하고 따라갈 수 있도록 라인 단위로 설명하고 있으며, 현재 어떤 단계를 구현하고 있는지 상세히 파악할 수 있도록 했다. 또한 책의 전반에 걸쳐서 로보어드바이저의 주요 알고리듬을 난이도가 높아지는 순서로 배치해 독자들이 이해의 수준을 높여가면서 점진적으로 접근할 수 있도록 했다. 만일 이 책에서 제시하는 알고리듬을 확장하거나 심화하고자 하는 독자들은 참조하고 있는 문서와 오픈 소스를 분석해 보는 것을 추천한다.

이 책을 출판하게 된 기쁨을 사랑하는 부모님과 옆에서 응원해 준 남편과 두 아들과 나누고 싶다. 무엇보다 지난 8개월 동안 좋은 책을 만들기 위해 같이 애써준 팀원들에게 고맙고 자랑스럽다고 말해주고 싶다. 이 책을 출판해 주실 것을 흔쾌히 약속해 주신 에이콘출판사의 고 권성준 대표님과 황영주 부사장님께 진심으로 감사드린다. 그리고 출판까지 애써주신 김진아 님, 송지연 님과 장진희 디자이너님께도 고마운 마음을 전해드리고 싶다.

마지막으로 독자분들이 이 책을 읽으면서 '아하!' 모멘텀을 꼭 가졌으면 좋겠다는 바람을 가져본다.

– 윤성진

중국의 증권 회사에서 6년여의 세월 동안 전통적인 투자와 계량화 투자로 커리어를 쌓던 중 개인적인 사정으로 갑작스레 한국으로 이주하게 됐다. 원래 수학과 통계학을 전공한 나는 한국에 와서 다시 컴퓨터 전공 학위를 취득하고 IT 기업에 입사해 새로운 도전을 시작했다. 다행히 운 좋게도 지금의 동료들과 함께 일하게 됐고, 금융 AI 연구원으로 임명돼 로보어드바이저 개발 작업에 착수했다.

로보어드바이저를 만들기로 결심했지만 원하는 결과를 내는 것은 여전히 밤을 새우고 생각에 생각을 짜내야 하는 일이었다. 이 경험을 통해 나는 기술과 금융이 교차하는 분야에서 이론과 실무의 결합이 성공의 핵심임을 깊이 이해하게 됐다. 실무 경험을 쌓아가면서 로보어드바이저 개발 관련 실무를 다룬 책이 부족하다는 사실을 발견했고, 그래서 이 책을 저술하게 됐다. 지식을 전파함으로써 독자들이 점진적으로 계량화 투자의 핵심 개념과 기술을 습득하고 더 지능적이고 효율적인 투자 전략을 구축하는 데 도움이 되기를 바란다.

책을 쓰도록 여러모로 이끌어주신 윤성진 상무님께 감사한다. 내 부족한 한국어 실력 때문에 원고를 여러 번 읽고 의견을 주신 동료들과 묵묵히 내조에 힘쓴 아내, 언제나 바쁜 아빠를 기다려준 두 아들에게 감사의 말을 전하고 싶다.

– 리준

주식 투자에 매료돼 투자를 시작한 지 어느덧 4년이 흘렀다. 첫 투자는 20대 중반, 로보어드바이저에 100만 원을 투자하면서 시작됐다. 당시 인공지능에 대한 기대감 속에서 시작했지만, 이유도 모른 채 손실을 보고 결국 투자금을 회수했던 기억이 난다. 그 경험은 인공지능과 투자 전략에 대한 깊은 연구로 이어졌고 이 책의 탄생 배경이 됐다.

투자의 실패와 성공을 반복하며, 잃은 돈의 가치보다 더 중요한 것은 내가 얻은 지식이었기에, 이 책을 통해 나의 지식과 통찰을 공유하고자 한다. 이 책이 지식 없이 투자하고 손실을 경험한 많은 투자자에게 '이유 있는 투자'를 할 수 있는 길잡이가 되길 바란다.

끝으로, 책의 집필 과정에서 함께 고생한 동료들과 출판 기회를 주신 에이콘출판사에 깊은 감사를 전한다. 주식 시장의 상승과 하락의 흐름에 맞춰 '이유 있게' 투자하는 우리가 모두 제2의 워런 버핏이 돼 성공적인 투자 여정을 이어가길 진심으로 응원한다.

Be Fearful When Others Are Greedy And Greedy When Others Are Fearful
다른 사람들이 탐욕스러울 때 두려워하고, 다른 사람들이 두려워할 때 탐욕스러워져라
– 워런 버핏 –

– 이유리

'금융 시장을 완벽하게 예측할 수 있을까? 경제를 공부해 본 사람은 한 번쯤 생각해 본 질문일 것이다. 이 책은 포트폴리오 최적화부터 마켓 타이밍, 팩터 투자, 딥러닝 등 다양한 방법을 활용해 시장을 분석하고 프로그래밍을 통해 구현하는 내용을 담고 있다. 이 방법들은 시장을 예측하는 하나의 도구로 활용될 수는 있지만 항상 투자 성공으로만 이끌 수는 없다.

이 책을 읽는 모두가 항상 주식투자로 수익을 낼 수 있다면 좋겠지만, 주식 투자가 수학 공식처럼 정답이 있는 것이 아니기 때문에 누군가는 실패하고 좌절하는 순간을 겪을 수 있다. 이 책은 주식 투자의 정답을 제공하지 않으며, 그런 책은 존재하지 않는다. 다만 이 책이 다양한 관점으로 시장을 분석하고 프로그래밍을 통해 그 방식을 구현하며 본인만의 투자 철학과 방법을 정립해 나가는 데 도움이 되길 바란다.

이 책을 집필하기까지 많은 사람의 도움을 받았다. 함께 집필한 동료들, 집필할 수 있도록 도움을 주신 에이콘출판사 임직원 모두에게 감사드리며, 집필하는 동안 격려해준 가족 모두에게 사랑한다는 이야기를 전하고 싶다.

– 조민기

이 책의 마지막에 다다를 즈음, 몇몇 독자들은 위험과 변동성을 동일한 개념으로 생각할 것이다. 좋은 포트폴리오란 기대 수익과 위험의 저울 속에 존재하며, 투자자가 안전을 추구한다면 위험의 무게추를 높이는 것으로 포트폴리오를 조정할 수 있다는 논리이다. 1장에서 위험의 개념을 미래의 불확실한 현금 흐름을 사용해 정의했으나, 수식을 이해하고 그에 맞는 코드를 작성하는 입장에서는 위험의 의미에 대해 깊이 생각할 겨를이 없으리라 생각한다.

기존에 단위 면적당 2,000달러의 농지를 600달러에 사는 행위는 어떠한 행위일까? 농지의 거래가 자주 일어나지 않는다면, 내가 가격을 낮춰서 산 만큼 농지의 변동성은 증가할 것이고 나의 투자는 위험한 투자가 될 것이다. 그러면 내 자산의 변동성을 낮추기 위해 그 농지를 2,000달러와 가까운 가격에 구매해야 했을까? 2007년 버크셔 해서웨이의 연례 미팅에서 워런 버핏은 위 일화를 얘기하며 변동성은 위험의 척도가 아니라고 얘기했다. 대신 투자자가 투자 대상의 경제학을 잘 이해하지 못하고 있을 때 위험이 발생한다고 말했다.

주식 시장에서 작동하는 로보어드바이저를 구현하는 것을 목표로 하는 책인 만큼, 주식 시장에서의 위험을 변동성으로 해석해 논지를 전개한다. 저자 또한 경제학자들이 검증한 변동성이라는 개념에 대해 반론을 제기할 만큼 지식이 깊지 않다. 다만 실제 투자와 수학 간의 괴리에 대해서는 독자에게 변명하고 싶다. 금융은 직관적으로 이해하기에는 너무 수학적이고, 논리적으로 이해하기에는 너무 유연하다. 그러나 경제학자들은 금융을 이해하는 한 도구로 수학을 차용했고 그 결과로 금융공학이 탄생했다. 이 책은 그러한 금융공학에 맞춰 독자들에게 '금융 공학으로 이익을 내는 법'에 대한 몇 가지 길을 제시한다. 투자를 생각하는 독자들에게 이 책이 하나의 참고서가 되기를 희망한다.

끝으로 이 책의 저술에 힘써주신 분들에게 감사 인사를 전하고 싶다. 2023년 5월, 이 책의 공저자들은 에어컨이 고장 난 무더운 회의실에서 집필에 대한 논의를 시작했다. 어떠한 부분을 담고 어떠한 부분을 뺄까. 과연 이러한 내용을 담는 것이 독자분들께 도움이 될까. 우리의 의도를 가장 잘 반영해 줄 출판사는 어디일까. 항상 들어줬던 동료들과 지원해 줬던 에이콘출판사에 이 지면을 빌려 마음을 전한다.

– 허재웅

chapter.1 초보 퀀트를 위한 투자 전략

chapter.2 평균-분산 모델

chapter.3 **평균-분산 전략 구현 및 시뮬레이션 분석**

그림 차례

표 차례

코드 차례

| 들어가며 |

로보어드바이저 시스템의 핵심 엔진을 개발했던 금융 AI 연구원들이 직접 쓴 책으로, 로보어드바이저를 구성하는 주요 포트폴리오 전략을 파이썬 코드와 함께 설명하고 있다. 특히, 포트폴리오 최적화 전략부터 시작해서 마켓 타이밍 전략, 팩터 투자 전략, 시장 모니터링, 딥러닝 예측까지 광범위하게 다루고 있으며, 독자들이 쉽게 이해하면서 프로그램을 직접 실행해 볼 수 있도록 친절히 안내한다.

이 책에서 다루는 내용

- 금융 이론을 파이썬 코드로 변환, 실습을 통한 실전 이해

- 투자의 주요 속성인 위험과 수익률

- 수익은 최대화하고 위험은 최소화하는 현대 포트폴리오 이론

- 현대 포트폴리오 이론의 자산 배분 전략인 평균-분산 모델

- 시장의 상황에 따라 매도/매수 타이밍을 결정하는 마켓 타이밍 전략

- 투자 위험의 대응 능력 키우기 위한 시장 모니터링과 주요 시장 지표

- 수익률을 결정하는 팩터를 분석하는 투자 방식인 팩터 투자 전략

- 다양한 팩터를 종합적으로 분석하는 멀티 팩터 전략

- 딥러닝 예측을 통한 시장 모니터링과 대응 전략

- 평균-분산 모델의 한계를 돌파하는 블랙-리터만, 리스크 패리티 최적화 전략

이 책의 대상 독자

- 퀀트 기본 이론부터 최신 시계열 알고리듬까지 기초를 쌓고 싶은 분

- 포트폴리오 이론을 구현해 보고 싶은 분

- 다양한 자산 배분 알고리듬을 개념 설명과 함께 구현된 코드로 실행하고 확인하고 싶은 분

예제 코드 다운로드

이 책에서 사용된 예제 코드는 깃허브(https://github.com/RAAILab/PyRA)에서 다운로드할 수 있다.

정오표

정오표는 에이콘출판사의 도서정보 페이지(http://www.acornpub.co.kr/book/robot-advisor)에서 볼 수 있다.

문의

책의 내용에 관한 질문은 에이콘출판사 편집 팀(editor@acornpub.co.kr)이나 지은이의 이메일로 문의하길 바란다.

## CHAPTER 1

초보 퀀트를 위한
투자 전략

고등학교 때까지 늘 모범생이란 소리를 듣고 살아왔고, 대학에 가서도 쏟아지는 프로젝트와 과제에 밤을 지새우면서도 친구들과 의기투합해 나간 경진대회에서 입상도 하고 어린 친구들에게 꾸준히 교육 봉사활동을 하며 나름대로 경쟁력 있는 경력을 쌓았다. 대학교 졸업과 동시에 마음속 깊이 담아뒀던 이 회사에 당당히 입사한 지 어언 3년 차! 그동안 부모님 집에 얹혀살면서 꼬박꼬박 모은 월급이 어느새 1억이 됐다. 이제 이 돈을 밑천 삼아 예쁜 집도 사고 CEO로서 멋진 사업도 하는 미래를 그려 나갈 수 있을 것 같아 마냥 뿌듯하다. 그동안 성실하게 살아온 나 자신이 너무나도 기특하다.

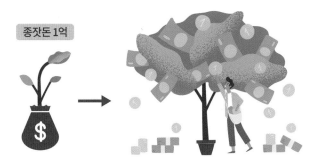

그림 1-1 투자를 위한 종잣돈

그런데 막상 1억이란 돈을 굴려보려고 하니 딱 떠오르는 묘안이 없다. 고민의 늪에 빠져 일주일이 훅 지나고 있다. 주변 친구들처럼 주식에 투자하자니 좋은 순간은 잠시이고 늘 마이너스 수익률에 한숨만 쉬고 있는 어설픈 개미투자자가 될 것 같고, 그렇다고 이 큰돈을 은행에 예금으로 모셔 두자니 3년이나 애써 모은 돈을 낮은 이자율에 방치하는 것 같아 영 내키질 않는다.

1.1 초보 투자자의 고민

일주일을 고민하다 옆자리에 앉은 선배와 얼굴이 마주치는 순간 나도 모르게 질문이 튀어나왔다.

나   "제가 3년 동안 월급을 모아서 1억을 만들었는데 이 돈을 어떻게 굴려야 할지 모르겠어요. 어떻게 하면 좋죠?"

한때 증권사에서 애널리스트까지 했던 선배는 프로그래머가 되려는 꿈을 이루기 위해 대학원에 진학해서 컴퓨터 공학을 전공하고 이 회사로 들어온 입지적인 인물이다.

선배 "3년 동안 1억을 모으다니 정말 대단하네. 역시, 우리 팀의 에이스답다. 투자라는 것이 사람마다 각자의 상황에 따라 전략이 다를 수밖에 없어서 원리를 잘 알고 실행해야 해. 기본적으로 투자는 미래의 위험을 담보로 수익을 만드는 과정이야. 투자 원금을 잃을 위험이 높을수록 수익이 높아지지. 그래서 투자 수익을 높이려면 그에 대응되는 손실을 볼 준비와 각오를 해야 하고, 투자한 돈을 잃고 싶지 않으면 높은 수익을 기대해선 안 되겠지. 그런데 사람마다 투자 위험에 대한 성향이 다르기 때문에 투자 전략도 그에 맞춰서 달라져야 하는 거야."

나   "아~ 투자를 하기 전에 자신의 투자 위험을 대한 성향을 먼저 확인해 봐야 하는군요."

선배 "그렇지. 나의 투자 위험 성향을 객관적으로 파악해 보고, 위험을 감수하기 싫어하는 성향이라면 안전 자산에, 위험을 감수하는 성향이라면 보다 공격적으로 위험 자산에 투자를 해볼 수 있겠지."

그림 1-2 투자 위험 성향 분류 예시

나　　"그런데 안전 자산하고 위험 자산은 어떻게 구분해요?"

선배　"어떤 자산에 투자했을 때 투자 원금을 잃을 가능성이 있으면 위험 자산이라고 해. 예를 들어 현금 같은 자산은 아무리 오래 갖고 있어도 가치가 그대로이니 **안전 자산**이고, 주식 같은 자산은 가격이 큰 폭으로 빠르게 변해서 투자 원금을 잃을 가능성이 크기 때문에 **위험 자산**이라고 하지. 이때 자산의 가격이 변화하는 폭을 **변동성**^{volatility}이라고 하는데 변동성이 높을 수록 위험한 자산이야. 자! 그러면 깜짝 퀴즈를 하나 내볼까? 현금, 암호화폐, 금, 주식의 위험 순서는 무엇일까?"

나　　"음… 금은 가격이 변하니까 현금보다는 위험한 것 같고, 주식은 금보다 변동성이 높으니 더 위험해 보이고요. 특히, 비트코인과 같은 암호화폐는 특별한 이유 없이 하루아침에 가격이 곤두박질치잖아요. 그래서 암호화폐가 가장 위험한 것 같아요. 그러니까 현금, 금, 주식, 암호화폐 순으로 위험해요."

선배　"제법이네."

나　　"하하하! 감사합니다."

선배　"자, 그러면 지금까지 이야기 나눈 투자의 위험과 수익률에 대해 다시 한번 정리해 보자."

1.1.1 자산과 투자의 정의

자산^{asset}이란 경제적 가치가 있는 재화를 말한다. 유무형과 관계없이 미래에 수익을 창출할 수 있는 것은 모두 자산이다. 즉 돈이 되는 것은 모두 자산이라고 할 수 있다.

투자^{investment}란 자산을 사거나 늘리면서 미래의 수익을 올리기 위해 현재의 시간 또는 자본을 투입하는 행위를 말한다. 투자할 때 미래의 수익은 불확실한 현금 흐름의 성질을 갖는다. 반면 시간이나 자본을 투입하는 것은 현재의 확실한 가치를 포기하는 행위이다. 따라서 투자는 '미래의 불확실한 현금 흐름을 얻기 위해 현재의 확실한 현금 흐름을 포기하는 행위'이다. 이때 미래의 불확실한 현금 흐름은 자산의 미래 가치를 정확히 예측할 수 없는 상태에서 얻는 현금 흐름으로, 투자에서 이런 상태를 **위험**risk이라고 말한다.

1.1.2 투자의 주요 속성, 위험과 수익률

위험과 수익률risk and return은 투자의 주요 속성이라고 할 수 있다. 위험과 수익률을 정의해 보고 이들이 서로 어떤 관계를 맺는지 살펴보자.

그림 1-3 투자의 주요 속성인 위험과 수익률

1.1.2.1 투자의 주요 속성, 위험

투자에서 위험이란 자산의 **미래 가치를 정확히 예측할 수 없는 상태**를 말한다. 예를 들어 그림 1-4를 보면 예금은 정해진 이율에 따라 미래의 가치를 정확히 예측할 수 있기 때문에 위험하지 않다. 반면, 주식은 다양한 시장/경제 요인에 따라 가격이 빠르고 크게 무작위로 움직이기 때문에 미래의 가치를 예측하기 어렵다. 따라서 주식에 투자하는 것은 위험하다고 할 수 있다.

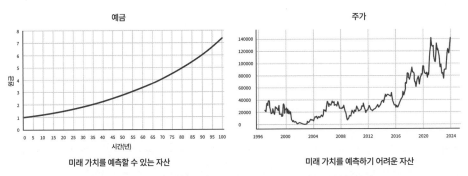

미래 가치를 예측할 수 있는 자산　　　　미래 가치를 예측하기 어려운 자산

그림 1-4 미래 가치를 예측할 수 있는 자산과 예측하기 어려운 자산

투자에서 위험이란 용어는 종종 자산의 미래 가치를 예측할 수 없는 **불확실성**^{uncertainty} 또는 자산의 가격이 빠르고 크게 무작위로 움직이는 **변동성**으로 대신 사용되기도 한다.

그림 1-5 투자에서 위험은 변동성이자 불확실성

1.1.2.2 투자의 주요 속성 및 수익률

투자에서 수익률은 미래에 기대하는 수익률의 형태인 **기대 수익률**로 표현한다.[1] 기대 수익률은 **시간의 보상**과 **위험의 보상**으로 나눌 수 있는데, 시간의 보상은 기회비용에 대한 보상이고 위험의 보상은 미래의 불확실성을 감수하는 것에 대한 보상이다.

시간의 보상

- 투자할 때 투입한 시간과 자본에 대해 다른 기회가 주어졌다면 얻었을 이익을 대신해서 받는 보상(기회비용에 대한 보상)

- 시간이 지나면서 자연적으로 발생

- 위험이 없는 자산의 수익률인 **무위험 수익률**로 표현

위험의 보상

- 투자자가 미래의 위험 또는 불확실성을 감수한 대가로 받는 보상

- 미래의 불확실성이 클수록 받는 보상도 커짐

- 안정적인 투자와 위험한 투자 사이의 예상 수익률 차이인 **위험 프리미엄**^{risk premium}[2]으로 표현

기대 수익률은 무위험 수익률과 위험 프리미엄으로 나눠서 표현될 수 있다.

---

1 투자에서 수익률은 기대 수익률로 표현하며, 위험은 수익률의 변동성을 나타내는 **분산** 또는 **표준 편차**와 같은 통계량으로 표현한다.

2 위험 프리미엄에서 프리미엄이란 용어는 보상이라는 의미로 사용됐다.

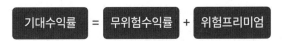

그림 1-6 기대 수익률 = 무위험 수익률 + 위험 프리미엄[3]

1.1.2.3 위험과 수익률의 상호 보완적 관계

투자에서 위험과 수익률은 상호 보완적인 관계가 있다. 일반적으로 위험이 높을수록 높은 수익률을, 위험이 낮을수록 상대적으로 낮은 수익률을 기대할 수 있다. 그림 1-7은 투자 위험과 수익률의 높은 상관관계를 보여주고 있다.[4]

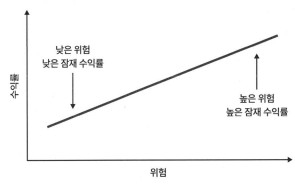

그림 1-7 위험과 수익률의 상호 보완적 관계

1.1.3 안전 자산과 위험 자산

자산은 투자 위험에 따라 **안전 자산**[Riskless Asset]과 **위험 자산**[Risky Asset]으로 분류된다.

안전 자산

- 미래의 가치를 정확히 예측할 수 있는 자산으로, 투자 원금을 잃을 위험이 없거나 아주 작은 자산을 말한다.

---

3 이 식은 시장이 완벽하게 효율적이라는 가정하에 수립된 식이다. 즉 효율적 시장 가설(EMH, Efficient Market Hypothesis) 에 따라 금융 시장이 공개적으로 이용할 수 있는 모든 정보를 즉각적으로 주가에 반영했을 때 성립되는 식이다. 반면 시장이 완벽하게 효율적이지 않다면 시장의 수익률을 초과하는 수익률인 알파(alpha) 항이 더해질 수 있다.

4 실제 이 그림1-7에서는 위험과 수익률의 상관관계가 높다는 것을 간략하게 표현하기 위해서 직선으로 표현했지만 실제 위험과 수익률의 관계는 직선보다는 곡선에 가까울 수 있다. 뒷부분에서 나오는 효율적 투자선의 모양을 참고하라.

- 안전 자산은 **무위험자산**[Risk-free Asset][5]이라고도 한다.

- 금, 은, 달러, 국고채 등이 포함된다.

위험 자산

- 자산의 가치가 불안정하거나 예측하기 어려운 자산으로, 투자 원금을 잃을 가능성이 높은 자산을 말한다.

- 소위 정크본드[junk bond]라고 하는 고위험 채권, 주식, 원자재, 암호화폐 등이 포함된다.

그림 1-8 안전 자산과 위험 자산

나   "선배 이야기를 듣다 보니 묘한 질문이 하나 생기는데요. 위험 자산에 투자하면 원금까지 잃을 수 있는데 굳이 위험 자산에 투자하려는 이유는 무엇일까요? 위험을 감수했을 때 얻을 수 있는 수익이 크더라도 항상 보장되지는 않잖아요."

선배   "와~ 정곡을 찌르는 질문인데? 위험 자산에 투자하려는 이유는 투자했을 때 얻을 수 있는 수익이 상상하는 것 이상으로 크기 때문이지. 그리고 투자에 대한 확신이 있기 때문일 것이고. 그러니까 위험 자산에 투자할 때는 관련된 정보를 최대한 확보해서 수익과 손실이 날 확률을 분석하고, 손실을 생겼을 때 감당할 수 있는 수준인지 점검해 봐야 해. 이런 분석 없이 위험 자산에 투자하는 것은 도박과 같다고 볼 수 있어."

---

5   참고로 무위험자산이라고 하더라도 위험이 전혀 없을 수는 없다. 보통 무위험자산이라고 하면 채무불이행 위험이 없는 자산을 의미하며 인플레이션 위험이나 이자율 위험까지 없는 것은 아니다.

그림 1-9 분석 없는 투자는 도박과 같다.

나   "투자를 제대로 하려면 투자에 대한 분석 능력을 키우는 것이 중요하겠네요. 그러면 저같이 아직 분석 능력이 많지 않은 초보 투자자에게 적합한 투자 전략은 없나요?"

선배   "초보 투자자에게 딱 맞는 투자 전략이 있긴 하지. 투자 위험은 최소화하고 수익률은 최대화하는 투자 전략인데 어떤 것인지 궁금하지? 이 이야기는 길어질 수 있으니 내일 점심시간에 이야기를 나눠보도록 하자."

나   "네, 벌써 내일 점심시간이 기다려져요."

1.2 현대 포트폴리오 이론

선배   "오늘은 투자 위험은 최소화하고 수익률은 최대화하는 투자 전략에 관해 이야기해 볼까?"

나   "네, 정말 궁금한 내용이에요!"

선배   "이 전략은 **평균-분산 모델**^{Mean-Variance Model}을 이용해서 효율적인 **포트폴리오**^{portfolio6}를 만드는 전략이야. 평균-분산 모델은 투자의 수익률과 위험을 최적화하는 포트폴리오를 구성하기 위한 모델인데, 1990년도에 노벨 경제학상을 수상한 **해리 마코위츠**^{Harry Markowitz}가 **현대 포트폴리오**

---

6   포트폴리오는 개인, 기업, 투자자 또는 기관이 보유하거나 관리하는 모든 자산, 투자, 프로젝트 또는 자금 모음을 나타 낸다.

이론MPT, Modern Portfolio Theory을 통해 제안했어. 투자할 때 알고 있으면 아주 유용한 포트폴리오 이론의 근간을 이루는 중요한 모델이지. 그럼 현대 포트폴리오 이론과 평균-분산 모델에 대해 자세히 살펴볼까?"

그림 1-10 위험을 최소화하는 투자 방식인 분산 투자

1.2.1 수익은 높이고 위험은 작게 해주는 포트폴리오 이론

현대 포트폴리오 이론은 포트폴리오의 **수익을 최대화**하면서 **시장 위험을 최소화**하도록 설계된 투자 전략으로, 시장이 투자자보다 효율적이고 신뢰할 수 있다는 전제로 만들어졌다. 1952년에 **해리 마코위츠**는 당시 주류를 이루던 주가 이론이 미래의 불확실성에서 오는 위험을 고려하지 않고 있다는 사실을 깨닫고, 불확실성에서 오는 위험을 고려해 포트폴리오를 선택하는 모델인 **평균-분산 모델**을 만들었다. 그리고 이를 토대로 현대적 의미의 수리적, 계량적 방법론인 현대 포트폴리오 이론을 정립해 1990년 노벨 경제학상을 수상했다.

조금 더 알아보기

해리 마코위츠는 "좋은" 포트폴리오를 다음과 같이 설명했다.

"A good portfolio is more than a long list of good stocks and bonds. It is a balanced whole, providing the investor with protections and opportunities with respect to a wide range of contingencies"

즉, "투자란 주식을 선택하는 것에 그치는 것이 아니라 주식들의 올바른right 조합을 구축하는 것이다."라는 의미다.

1.2.2 효율적인 포트폴리오와 효율적 투자선

시장에는 매우 다양한 자산이 있고 이를 조합했을 때 무수히 많은 포트폴리오가 정의될 수 있다. 그림 1-12와 같이 각 포트폴리오에는 내재한 위험과 기대 수익률이 있으므로 포트폴리오를 위험과 기대 수익률의 좌표상에 한 점으로 표현하면 전체 포트폴리오의 분포를 확인할 수 있다.

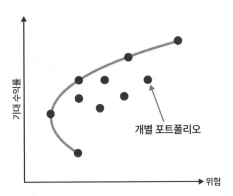

그림 1-11 위험과 기대 수익률로 표현한 포트폴리오의 분포

이렇게 수많은 포트폴리오 중 **효율적인 포트폴리오**^{efficient portfolio}는 어떤 포트폴리오를 말할까? (1) **포트폴리오의 위험이 같다면 기대수익률이 높은 포트폴리오가** (2) **포트폴리오의 기대 수익률이 같다면 위험이 낮은 포트폴리오가** 효율적인 포트폴리오가 된다. 따라서 효율적인 포트폴리오는 수익률이 높고 위험이 낮은 포트폴리오를 말하며, 그림 1-13에서 보면 전체 포트폴리오 중에서 좌측 위의 경계 위치에 있는 포트폴리오에 해당이 된다.

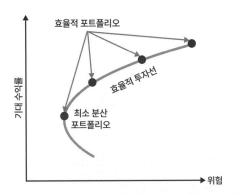

그림 1-12 효율적 포트폴리오와 효율적 투자선(출처: Markowitz, H.M. (March 1952). "Portfolio Selection". The Journal of Finance. 7 (1): 77–91. doi:10.2307/2975974. JSTOR 2975974.)

이렇게 정의되는 효율적인 포트폴리오를 따라 곡선을 그리면 **효율적 투자선**^{efficient frontier}이 만들어진다. 효율적 투자선은 가장 왼쪽에 있는 위험이 가장 작은 **최소 분산 포트폴리오**^{minimum variance portfolio}에서 시작해서 좌상단 경계를 따라 형성된다. 효율적 투자선을 활용하면 투자자는 자신이 설정한 위험 수준과 금융 목표에 가장 잘 맞는 포트폴리오를 구성할 수 있다.

조금 더 알아보기

효율적인 포트폴리오를 선택했다 하더라도 포트폴리오의 위험을 좀 더 줄이고 싶다면 어떻게 해야 할까? 이럴 때는 포트폴리오에 무위험자산을 추가해서 위험을 줄일 수 있다.

먼저 그림 1-14에서 무위험자산의 위치를 확인해 보자. 무위험자산에는 위험이 없기 때문에 위험이 0이 되는 세로축에 존재하게 된다. 이때 무위험자산의 기대 수익률은 무위험이자율이다. 이제 효율적인 포트폴리오에 무위험자산을 추가해 보자. 이 둘을 어떤 비율로 조합해야 할까? 이 둘의 가능한 모든 비율의 조합을 표현한다면 둘 사이를 잇는 직선이 만들어지는데 이를 **자본 배분선**^{CAL, Capital Allocation Line}이라고 한다. 따라서 투자자는 자신의 위험 성향에 따라 자본 배분선에서 특정 비율을 선택하면 된다.

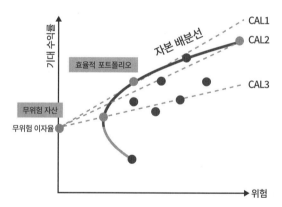

그림 1-13 무위험자산을 포함한 포트폴리오의 확장과 자본 배분선(출처: Markowitz, H.M. (March 1952). "Portfolio Selection". The Journal of Finance. 7 (1): 77–91. doi:10.2307/2975974. JSTOR 2975974.)

자본 배분선의 기울기는 **샤프 비율**^{Sharpe ratio}[7]로 포트폴리오의 위험 대비 수익률을 측정하는 지표가 된다. 따라서 자본 배분선의 기울기가 클수록 위험 대비 기대 수익률이 크기 때문에 투자 효율이 높아진다. 만일 여러 자본 배분선 중에 하나를 선택해야 한다면 효율적 투자선과의 접선을 이루는 자본 배분선이 가장 기울기가 크기 때문에 이 선을 선택해야 투자 효율이 높은 포트폴리오를 만들 수 있다.

1.2.3 현대 포트폴리오 이론의 가정 사항

현대 포트폴리오 이론은 포트폴리오의 기대 수익률과 위험에 초점을 맞춰서 투자 전략 이론을 전개하기 위해 시장과 투자자, 포트폴리오 전략에 관련된 가정인 **완전 자본 시장**, **합리적인 투자자**, **평균-분산 가정**, **단일 기간 모델**을 가정하고 있다.[8]

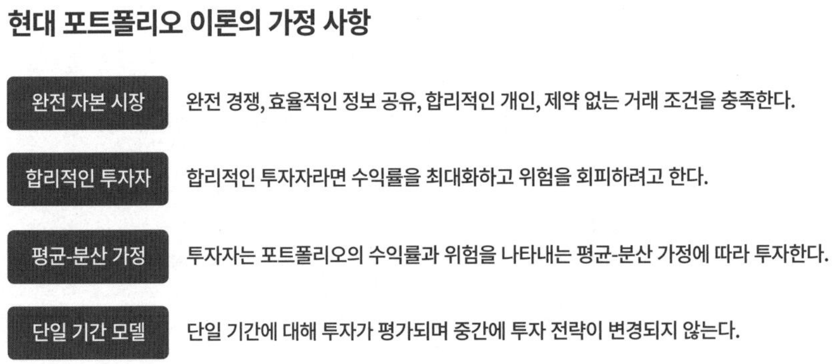

현대 포트폴리오 이론의 가정 사항

완전 자본 시장 — 완전 경쟁, 효율적인 정보 공유, 합리적인 개인, 제약 없는 거래 조건을 충족한다.

합리적인 투자자 — 합리적인 투자자라면 수익률을 최대화하고 위험을 회피하려고 한다.

평균-분산 가정 — 투자자는 포트폴리오의 수익률과 위험을 나타내는 평균-분산 가정에 따라 투자한다.

단일 기간 모델 — 단일 기간에 대해 투자가 평가되며 중간에 투자 전략이 변경되지 않는다.

그림 1-14 현대 포트폴리오 이론의 가정 사항(출처: Markowitz, H.M. (March 1952). "Portfolio Selection". The Journal of Finance. 7 (1): 77–91. doi:10.2307/2975974. JSTOR 2975974.)

1.2.4 완전 자본 시장 가정

현대 포트폴리오 이론에서 가정하는 **완전 자본 시장**^{perfect capital market}은 모든 투자자가 자유롭게 정보에 접근할 수 있고, 거래 비용이나 세금이 없으며, 자금을 무제한으로 빌리거나 빌려줄

---

7   샤프 비율은 3장에서 수식과 함께 자세히 정의하고 있으니 참고하라.

8   실제 시장에는 정보의 비대칭성이 존재하고 시장에 참여하는 투자자는 합리적이지 않으며 다양한 제약 조건들이 존재하기 때문에 이러한 가정들은 현실적이지는 않다.

수 있는 이상적인 시장을 의미한다. 완전 자본 시장은 복잡한 시장의 작동 원리를 단순화해 **정보 효율성**, **운영 효율성**, **배분 효율성** 갖도록 정의돼 있다.

정보 효율성: 시장의 모든 정보는 효율적으로 활용된다.

- 정보가 완전히 공개돼 있다: 모든 투자자는 모든 정보를 무료로 얻을 수 있으므로 모든 가용 정보가 가격에 즉시 반영된다.

운영 효율성: 시장은 거래에 대한 마찰 없이 효율적으로 운영된다.

- 거래비용이 없다: 시장에서 금융 상품을 거래할 때 어떤 수수료나 비용도 발생하지 않는다. 이에 따라 투자자들은 자유롭게 투자 결정을 할 수 있으며 시장 참여의 장벽이 없어진다.

- 세금이 없다: 투자 수익과 자본 이득에 대한 세금이 없다. 따라서 투자자들의 투자 결정이 왜곡되지 않고 효율적으로 이뤄진다.

- 거래에 제한이 없다: 모든 자산은 어떤 단위로도 작게 나눌 수 있고 무한대까지 거래할 수 있다.

배분 효율성: 시장에서 자본은 효율적으로 배분된다.

- 모든 투자자는 논리적이고 이성적이다: 투자자들은 자신의 금융 상태와 시장 상황을 완벽하게 이해하며 이를 기반으로 최적의 투자 결정을 내린다.

- 시장은 항상 경쟁 상태에 있다: 개별 투자자나 그룹은 시장 가격에 영향을 줄만큼의 규모를 가지고 있지 않아 자본은 효율적으로 배분된다.

- 무제한 대출과 대출금이 가능하다: 모든 투자자는 무위험이자율로 제한 없이 자금을 빌릴 수 있거나 빌려줄 수 있다.

1.2.5 이성적이고 합리적인 투자자

현대 포트폴리오 이론이 가정하는 **이성적이고 합리적인 투자자**는 기대 수익률을 최대화하고 위험을 회피하는 투자자를 말한다. 따라서 목표 수익률과 목표 위험 수준이 정해졌을 때 합리적인 투자자는 다음과 같이 행동한다.

1. **목표 수익률이 정해진 경우**: 위험을 최소화하려고 한다.

2. **목표 위험 수준이 정해진 경우**: 기대 수익률을 최대화하려고 한다.

합리적인 투자자의 이러한 행동은 그림 1-16과 같이 목표 수익률 또는 목표 위험 수준과 효율적 투자선이 만나는 지점의 포트폴리오를 선택하는 과정이라고 볼 수 있다.

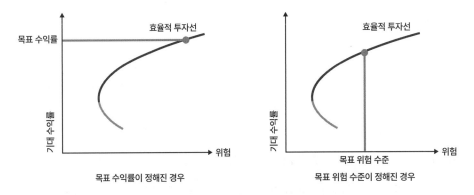

그림 1-15 합리적인 투자자의 포트폴리오 선택(출처: Markowitz, H.M. (March 1952). "Portfolio Selection". The Journal of Finance. 7 (1): 77–91. doi:10.2307/2975974. JSTOR 2975974.)

1.2.6 평균-분산 가정

현대 포트폴리오 이론에서의 평균-분산 가정은 투자자가 포트폴리오를 선택할 때 수익률의 평균과 분산을 고려한다는 가정이다.

- **평균**: 수익률의 평균은 투자자가 포트폴리오에서 얻을 것으로 예상되는 평균적인 수익을 나타낸다. 투자자가 투자에서 얼마나 많은 수익을 기대할 수 있는지를 나타내는 척도로 사용된다.

- 분산: 분산은 투자의 위험성을 측정한다. 분산이 클수록 투자의 변동성이 크고 위험도 커진다.

현대 포트폴리오 이론에서 평균-분산 가정으로 제안한 **평균-분산 모델**을 이용하면 (1) **포트폴리오 수익률을 최대화**하면서 동시에 (2)**포트폴리오 위험을 최소화**하는 자산으로 구성된 포트폴리오를 만들 수 있게 된다.

1.2.6.1 평균-분산 모델

평균-분산 모델은 효율적인 포트폴리오를 구성하기 위해 만들어진 모델이다. 평균-분산 모델은 다음과 같은 식으로 정의된다. 이 식을 통해 자산 편입 비율 w을 구해서 포트폴리오를 구성하면 효율적인 포트폴리오가 될 수 있다.

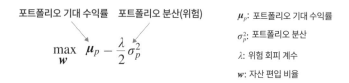

포트폴리오 기대 수익률   포트폴리오 분산(위험)

$$\max_{\boldsymbol{w}} \quad \boldsymbol{\mu}_p - \frac{\lambda}{2}\sigma_p^2$$

μ_p: 포트폴리오 기대 수익률
σ_p^2: 포트폴리오 분산
λ: 위험 회피 계수
w: 자산 편입 비율

이 식의 첫 번째 항은 포트폴리오 기대 수익률을 최대화하고 두 번째 항은 포트폴리오 위험을 최소화하는 역할을 담당한다.

1.2.6.2 포트폴리오의 기대 수익률과 분산의 계산

그렇다면 포트폴리오의 기대 수익률과 분산은 어떻게 계산할까? 먼저, 포트폴리오의 기대 수익률은 개별 자산의 기대 수익률을 가중 평균해서 계산할 수 있다. 이 식에서 $\boldsymbol{\mu}$는 자산의 기대 수익률 벡터이고 $\boldsymbol{w}$는 자산 편입 비율을 나타내는 벡터이다.

포트폴리오 기대 수익률

$$\boldsymbol{\mu}_p = \boldsymbol{\mu}^T\boldsymbol{w} = \sum_{i=1}^{N} \boldsymbol{w}_i \, \mathbb{E}(R_i)$$

μ: 자산별 기대 수익률 (N), N: 자산 개수
w: 자산 편입 비율
w_i: 자산 i의 편입 비율
R_i: 자산 i의 수익률
$\mathbb{E}(R_i)$: 자산 i의 기대 수익률

그리고 포트폴리오의 분산은 개별 자산의 수익률에 대한 공분산 행렬 Σ의 가중평균으로 표현할 수 있다.[9]

포트폴리오 위험

$$\sigma_p^2 = w^T \Sigma w = \sum_{i=1}^{N} \sum_{j=1}^{N} w_i w_j \sigma_i \sigma_j \rho_{ij}$$

Σ: 자산 수익률의 공분산 행렬($N \times N$)
w: 자산 편입 비율
w_i: 자산 i의 편입 비율
σ_i: 자산 i의 표준 편차
ρ_{ij}: 자산 i와 자산 j의 상관 계수

이 식은 오른쪽과 같이 상관 계수를 포함한 식으로 표현할 수도 있다. 포트폴리오 위험을 결정하는 요인에는 개별 자산의 위험과 자산 간의 상관 계수가 포함된다는 사실을 잘 알아두자.

1.2.6.3 포트폴리오의 최적해

포트폴리오의 기대 수익률과 분산을 평균-분산 모델 식에 대입하면 다음과 같다.

포트폴리오 기대 수익률   포트폴리오 분산(위험)

$$\max_{w} \ \mu^T w - \frac{\lambda}{2} w^T \Sigma w$$
$$\text{subject to} \quad w^T \mathbf{1} = 1$$

λ: 위험 회피 계수
w: 자산 편입 비율
μ: 자산별 기대 수익률(N), N: 자산 개수
Σ: 자산 수익률의 공분산 행렬($N \times N$)

평균-분산 모델은 2차식이기 때문에 w로 미분해서 최적해를 바로 구할 수도 있다. 이때 최적해는 다음 식으로 정리된다.

$$\text{최적해 } w^* = (\lambda \Sigma)^{-1} \mu$$

---

9   포트폴리오 분산을 계산할 때 공분산 행렬 Σ의 양쪽에 w를 곱하는 과정은 (1) 먼저 자산별로 다른 자산과의 공분산을 w로 가중 평균하고 (2) 이렇게 구한 **개별 자산의 평균 공분산**을 다시 w로 가중 평균해서 **포트폴리오의 분산**을 계산하는 것으로 해석할 수 있다.

조금 더 알아보기

평균-분산 모델의 최적해를 직접 계산하는 과정은 다음과 같다.

먼저 목적 함수인 $\boldsymbol{\mu}^T \boldsymbol{w} - \frac{\lambda}{2} \boldsymbol{w}^T \Sigma \boldsymbol{w}$를 w로 미분한 식이 0이 되는 w를 찾는 것이 목표이다. 목적 함수를 w로 미분하면 다음과 같다.

$$\boldsymbol{\mu} - \lambda \Sigma \boldsymbol{w} = 0$$

이 식을 w에 대해 정리하기 위해 두 번째 항을 우측으로 넘긴다.

$$\lambda \Sigma \boldsymbol{w} = \boldsymbol{\mu}$$

그리고 양변을 $\lambda \Sigma$로 나누면 w는 다음과 같이 정리된다. 단, Σ의 역행렬이 존재해야 이 식이 성립하므로 Σ의 행렬식은 0이 아니어야 한다.

$$\boldsymbol{w} = (\lambda \Sigma)^{-1} \boldsymbol{\mu}$$

Σ의 행렬식이 0이어서 역행렬이 존재하지 않는다면 다양한 기법을 통해 해를 구할 수 있다. 예를 들어 의사 역행렬을 이용하거나 행렬에 잡음을 넣어서 역행렬이 존재하는 상태로 만들거나 하는 방식이 존재한다.

단, 자산의 수가 많아지면 공분산 행렬 Σ의 역행렬을 구하기 어려워지기 때문에 최적화 방식으로 해를 구하는 것이 좋다.[10] 최적해 $\boldsymbol{w}^*$를 구하고 나면 $\boldsymbol{w}^*$에 저장된 자산 편입 비율에 따라 포트폴리오를 구성할 수 있다.[11]

1.2.6.4 평균-분산 모델에서 포트폴리오를 선택하는 방식

포트폴리오를 분산이 작은 자산으로만 구성했다고 하자. 과연 이 포트폴리오의 위험은 최소화됐을까? 이 경우 포트폴리오의 위험이 낮아졌지만 여전히 다른 종류의 위험은 남아있다. 왜냐하면 포트폴리오를 구성하는 자산 간에 상관성이 높다면 한 자산이 움직이는 방향으로 다

---

10 역행렬은 계산 복잡도가 $O(N^3)$ 이어서 N이 커지게 되면 메모리 공간 또는 CPU 성능의 제약을 받을 수 있다.

11 평균-분산 모델의 구현에 관한 자세한 설명은 3장에서 설명할 예정이다.

른 자산도 움직이게 되고, 결국 이들이 갖고 있는 위험이 증폭되기 때문이다. 따라서 포트폴리오의 위험을 최소화하려면 자산 간에 상관성이 낮게 포트폴리오를 구성해야만 한다.

포트폴리오 위험 σ_p^2이 어떤 위험을 나타내는지 파악하기 위해 $i = j$인 경우와 $i \neq j$인 경우를 분리해서 다시 표현하면 다음과 같다.

$$\sigma_p^2 = \sum_{i=1}^{N} w_i^2 \sigma_i^2 + \sum_{i=1}^{N} \sum_{j=1, j \neq i}^{N} w_i w_j \sigma_i \sigma_j \rho_{ij}$$

이 식에서 알 수 있듯이 평균-분산 모델로 포트폴리오 위험 σ_p^2을 최소화하면 개별 자산의 위험과 자산 간에 상관성으로 인해 발생하는 위험을 동시에 낮출 수 있다. 따라서 평균-분산 모델로 구성한 포트폴리오는 (1) **개별 자산의 분산이 작고** (2) **자산 간에 상관성이 낮은 자산들로** 선택된다.

결과적으로 그림 1-17과 같이 평균-분산 모델로 최적의 포트폴리오를 구성하면 수익률이 높고 변동성과 자산 간에 상관성이 낮은 자산으로 구성된다.

그림 1-16 평균-분산 모델의 포트폴리오

1.2.6.5 효율적인 분산 투자 효과

평균-분산 모델로 포트폴리오를 구성하면 **효율적인 분산 투자 효과**가 생긴다. 왜 그런 것일까?

평균-분산 모델의 첫 번째 항만 있다고 해 보자. 이 경우 최적화 과정에서 포트폴리오의 기대 수익률을 최대화할 것이다. 문제는 기대 수익률이 가장 높은 자산 하나만 선택하면 포트폴리오의 기대 수익률도 최대가 되기 때문에 분산 투자 방식의 포트폴리오는 만들어지지 않는다는 것이다.

반면에 평균-분산 모델의 두 번째 항까지 있는 경우를 생각해 보자. 이 경우 최적화 과정에서 **포트폴리오의 기대 수익률을 높이는 동시에 포트폴리오의 위험을 줄이는 분산 투자 방식의 포트폴리오가 만들어진다.** 그 이유는 포트폴리오의 위험을 줄이는 과정에서 (1) 개별 자산의 변동성이 낮아야 하고 (2) 자산 간에 상관성이 낮아야 하는 제약 조건을 만족하기 위해 여러 자산을 선택하기 때문이다. 예를 들어 수익률은 가장 높고 변동성은 가장 낮으면서 다른 자산과의 상관성이 전혀 없는 자산이 존재한다면 해당 자산을 100%로 선택할 것이다. 하지만 일반적으로 그런 경우가 흔하게 발생하지 않기 때문에 수익률이 높고 변동성과 상관성이 낮은 조건을 충족하는 여러 자산을 선택하는 결과가 만들어진다.[12]

1.2.7 분산 투자의 위험 축소 효과

평균-분산 모델의 분산 투자 방식은 포트폴리오의 위험을 얼마나 줄일 수 있을까? 포트폴리오를 구성하는 자산의 수를 늘리면 포트폴리오의 위험은 계속해서 감소할까? 다음 그림을 보면 포트폴리오를 구성하는 자산의 수가 증가할수록 포트폴리오의 위험은 낮아지지만 어느 정도 이하로는 낮아지지 않는 것을 알 수 있다. 그 이유는 포트폴리오를 구성하는 위험 중 분산 투자로 제거할 수 없는 위험이 남아있기 때문이다.

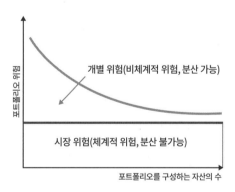

그림 1-17 포트폴리오 구성 자산 수와 위험

---

12 하지만 평균-분산 모델을 사용해 보면 종종 일부 자산에 집중돼 포트폴리오 다변화가 무시되는 코너해(corner solution) 문제에 직면한다. 그래서 리스크 패러티(risk parity)와 같이 이런 문제를 보완하는 다양한 포트폴리오 전략들이 제안됐다.

포트폴리오의 위험은 **시장 위험**과 **개별 위험**, 2가지로 설명된다.

시장 위험(또는 체계적 위험)

- 전체 시장이나 시장 일부가 변동하는 위험을 의미한다. 이러한 위험은 개별 투자자가 제어할 수 없으며 전체 시장에 영향을 미치는 거시적 요인으로 발생한다.

- 경기 순환, 금리 변동, 환율 변동, 인플레이션, 전쟁, 에너지 위기 등이 있다.

개별 위험(또는 비체계적 위험)

- 기업이나 자산 그 자체의 고유한 요인에 의해 발생하는 위험이다.

- 노사 분규, 신제품 개발, 경영 스타일, 이익 변동, 제품 리콜, 반덤핑 관세 부과와 같은 것이 있다.

그림 1-18 포트폴리오 위험의 요소

개별 위험은 분산 투자를 통해 제거할 수 있지만 시장 위험은 분산 투자를 하더라도 제거되지 않는다. 따라서 개별 위험은 제거될 수 있으므로 시장 위험만이 기대 수익률로 보상을 받게 된다.

1.2.8 현대 포트폴리오 이론의 장단점

대부분의 일반 투자자는 투자 위험을 최소화하면서 수익을 최대화하길 원하지만 시장의 변화와 자산의 변동성에 대해 깊이 있게 분석하거나 마켓 타이밍[13]에 맞춰 거래할 시간이 부족하다. 이때 현대 포트폴리오 이론은 일반 투자자에게 균형 잡힌 포트폴리오를 제공해 시장의 변화로부터 보호하고 장기적인 성장을 할 수 있는 투자 방식을 제공한다. 하지만 현대 포트폴리

---

13 마켓 타이밍(market timing)은 투자자가 시장의 상승과 하락을 예측해 적절한 시기에 매수 또는 매도를 실행하는 투자 전략이다. 이 전략은 시장의 흐름을 정확히 예측할 수 있다는 가정에 기반하며 이를 통해 이익을 창출하려고 시도한다.

오 이론은 다음과 같은 단점을 갖고 있다.

- 기대수익률이 자산 배분^{asset allocation}[14]에 큰 영향을 미치는 반면 기대 수익률 데이터의 신뢰도가 낮다.

  - 기대 수익률은 자산 배분에 가장 큰 영향을 미친다. 하지만 기대 수익률을 과거 데이터로 계산하기 때문에 추정 오차가 크다.

- 기대 수익률의 변화에 자산 배분 결과가 민감하게 바뀌는 경향이 있다.

  - 기대 수익률이 조금만 바뀌어도 포트폴리오 최적해가 민감하게 달라진다. 예를 들어 특정 종목의 기대 수익률이 약간만 커져도 포트폴리오 구성 자산의 50% 이상 편입 비중의 변화가 생길 수 있다.

- 일부 자산에만 배분되는 코너해 문제가 있다.

  - 코너해는 포트폴리오가 일부 자산에만 배분되는 해이다. 포트폴리오가 기대 수익이 높거나 가격이 반대로 움직이는 음의 상관 계수를 갖는 일부 자산에 집중되는 현상이 생길 수 있다. 이 경우 실질적인 분산 투자가 이뤄지지 않는다.

1.2.9 현대 포트폴리오 이론의 대안

투자자마다 자기에게 맞는 투자 전략을 찾는 것은 매우 중요하다. 일부 투자자에게는 현대 포트폴리오 이론의 **매수 후 보유**^{buy-and-hold} 전략이 잘 맞지 않거나 한계가 있다고 느낄 수 있다. 이를 보완하는 다양한 포트폴리오 전략이 존재하며 이 책에서는 이 중 일부 전략을 소개하고 있다.

- **마켓 타이밍과 전술적 자산 배분**: 일반 투자자라도 시장의 변화와 자산의 변동성을 잘 이해하고 있다면 마켓 타이밍에 맞춰 투자 결정을 내리고 싶을 것이다. 이러한 경우 기술 분석 및 추세를 사용해 자산의 비중을 적극적으로 조정하고 벤치마크와 비교해 포트폴리오 수익을 극대화하고 위험을 최소화하는 전술적 자산 배분 방식을 활용해 볼 수 있다. 관련 내용은 4장 마켓 타이밍 전략에서 설명하고 있다.

---

14 다양한 자산에 투자를 배분해서 위험을 분산하는 과정을 자산 배분이라고 한다.

- **행동 금융학**: 행동 금융학은 투자자의 불완전한 정보, 심리적 편향 등을 고려한 모델을 제공한다. 이는 시장 참가자의 비이성적인 행동을 반영해 더 현실적인 포트폴리오 관리 전략을 개발할 수 있다. 이 내용은 4장 마켓 타이밍 전략의 모멘텀 전략 부분에서 소개한다.

- **블랙-리터만**^{Black-Litterman} **모델**: 블랙-리터만 모델은 투자자의 주관적인 예상을 시장 균형 예상과 조합해 포트폴리오를 구성한다. 이는 현대 포트폴리오 이론의 수학적 최적화에 더 실용적인 접근법을 추가한다. 이 내용은 9장 고급 최적화 전략에서 다루고 있다.

- **리스크 패리티**^{Risk Parity}: 리스크 패러티 모델은 위험을 최대한 분산하는 것을 목표로 모든 자산이 동일한 위험 기여도를 가지도록 포트폴리오를 구성하는 전략이다. 이 내용은 9장 고급 최적화 전략에서 다루고 있다.

- **팩터 투자**: 팩터 투자는 특정 팩터(예: 가치, 크기, 품질, 모멘텀 등)에 기반한 자산을 포트폴리오에 포함시키는 전략이다. 이는 현대 포트폴리오 이론에서 고려하지 못하는 다양한 위험 요소를 포함할 수 있다. 6장 팩터 전략에서는 단일 팩터 전략을 소개하고 이를 확장해서 7장에서는 여러 팩터를 하나의 전략에서 고려하는 다중 팩터 전략을 소개한다.

## CHAPTER 2

평균-분산 모델

현대 포트폴리오 이론을 듣고 나니 '투자를 어떻게 하면 좋지?'라는 고민에 대한 답을 얻은 느낌이다. '드디어 나도 투자를 해볼 수 있는 것인가?' 설레는 마음도 있으면서, 한편으로는 아직 모르는 것이 많다는 생각도 든다. '그래, 이왕 배우는 것 제대로 배워보자'라는 마음에 선배한테 질문을 던졌다.

2.1 평균-분산 모델

나 "현대 포트폴리오 이론에 대해 들어보니 저에게 딱 맞는 투자 전략인 것 같아요. 그런데 평균-분산 모델을 이용해서 포트폴리오를 구성하려면 소프트웨어의 도움이 필요하지 않나요?"

선배 "그렇지. 평균-분산 모델은 꽤 복잡한 계산과정이 필요해서 소프트웨어의 도움이 필요하지. 평균-분산 모델을 개발하기 전에 모델이 어떤 단계로 정의되고 실행되는지 자세히 알아보자."

나 "정말 궁금했어요. 감사합니다!"

선배 "평균-분산 모델을 정의하려면 먼저 파라미터의 값을 정해야 해."

나 "맞네요. 평균분산 모델에서 어떤 것이 파라미터인가요?"

$$\max_{w} \; \mu^T w - \frac{\lambda}{2} w^T \Sigma w$$

포트폴리오 기대 수익률 · 포트폴리오 분산(위험)

$$\text{subject to} \quad w^T \mathbf{1} = 1$$

λ: 위험 회피 계수

w: 자산 편입 비율

μ: 자산별 기대 수익률(N), N: 자산 개수

Σ: 자산 수익률의 공분산 행렬 ($N \times N$)

선배   "모델의 식에 파라미터가 여러 개 있어서 구분이 어려울 수 있는데요, 내가 하나씩 설명해 볼게. 먼저, **위험 회피 계수**^risk aversion coefficient λ는 투자자의 위험 성향에 따라 정해지기 때문에 한 번 정해지면 잘 바뀌지 않아. 이런 종류의 파라미터는 사전에 정의해 놓는 **하이퍼파라미터**^hyperparameter로 취급할 수 있어. 반면에 **기대 수익률**인 μ와 **공분산 행렬** Σ은 모델의 실행 시점마다 매번 계산해야 하는 모델의 입력 파라미터야. 그리고 자산 편입 비율 w은 모델의 실행 결과로 구하고 싶은 최적해가 들어있는 모델의 출력 파라미터이지."

나   "모델을 정의하려면 하이퍼파라미터도 정하고 모델의 입력 파라미터를 계산해야 하는군요?"

선배   "그렇지, 모델을 실행할 때마다 모델의 입력 파라미터를 계산하는 과정을 파라미터 추정이라고 말해."

2.1.1 평균-분산 모델의 실행 단계

투자 목표와 포트폴리오를 구성하기 위한 자산이 정의돼 있다고 가정하고 평균-분산 모델의 실행 단계를 살펴보면 다음과 같다.

그림 2-1 평균-분산 모델의 실행 단계

- **하이퍼파라미터 정의**: 투자 목표에 따라 평균-분산 모델의 하이퍼파라미터를 정의한다. 하이퍼파라미터에는 위험 회피 계수 λ, 목표 수익률, 목표 위험 수준, 자산 비중의 상한 등이 포함될 수 있다.

- **모델 파라미터 추정**: 평균-분산 모델의 파라미터인 μ와 Σ를 추정하는 단계로, 개별 자산의 수익률을 계산해서 기대 수익률 벡터 μ와 공분산 행렬 Σ를 정의한다.

- **평균-분산 모델 최적화**: 사전에 정의된 하이퍼파라미터와 추정된 파라미터를 이용해서 평균-분산 모델을 정의한다. 그리고 최적화 알고리듬을 이용해서 평균-분산 모델의 최적해 w^*를 구한다.

2.1.2 하이퍼파라미터 정의

평균-분산 모델의 하이퍼파라미터는 위험 회피 계수 λ와 투자 목표에 따른 제약 조건으로 구분할 수 있다.

2.1.2.1 위험 회피 계수

위험 회피 계수 λ는 투자자의 위험 회피 성향을 나타내는 값이다. 즉 투자자가 위험에 대해 얼마나 회피적인지 그리고 위험을 감수하고 얻는 수익률에 얼마나 가치를 두는지를 나타낸다. λ가 클수록 투자자가 위험을 많이 회피하는 성향이고 λ가 작을수록 투자자가 위험을 많이 수용하는 성향임을 나타낸다.

평균-분산 모델에 투자자의 위험 회피 성향을 표현한다는 의미는 이 값에 따라 효율적인 포트폴리오를 다르게 선택한다는 의미이다. 다음 그림 2-2를 보면 투자자의 위험 회피 성향에 따라 λ를 조정해서 효율적인 포트폴리오를 선택하는 모습을 볼 수 있다. 즉 λ가 클수록 위험을 많이 회피하는 성향이므로 효율적 경계선에서 위험이 낮은 영역에 있는 포트폴리오를 선택하게 되고, λ가 작을수록 위험을 선호하는 성향이므로 효율적 경계선의 위험이 큰 영역에 있는 포트폴리오를 선택하게 된다.

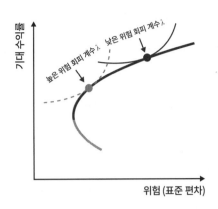

그림 2-2 투자자의 위험 회피 유형에 따른 효율적인 포트폴리오 선택

그렇다면 위험 회피 계수 λ 값은 어떻게 정해야 할까? Idzorek(2005) 〈참고문헌 2-1〉에 따르면 일반적으로 위험 회피 계수를 $\lambda = 3.07$로 권장하고 있다. 따라서 이 값을 기준으로 투자자의 위험 회피 성향에 따라 조정하면 된다.

2.1.2.2 제약 조건

투자자의 투자 목표에 따라 목표 수익률 또는 목표 위험 수준이 정의될 수 있다. 목표 수익률이나 목표 위험 수준이 정해지면 효율적인 포트폴리오는 그림 2-3과 같이 하늘색 직선 위에서 찾아야 하므로, 평균-분산 모델에서 이를 표현할 때는 수익률이나 위험 수준에 대한 제약 조건으로 표현한다.[1]

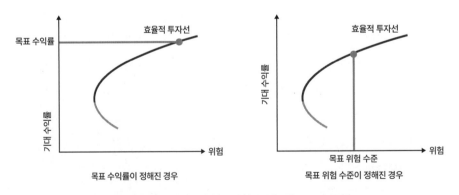

그림 2-3 목표 수익률과 목표 위험 수준(그림 1-16과 동일)

---

1 2.1.4 평균-분산 모델의 최적화에서 이런 제약 조건이 어떻게 표현되는지 살펴볼 예정이다.

이 외에 포트폴리오 운영에 필요한 다양한 제약 조건을 위한 하이퍼파라미터가 정의될 수 있다.

2.1.3 파라미터 추정

평균-분산 모델의 파라미터인 μ와 Σ를 추정하는 단계로 개별 자산의 수익률을 구해서 기대수익률 벡터 μ와 공분산 행렬은 Σ를 정의한다.

2.1.3.1 룩백 기간과 데이터 샘플링 주기

평균-분산 모델의 파라미터인 μ와 Σ를 추정하기 위해서 일반적으로 과거 일정 기간동안 자산의 가격 데이터를 사용한다. 이 기간을 **룩백 기간**^{lookback period}이라고 하며 자산 배분 시점을 기준으로 최근 3년에서 5년 사이로 정한다. 룩백 기간이 클수록 데이터의 통계량이 정확해지기 때문에 파라미터 추정 오차는 줄어든다.

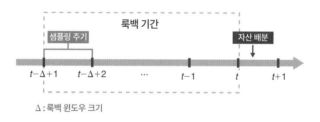

그림 2-4 룩백 기간

룩백 기간에서 데이터는 어떤 주기로 샘플링을 해야 할까? 일반적으로 평균-분산 모델에서는 데이터 샘플링 주기를 월 단위로 정한다.[2]

2.1.3.2 파라미터 추정

다음 표 2-1에서 보면 파라미터 추정을 위해 사용하는 데이터와 계산 순서를 확인할 수 있다.

---

2 단, 모델마다 샘플링 주기는 다를 수 있다. 예를 들어 팩터 모델의 변동성 팩터에서는 데이터를 일 단위로 샘플링한다.

표 2-1 자산별 수익률 계산

유니버스	수익률					자산 별 기대 수익률	수익률 공분산 행렬
	$t-\Delta+1$	$t-\Delta+2$	$\cdots$	$t-1$	t		
자산 1	$R_{1,t-\Delta+1}$	$R_{1,t-\Delta+2}$		$R_{1,t-1}$	$R_{1,t}$	$\mathbb{E}[R_1]$	
자산 2	$R_{2,t-\Delta+1}$	$R_{2,t-\Delta+2}$		$R_{2,t-1}$	$R_{2,t}$	$\mathbb{E}[R_2]$	
$\cdots$	$\cdots$	$\cdots$	$\cdots$	$\cdots$	$\cdots$	$\cdots$	Σ
자산 i	$R_{i,t-\Delta+1}$	$R_{i,t-\Delta+2}$		$R_{i,t-1}$	$R_{i,t}$	$\mathbb{E}[R_i]$	
$\cdots$	$\cdots$	$\cdots$	$\cdots$	$\cdots$	$\cdots$	$\cdots$	
자산 N	$R_{N,t-\Delta+1}$	$R_{N,t-\Delta+2}$		$R_{N,t-1}$	$R_{N,t}$	$\mathbb{E}[R_N]$	

변수 설명

- t: 기준 시점

- Δ: 룩백 윈도우 크기

- $[t-\Delta+1, t]$: 룩백 기간

- k: 데이터 인덱스 ($k = t-\Delta+1, t-\Delta+2, \ldots, t-1, t$)

- N: 투자 유니버스의 자산의 개수

- i: 자산 인덱스 ($i = 1, 2, \ldots, N$)

- $P_{i,k}$: 자산 i의 k 시점의 가격

- $R_{i,k}$: 자산 i의 k 시점의 수익률

자산별 수익률 계산

- 샘플링 주기에 따라 자산 i별로 k 시점의 수익률 $R_{i,k}$를 계산한다.

$$R_{i,k} = \frac{P_{i,k} - P_{i,k-1}}{P_{i,k-1}}$$

기대 수익률 계산

- 자산 i별로 기대 수익률 $\mathbb{E}(R_i)$을 계산한다.

$$\mathbb{E}(R_i) = \frac{1}{\Delta} \sum_k R_{i,k}$$

- 기대 수익률 벡터 $\boldsymbol{\mu}$를 정의한다.

$$\boldsymbol{\mu}^T = [E(R_1), E(R_2), \ldots, E(R_N)]^T$$

공분산 행렬 계산

- 자산 i별로 분산 $\mathrm{Var}[R_i]$을 계산한다.

$$\mathrm{Var}(R_i) = \frac{1}{\Delta} \sum_k (R_{i,k} - \mathbb{E}(R_i))^2$$

- 자산 i, j의 공분산 $\mathrm{Cov}(R_i, R_j)$을 계산한다.

$$\mathrm{Cov}(R_i, R_j) = \frac{1}{\Delta} \sum_k (R_{i,k} - \mathbb{E}(R_i))(R_{j,k} - \mathbb{E}(R_j))$$

- 공분산 행렬 $\boldsymbol{\Sigma}$를 다음과 같이 정의한다.

$$\boldsymbol{\Sigma} = \begin{bmatrix} \mathrm{Var}(R_1) & \mathrm{Cov}(R_1, R_2) & \cdots & \mathrm{Cov}(R_1, R_N) \\ \mathrm{Cov}(R_2, R_1) & \mathrm{Var}(R_2) & \cdots & \mathrm{Cov}(R_2, R_N) \\ \vdots & \vdots & \ddots & \vdots \\ \mathrm{Cov}(R_N, R_1) & \mathrm{Cov}(R_N, R_2) & \cdots & \mathrm{Var}(R_N) \end{bmatrix}$$

2.1.4 평균-분산 모델 최적화

이제 평균-분산 모델을 정의해 보자. 위험 회피 계수 λ와 파라미터 $\boldsymbol{\mu}$와 $\boldsymbol{\Sigma}$는 평균-분산 모델의 목적 함수 $\boldsymbol{\mu}^T\boldsymbol{w} - \frac{\lambda}{2}\boldsymbol{w}^T\boldsymbol{\Sigma}\boldsymbol{w}$를 정의하는 데 사용된다. 그리고 목표 수익률이나 목표 위험 수준은 평균-분산 모델의 제약 조건으로 표현된다. 이러한 제약 조건이 어떻게 표현되는지 살펴보자.

2.1.4.1 목표 수익률 제약 조건

포트폴리오의 목표 수익률이 c로 정해져 있는 경우 포트폴리오의 기대 수익률 $\boldsymbol{\mu}^T\boldsymbol{w}$가 목표 수익률 c가 되도록 제약 조건을 주면 된다. 다음 식에서 제약 조건이 추가된 평균-분산 모델을 보여주고 있다. 이 식을 최적화하면 목표 기대 수익률을 만족하는 포트폴리오를 구할 수 있다.

$$\max_{w} \ \boldsymbol{\mu}^T \boldsymbol{w} - \frac{\lambda}{2} \ \boldsymbol{w}^T \Sigma \boldsymbol{w}$$

$$\text{subject to} \ \ \boldsymbol{\mu}^T \boldsymbol{w} = c \quad \text{목표 수익률}$$

$$\boldsymbol{w}^T \mathbf{1} = 1$$

λ: 위험 회피 계수

w: 자산 편입 비율

$\boldsymbol{\mu}$: 자산별 기대 수익률(N), N: 자산 개수

Σ:자산 수익률의 공분산 행렬($N \times N$)

c: 포트폴리오 목표 기대 수익률

(출처: Markowitz, H.M. (March 1952). "Portfolio Selection". The Journal of Finance. 7 (1): 77–91. doi:10.2307/2975974. JSTOR 2975974.)

2.1.4.2 목표 위험 제약 조건

마찬가지로 포트폴리오의 목표 위험 수준이 c로 정해져 있는 경우 포트폴리오의 위험 $\frac{\lambda}{2} \ \boldsymbol{w}^T \Sigma \boldsymbol{w}$이 목표 위험 수준 c가 되도록 제약 조건을 주면 된다. 이렇게 표현된 다음 식을 최적화하면 목표 위험 수준을 만족하는 포트폴리오를 구할 수 있다.

$$\max_{w} \ \boldsymbol{\mu}^T \boldsymbol{w} - \frac{\lambda}{2} \ \boldsymbol{w}^T \Sigma \boldsymbol{w}$$

$$\text{subject to} \ \ \frac{\lambda}{2} \ \boldsymbol{w}^T \Sigma \boldsymbol{w} = c \quad \text{목표 위험 수준}$$

$$\boldsymbol{w}^T \mathbf{1} = 1$$

λ: 위험 회피 계수

w: 자산 편입 비율

$\boldsymbol{\mu}$: 자산별 기대 수익률(N), N: 자산 개수

Σ:자산 수익률의 공분산 행렬($N \times N$)

c: 포트폴리오 목표 위험 수준

(출처: Markowitz, H.M. (March 1952). "Portfolio Selection". The Journal of Finance. 7 (1): 77–91. doi:10.2307/2975974. JSTOR 2975974.)

2.1.4.3 자산 편입 비율 제약 조건

평균-분산 모델의 경우 특정 자산으로만 배분되는 코너해 문제가 있는데 이 문제를 해결하려면 개별 자산의 편입비율 w_i에 상한을 주면 된다. 다음과 같이 w_i에 상한을 주는 제약 조건을 추가해서 최적화하면 코너해 문제를 해결할 수 있다.

$$\max_{w} \ \boldsymbol{\mu}^T \boldsymbol{w} - \frac{\lambda}{2} \ \boldsymbol{w}^T \Sigma \boldsymbol{w}$$

$$\text{subject to} \quad \boldsymbol{w}_i \leq c \quad \text{개별 자산 편입 비율 상한}$$

$$\boldsymbol{w}^T \mathbf{1} = 1$$

λ: 위험 회피 계수

$\boldsymbol{w}$: 자산 편입 비율

$\boldsymbol{\mu}$: 자산별 기대 수익률(N), N: 자산 개수

Σ: 자산 수익률의 공분산 행렬 ($N \times N$)

c: 개별 자산 편입 비율 상한

(출처: Markowitz, H.M. (March 1952). "Portfolio Selection". The Journal of Finance. 7 (1): 77–91. doi:10.2307/2975974. JSTOR 2975974)

2.1.4.4 최적화

이렇게 정의된 평균-분산 모델은 CVXPY와 같은 컨벡스 최적화 패키지를 이용해서 최적해 $\boldsymbol{w}^*$ 를 구할 수 있다.[3] 이 책에서는 포트폴리오 최적화 패키지인 PyPortfolioOpt에서 제공하는 평균-분산 최적화 알고리듬을 사용하고 있다.

조금 더 알아보기

PyPortfolioOpt은 파이썬으로 구현된 포트폴리오 최적화를 위한 오픈 소스 라이브러리이다. 이 라이브러리는 다양한 자산과 제약 조건을 고려해 효율적인 포트폴리오를 구성하고 최적화하는 도구로 사용된다. PyPortfolioOpt의 주요 기능과 특징은 다음과 같다.

- **포트폴리오 최적화**: 다양한 최적화 목표(예: 최대 수익, 최소 리스크, 주어진 수익률 대비 최소 리스크 등)를 설정해 포트폴리오 최적화를 수행할 수 있다.

- **자산 데이터 처리**: 주가 데이터, 수익률 데이터, 공분산 행렬 및 기타 자산 관련 데이터를 다루는 데 사용된다. 다양한 데이터 소스에서 데이터를 가져와 처리하는 기능을 제공한다.

- **효율적인 투자**: 효율적 투자선을 계산해 투자자가 선택할 수 있는 여러 위험 및 수익률 조합을 시각화한다.

---

3 평균-분산 모델의 최적화 식에 제약 조건을 추가하면 2차 함수 형태의 컨벡스 함수의 조건이 깨져서 최적화에 실패할 경우가 있다. 이 경우 최적화를 여러 번 시도하면 해를 찾을 수 있지만 못 찾는 경우도 있다.

- **다양한 최적화 알고리듬**: 다양한 최적화 알고리듬을 지원하며 사용자는 최적화 문제에 가장 적합한 알고리듬을 선택할 수 있다.

- **제약 조건 설정**: 포트폴리오 최적화에 대한 다양한 제약 조건을 설정할 수 있다. 예를 들어 자산 비중 제약, 부분적 투자, 리밸런싱 주기 등을 고려할 수 있다.

- **시뮬레이션 및 백테스트[4]**: 시뮬레이션 및 백테스트 기능을 제공해 포트폴리오 전략의 성과를 검증하고 평가할 수 있다.

- **오픈 소스 및 커뮤니티**: 오픈 소스 프로젝트로 개발돼 개발자 커뮤니티가 지원 및 유지 보수하고 있다.

2.2 자산 배분 전략

선배 "지금까지 평균-분산 모델의 실행 단계를 살펴봤는데 이제 조금 더 이해되지?"

나 "네, 개념적으로만 알았는데 계산 방법까지 설명을 들으니 어떻게 개발할지 감이 오는 것 같아요."

선배 "잘 이해하고 있는 것 같아 다행이네. 이제 조금 더 설명을 들으면 개발을 시작해 볼 수 있을 거야. 평균-분산 모델의 실행하면 자산의 투자 비율이 결정되는데 이렇게 다양한 자산에 투자를 배분해서 위험을 분산하는 투자 전략을 자산 배분 전략asset allocation strategy이라고 해."

나 "아! 그러면 현대 포트폴리오 이론이 일종의 자산 배분 전략이었군요."

선배 "그렇지. 자산 배분 전략의 전체 과정을 살펴보고 슬슬 개발 준비를 시작해 볼까?"

나 "하하하, 그렇게 해요!"

---

4 백테스트는 특정 전략, 모델 또는 트레이딩 시스템이 과거의 시장 데이터에 어떻게 동작했는지를 시뮬레이션해 평가하는 프로세스를 말한다. 투자 전략이나 알고리듬 트레이딩 시스템을 개발한 후에 그 성능을 검증하고 향후의 실전 투자에 대한 예측력을 높이기 위해 백테스트를 수행한다.

2.2.1 자산 배분 전략의 실행 과정

자산 배분 전략은 다양한 자산에 투자를 배분해서 위험을 분산하는 투자 전략이다. 자산 배분 전략이 실행되는 전체 과정은 그림 2-5와 같다.

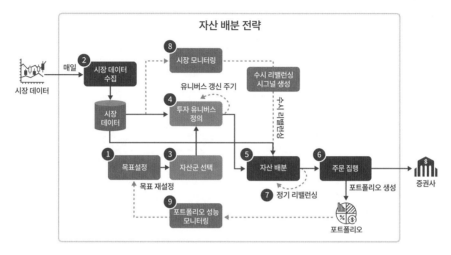

그림 2-5 자산 배분 전략의 실행 과정

1. **목표 설정**: 전략을 수립하기 위해 투자자의 투자 목표, 위험 수준, 투자 기간을 정의한다.

2. **시장 데이터 수집**: 시장 데이터를 분석하기 위해 주기적으로 가져와서 데이터베이스에 저장한다.

3. **자산군 선택**: 투자할 자산의 종류인 자산군$^{asset\ class}$을 선택한다.

4. **투자 유니버스 정의**: 투자할 자산의 집합인 투자 유니버스$^{investment\ universe}$를 정의한다. 자산군이 투자의 대분류(예: 주식)라면 투자 유니버스(예: 삼성전자)는 그 하위 분류 또는 세분된 영역이다.

5. **자산 배분**: 투자 유니버스를 대상으로 자산의 투자 비율을 정한다. 이때 평균-분산 모델을 포함한 다양한 자산 배분 알고리듬을 사용할 수 있다.

6. **주문 집행**: 결정된 자산 배분 비율과 투자 수단에 따라 실제로 투자를 실행한다. 다양한 거래 전략에 따라 자산별 목표 가격과 수량을 결정해서 주문을 생성하고 매수/매도 거래를 실행한다.

7. **정기 리밸런싱**: 포트폴리오를 효율적인 상태로 만들기 위해 정기적으로 자산 배분 비율을 맞춘다.

8. **시장 모니터링 및 수시 리밸런싱**: 시장의 상태가 변화되는 시점을 파악해서 수시 리밸런싱을 통해 자산 배분 비율을 조정한다.

9. **포트폴리오 성능 모니터링**: 주기적으로 포트폴리오의 성능을 모니터링하고, 시장의 상황이나 투자 목표, 위험 수준과 같은 투자 목표가 변경됐을 때 현재의 전략을 재평가하고 조정한다.

투자 전략은 시간이 지나면서 투자 환경이나 투자자의 상황이 변화함에 따라 같이 바뀔 필요가 있으므로 지속적인 관리가 필요하다.

2.2.2 목표 설정

자산 배분 전략의 목표설정 단계는 전체 과정을 시작하는 중요한 출발점으로, 전략을 수립하기 위해 투자 목표의 위험 허용도, 기간을 정의한다.

- **투자 목표**: 투자의 목적을 정의하고 그에 따른 필요한 금액을 추산한다.

- **위험 허용도**: 투자자의 위험 성향을 분석해서 허용 가능한 위험 수준을 평가한다.

- **투자 기간**: 투자 목표를 달성하기 위한 예상 시간을 설정한다.

목표 설정 단계는 매우 주관적이며 투자자의 개인적인 상황과 욕구, 기대치에 따라 다르게 설정될 수 있다. 따라서 자신만의 목표를 명확하게 설정하는 것은 투자에 성공하기 위한 핵심 요소이다. 목표를 제대로 설정하지 않는다면 이후의 투자 과정에서 방향성을 잃거나 비효율적인 투자를 할 수 있다.

2.2.2.1 목표 수립

투자의 목적을 명확히 하고 목적에 부합할 필요 금액을 추산하는 것이 투자의 첫걸음이 될 것이다. 투자의 목적은 은퇴 자금 마련, 주택 구입, 자녀 교육비, 여행, 장기적인 재테크 등이 될수 있다. 그리고 은퇴에 필요한 총 자금이나 자녀 교육비 등을 예상해 보고 투자의 목표 금액을 정한다.

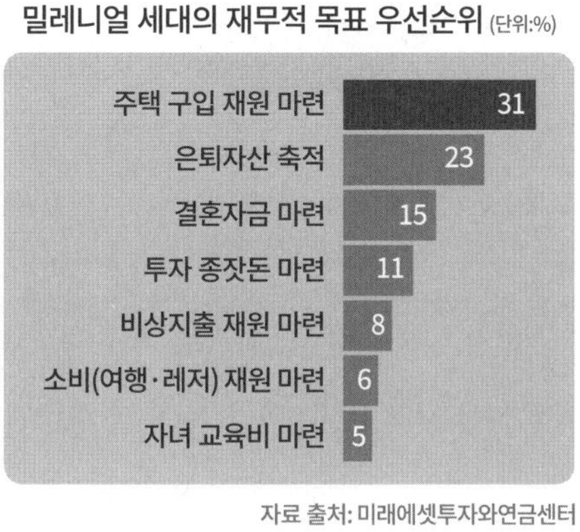

밀레니얼 세대의 재무적 목표 우선순위 (단위:%)

주택 구입 재원 마련	31
은퇴자산 축적	23
결혼자금 마련	15
투자 종잣돈 마련	11
비상지출 재원 마련	8
소비(여행·레저) 재원 마련	6
자녀 교육비 마련	5

자료 출처: 미래에셋투자와연금센터

그림 2-6 투자 목표 예시

2.2.2.2 위험 허용도 평가

모든 투자에는 그에 따르는 위험이 있기 때문에 투자자가 얼마나 많은 위험을 감수할 준비가돼 있는지를 파악해야 한다. 이를 위해 설문지나 인터뷰를 통해 투자자의 투자 위험 성향을 평가하고, 과거의 투자 경험, 재무 상황을 추가로 분석해서 투자자의 위험 허용도를 정한다. 투자 경험이 풍부하거나 금융 지식이 높은 투자자는 위험을 관리할 수 있지만, 경험이나 지식이부족한 투자자는 위험 관리 능력이 떨어지기 때문에 보수적인 투자를 선택하도록 한다. 또한현재의 재무 상황과 예상되는 미래의 재무 상황을 고려해 위험 허용도를 조절한다.

그림 2-7 투자자 위험 성향 예시(그림 1-2와 동일)

2.2.2.3 투자 기간 설정

투자의 목적을 달성하기 위한 예상 시간을 설정한다. 예를 들어 10년 후 은퇴를 계획하는 경우 투자 기간을 10년으로 설정할 수 있다. 중간에 자금을 회수할 필요가 있는지를 고려해 투자 기간을 조절한다. 예를 들어 5년 이내에 주택 구입을 계획하고 있다면 일부 자금은 단기간에 회수할 수 있어야 한다.

2.2.3 시장 데이터 수집

시장 데이터^{market data}는 금융 시장에서 거래되는 다양한 금융 상품과 관련된 정보로, 투자 전략을 실행하기 위해서는 시장 데이터의 분석이 필요하다. 시장 데이터는 **거래소**^{exchange}와 **브로커**^{broker}, **금융정보 제공업체**에서 제공받을 수 있다. 예를 들어 KOSPI 또는 KOSDAQ와 같은 국내 주식 시장의 데이터는 한국증권거래소인 KRX, 증권사, 네이버와 같은 주요 포털에서 제공받을 수 있다.

시장 데이터를 수집할 때 주의해야 할 점은 데이터의 일관성을 맞추는 일이다. 데이터 출처가 다양할 경우 동일한 기간과 자산의 데이터라도 다른 형태로 수집될 수 있으며, 글로벌 시장에서 데이터를 수집하는 경우 시차로 인해 데이터의 해석이 달라질 수도 있다. 따라서 데이터의 형태를 맞추고 데이터의 시간 순서를 맞추는 작업을 해야 한다. 또한 데이터가 최신 데이터인지, 실시간 데이터인지 지연 데이터인지, 데이터에 결측치나 이상치가 있는지도 확인해 보고 그에 맞게 처리해야 한다.

2.2.4 자산군 선택

투자 목표가 정해지면 그에 따라 어떤 자산에 얼마나 투자할지를 정해야 한다. 투자할 자산의 종류는 매우 다양하기 때문에 먼저 어떤 종류의 자산에 투자할지를 정해야 한다. 투자할 자산의 종류를 **자산군**이라고 한다. 그리고 자산군 내에서 투자 대상이 되는 자산을 세부적으로 선정하게 되는데 이렇게 선정한 자산들의 집합을 **투자 유니버스**라고 한다. 자산군이 자산의 대분류라면 투자 유니버스는 그 하위 분류 또는 세분된 영역이라고 할 수 있다.

2.2.4.1 투자 대상 선정 과정

투자 대상을 정하는 과정을 그림으로 그려보면 그림 2-8과 같다. 먼저 투자 목표에 부합하는 자산군과 투자 비율을 선택하고 자산군별로 투자 유니버스를 정의하는 과정을 거치게 된다.

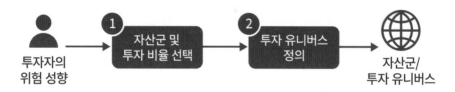

그림 2-8 자산군 및 투자 유니버스 선정 과정

2.2.4.2 자산군 선정 기준

투자 목표에 맞춰 자산군을 선택할 때는 투자자의 개별적인 상황, 위험 허용도, 투자 기간 등에 따라 다를 수 있지만 일반적으로 고려되는 기준들은 다음과 같다.

- **투자 기간**: 투자 기간이 짧을 경우 변동성이 낮은 안정적인 자산에 투자하는 것이 바람직하다. 왜냐하면 단기 투자 시에 자산의 변동성은 결과에 더 큰 영향을 미치게 되기 때문이다. 반대로 장기 투자를 할 경우 변동성이 높아도 장기적으로 높은 수익률을 기대할 수 있는 자산에 투자할 수 있다. 장기 투자를 하게 되면 위험이 분산되고 투자의 복리 효

과도 누릴 수 있기 때문이다.[5]

- **위험 허용도**: 위험 허용도가 낮은 투자자는 채권, 현금 등 안정적인 자산군을 선호할 수 있다. 위험을 추구하는 투자자는 주식, 원자재, 신흥 시장 자산 등 변동성이 높은 자산군을 선택할 수 있다.

- **예상 수익률**: 자산군의 예상 수익률을 고려해 투자 목표를 달성하기 위해 필요한 수익률과 얼마나 일치하는지를 검토한다.

- **자산군 간의 상관관계**: 서로 다른 자산군 간의 상관관계를 고려해 포트폴리오의 다양화를 추구한다. 상관관계가 낮은 자산군을 혼합하면 전체 포트폴리오의 위험이 감소할 수 있다.

- **유동성**: 필요에 따라 자금을 빠르게 회수할 수 있는지를 고려해 자산군을 선택한다. 일부 대안적 투자(예: 투자 부동산, 사모 펀드 등)는 유동성이 제한적일 수 있다.

- **세금 및 비용**: 투자 관련 세금과 수수료, 거래 비용 등을 고려해 자산군 선택의 효율성을 평가한다.

- **경제 및 시장 전망**: 경제의 성장률, 인플레이션, 금리 전망 등을 고려해 특정 자산군의 전망을 평가한다.

이러한 기준들을 토대로 투자 목표와 개인적인 투자 상황에 가장 적합한 자산군을 선택해 포트폴리오를 구성한다.

그림 2-9 자산군 선정 기준

---

5 복리 효과는 투자 수익이 시간이 지남에 따라 누적돼 투자 원금과 이전의 수익에 대해서도 수익을 창출하는 현상을 말한다.

2.2.4.3 자산군 투자 비율 선정

투자 목표에 맞춰 자산군을 정하고 나면 자산군 별로 투자 비율을 정한다. 자산군의 투자 비율도 자산군과 유사한 기준으로 투자자의 위험 허용도, 수익률 목표, 투자 기간 등에 따라 결정한다.

자산군을 정하는 이유는 위험을 관리하기 위한 목적이 크다. 즉 투자할 자산의 위험 수준에 대한 범위가 투자자의 위험 허용도 내에서 정해지고 위험 수준별로 자산군을 정하면 투자 위험 성향에 맞는 투자 전략을 구사할 수 있기 때문이다. 이 과정을 그림으로 살펴보면 그림 2-10과 같다.

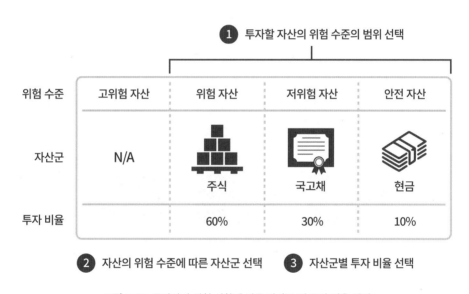

그림 2-10 투자자의 위험 성향에 따른 자산군 및 투자 비율 선정 `

먼저 **(1) 투자자의 위험 허용도 내에서 투자할 자산의 위험 수준 범위를 정하고 (2) 위험 수준별로 자산군을 정한 후 (3) 자산군 별로 투자 비율을 정한다.** 그림 2-10에서 투자자는 공격적인 투자 성향을 가졌지만 비트코인과 같은 고위험 자산에까지 투자할 정도로 위험을 허용하지 않는 성향을 보였다. 따라서 안전 자산에서 위험 자산까지를 투자 대상으로 정한다. 그리고 각 위험 수준에 따라 자산군을 정하면 되는데, 그림 2-10의 예시에서는 안전 자산에는 현금을, 저위험 자산에는 국고채를, 위험 자산에는 주식을 정하고 있다. 마지막으로 자산군별로 투자 비율을 정하면 된다.

이처럼 자산군을 활용한 위험관리 전략은 시장 경기에 따른 탄력적인 투자 전략을 운용할 때도 유용하다. 즉 경기가 좋을 때는 투자를 공격적으로 하고 경기가 하락할 때는 투자를 방어적으로 전환할 수 있다. 공격적인 전략에서는 위험 자산의 비율을 늘리고 방어적인 전략에서는 안전 자산의 비율을 늘려주면 된다.[6]

2.2.5 투자 유니버스 정의

자산군을 정의하고 나면 자산군별로 투자 유니버스를 정의한다. 투자 유니버스는 실질적으로 투자 대상이 되는 자산으로 정의한다. 즉 포트폴리오 구성의 후보가 되는 자산이라고 볼 수 있다.

자산군에 따라 자산의 특성이 다르기 때문에 투자 유니버스를 선정하는 기준도 다양할 수밖에 없지만 일반적으로 투자 유니버스는 투자 목표, 거래 마찰, 정보 접근성 등에 따라 결정한다.

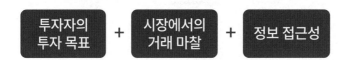

그림 2-11 투자 유니버스 선정 기준

- **투자자의 투자 목표**: 투자자의 투자 목표와 투자 위험 성향에 맞춰서 선정한다.

  ○ **세부 유형**: 자산군 내에 세부적인 유형이 있는 경우 투자 목표에 맞는 세부 유형을 선택한다(예를 들어 ETF는 지수형, 섹터형, 스타일, 원자재, 해외 주식, 채권형, 파생형과 같은 세부 유형이 있다).

  ○ **시가 총액**: 시가 총액이 작으면 시세 조정이 쉬워지므로 투자 범위를 시가 총액이 일정 규모 이상이 되는 자산으로 선정한다.

---

6 이와 같은 위험관리 방식은 5장 시장 모니터링 및 수시 리밸런싱에서 확인할 수 있다.

- ○ **변동성**: 자산 가격의 변동성이 기준치 이상이면 위험한 자산이므로 제외한다.
- **시장에서의 거래 마찰**: 시장에서의 거래 마찰이 최소화되게 선정한다.

  - ○ **수수료율**: 거래 수수료가 수익률에 영향을 미치지 않을 정도로 산정된 자산만을 선택한다.

  - ○ **슬리피지**^{slippage} **손실**: 거래 방식이 복잡하거나 거래량이 적으면 슬리피지 손실이 발생하므로 유동성이 풍부한 자산을 선택한다.[7]

- **정보 접근성**: 유의미한 통계량이 나오도록 충분한 시장 데이터를 수집할 수 있어야 한다.

  - ○ **상장 기간**: 자산 배분 모델에서 사용하는 룩백 기간보다 상장 기간이 길어야 모델을 사용할 수 있으므로 최소 상장 기간 조건을 둔다.

  - ○ **유동성**: 거래량이 너무 적으면 통계량에 편향이 생기기 때문에 거래량이 일정치 이상 발생하는 자산을 선택한다.

이런 기본 원칙에 따라 주식의 경우 종목별 세부 종류, 시가 총액, 상장 기간, 거래량, 변동성 등을 기준으로 선정할 수 있다. ETF의 경우에도 지수형, 섹터형, 스타일, 원자재, 해외주식, 채권형, 파생형과 같은 다양한 세부 유형으로 나뉘기 때문에 투자 목표, 거래 마찰, 정보 접근성 등에 따라 세부 유형을 선정한다. 예를 들어 해외 주식 ETF와 같이 수수료율이 높은 ETF는 배제할 수 있다.

투자 유니버스를 선정하는 과정이 복잡하다고 느껴지면 KOSPI 200과 같은 대표적인 지수의 종목 선정 기준을 살펴보고 내 위험 성향과 맞으면 KOSPI 200에 해당하는 종목을 투자 유니버스로 정하는 것도 방법이다.

2.2.6 자산 배분

자산 배분은 평균-분산 모델과 같은 자산 배분 알고리듬을 이용해서 투자 유니버스에 속하는 자산들의 투자 비중을 구하는 과정이다. 따라서 자산군이 여러 개라면 자산군별로 자산 배분

---

7 슬리피지는 주문 지연으로 인한 가격 차이를 말한다.

을 해야 한다. 평균-분산 모델은 자산을 무한히 분할할 수 있다고 가정해서 자산 편입 비중을 계산하기 때문에 실제 거래를 위한 주문 시점에서는 이 비율과 일치시킬 수는 없다. 다만 최대한 자산 편입 비중에 근사하게 수량을 조정해서 거래하게 된다.

그림 2-12 투자 유니버스를 이용한 자산 배분

자산 배분 전략에는 평균-분산 전략 외에도 균등 배분 전략, 평균-CVaR, 블랙-리터만, 리스크 패리티와 같은 최적화 방식의 자산 배분 전략, 이동 평균 또는 모멘텀 같은 거래 시그널을 이용한 전략이 있다.

- **균등 배분**: 모든 자산에 동일한 비율로 투자하는 가장 단순한 전략이지만 복잡한 최적화 전략들과 대등한 투자 성능을 보일 때가 많다.

- **평균-CVaR 최적화**Mean-Conditional Value at Risk Optimization: 평균-분산 모델을 변형한 전략으로 위험을 분산으로 표현하는 대신 CVaR로 표현한다. 자산의 수익률 분포 꼬리의 위험을 측정해서 이를 최소화하는 포트폴리오를 찾는 전략이다.

- **블랙-리터만**: 평균-분산 모델을 변형한 전략으로 시장 균형 예상 수익률과 개별 투자자의 주관적인 시장 전망을 결합한 전략이다.

- **리스크 패리티**: 위험을 최대한 분산하는 것을 목표로 모든 자산이 동일한 위험 기여도를 가지도록 포트폴리오를 구성하는 전략이다.

- **이동 평균 기반**: 이동 평균을 이용한 거래 시그널을 생성해서 투자 비중을 조정하는 자산 배분 전략이다.

- **모멘텀 기반**: 자산의 최근 성과에 기반해 투자 비중을 조정하는 자산 배분 전략이다. 과거의 가격 상승 모멘텀이 미래에도 지속될 것이라는 가정에 기반한다.

2.2.7 주문 집행

자산 배분 이후 실제 주문을 집행할 때 위험과 비용을 최소화하기 위한 다양한 거래 전략을 적용할 수 있다. 시장의 상태에 따라 거래의 위험 정도가 달라질 수 있기 때문에 가장 먼저 시장의 상태를 평가해야 한다. 그런 다음 시장 상태와 거래 조건에 따른 위험과 비용을 최소화하기 위한 다양한 주문 전략을 적용한다.

2.2.7.1 시장 평가

시장의 상태는 유동성과 변동성, 시장의 트렌드(상승, 하락, 보합), 수요와 공급의 상태 파악을 확인하는 단계로 평가된다.

그림 2-13 시장 평가

유동성 평가

- 주요 거래량 지표를 검토해 유동성을 확인한다.

- 대형 주문이 시장 가격에 미치는 영향을 평가한다.

변동성 평가

- 최근의 가격 변동성 지표(예: 표준 편차, ATR^Average True Range**8** 등)를 검토한다.

- 주요 뉴스 이벤트, 경제 지표 발표, 기타 시장 영향 요인을 모니터링한다.

시장의 트렌드 파악

- 이동 평균, MACD, RSI 등의 기술 지표를 사용해 시장의 전반적인 트렌드를 파악한다.

---

8   ATR은 가격 변동의 강도를 나타내는데 이는 단순히 가격 변동의 크기만을 나타내는 것이 아니라 그 변동이 얼마나 빠르고 극단적으로 일어나는지를 나타낸다. ATR은 일반적으로 일정 기간(예: 14일) 동안의 '진정한 범위(True Range)'의 평균으로 계산되며 진정한 범위는 다음 3가지 값 중 가장 큰 값으로 계산된다. ① 오늘의 최고가와 최저가의 차이 ② 오늘의 최고가와 어제의 종가의 차이 ③ 오늘의 최저가와 어제의 종가의 차이

- 금융 뉴스, 애널리스트의 의견, 시장 참가자들의 기대감 등을 분석한다.

수요와 공급의 상태 파악

- 주문 매도량^{ask}과 주문 매수량^{bid} 간의 균형에 따라 실시간으로 변하는 주문의 수요와 공급 상태를 파악한다. 이는 시장 참가자들의 실시간 거래 의향을 반영한 시장의 깊이와 방향성을 나타낸다.[9]

2.2.7.2 시장 평가에 따른 거래 전략

시장 상태가 파악됐다면 시장 상태에 따른 위험을 최소화하고 수익률을 최대화하는 거래 전략을 고려한다.

- **유동성이 낮은 시장에서의 손실과 비용 관리**: 유동성이 낮은 시장에서 큰 주문을 넣으면 시장의 가격에 큰 영향을 줄 수 있다. 이러한 가격 변동은 주문 가격과 실제 체결 가격 사이의 차이, 즉 **슬리피지**를 발생시켜서 투자자는 원하지 않는 높은 **거래 비용**을 부담하게 된다. 또한 주문 체결에 시간이 걸리므로 새로운 **기회 비용**을 초래할 수도 있다. 따라서 유동성이 낮을 때는 주문을 작게 분할해서 시장의 영향을 최소화하거나 주문을 넣지 않도록 한다.

- **변동성이 높은 시장에서의 위험 관리**: 변동성이 높은 시장에서는 가격이 급격하게 움직여서 투자자가 원하는 가격에 주문을 체결하기 어렵다. 또한 투자자의 위험 허용도를 넘는 거래를 하게 될 수도 있다. 이 경우 거래 가격에 한도를 줘 주문하면 자신이 원하는 가격과 위험 허용도를 만족할 수 있다. 예를 들어 특정 가격에 도달했을 때 거래가 이뤄지는 **정지 주문**$^{stop\ order}$을 사용하면 손실을 제한할 수 있다.

- **시장 트렌드에 따른 전략적 주문 결정**: 시장의 트렌드(상승, 하락, 보합)를 이해하면 투자자는 주문의 타이밍과 크기, 주문 유형을 전략적으로 결정할 수 있다.

---

9 시장의 깊이는 어떤 자산의 시장에서 매수 또는 매도 주문이 얼마나 많이 누적돼 있는지를 나타낸다. 시장의 깊이가 클수록 더 많은 수량의 자산이 거래되고 시장의 유동성이 높음을 나타낸다. 시장의 깊이가 깊으면 큰 거래가 시장 가격에 큰 영향을 주지 않고 실행될 수 있음을 의미한다. 시장의 방향성은 시장의 상승, 하락과 같이 시장의 가격 움직임이 일정한 방향성을 가졌는지를 나타낸다.

이 외에 급격한 시장 변동이나 뉴스 이벤트 등 외부 요인에 따라 주문 전략을 유연하게 조절할 수 있어야 한다.

2.2.7.3 주문 전략

주문 전략은 자산을 거래할 때 사용하는 전략으로 거래 손실과 비용을 최소화하며 반대로 수익률을 높이는 것을 목표로 한다. 다음은 기본적으로 사용하는 주문 전략이다.

- **시장가 주문**market order: 가격을 지정하지 않고 현재가로 거래를 하는 주문이다. 체결 속도는 빠르지만 변동성이 높은 시장에서는 예상한 가격과 크게 다른 가격에 체결될 수 있다.

- **지정가 주문**limit order: 지정한 가격으로 거래를 하는 주문이다. 원하는 가격에 도달하지 않으면 주문은 체결되지 않을 수 있다.

- **정지 주문**: 특정 가격에 도달하면 시장가 주문으로 전환되는 주문이다. 주로 위험을 관리하고 이익을 보호하는 데 사용된다.

기본적인 주문 전략 외에 실질적으로 많이 사용하는 주문 전략에는 다음과 같은 것이 있다.

- **정지 지정가 주문**stop-limit order: 특정 가격에 도달하면 지정가 주문으로 전환되는 주문이다.

- **결합 주문**bracket order: 목표 가격과 손절 가격을 동시에 설정해 두 가격 중 하나에 도달하면 다른 주문을 자동으로 취소한다.

- **트레일링 스톱 주문**trailing stop order: 주가가 특정 비율 또는 금액만큼 움직이면 주문 가격을 그만큼 조정하는 주문이다. 이를 통해 주가 상승에 따라 이익을 자동으로 확보할 수 있다.

- **아이스버그 주문 또는 빙산 주문**iceberg order: 큰 거래 주문을 작은 여러 조각으로 나눠 시장에 노출시키는 전략으로 전체 주문의 크기를 숨기려는 의도로 사용된다.

- **TWAP**Time-Weighted Average Price 또는 **VWAP**Volume-Weighted Average Price: 특정 시간 동안의 평균 가격 또는 거래량에 근접하게 거래되도록 주문을 나눠서 거래하는 알고리듬 전략이다.

- 스케일 아웃^{Scale Out}: 주식을 여러 단계에 걸쳐서 판매하는 전략으로 주가 상승 시 일부 주식을 이익 실현하고 나머지는 계속 보유하는 방식이다.

- 알고리듬 트레이딩: 주식의 특정 가격 행동, 시장의 유동성, 시간, 주문량 등을 고려해 자동으로 주문을 최적화하는 알고리듬을 사용한다. 복잡한 알고리듬과 자동화된 시스템이 필요하다.

참고로 실제 거래와 달리 시뮬레이션에서는 비교적 단순하게 거래를 처리한다. 예를 들어 자산 배분 이후 거래일의 시작가를 기준으로 분할 매도/매수 없이 일괄로 거래하는 방식을 취한다. 이 책에서는 시뮬레이션 상에서 거래하는 것으로 구현돼 있기 때문에 이 방식에 따르게 될 것이다.

2.2.7.4 목표 수량 계산

최적의 자산 편입 비율 w^*과 목표 거래 가격이 정해졌다면 목표 수량을 계산할 수 있다. 즉 보유 현금을 자산 편입 비율로 곱해서 자산별로 예산을 계산한다. 그리고 자산별 예산을 목표 거래 가격으로 나누면 목표 수량이 된다. 일반적으로, 자산별로 w_i^*를 초과하지 않게 거래 수량을 계산하고 남은 비율을 어떤 자산에 배정할지를 다음과 같은 방법으로 선택한다.[10]

- w_i^*와의 차이가 가장 큰 자산에 우선 배정: 최적해와의 오차를 최소화하려는 방식

- 편입 비중이 높은 자산에 우선 배정: 기대 수익률이 더 높고 덜 위험한 자산에 우선순위를 두는 방식

- 단가가 낮은 자산에 우선 배정: 거래가 용이한 자산에 우선순위를 두는 방식

주식 거래와 같이 자산에 따라 소수점 거래가 가능하다면 단가에 맞춰서 목표 수량을 조정하는 단계는 생략할 수 있다. 단, 일반적으로 소수점 거래는 거래량이 많지 않을 수 있기 때문에 사전에 거래량이 충분한지 검토해서 거래하도록 한다.

---

10 실제 1) 자산 편입 비율이 너무 낮아서 자산을 한 개도 구매하지 못하는 경우가 있는데 이 경우 해당 비율을 다른 자산에 배분해야 한다. 2) 소액 투자인 경우 단가가 높은 자산은 구매하지 못하게 되는데 이 경우에는 자산 배분 전에 투자 유니버스에서 제외하거나 자산 배분 후에 자산 편입 비율을 다른 자산에 재배분한다.

2.2.8 정기 리밸런싱

나 "포트폴리오를 만들었다 하더라도 시간이 지나면 자산의 가치와 위험이 계속 바뀌니까 포트폴리오가 더 이상 효율적이지 않게 되지 않나요?"

선배 "기본적으로 현대 포트폴리오 이론에서는 매수 후 보유 전략을 사용하고 있어서 포트폴리오를 일정 기간 보유하는데, 보유 기간이 지나면 포트폴리오를 재구성해서 효율적으로 만들어. 이렇게 포트폴리오를 재구성하는 것을 리밸런싱이라고 하지. 이제 포트폴리오 이론을 거의 다 섭렵한 것 같은데?"

나 "다 선배가 덕분이죠."

리밸런싱rebalancing이란 포트폴리오를 일정 기간 보유하고 난 후 달라진 자산의 가치에 맞춰 포트폴리오를 새롭게 구성하는 과정을 말한다. 다음 그림 2-15와 같이 시간이 지나면서 자산 가치는 계속 바뀌기 때문에 정기적으로 재배분해 주지 않으면 자산군의 비율이 달라지고 개별 자산의 기대 수익률과 위험도 달라지므로 더 이상 효율적인 포트폴리오가 아닌 상태로 변한다.

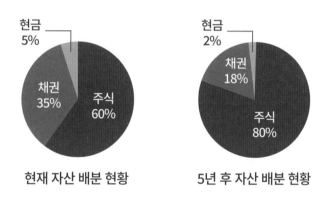

그림 2-14 리밸런싱을 하지 않을 때 위험

그렇다면 리밸런싱 주기는 어떻게 정해야 할까? 리밸런싱은 자산의 기대 수익률이 바뀌어 포트폴리오가 비효율적으로 되기 전에 수행하는 것이 좋으며, 일반적으로 {1개월, 3개월, 6개월, 12개월, 24개월} 등과 같이 정한다. 자산의 기대 수익률이 바뀌는 주기보다 리밸런싱 주기가 짧으면 자산의 거래가 많아지기 때문에 거래 비용이 많이 발생한다. 반대로 자산의 기대 수익률이 바뀌는 주기보다 리밸런싱 주기가 길면 포트폴리오가 효율적이지 않게 돼 수익률은 떨어지고 위험은 커질 수 있다. 따라서 리밸런싱 주기를 적절하게 선정해야 하는데 일반적으로 가장 많이 사용하는 방법은 과거 데이터로 다양한 리밸런싱 주기에 대해 시뮬레이션해서 최적값을 탐색하는 것이다.

2.2.9 시장 모니터링과 수시 리밸런싱

선배 "시장의 국면이 변화할 때 포트폴리오 전략도 그에 맞춰서 다르게 가져가고 싶다면 어떻게 해야 할까? 예를 들면 시장이 상승 국면에 있으면 공격적으로 위험 자산에 투자하고, 하락 국면에 있으면 보수적으로 안전 자산에 투자할 수 있겠지?"

나 "지금처럼 포트폴리오를 정기적으로 리밸런싱 한다면 시장 국면이 바뀌어도 그냥 지켜볼 수밖에 없을 것 같은데요?"

선배 "맞아. 리밸런싱 주기가 길수록 현대 포트폴리오 이론만으로는 시장의 국면 변화에 대응하기가 더욱 어렵지. 그래서 현대 포트폴리오 이론을 보완해서 시장의 국면이 변화에 맞춰 포트폴리오 전략을 다르게 가져갈 수 있도록 수시로 리밸런싱을 하기도 해."

나 "수시 리밸런싱을 하려면 시장 상황을 정확히 모니터링하는 것이 정말 중요하겠네요?"

선배 "그렇지. 시장 모니터링에 대해서는 평균-분산 모델을 구현하고 난 이후에 다시 살펴보도록 하자."

글로벌 경제와 시장을 정확히 모니터링할 수 있다면 다음 그림과 같이 1997년 IMF 외환 위기나 2008년 금융 위기, 2020년 코로나 위기와 같은 상황에서 투자 피해를 최소화할 수 있을 것이다. 하지만 현실적으로 갑작스럽게 발생하는 글로벌 경제 위기를 감지하고 대응하는 것은 매우 어려운 일이다.

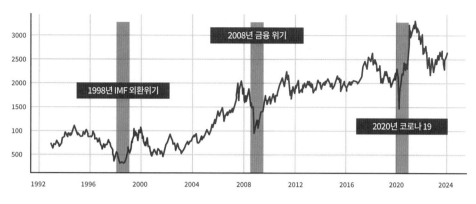

그림 2-15 시장 국면의 변화와 시장 모니터링

다만 서서히 변화하는 시장의 국면은 모니터링할 수 있고 적절히 대응도 가능하다. 예를 들어 시장이 상승 국면에 있다면 보다 공격적으로 투자를 하고, 하락 국면에 있다면 보다 방어적으로 투자를 하도록 포트폴리오 전략을 구성할 수 있다. 즉 시장의 국면을 모니터링하고 변화가 감지되면 그에 맞춰진 포트폴리오 전략을 리밸런싱을 통해 수행하는데 이를 수시 리밸런싱이라고 한다. 시장 모니터링과 수시 리밸런싱은 5장에서 자세히 살펴볼 예정이다.

2.2.10 포트폴리오 성능 모니터링

운영 중인 포트폴리오의 성능을 모니터링하는 것은 투자자에게 매우 중요한 작업이다. 포트폴리오 성능을 모니터링하기 위해 다음과 같은 작업을 수행한다.

- **일일/주간/월간 성과 추적**: 포트폴리오의 일일, 주간 또는 월간 수익률과 포트폴리오의 자산 가치를 평가해 포트폴리오의 단기 및 장기 성과를 측정한다. 이때 포트폴리오 베타, 알파, 샤프 비율 등의 다양한 성능 지표를 계산하고 시각화한다. 또한 포트폴리오 수익률을 해당 시장 지수 또는 벤치마크와 비교해 분석해 포트폴리오를 평가한다.

- **위험 및 자산비율 관리**: 포트폴리오 내 각 자산 또는 보유 포지션의 변동성과 베타를 파악해 위험을 관리한다. 또한 포트폴리오의 자산 비율을 추적해 일정 수준 이상으로 비율이 초과하면 리밸런싱을 수행해서 포트폴리오를 재정비한다.

- **손익 관리**: 수익과 손실을 추적하고 효율적인 투자 전략을 사용해 세금 부담을 최소화한다.

- **투자 목표 조정**: 투자 목표와 위험 허용도를 정기적으로 검토하고 변경 사항에 맞게 포트폴리오를 조정한다.

이 외에 경제 지표와 금리 변동, 인플레이션 등을 모니터링해 포트폴리오를 조정하고 시장 변동에 대응하거나, 금융 뉴스 및 업계 동향을 주시하고 포트폴리오에 영향을 미칠 수 있는 정보를 파악하는 일들을 수행할 수 있다.

2.3 개발 준비

나 "자산 배분 전략까지 들어보니 이제 뭐가 어떻게 돌아가는지 그림이 그려지는 것 같아요."

선배 "그러면 이제 자산 배분 전략을 수행할 프로그램을 개발해도 될 것 같은데?"

나 "정말요? 드디어 내가 만든 프로그램으로 투자를 할 수 있다니! 이게 꿈인지 현실인지 모르겠어요."

선배 "좋아하는 모습을 보니 내가 다 뿌듯하다. 지금 우리가 만들려는 프로그램과 같이 포트폴리오 전략을 자동으로 관리해 주는 프로그램을 **로보어드바이저**[roboadvisor][11]라고 불러."

나 "로보어드바이저라니 이름부터 뭔가 멋있어 보이는데요?"

선배 "그렇지? 쉽게 시작하는 것이 좋을 것 같으니 일단 평균-분산 모델을 이용해서 자산 배분을 하는 프로그램부터 간단히 만들어보자."

나 "그럼 시스템의 기술구조부터 간단히 정의해 봐야겠네요?"

선배 "내가 주가 데이터를 가져오는 라이브러리와 평균-분산 모델을 제공해 주는 라이브러리를 알고 있으니 그것들을 이용해 보자."

---

11 로보어드바이저라는 용어는 로보틱 어드바이저(Robotic Advisor)의 줄임말로 로보틱은 기술적인 자동화를, 어드바이저는 조언자 또는 자문가를 의미한다. 투자 포트폴리오를 관리하면서 투자에 대한 조언을 제공하기 때문에 이런 용어가 유래됐다고 볼 수 있다.

2.3.1 개발 프레임워크와 라이브러리

다음은 로보어드바이저를 개발하기 위해 이 책에서 사용할 프레임워크와 라이브러리이다.

2.3.1.1 포트폴리오 최적화/거래일 달력

구분	종류	설명
포트폴리오 최적화	PyPortfolioOpt	파이썬으로 구현된 포트폴리오 최적화를 위한 오픈 소스 라이브러리
거래일 달력	exchange_calendars	다양한 금융 거래소 및 시장에 대한 거래 일정, 거래일 및 비거래일, 거래 시간, 휴일 및 휴장일 정보를 제공

2.3.1.2 데이터 스크랩핑

구분	종류	설명
주식정보 스크랩핑	pykrx	네이버, KRX와 같은 웹 사이트에서 주가 정보를 스크랩핑하는 파이썬 라이브러리

2.3.1.3 데이터 분석

구분	종류	설명
다차원 배열	numpy	다차원 배열과 행렬 연산을 지원해 과학적, 수학적 계산 및 데이터 분석 작업에 유용한 라이브러리
과학/공학 계산	scipy	최적화, 선형 대수, 미적분, 신호 처리, 통계, 특수 함수, 디지털 신호 처리, 이미지 처리, 유한 요소 분석 등 다양한 모듈의 다양한 과학적 및 공학적 계산 작업을 지원
DataFrame	pandas	데이터 조작과 분석을 위한 라이브러리로, 데이터를 쉽게 조작하고 분석할 수 있는 다양한 데이터 구조와 도구를 제공한다. 데이터 과학, 데이터 분석, 머신러닝 및 데이터 시각화 작업에 널리 사용되며, 데이터 프레임(DataFrame) 및 시리즈(Series)라는 주요 데이터 구조를 사용해 데이터를 다룬다.

2.3.1.4 머신러닝

구분	종류	설명
딥러닝 프레임워크	PyTorch	딥러닝 및 인공 신경망 모델을 개발하고 훈련하는 데 사용되는 오픈 소스 머신러닝 라이브러리 동적인 계산 그래프를 사용해 모델을 구성하고 훈련시키는 데 용이함
머신러닝	scikit_learn	데이터 분류, 회귀, 군집화, 차원 축소, 모델 선택 및 평가 등 다양한 머신러닝을 위한 오픈 소스 라이브러리

2.3.1.5 시각화

구분	종류	설명
인터랙티브 시각화	plotly	인터랙티브한 데이터 시각화를 제공하는 파이썬 및 JavaScript 기반의 오픈 소스 라이브러리
데이터 분석 시각화	seaborn	데이터 탐색, 분석, 시각화 작업을 위해 Matplotlib 기반의 간편하고 아름다운 시각화를 제공하는 라이브러리

2.3.1.6 유틸리티

구분	종류	설명
인터랙티브 시각화	tqdm	반복문이나 작업의 진행 상황을 시각적으로 표시하고 사용자에게 진행 중인 작업에 대한 정보를 제공

2.3.2 디렉토리 및 파일 구조

다음은 각 장에서 소개할 포트폴리오 전략을 구현한 프로그램이다.

2.3.2.1 시뮬레이션 관련 파일

파일	설명
order.py	주문 클래스 정의
transaction.py	거래 클래스 정의
broker.py	중개인 클래스 정의
asset_position.py	자산 포지션 클래스 정의
account.py	계좌 클래스 정의
config.py	수수료, 슬리피지, 거래량 관련 파라미터 설정
utility.py	유틸리티 함수 정의 • 종목 이름을 종목 코드(ticker)로 변환 • 시뮬레이션 기간을 룩백 기간을 포함하는 기간으로 변환 • 주문 목표 수량 및 비율 계산 • 리밸런싱
metric.py	투자 성능 지표 정의 • **연평균 복리 성장률(CAGR)** • 최대 손실 낙폭(MDD) • 샤프 비율(Sharpe Ratio) • 소티노 비율(Sortino Ratio)
visualize.py	**시각화 관련 함수** • 누적 수익률 곡선 • 단기 수익률 변동 막대그래프 • 상대 수익률 막대그래프 • 개별 자산 누적 수익 곡선 • 자산 편입 비중 영역 차트
diagram.puml	**클래스 다이어그램 UML 파일**

2.3.2.2 장별 실행 파일

구분	파일	설명
공통	/data/data_loader.py	Pykrx를 이용한 주가 데이터 스크랩핑
3장	3. mean_variance.ipynb	평균-분산 모델을 이용한 자산 배분 전략
4장	4. moving_average.ipynb	이동 평균 기반의 마켓 타이밍 전략
	4. momentum.ipynb	모멘텀 기반의 마켓 타이밍 전략
5장	5. market monitoring.ipynb	시장 모니터링
	/monitoring/technical_indicator.py	RSI, ADR, MACD 기술 지표 계산
6장	6. factor strategies.ipynb	단일 팩터 투자
7장	7. multi factor strategy.ipynb	멀티 팩터 투자
	/factor/factor_strategy.py	**멀티 팩터 투자를 위한 팩터 전략 포트폴리오 및 수익률 csv 생성**
8장	8. deep learning (gru).ipynb	RNN 모델 기반의 KOSPI 예측 및 수시 리밸런싱 시뮬레이션 (ETF, MVO)
	/dl_models/gru.py	RNN 모델
	8. deep learning (nlinear).ipynb	NLinear 모델 기반의 KOSPI 예측 및 수시 리밸런싱 시뮬레이션 (ETF, MVO)
	/dl_models/nlinear.py	NLinear 모델
	8. deep learning (scinet).ipynb	SciNet 모델 기반의 KOSPI 예측 및 수시 리밸런싱 시뮬레이션 (ETF, MVO)
	/dl_models/scinet.py	SciNet 모델
9장	9. black_litterman.ipynb	블랙-리터만 모델을 이용한 자산 배분 전략
	9. risk_parity.ipynb	리스크 패러티 모델을 이용한 자산 배분 전략

참고문헌

2-1   Idzorek, T. M., 2005, A Step-By-Step Guide to the Black-Litterman Model, Ibbotson Assocciates.

평균-분산 전략 구현 및 시뮬레이션 분석

평균-분산 모델과 로보어드바이저에 대한 설명을 듣고 나니 이제 나에게 맞는 최적의 투자 포트폴리오를 만들 수 있을 것 같은 자신감이 생겼다. 그리고 나에게 맞는 최적의 포트폴리오를 만들기 위한 로보어드바이저를 빨리 만들어 보고 싶다는 생각이 든다. 그런데 조금 더 곰곰이 생각해 보니 몇 가지 궁금한 점이 있다. '평균-분산 전략의 룩백 기간, 리밸런싱 주기와 같은 파라미터를 어떻게 선택하지?', '내가 적용한 전략이 투자 성과가 좋은 전략인지 타당성을 어떻게 점검할 수 있을까?'

3.1 평균-분산 전략 구현

나   "선배, 평균-분산 전략을 투자할 때 룩백 기간과 리밸런싱 주기를 어떻게 정하면 되나요?"

선배   "일반적으로 투자자의 특별한 요구 사항이 없다면 시뮬레이션을 통해 룩백 기간과 리밸런싱 주기와 같은 파라미터를 선택할 수 있어. 즉 과거 데이터를 활용해 가상의 투자 환경을 시뮬레이션해서 다양한 파라미터 값을 적용한 전략의 성과를 평가할 수 있게 되지. 그리고 평가한 전략 중 가장 좋은 성과를 보인 전략의 파라미터를 선택하면 돼."

나   "시뮬레이션을 통해 실제 투자하기 전에 전략의 타당성을 확인할 수 있다는 말씀이군요?"

선배 "그렇지. 그러면 평균-분산 최적화 전략을 구체적으로 어떻게 구현할지 그리고 시뮬레이션을 통해 전략의 성과를 어떻게 평가하는지 살펴볼까?"

시뮬레이션이란 과거 시장 데이터를 통해 투자 전략의 성과를 평가하는 방법을 말한다. 과거 시장 데이터에 투자 전략을 적용해 거래를 재현함으로써 주어진 기간 동안 전략의 성과를 평가할 수 있다. 시뮬레이션을 활용하면 투자 전략이 실제 시장에서 수익을 낼 수 있는지, 그리고 다양한 전략의 장단점은 무엇인지 분석하는 데 도움이 된다.

그림 3-1에는 투자 전략을 시뮬레이션하기 위한 전체 개발 과정을 보여주고 있다. 전체 과정은 (1) **데이터 수집** (2) **투자 전략** (3) **시뮬레이션** (4) **시뮬레이션 분석**의 개발 단계로 진행된다. (1) 투자 전략 개발 단계에는 투자 유니버스를 정의하고 평균-분산 모델 최적화와 같은 자산 배분 알고리듬을 개발한다. (2) 시뮬레이션 개발 단계에서는 실제 금융 거래 환경을 재현하기 위해 거래에 참여하는 투자자, 중개인과 같은 참여자들을 모델링하고 주문 생성, 거래 실행, 거래 비용 처리, 결과 기록과 같은 거래 프로세스를 구현하게 된다.[1]

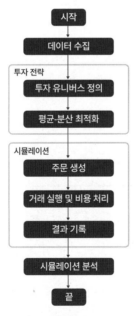

그림 3-1 투자 전략을 시뮬레이션 하기 위한 전체 개발 과정

---

1 Zipline, backtrader, Qlib 등과 같이 전략 구축과 시뮬레이션을 할 수 있는 오픈 소스 소프트웨어가 있다. 이 책에서는 전략 시뮬레이션을 구현하기 위해 Zipline의 모델링과 시뮬레이션 방식을 참고했다.

시뮬레이션에서는 다음과 같은 시장 환경을 가정한다.

- 모든 주문은 다음 거래일의 시작 가격으로 체결된다.

- 거래 시 수수료와 슬리피지를 고려하지만 세금은 무시한다.

3.1.1 데이터 수집

평균-분산 전략 시뮬레이션을 구현하기 위한 첫 번째 단계로 어떤 데이터가 필요하고 어떻게 수집할 수 있는지 확인해 보자.

3.1.1.1 투자 유니버스와 시뮬레이션 기간

평균-분산 전략 시뮬레이션에 사용할 유니버스는 표 3-1과 같이 KOSPI 대표 종목 9가지로 구성하고자 한다. 시뮬레이션 기간은 2020년 7월 10일부터 2023년 9월 27일로 설정한다.

표 3-1 유니버스 목록

종목 코드(ticker)	주식명
005930	삼성전자
000660	하이닉스
207940	삼성바이오로직스
051910	LG화학
006400	삼성SDI
005380	현대차
000270	기아
005490	POSCO홀딩스
035420	NAVER

3.1.1.2 데이터 수집 라이브러리

시뮬레이션을 수행하기 위해서는 우선 해당 종목의 주가 데이터가 필요하다. 이 책에서는 한국 증권 시장의 주가 데이터를 수집하기 위해 PyKrx라는 파이썬 라이브러리를 사용할 예정이다. PyKrx 라이브러리는 한국거래소[KRX] 등의 국내 주요 주식 정보 제공 웹사이트에서 주요 지수, 주식, ETX^{ETF, ETN, ELW}, 채권과 관련된 시장 데이터[2]를 스크래핑^{scraping}할 수 있는 API를 제
공한다. 다음 표 3-2에는 PyKrx 라이브러리의 stock 모듈에 정의된 API가 정리돼 있다.

표 3-2 PyKrx 라이브러리의 stock 모듈의 API 함수들

API 구분	API 함수 이름	함수 설명
MarketData API	get_market_ticker_list	지정된 시장에 상장된 종목 코드를 리스트로 반환
	get_market_ticker_name	종목 코드의 종목이름 조회
	get_market_ohlcv	일자별/종목별 OHLCV(시가(open), 고가(high), 저가(low), 종가(close), 거래량(volume)) 조회
	get_market_price_change	종목의 가격 변동 조회
	get_market_fundamental	일자별/종목별 DIV/BPS/PER/EPS 조회
	get_market_trading_value_by_date	일자별 거래 실적 추이 (거래 대금)
	get_market_trading_volume_by_date	일자별 거래 실적 추이(거래량)
	get_market_trading_value_by_investor	투자자별 거래 실적 추이(거래 대금)
	get_market_trading_volume_by_investor	투자자별 거래 실적 추이(거래량)
	get_market_net_purchases_of_equities	투자자별 순매수 상위종목
	get_market_cap	일자별/종목별 시가 총액 조회
	get_exhaustion_rates_of_foreign_investment	일자별/종목별 외국인 보유량 및 외국인 한도 소진율
인덱스 조회 API	get_index_name	인덱스 종류 조회
	get_index_portfolio_deposit_file	인덱스 구성 종목 조회
	get_index_ohlcv	인덱스 OHLCV 조회
	get_index_listing_date	인덱스 상장 정보 조회
	get_index_price_change	인덱스 등락률 조회
	get_index_fundamental	인덱스 PER/PBR/배당수익 조회
공매도 API	get_shorting_status_by_date	종목별 공매도 현황
	get_shorting_volume_by_ticker	종목별 공매도 거래 정보(거래량)
	get_shorting_value_by_ticker	종목별 공매도 거래 정보(거래 대금)
	get_shorting_volume_by_date	일자별 공매도 거래 현황
	get_shorting_investor_volume_by_date	투자자별 공매도 거래 현황(거래량)
	get_shorting_investor_value_by_date	투자자별 공매도 거래 현황(거래 대금)
	get_shorting_balance_by_date	종목별 공매도 잔고 현황
	get_shorting_trade_top50	공매도 거래 비중 상위 50 종목
	get_shorting_balance_top50	공매도 잔고 상위 50 종목

---

2 시장 데이터는 금융 시장에서 발생하는 다양한 거래 관련 정보와 통계 데이터를 말하며, 가격 데이터, 거래량 데이터, 주
식 지표, 시장 뉴스 또는 이벤트, 기술 분석 지표, 재무 보고서, 거래 주체 정보 등을 포함한다.

증권시장의 주식 정보를 스크래핑하려면 코드 3-1과 같이 PyKrx 라이브러리의 stock 모듈을 임포트^{import}하면 된다.

코드 3-1 PyKrx 라이브러리의 stock 모듈 가져오기

```
from pykrx import stock
```

3.1.1.3 주가 조회 함수 get_market_ohlcv()

Stock 모듈의 get_market_ohlcv() 함수는 주가 조회를 위한 함수로 다음과 같이 2가지 방식으로 사용할 수 있다.

- 특정 거래일 기준으로 전 종목의 주가 조회

- 지정된 기간 동안 특정 종목의 주가 조회

이때 주가는 **OHLCV**^{Open, High, Low, Close, Volume} 형식으로 조회할 수 있다. OHLCV는 금융 시장에서 거래할 때 사용되는 일반적인 데이터 형식으로 특정 거래일의 (시가, 고가, 저가, 종가, 거래량)으로 구성돼 있다. 각 항목의 의미는 다음과 같다.

- **시가**: 특정 거래일에 첫 번째로 체결된 자산 가격

- **고가**: 특정 거래일에 가장 높이 체결된 자산 가격

- **저가**: 특정 거래일에 가장 낮게 체결된 자산 가격

- **종가**: 특정 거래일에 마지막으로 체결된 자산 가격

- **거래량**: 특정 거래일에 거래된 자산의 총 수량

일반적으로 종가는 그날의 거래를 종합적으로 나타내는 가격으로 다양한 기술적 분석에 많이 사용된다.

먼저 get_market_ohlcv() 함수를 이용해서 특정 거래일 기준으로 전종목의 주가를 조회하기 위해서는 표 3-3에 설명돼 있는 날짜^{date}와 마켓^{market} 파라미터를 지정하면 된다. 함수의 실행 결과는 DataFrame 형태로 반환된다.

표 3-3 get_market_ohlcv() 함수의 파라미터

이름	파라미터 의미	타입	필수/선택	기본값
date	조회 일자(YYYYMMDD)	string	required	-
market	조회 시장(KOSPI/KOSDAQ/KONEX/ALL)	string	optional	KOSPI

예를 들어 날짜와 마켓 파라미터를 조정하면 다음과 같이 활용할 수 있다.

- get_market_ohlcv("20200831")
  - 이 경우 마켓 파라미터의 기본값이 'KOSPI'이므로 2020년 8월 31일 KOSPI 전 종목 주가 데이터를 DataFrame으로 반환한다.

- get_market_ohlcv("20200831", market="KOSDAQ")
  - 명시적으로 마켓 파라미터의 기본값을 'KOSDAQ'으로 지정한 경우로 2020년 8월 31일의 코스닥 전 종목 주가 데이터를 반환한다.

get_market_ohlcv() 함수를 이용해서 지정된 기간 동안 특정 종목의 주가를 조회하려면 표 3-4에 설명돼 있는 다섯 개 파라미터, 즉 조회 시작 일자^{fromdate}, 조회 종료 일자^{todate}, 조회 할 종목 코드^{ticker}, 데이터 빈도^{frequency}, 수정 주가^{adjusted}를 지정하면 된다.

표 3-4 get_market_ohlcv() 함수의 파라미터

이름	파라미터 의미	타입	필수/선택	기본값
fromdate	조회 시작 일자(YYYYMMDD)	string	required	-
todate	조회 종료 일자(YYYYMMDD)	string	required	-
ticker	조회할 종목 코드	string	required	-
freq	데이터 빈도(d(일)/m(월)/y(년))	string	optional	d
adjusted	수정 주가로 표현할지 여부(True/False)	bool	optional	True

예를 들면 다음과 같이 활용할 수 있다.

- `get_market_ohlcv("20200810", "20201212", "005930")`
  - 2020년 8월 10일부터 2020년 12월 12일까지 삼성전자 주식의 수정 주가[3]가 반영된 일별 주가 데이터를 출력한다.

- `get_market_ohlcv("20200810", "20201212", "005930", "m")`
  - 이 경우 데이터 빈도frequency를 'm'으로 지정했으므로, 2020년 8월 10일부터 2020년 12월 12일까지 수정 주가가 반영된 삼성전자의 월별 주가 데이터에 반환한다.

- `get_market_ohlcv("20200810", "20201212", "005930", adjusted=False)`
  - 이 경우 수정 주가adjusted를 False로 지정했으므로 2020년 8월 10일부터 2020년 12월 12일까지 수정 주가가 반영되지 않은 삼성전자 일별 주가 데이터를 반환한다.

지정된 기간 내 여러 종목의 주가를 조회하려면 어떻게 하면 될까? 다음 코드 3-2와 같이 for 루프와 함께 사용하면 여러 종목의 주가 데이터를 가져올 수 있다. 한 가지 주의할 점이 있는데 일반적으로 정보를 제공하는 서버에서는 대량의 요청이 오면 서버에 심각한 부하가 생겨서 서비스에 차질이 생기기 때문에 대부분 대량의 요청을 차단하고 있다. KRX 서버도 마찬가지로 한 번에 너무 많은 정보를 요청하면 서버가 요청을 차단할 수 있으므로 time 모듈을 사용해서 종목당 1초 정도 시간을 지연시킨 후 요청하도록 작성했다.

코드 3-2 여러 종목의 OHLCV 데이터를 출력

```
import time
ticker_list = ['005930', '000020', '035720']
for ticker in ticker_list:
    df = stock.get_market_ohlcv('20181210', '20181212', ticker)
    print(df.head())
    time.sleep(1)
```

---

3 수정 주가란 유·무상 증자, 주식 배당, 액면 변경 등으로 주가가 연속성을 잃고 단층 현상이 생기는 경우 주가 비교의 연속성을 위해 기준 시점(권리락일 등)을 기준으로 이전 시점의 주가를 조정한 가격을 말한다.

3.1.1.4 PykrxDataLoader 클래스 정의

PyKrx 라이브러리의 사용법을 간단히 살펴봤으므로 앞으로 이 책에서 계속 사용할 주가 조회 및 주식 인덱스 조회 함수인 load_stock_data() 함수와 load_index_data() 함수를 구현해 보자. 이 두 함수는 코드가 상당히 유사하다. 그래서 이 둘을 통일성 있게 관리할 수 있도록 PykrxDataLoader 클래스의 메서드로 정의해 보자.

먼저 PykrxDataLoader 클래스는 다음 세 개의 공개 속성^{public attribute}을 갖고 있다.

- 시작 일자(fromdate): 조회 시작 일자

- 종료 일자(todate): 조회 종료 일자

- 증권시장 이름(market): PyKrx에서 정의하는 마켓 종류

또한 load_stock_data() 메서드와 load_index_data() 메서드가 정의돼 있다. 두 메서드의 코드는 매우 유사하므로 load_stock_data() 메서드만 소개할 예정이다. 코드 3-3에는 load_stock_data() 메서드를 포함하는 PykrxDataLoader 클래스가 정의돼 있다.

코드 3-3 PykrxDataLoader 클래스 및 load_stock_data() 함수

```
class PykrxDataLoader:
    def __init__(self, fromdate: str, todate: str, market: str = "-->'):
        self.fromdate = fromdate
        self.todate = todate
        self.market = market

    # 주가 데이터 불러오기
    def load_stock_data(self, ticker_list: List, freq: str, delay: float = 1):
        ticker_data_list = []
        for ticker in ticker_list:
            ticker_data = stock.get_market_ohlcv(fromdate=self.fromdate,
                                                 todate=self.todate,
                                                 ticker=ticker,
                                                 freq='d',
                                                 adjusted=True)
            ticker_data = ticker_data.rename(
                columns={'시가': 'open', '고가': 'high', '저가': 'low',
                         '종가': 'close', '거래량': 'volume',
                         '거래 대금': 'trading_value', '등락률': 'change_pct'}
```

```
        )
        ticker_data = ticker_data.assign(ticker=ticker)
        ticker_data.index.name = 'date'
        ticker_data_list.append(ticker_data)
        time.sleep(delay)
    data = pd.concat(ticker_data_list)
    # 잠시 거래를 중단한 주식의 시가, 고가, 저가 보충
    data.loc[data.open == 0,
            ['open', 'high', 'low']] = data.loc[data.open == 0, 'close']
    # 샘플링을 통해 일 데이터를 다른 주기 데이터로 변환
    if freq != 'd':
        rule = {
            'open': 'first',
            'high': 'max',
            'low': 'min',
            'close': 'last',
            'volume': 'sum',
            '-->'
        }
        data = data.groupby('ticker').resample(freq).apply(
            rule).reset_index(level=0)
    data.__setattr__('frequency', freq)
    return data
```

load_stock_data() 메서드는 다음 파라미터를 받아서 각 종목 별로 주가를 조회한 후 그 결과를 합쳐서 DataFrame으로 반환한다.

- 종목 코드 리스트(ticker_list): 주가를 조회할 종목들의 코드 리스트

- 데이터 빈도(freq): 데이터 주기를 나타내며 일별이면 'd', 월별이면 'm'이 된다.

- 지연 시간(delay): 데이터 조회 사이의 시간 간격(단위: 초)

메서드의 실행 단계는 다음과 같다.

- 종목별 주가 데이터를 저장하기 위한 주가 데이터 리스트(ticker_data_list)를 정의한다.

- for 루프를 통해 종목별로 주가 데이터를 조회한다.

  - get_market_ohlcv() 함수를 사용해 종목별 주가 데이터(ticker_data)를 가져온다.

- ticker_data의 (1) 한글 열 이름을 영어로 바꾸고 (2) 종목 코드(ticker) 열을 추가하고 (3) 인덱스(index)의 이름을 날짜로 바꾼다.

- ticker_data를 ticker_data_list에 추가한다.

- 다음 ticker_data를 가져오기 전에 지연 시간(delay) 동안 기다린다.

- 종목별 주가 데이터를 조회가 완료되면 모든 종목의 데이터를 하나의 DataFrame으로 병합한다.

- 데이터가 병합된 상태에서 다음과 같은 후처리를 수행한다.

  - 거래 중단 종목의 시가, 고가, 저가 데이터가 빈 채로 조회될 것이다. 따라서 시가, 고가, 저가를 종가로 채워주도록 한다.

  - 마지막으로 데이터 주기가 일 단위가 아닌 경우 다운샘플링downsampling을 통해 일 데이터를 다른 주기 데이터로 변환한다.

이제 PykrxDataLoader 클래스를 이용해서 삼성전자(005930), 동화약품(000020), 카카오(035720) 세 종목에 대해 2020년 1월 1일부터 2020년 12월 31일까지의 월간 데이터를 조회한다고 해 보자. 이때는 코드 3-4와 같이 PykrxDataLoader 클래스를 생성하고 load_stock_data()를 호출하면 된다.

코드 3-4 load_stock_data() 함수를 이용해 데이터를 출력

```
fromdate = '2020-01-01'
todate = '2020-12-31'
ticker_list = ['005930', '000020', '035720']

data_loader = PykrxDataLoader(fromdate=fromdate, todate=todate, market='KOSPI')
ohlcv_data = data_loader.load_stock_data(ticker_list=ticker_list, freq='m', delay=1)
ohlcv_data.head(15)
```

주피터 노트북Jupyter Notebook에서 코드 3-4의 예제를 실행하면 표 3-5와 같은 결과를 얻을 수 있다. 단, 표 3-5에는 결과의 처음 15줄만 나타나 있다.

표 3-5 데이터 출력 결과

date	ticker	open	high	low	close	volume
2020-01-31	000020	8340	8960	7830	7910	3671841
2020-02-29	000020	7790	7890	6590	6830	2983877
2020-03-31	000020	6740	7330	4800	6550	4388718
2020-04-30	000020	6610	12450	6420	11250	32556497
2020-05-31	000020	10650	12450	9710	11550	22757189
2020-06-30	000020	11750	18100	10950	16250	80711715
2020-07-31	000020	16100	27000	14400	24400	55867988
2020-08-31	000020	24700	34450	20700	23450	59577001
2020-09-30	000020	23500	29600	20600	21850	28309516
2020-10-31	000020	22200	24950	15900	17900	12164776
2020-11-30	000020	17850	24150	16700	19150	34139472
2020-12-31	000020	19150	25500	17650	19650	41474771
2020-01-31	005930	55500	62800	54600	56400	319891636
2020-02-29	005930	55500	62000	54200	54200	360007160

3.1.2 평균-분산 최적화

이제 평균-분산 모델의 최적화를 구현하는 과정을 살펴보자. 평균-분산 모델을 적용하기 위해서는 자산의 기대 수익률과 공분산 행렬이 필요하다.

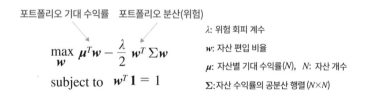

$$\max_{\boldsymbol{w}} \ \boldsymbol{\mu}^T \boldsymbol{w} - \frac{\lambda}{2} \ \boldsymbol{w}^T \Sigma \boldsymbol{w}$$
$$\text{subject to} \quad \boldsymbol{w}^T \mathbf{1} = 1$$

포트폴리오 기대 수익률   포트폴리오 분산(위험)

λ: 위험 회피 계수

$\boldsymbol{w}$: 자산 편입 비율

$\boldsymbol{\mu}$: 자산별 기대 수익률(N), N: 자산 개수

Σ:자산 수익률의 공분산 행렬($N \times N$)

기대 수익률과 공분산 행렬을 추정할 때 가장 쉬운 방법은 자산의 과거 수익률 데이터를 사용해 계산하는 방법이다. 즉 자산의 평균 수익률을 기대 수익률로, 수익률 표본 공분산 행렬을 자산 간 공분산 행렬로 계산한다.

평균-분산 모델을 최적화할 때도 다음과 같은 방법으로 쉽게 할 수 있다.

범용 최적화 패키지를 사용하는 방법

- CVXPY, cvxopt, scipy.optimize와 같은 범용 최적화 패키지를 이용해서 투자 포트폴리오를 최적화할 수 있다. 이 경우 최적화 문제를 직접 정의해서 최적화 알고리듬을 호출해야 하므로 구현 과정이 복잡하다. 따라서 최적화 이론 기초가 있는 개발자에게 적합하다.

투자 포트폴리오 최적화 패키지를 사용하는 방법

- 투자 포트폴리오 최적화를 지원하는 오픈 소스 소프트웨어를 사용하는 방법도 있다. 예를 들어 PyPortfolioOpt⟨참고문헌 3-1⟩는 투자 포트폴리오 최적화에 초점을 맞춰져 있어서 평균-분산 최적화, 블랙-리터만 모델, 리스크 패리티 모델 등 다양한 최적화 방법을 제공한다. 비교적 사용법이 간단하고 문서화가 잘 돼 있어 투자 포트폴리오 최적화를 처음 접하는 개발자에게 적합하다.

이 책에서는 PyPortfolioOpt를 사용하는 방식으로 투자 포트폴리오 최적화를 진행한다.

조금 더 알아보기

> PyPortfolioOpt에서는 포트폴리오 최적화를 위해 다음의 4가지 주요 기능을 제공한다.
>
> - **기대 수익률 추정**: 과거 데이터를 이용한 기대 수익률을 추정한다.
>
> - **위험도 추정**(자산 수익률의 공분산): 과거 데이터를 이용해서 수익률의 공분산 행렬을 정의한다.
>
> - **최적화할 목적 함수**: 자산 배분을 수행할 평균-분산 모델의 목적 함수를 선택한다.
>
> - **옵티마이저**optimizer: 주어진 자산 목록에서 평균-분산 모델의 최적화를 수행해 최적의 포트폴리오의 자산 편입 비중을 계산한다.

본 절에서는 평균-분산 모델의 최적화를 수행해 자산의 편입 비중을 계산하기 위해 다음과 같은 단계를 수행할 예정이다.

단계 1: 자산별 수익률 계산

- Pandas 라이브러리를 활용해 자산의 과거 데이터로 수익률을 계산한다.

단계 2: 평균분산 모델 파라미터 추정 및 최적화

- 수익률을 이용해서 기대 수익률과 공분산을 계산한 후 PyPortfolioOpt에 정의된 목적 함수와 옵티마이저로 평균분산 모델을 최적화한다. 그 결과로 투자 포트폴리오의 자산 편입 비중을 얻는다.

3.1.2.1 자산별 수익률 계산

먼저 수익률을 계산하는 함수를 구현해 보면 코드 3-5와 같다.

코드 3-5 calculate_return() 함수

```python
def calculate_return(ohlcv_data: pd.DataFrame):
    close_data = ohlcv_data[['close', 'ticker']].reset_index().set_index(
        ['ticker', 'date'])
    close_data = close_data.unstack(level=0)
    close_data = close_data['close']
    return_data = close_data.pct_change(1) * 100
    return return_data
```

calculate_return() 함수는 주가 데이터(ohlcv_data)를 받아서 수익률을 계산한 후 이를 반환한다. 함수에 대한 자세한 설명은 다음과 같다.

- 먼저 주가 데이터(ohlcv_data)에서 날짜(date) 인덱스와 종목 코드(ticker), 종가(close) 2개의 열을 선택하고 종목 코드(ticker)와 날짜(date)를 인덱스, 종가(close)를 열로 하는 종가 데이터(close_data)로 변환한다.

- 그런 다음 unstack() 함수를 통해 종목 코드(ticker)를 열로 변환한다. 즉 날짜(date)를 인덱스, 종목 코드(ticker)를 열, 종가(close)를 값으로 하는 종가 데이터(close_data)로 변환한다.

- 그리고 종목별로 종가 데이터에 대해 수익률을 계산하고 100을 곱해 백분율로 변환한다.

예를 들어 삼성전자(005930), 동화약품(000020), 카카오(035720) 세 종목에 대해 2020년 1월 1일부터 2020년 12월 31일까지의 월간 데이터를 입력으로 주면, 세 종목의 수익률 데이터는 표 3-6과 같이 얻을 수 있다.

표 3-6 수익률 데이터 출력 결과

날짜	종목 코드		
	000020	005930	005930
2020-01-31	NaN	NaN	NaN
2020-02-29	−13.6536	−3.90071	8.176101
2020-03-31	−4.09956	−11.9004	−9.59302
2020-04-30	71.75573	4.712042	18.32797
2020-05-31	2.666667	1.4	43.20652
2020-06-30	40.69264	4.142012	1.518027
2020-07-31	50.15385	9.659091	28.41122
2020-08-31	−3.89344	−6.73575	18.48617
2020-09-30	−6.82303	7.777778	−10.4423
2020-10-31	−18.0778	−2.74914	−9.46502
2020-11-30	6.98324	17.84452	11.51515
2020-12-31	2.610966	21.43928	5.842391

3.1.2.2 평균분산 모델 파라미터 추정 및 최적화

이어서 포트폴리오의 자산 편입 비중을 계산하는 get_mean_variance_weights()함수를 구현해 보면 코드 3-6과 같다.

코드 3-6 get_mean_variance_weights() 함수

```python
def get_mean_variance_weights(return_data: pd.DataFrame,
                              risk_aversion: int) -> Optional[Dict]:
    # 수익률 계산
    expected_return = return_data.mean(skipna=False).to_list()
    # 공분산 행렬 계산
    cov = return_data.cov(min_periods=len(return_data))

    if cov.isnull().values.any() or cov.empty:
        return None

    # 평균-분산 최적화
    ef = EfficientFrontier(
        expected_returns=expected_return,
        cov_matrix=cov,
        solver='OSQP'
    )
    ef.max_quadratic_utility(risk_aversion=risk_aversion)
    # 0에 가까운 편입 비중 처리
    weights = dict(ef.clean_weights(rounding=None))
    return weights
```

get_mean_variance_weights() 함수는 수익률 데이터(return_data)와 위험 회피 계수(risk_aversion)를 입력 파라미터로 받아 투자 포트폴리오의 자산 편입 비중을 반환한다. 함수의 실행 단계는 다음과 같다.

- 수익률 데이터를 이용해서 과거 평균 수익률(expected_return)과 표본 공분산 행렬(cov)을 계산한다.

- 공분산 행렬에 누락 값이 있다면 None을 반환한다.

- 그 후 과거 평균 수익률을 기대 수익률로, 표본 공분산 행렬을 공분산 행렬로 지정하고 최적화 솔버를 OSQP^Operator Splitting Quadratic Program[4]로 설정해 EfficientFrontier 객체를 초기화한다.

- EfficientFrontier 객체의 max_quadratic_utility() 메서드를 이용해 평균-분산 모델의 최적화 식을 나타내는 유틸리티^utility 목적 함수를 최대화해 자산 편입 비중을 구한다.

---

4 OSQP는 2차 계획법(Quadratic Programming) 문제를 풀기 위한 수치 최적화 소프트웨어이다.

- 마지막으로 0에 가까운 편입 비중(<0.0001)은 0으로 처리하고, 편입 비중 소수점은 반올림하지 않는다.

조금 더 알아보기

> PyPortfolioOpt 라이브러리의 EfficientFrontier 객체는 다양한 목적 함수를 최적화하는 메서드를 제공한다. 주요 메서드는 다음과 같다.
>
> - `min_volatility()`: 최소 변동성을 위한 최적화
>
> - `max_sharpe()`: 최대 샤프 비율을 위한 최적화
>
> - `max_quadratic_utility()`: 위험 회피 계수가 지정됐을 때 2차식의 유틸리티 최대화
>
> - `efficient_risk()`: 목표 위험 수준이 지정됐을 때 수익 극대화
>
> - `efficient_return()`: 목표 수익 수준이 지정됐을 때 위험 최소화
>
> - `clean_weights()`: 편입 비중 반올림 및 0에 가까운 편입 비중을 0으로 처리

앞에서 얻은 세 종목의 월별 수익률 데이터에서 누락값을 제거하고, `get_mean_variance_weights()` 함수의 입력으로 해당 데이터와 위험 회피 계수 3.07을 지정하는 과정을 거치면, 다음과 같은 자산 편입 비중을 얻을 수 있다.

```
{'000020': 0.0, '005930': 0.7665498510563149, '035720': 0.233450148943685}
```

즉 동화약품(000020), 삼성전자(005930), 카카오(035720) 세 종목의 최적화 결과에 따른 편입 비중은 각각 0%, 76.7%, 23.3%이다.

3.1.3 거래 흐름 모델링

시뮬레이션을 할 때는 현실에 가깝게 금융 환경을 모델링하고 거래 과정을 재현해 보다 정확하게 투자 전략을 평가하는 것이 중요하다. 즉 실제 거래가 발생했을 때의 상황을 재현할 수

있어야 하며 그에 따른 자산 보유 현황을 정확히 추적하는 과정이 필요하다. 이에 따라 본 절에서는 오픈 소스 시뮬레이션 패키지인 지플라인^{Zipline}의 모델을 참조해 주식 거래를 위한 주문^{order}, 거래^{transaction}, 슬리피지, 포지션^{position}과 같은 요소를 개별 클래스로 정의하고, 클래스 간에 상호 작용하는 방식으로 현실에 가까운 거래를 재현할 예정이다〈참고문헌 3-2〉. 실제 슬리피지와 거래 지연 등 상황은 시장에 따라 다르고 매우 복잡하게 표현될 수 있다. 하지만 이 책에서는 주요 거래 흐름을 이해하고 재현할 수 있도록 최대한 간결한 형태로 정의하고자 한다.

그림 3-2에는 주식 거래를 위한 주요 요소를 정의하는 클래스와 그들 간의 관계가 그려져 있다. 계좌^{account} 클래스는 자산 포지션$^{asset\ position}$과 주문 클래스를 포함한다. 주문 클래스는 주문의 종류, 거래 상태, 거래 방향 클래스를 포함한다. 중개인^{broker} 클래스는 주문 클래스와 거래 클래스에 의존한다.

다음으로 주문, 거래, 중개인, 자산 포지션, 계좌 클래스에 대해서 차례대로 알아보자.

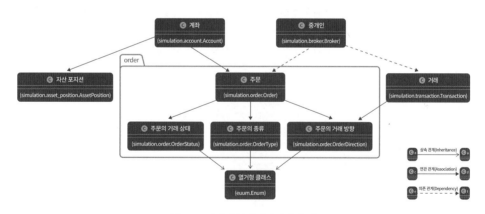

그림 3-2 거래 흐름에서의 금융 클래스

- **계좌**: 모든 주문과 거래, 자산의 보유 상태를 기록하고 있는 장부

  ○ **자산의 포지션**: 투자자가 보유하고 있는 특정 자산에 대한 보유 상태나 보유량

- **중개인**: 투자자와 증권 거래소 사이의 중개 역할을 하는 개인이나 회사

- **거래**: 투자자의 주문에 따라 중개인이 자산을 매도/매수하는 과정

- **주문**: 자산을 거래하기 위해 중개인에게 전달하는 요청으로 주식 종목, 수량, 주문 종류, 거래 상태, 거래 방향 등으로 구성

  - **주문 전략**: 자산을 거래할 때 사용하는 전략의 종류(시장가 주문, 지정가 주문, 정지 지정가 주문 등)

  - **거래 상태**: 거래의 체결 상태(미체결(혹은 부분 체결), 체결, 취소)

  - **거래 방향**: 매도 또는 매수

3.1.3.1 주문

주문은 자산을 거래하기 위해 중개인에게 전달하는 요청으로 종목, 수량, 주문 전략, 거래 상태, 거래 방향 등으로 구성된다. 여기서 주문 전략이란 자산을 거래할 때 사용하는 전략으로 거래 시점과 가격, 수량에 대한 조건을 결정한다. 관련 내용은 2.2.7.3에 있다. 주문이 중개인에게 전달되면 지정된 전략에 따라 주문이 집행되면서 매도 또는 매수 거래가 발생한다.

주문을 구성하는 요소를 정의하기 위한 먼저 3가지 열거형[Enum] 클래스를 정의해 보자.

- **OrderType** 클래스: 주문 전략

- **OrderStatus** 클래스: 거래 상태

- **OrderDirection** 클래스: 거래 방향

OrderType 클래스는 코드 3-7에 정의돼 있다.

코드 3-7 OrderType 클래스

```
class OrderType(Enum):
    MARKET = 1
    LIMIT = 2
    STOPMARKET = 3
    STOPLIMIT = 4
```

OrderType 클래스는 네 개의 주문 전략을 정의하고 있으며 각 항목의 의미는 다음과 같다.

- **MARKET**: 시장가 주문

- **LIMIT**: 지정가 주문

- **STOPMARKET**: 정지 시장가 주문

- **STOPLIMIT**: 정지 지정가 주문

OrderStatus 클래스는 코드 3-8에 정의돼 있다.

코드 3-8 OrderStatus 클래스

```
class OrderStatus(Enum):
    OPEN = 1
    FILLED = 2
    CANCELLED = 3
```

OrderStatus클래스는 거래 실행에 따른 주문의 상태를 나타내며 각 항목의 의미는 다음과 같다.

- **OPEN**: 미체결(혹은 부분 체결)

- **FILLED**: 완료

- **CANCELLED**: 취소

OrderDirection 클래스는 코드 3-9에 정의돼 있다.

코드 3-9 OrderDirection 클래스

```
class OrderDirection(Enum):
    BUY = 1
    SELL = -1
```

OrderStatus클래스는 거래 방향(매수/매도)을 나타내며 각 항목의 의미는 다음과 같다.

- BUY: 매도

- SELL: 매수

여기서 SELL을 −1로 정의한 것은 추후 계산에 용이하게 사용하기 위해서이다.

이렇게 정의한 OrderType, OrderStatus, OrderDirection 3가지 클래스를 이용해서 주문 클래스를 정의해 보자. 주문 클래스는 주문의 상세 정보를 나타내는 다음과 같은 속성을 포함한다.

- id: 주문 ID

- dt: 날짜

- ticker: 거래 종목의 종목 코드

- amount: 주문 수량(절댓값)

- direction: 거래 방향

- type: 주문 유형

- limit: 지정가 여부

- stop: 정지 주문 여부

- status: 주문 상태

- open_amount: 미체결 수량

이러한 속성으로 정의되는 주문 클래스 Order의 정의는 코드 3-10과 같다.

코드 3-10 주문 클래스

```python
class Order(object):
    def __init__(self, dt: datetime.date, ticker: str, amount: int,
                 type: Optional[OrderType] = OrderType.MARKET,
                 limit: Optional[float] = None, stop: Optional[float] = None,
                 id: Optional[str] = None) -> None:
        self.id = id if id is not None else uuid.uuid4().hex
        self.dt = dt
        self.ticker = ticker
        self.amount = abs(amount)
        self.direction = OrderDirection.BUY if amount > 0 else OrderDirection.SELL
        self.type = type
        self.limit = limit
        self.stop = stop

        self.status: OrderStatus = OrderStatus.OPEN
        self.open_amount: int = self.amount
```

이때 주문 클래스의 초기화 함수로 전달되는 주문 수량(amount)은 부호가 있는 숫자로 표현돼 있다. 따라서 주문 수량(amount)이 양수이면 매수를 음수이면 매도를 나타낸다. 이 값을 클래 스의 속성에 저장할 때는 절대값과 부호를 분리해서 절대값은 주문 수량(amount)에 할당하고 부호는 거래 방향(direction)에 할당한다.

3.1.3.2 거래

중개인이 주문을 받으면 지정된 주문 전략에 따라 주문을 집행한다. 주문을 집행하면서 거래 가 성사되면 거래 기록을 생성한다. 이제 이러한 거래 기록을 나타내는 거래 클래스를 정의해 보자. 거래 클래스가 보유하고 있는 속성은 다음과 같다.

- id: 주문 ID

- dt: 날짜

- ticker: 거래 종목의 종목 코드

- amount: 거래 수량(절댓값)

- price: 거래 가격

- direction: 거래 방향

- commission_rate: 거래 수수료 비율

- commission: 거래 수수료(자동 계산)

- settlement_value: 정산 금액(자동 계산)

이러한 속성으로 정의되는 거래 클래스 Transaction의 정의는 코드 3-11과 같다.

코드 3-11 거래 클래스

```python
class Transaction(object):
    def __init__(self, id: str, dt: datetime.date, ticker: str, amount: int,
                 price: float, direction: OrderDirection,
                 commission_rate: float = config.commission_rate) -> None:
        self.id = id
        self.dt = dt
        self.ticker = ticker
        self.amount = amount
        self.price = price
        self.direction = direction
        self.commission_rate = commission_rate

        self.commission = (self.amount * self.price) * self.commission_rate
        self.settlement_value = -self.direction.value * (self.amount * self.price
                                                         ) - self.commission
```

거래 수수료 계산은 고정 비용, 거래 금액의 일정 비율, 거래 금액 구간별 차등 비율과 같이 다양한 방법으로 계산할 수 있다. 이 책에서는 시뮬레이션 과정을 단순화하기 위해 다음과 같이 가정한다.

- 수수료는 거래금액의 일정 비율로 계산된다.

- 세금과 기타 비용은 고려하지 않는다.

따라서 거래의 속성으로 수수료율과 수수료를 저장하고 있다. 보다 정확하게 거래 비용을 계산하고 싶다면 수수료 클래스와 세금 클래스를 별도로 정의해서 다양한 금융 자산과 계산 방식에 맞는 세분화된 계산 방식을 적용할 수 있다.

3.1.3.3 중개인

중개인은 투자자와 증권 거래소 사이의 중개 역할을 하는 개인이나 회사를 말한다. 중개인은 주문을 체결하고 거래 수수료 등의 형태로 보상을 받는다. 이 책에서는 중개인의 주요 역할을 주문 체결로 국한하고 주문 체결 시마다 슬리피지를 계산한다. 단, 시뮬레이션을 단순화하기 위해 슬리피지에 대해 다음과 같이 가정한다.

- 투자자에게 불리한 슬리피지만 존재한다.

- 주문 체결량은 총거래량의 최대 10%를 넘지 않는다.

- 슬리피지는 가격의 일정 비율로 발생한다.

슬리피지는 주문 지연으로 인한 가격 차이이므로 투자자가 예상보다 더 좋은 가격을 얻었을 때는 유리하고 투자자가 예상보다 더 나쁜 가격을 얻을 때는 불리하다. 반면에 시뮬레이션에서는 투자자에게 불리한 슬리피지만 있다고 보수적으로 가정한다. 또한 실제 주식 시장의 유동성은 제한적이므로 투자 규모가 클수록 슬리피지가 크게 발생할 수밖에 없다. 즉 더 많은 주식을 사려면 더 높은 비용이 드는 것이다. 따라서 주문 체결량이 총거래량에서 차지하는 비율을 최대 10%를 넘지 않는다고 가정해 슬리피지가 합리적인 선에서 정해지도록 한다.

이 두 가정하에 거래할 때마다 가격의 일정 비율로 슬리피지 손실이 발생한다는 세 번째 가정을 하고 있다. 따라서 중개인 클래스에서는 슬리피지 비율(slippage_rate)을 속성으로 정의한다. 예를 들어 슬리피지 비율(slippage_rate)이 0.1%이면 매수 주문 시 주식 가격이 100원일 때 최종 체결 가격은 100.1원이 되고 0.1원의 슬리피지가 발생한다.

중개인 클래스의 속성은 다음과 같다.

- slippage_rate: 슬리피지 비율

- volume_limit_rate: 거래량 제한 비율

이러한 속성으로 정의되는 중개인 클래스 Broker의 정의는 코드 3-12와 같다.

코드 3-12 중개인 클래스

```python
class Broker(object):
    def __init__(self, slippage_rate: float = config.slippage_rate,
                 volume_limit_rate: float = config.volume_limit_rate):
        self.slippage_rate = slippage_rate
        self.volume_limit_rate = volume_limit_rate
```

중개인 클래스는 다음과 같은 메서드를 정의하고 있다.

- calculate_slippage(): 슬리피지 계산

- process_order(): 주문 처리 및 거래 반환

1. 슬리피지 계산

calculate_slippage() 메서드는 가격 데이터(data)와 주문(order)을 입력받아서 거래 체결 가격과 체결량을 반환한다. 코드 3-13에 calculate_slippage() 메서드가 정의돼 있다.

코드 3-13 calculate_slippage() 메서드

```python
def calculate_slippage(self, data: Dict, order: Order) -> Tuple[float, int]:
    # 슬리피지를 포함한 거래 가격 계산
    price = data['open']
    simulated_impact = price * self.slippage_rate

    if order.direction == OrderDirection.BUY:
        impacted_price = price + simulated_impact
    else:
        impacted_price = price - simulated_impact

    # 거래가 가능한 수량 계산
    volume = data['volume']
    max_volume = volume * self.volume_limit_rate
    shares_to_fill = min(order.open_amount, max_volume)

    return impacted_price, shares_to_fill
```

메서드의 수행 단계는 다음과 같다.

- 슬리피지 비율을 이용해 슬리피지를 계산한다.

- 거래 방향과 현재 가격을 기준으로 슬리피지를 포함한 거래 가격을 계산한다.

  ◦ 매수인 경우 현재 가격에 슬리피지를 더한다.

  ◦ 매도인 경우 현재 가격에서 슬리피지를 뺀다.

- 마지막으로 최대 주문 비율(volume_limit_rate)로 계산된 최대 주문량과 주문 수량 중 큰 값으로 최종 체결량을 계산한다.

2. 주문 처리

process_order() 메서드는 날짜(dt), 가격 데이터(data), 주문 목록(orders)을 입력받아서 거래 목록을 반환한다. 가격 데이터에는 주문할 전 종목의 OHLCV 형식의 주가 데이터가 포함돼야 한다. 코드 3-14에 process_order() 메서드가 정의돼 있다.

코드 **3-14** process_order() 메서드

```
def process_order(self, dt: datetime.date, data: pd.DataFrame,
                  orders: Optional[List[Order]]) -> List[Transaction]:
    if orders is None:
        return []

    # 가격 데이터를 딕셔너리로 변환
    data = data.set_index('ticker').to_dict(orient='index')

    transactions = []
    for order in orders:
        if order.status == OrderStatus.OPEN:
            assert order.ticker in data.keys()
            # 슬리피지 계산
            price, amount = self.calculate_slippage(
                data=data[order.ticker],
                order=order
            )
            if amount != 0:
                # 거래 객체 생성
                transaction = Transaction(
```

```
                id=order.id,
                dt=dt,
                ticker=order.ticker,
                amount=amount,
                price=price,
                direction=order.direction,
            )
            transactions.append(transaction)
            # 거래 객체의 상태와 미체결 수량 업데이트
            if order.open_amount == transaction.amount:
                order.status = OrderStatus.FILLED
            order.open_amount -= transaction.amount

        return transactions
```

메서드의 수행 단계는 다음과 같다.

- 가격 데이터를 {종목 코드: OHLCV} 형식의 딕셔너리로 변환한다.

- 거래를 저장하기 위한 거래 목록(transactions)을 초기화한다.

- for 루프에서는 주문 목록의 각 주문에 대해 거래를 생성한다.

    - calculate_slippage() 메서드(코드 3-13)를 이용해 체결 가격과 체결량을 계산한다.

    - 해당 거래(transactions)를 생성해서 거래 목록에 저장한다.

    - 주문(order)의 상태(status)와 미체결 수량(open_amount) 속성을 업데이트한다.

3.1.3.4 자산 포지션

자산 포지션은 투자자가 보유하고 있는 특정 자산에 대한 보유 상태나 보유량을 말한다. 일반적으로, 자산 포지션에는 기초자산, 보유 수량 및 평균 초기 가격이 포함돼 있다. 자산 포지션 클래스의 속성은 다음과 같다.

- ticker: 종목 코드

- position: 보유 수량(부호 있음)

- latest_price: 최신 가격

- cost: 평균 초기 가격

- total_settlement_value: 모든 거래의 총정산 금액

이러한 속성으로 정의되는 자산 포지션 클래스 AssetPosition의 정의는 코드 3-15와 같다.

코드 3-15 AssetPosition 클래스

```python
class AssetPosition(object):
    def __init__(self, ticker: str, position: int, latest_price: float, cost: float):
        self.ticker = ticker
        self.position = position
        self.latest_price = latest_price
        self.cost = cost

        self.total_settlement_value = (-1.0) * self.position * self.cost
```

또한 코드 3-16에는 AssetPosition 클래스의 **update()** 메서드가 정의돼 있다.

코드 3-16 update() 메서드

```python
    def update(self, transaction: Transaction):
        self.total_settlement_value += transaction.settlement_value
        self.position += transaction.direction.value * transaction.amount
        self.cost = (-1.0) * self.total_settlement_value / self.position \
            if self.position != 0 else 0.0
```

update() 메서드는 자산의 상태를 업데이트하는 메서드로 거래(transaction)를 입력받아서 자산의 총정산 금액(total_settlement_value), 보유 수량(position), 평균 초기 가격(cost)을 업데이트한다.

3.1.3.5 계좌

계좌 클래스는 본질적으로 장부로 모든 주문과 거래에 따른 장부 상태와 포트폴리오를 기록한다. 따라서 현재의 현금, 주문 및 포트폴리오뿐 아니라 과거의 주문, 거래 기록과 정해진 주기에 따라 평가된 포트폴리오, 장부 금액도 기록하고 있다. 따라서 계좌 클래스를 통해 시뮬레이션의 최종 성과뿐만 아니라 시뮬레이션 히스토리도 얻을 수 있다. 따라서 계좌 클래스를 이

용해서 시뮬레이션의 결과를 분석할 수 있다.

계좌 클래스는 속성은 다음과 같다.

- initial_cash: 초기 자금

- current_cash: 현재 자금

- dt: 날짜

- portfolio: 투자 포트폴리오

- orders: 현재 주문 목록

- transaction_history: 거래 히스토리

- portfolio_history: 투자 포트폴리오 히스토리

- account_history: 장부 금액 히스토리

- order_history: 주문 히스토리

- total_asset: 총자산

이러한 속성으로 정의되는 계좌 클래스 Account의 정의는 코드 3-17과 같다.

코드 3-17 계좌 클래스

```python
class Account(object):
    def __init__(self, initial_cash: float) -> None:
        self.initial_cash = initial_cash
        self.current_cash = initial_cash

        self.dt = None

        self.portfolio: Dict[str, AssetPosition] = {}
        self.orders: List[Order] = []

        self.transaction_history: List[Dict] = []
        self.portfolio_history: List[Dict] = []
        self.account_history: List[Dict] = []
```

```
        self.order_history: List[Dict] = []
        self.weight_history: List[Dict] = []

    @property
    def total_asset(self) -> float:
        # 현재 총 자산 계산
        market_value = 0
        for asset_position in self.portfolio.values():
            market_value += asset_position.latest_price * asset_position.position
        return market_value + self.current_cash
```

계좌 클래스 Account는 다음과 같은 메서드를 정의하고 있다.

- update_position(): 거래가 발생했을 때 계좌를 업데이트하기 위한 용도로 투자 포트폴리오 내 자산 포지션, 현재 현금, 거래 히스토리 업데이트

- update_portfolio(): 주기적으로 포트폴리오의 자산을 평가하기 위한 용도로 투자 포트폴리오 내 자산 가격, 투자 포트폴리오 히스토리, 장부 금액 히스토리 업데이트

- update_order(): 주문 히스토리와 현재 주문 업데이트

1) 자산 포지션 업데이트

update_position() 메서드는 거래가 발생했을 때 계좌를 업데이트 하기 위한 용도로 거래 목록(transactions)을 입력받아서 투자 포트폴리오의 자산 포지션을 업데이트한다. 동시에 현재의 현금과 거래 히스토리도 같이 업데이트한다. 코드 3-18에는 update_position() 메서드가 정의돼 있다.

코드 3-18 update_position() 메서드

```
    def update_position(self, transactions: List[Transaction]):
        for tran in transactions:
            asset_exists = tran.ticker in self.portfolio.keys()
            if asset_exists:
                # 기존에 보유 중인 자산 포지션 업데이트
                self.portfolio[tran.ticker].update(transaction=tran)
            else:
                # 처음 보유하는 자산 추가
                new_position = AssetPosition(
```

```
                ticker=tran.ticker, position=tran.direction.value*tran.amount,
                latest_price=tran.price,
                cost=abs(tran.settlement_value)/tran.amount
            )
            self.portfolio[tran.ticker] = new_position
        # 현재 현금 업데이트
        self.current_cash += tran.settlement_value
        # 거래 히스토리 업데이트
        self.transaction_history.append(vars(tran))
```

메서드의 실행 순서는 다음과 같다.

- for 루프에서는 거래 목록의 각 거래를 가져와서 관련 속성을 업데이트한다.

    ○ 투자 포트폴리오에 보유 중인 자산이면 자산 포지션을 업데이트한다.

    ○ 투자 포트폴리오에 보유 중인 자산이 아니면 새로운 자산 포지션을 생성해서 자산을 추가한다.

- 현재 현금과 거래 히스토리를 업데이트한다.

2) 투자 포트폴리오 업데이트

update_portfolio() 메서드는 주기적으로 포트폴리오의 자산을 평가하기 위한 용도로 날짜 (dt)와 가격 데이터(data)를 입력받아서 투자 포트폴리오 내 자산 가격, 투자 포트폴리오 히스 토리, 장부 금액 히스토리 업데이트한다. 코드 3-19에는 update_portfolio() 메서드가 정의 돼 있다.

코드 3-19 update_portfolio() 메서드

```
def update_portfolio(self, dt: datetime.date, data: pd.DataFrame):
    # 가격 데이터를 딕셔너리로 변환
    data = data.set_index('ticker').to_dict(orient='index')

    # 자산의 최신 가격 업데이트
    for asset_position in self.portfolio.values():
        assert asset_position.ticker in data.keys()
        asset_position.latest_price = data[asset_position.ticker]['close']
```

```python
        # 투자 포트폴리오 히스토리 업데이트 (현금과 자산)
        self.portfolio_history.append(
            {'date': dt, 'ticker': 'cash', 'latest_price': self.current_cash})
        self.portfolio_history.extend(
            [{'date': dt} | vars(asset_position)
             for asset_position in self.portfolio.values()])
        # 장부 금액 히스토리 업데이트
        self.account_history.append(
            {'date': dt, 'current_cash': self.current_cash,
             'total_asset': self.total_asset})
```

메서드의 실행 순서는 다음과 같다.

- 가격 데이터를 {종목 코드: OHLCV} 형태의 딕셔너리로 변환한다.

- 투자 포트폴리오 내 자산의 최신 가격(latest_price)을 업데이트한다.

- 투자 포트폴리오 히스토리(portfolio_history)와 장부 금액 히스토리(account_history)
  를 업데이트한다.

3) 주문 업데이트

update_order() 메서드는 주문 히스토리와 현재 주문 업데이트하는 메소드로 입력과 반환값
이 모두 없다. 코드 3-20에는 update_order() 메서드가 정의돼 있다.

코드 3-20 update_order() 메서드

```python
    def update_order(self):
        # 완료 상태의 주문
        filled_orders = [order for order in self.orders
                         if order.status == OrderStatus.FILLED]
        # 주문 히스토리 업데이트
        self.order_history.extend([vars(order) for order in filled_orders])

        # 미완료 상태의 주문은 현재 주문으로 유지
        open_orders = [order for order in self.orders
                       if order.status == OrderStatus.OPEN]
        self.orders[:] = open_orders
```

메서드의 실행 순서는 다음과 같다.

- 완료 상태의 주문(filled_orders)은 주문 히스토리(order_history)로 옮긴다.

- 미완료 상태의 주문(open_orders)은 현재 주문(orders)으로 유지한다.

3.1.4 평균-분산 시뮬레이션

시뮬레이션을 위한 주요 클래스 정의됐으니, 가상의 환경에서 거래를 시뮬레이션을 하기 위한 유틸리티 함수를 구현해 보자. 다음 네 개의 함수는 자산의 목표 편입 비중에 따라 주문을 생성하고 리밸런싱을 통해 투자 포트폴리오를 조정하는 함수들이다.

- order_target_amount(): 목표 수량에 따라 주문

- calculate_target_amount(): 목표 수량 계산

- order_target_percent(): 목표 편입 비중에 따라 주문

- rebalance(): 리밸런싱

3.1.4.1 목표 수량에 따라 주문

order_target_amount() 함수는 주문을 통해 자산의 목표 수량에 맞춰 현재의 보유 수량을 조정한다. 계좌(account), 날짜(dt), 종목 코드(ticker)와 목표 수량(target_amount)을 입력받아서 자산이 현재의 포트폴리오에 없다면 새롭게 자산 포지션을 추가하고, 이미 있다면 목표 수량과 보유 수량의 차이만큼을 새로운 주문을 통해 맞춘다. 코드 3-21에는 order_target_amount() 함수가 정의돼 있다.

코드 3-21 order_target_amount() 함수

```
def order_target_amount(account: Account, dt: datetime.date,
                        ticker: str, target_amount: int) -> Optional[Order]:
    # 투자 포트폴리오의 각 자산 및 보유 수량
    positions = {asset_position.ticker: asset_position.position
                 for asset_position in account.portfolio.values()}
    # 자산의 보유 수량
    position = positions.get(ticker, 0)
```

```
# 거래 수량 계산
amount = target_amount - position
if amount != 0:
    # 주문 객체 생성
    return Order(dt=dt, ticker=ticker, amount=amount)
else:
    return None
```

함수의 실행 순서는 다음과 같다.

- 투자 포트폴리오의 각 자산 및 보유 수량을 딕셔너리로 만든다.

- 해당 종목의 보유 수량(position)을 가져와서 목표 수량(target_amount)과의 차이, 즉 거래 수량(amount)을 계산한다.

보유 수량과 목표 수량의 차이가 있으면 주문을 생성하고 없다면 None을 반환한다.

3.1.4.2 목표 수량 계산

calculate_target_amount() 함수는 목표 편입 비중을 목표 수량으로 변환하는 역할을 한다. 계좌(account), 종목 코드(ticker), 목표 편입 비중(target_percent)과 가격 데이터(data)를 입력받아서 해당하는 목표 수량을 반환한다. 코드 3-22에는 calculate_target_amount() 함수가 정의돼 있다.

코드 3-22 calculate_target_amount() 함수

```
def calculate_target_amount(account: Account, ticker: str,
                            target_percent: float, data: pd.DataFrame) -> int:
    assert ticker in data['ticker'].to_list()
    # 총 자산
    total_asset = account.total_asset
    # 자산의 현재 가격
    price = data.loc[data['ticker'] == ticker, 'close'].squeeze()
    # 목표 보유 수량 계산
    target_amount = int(np.fix(total_asset * target_percent / price))
    return target_amount
```

함수의 실행 순서는 다음과 같다.

- 계좌에 있는 총자산(total_asset)을 읽는다.

- 자산의 현재 가격(price)을 읽는다.

- 총자산에 자산의 목표 편입 비중(target_percent)을 곱해서 목표 자산을 계산하고, 목표 자산을 자산의 현재 가격으로 나눠서 목표 수량(target_amount)을 계산한다.

3.1.4.3 목표 편입 비중에 따라 주문

order_target_amount()와 calculate_target_amount() 두 함수를 바탕으로 order_target_percent() 함수를 구현할 수 있다. 계좌(account), 날짜(dt), 종목 코드(ticker), 목표 편입 비중(target_percent)과 가격 데이터(data)를 입력받아서 자산의 목표 수량을 계산하고 자산이 현재의 포트폴리오에 없다면 새롭게 자산 포지션을 추가하고 이미 있다면 목표 수량과 보유 수량의 차이만큼 새롭게 주문해 맞춘다. 코드 3-23에는 order_target_percent() 함수가 정의돼 있다.

코드 3-23 order_target_percent() 함수

```
def order_target_percent(account: Account, dt: datetime.date, ticker: str,
                         target_percent: float,
                         data: pd.DataFrame) -> Optional[Order]:
    # 목표 보유 수량 계산
    target_amount = calculate_target_amount(account=account, ticker=ticker,
                                            target_percent=target_percent, data=data)
    # 목표 수량에 따라 주문
    return order_target_amount(account=account, dt=dt, ticker=ticker,
                               target_amount=target_amount)
```

함수의 실행 순서는 다음과 같다.

- calculate_target_amount() 함수를 호출해 목표 수량(target_amount)을 계산한다.

- order_target_amount() 함수를 호출해 목표 수량(target_amount)에 따라 주문한다.

126

3.1.4.4 투자 포트폴리오 조정

rebalance() 함수는 목표로 하는 자산 편입 비중에 맞춰서 현재 보유하고 있는 투자 포트폴리오의 자산 수량을 조정한다. 날짜(dt), 가격 데이터(data), 계좌(account), 목표 자산 편입 비중(weights)을 입력받아서 목표 투자 포트폴리오에 더 이상 포함되지 않을 자산은 매도하고 나머지 자산은 목표 편입 비중으로 조정한다. 생성된 모든 주문은 계좌(account)의 주문 목록(orders)에 저장된다. 코드 3-24에는 rebalance() 함수가 정의돼 있다.

코드 3-24 rebalance() 함수

```python
def rebalance(dt: datetime.date, data: pd.DataFrame, account: Account, weights: Dict):
    for asset_position in account.portfolio.values():
        if asset_position.ticker not in weights.keys():
            # 포트폴리오에 더 이상 포함되지 않는 기존 자산 매도
            order = order_target_percent(account=account, dt=dt,
                                         ticker=asset_position.ticker,
                                         target_percent=.0, data=data)
            # 주문 목록에 생성된 주문 추가
            if order is not None:
                account.orders.append(order)

    for ticker, target_percent in weights.items():
        # 자산을 목표 편입 비중으로 조정
        order = order_target_percent(account=account, dt=dt, ticker=ticker,
                                     target_percent=target_percent, data=data)
        if order is not None:
            # 주문 목록에 생성된 주문 추가
            account.orders.append(order)
```

함수의 실행 순서는 다음과 같다.

- 포트폴리오의 자산이 목표 자산 편입 비중(weights)에 없으면 매도한다.

- 나머지 자산은 목표 자산 편입 비중(weights)에 맞춰 보유 자산을 조정하도록 주문한다.

3.1.4.5 시뮬레이션 프로그램

시뮬레이션을 위한 주요 클래스와 유틸리티 함수까지 준비가 됐다. 이제 이들을 활용해 평균-분산 전략의 시뮬레이션 함수인 simulate_mean_variance()를 구현해 보자. simulate_mean_ variance() 함수는 전체 OHLCV 데이터(ohlcv_data)와 룩백 기간(look_back)을 받아서 시뮬레이션을 수행한 후 시뮬레이션 히스토리가 포함된 계좌(account)를 반환한다. 코드 3-25에는 simulate_mean_variance() 함수가 정의돼 있다.

코드 3-25 simulate_mean_variance() 함수

```python
def simulate_mean_variance(ohlcv_data: pd.DataFrame, look_back: int):
    account = Account(initial_cash=100000000)
    broker = Broker()

    # 수익률 계산
    return_data = calculate_return(ohlcv_data=ohlcv_data)

    for date, ohlcv in ohlcv_data.groupby(['date']):
        print(date.date())

        # 주문 처리 및 거래 생성
        transactions = broker.process_order(dt=date, data=ohlcv, orders=account.orders)
        # 계좌 내 자산 포지션, 투자 포트폴리오, 주문 업데이트
        account.update_position(transactions=transactions)
        account.update_portfolio(dt=date, data=ohlcv)
        account.update_order()

        # 현재 날짜의 수익률 데이터
        return_data_slice = return_data.loc[:date].iloc[-look_back:]
        # 자산 편입 비중 계산 및 뒤처리
        weights = get_mean_variance_weights(return_data=return_data_slice,
                                            risk_aversion=3)
        rounded_weights = (None if weights is None else
                            {k: round(v, 3) for k, v in weights.items()})
        print(f'Portfolio: {rounded_weights}')
        if weights is None:
            continue

        # 투자 포트폴리오 조정
        rebalance(dt=date, data=ohlcv, account=account, weights=weights)

    return account
```

함수의 실행 순서는 다음과 같다.

- 계좌(account)와 중개인(broker)을 생성한다.

- 주가 데이터(ohlcv_data)를 이용해서 수익률(return_data)을 계산한다.

- for 루프에서는 날짜(date)별로 주가 데이터(ohlcv)를 가져와서 주문을 처리하고 계좌를 업데이트한다.

  ○ 과거에 생성된 주문 중 아직 처리되지 않은 주문이 있다면 처리하고 거래(transactions)를 반환받는다.

  ○ 거래 결과에 따라 계좌 내 자산 포지션을 업데이트한다.

  ○ 포트폴리오도 재평가하고 주문 목록도 업데이트한다.

  ○ 룩백 기간(look_back)의 수익률 데이터(return_data_slice)를 가져온다.

  ○ get_mean_variance_weights() 함수를 사용해서 최적 포트폴리오의 자산 편입 비중(weights)을 계산한다.

  ○ rebalance() 함수를 활용해 새로 계산된 자산 편입 비중(weights)에 따른 투자 포트폴리오를 만들기 위해 주문을 생성한다.

3.1.4.6 시뮬레이션 실행

사용자가 지정한 기간에 대해 시뮬레이션을 수행하기 위해서는 시뮬레이션 시작일에서 과거로 자산 배분 모델의 룩백 기간만큼 이동한 시점부터 데이터가 필요하다. 따라서 평균-분산 전략을 실행하기 전에 get_lookback_fromdate() 함수를 이용해서 시작 날짜를 조정해 룩백 기간을 포함하도록 한다. 코드 3-26에는 get_lookback_fromdate() 함수가 정의돼 있다.

코드 3-26 get_lookback_fromdate() 함수

```
def get_lookback_fromdate(fromdate: str, lookback: int, freq: str) -> str:
    # freq에 따라 룩백 기간 포함된 예상 시작 날짜를 설정
    if freq == 'd':
        estimated_start_date = '1990-01-01'
    elif freq == 'm':
        estimated_start_date = (pd.to_datetime(fromdate) -
                                pd.DateOffset(months=lookback))
    elif freq == 'y':
        estimated_start_date = (pd.to_datetime(fromdate) -
```

```
                    pd.DateOffset(years=lookback))
    else:
        raise ValueError
    # 설정 기간(estimated_start_date ~ fromdate)의 KOSPI 데이터를 다운로드
    kospi = stock.get_index_ohlcv(fromdate=str(estimated_start_date.date()),
                            todate=fromdate, ticker='1001', freq=freq)
    # 룩백 기간을 포함하는 정확한 시작 날짜를 반환
    return str(kospi.index[-lookback].date())
```

get_lookback_fromdate() 함수는 시작 날짜(fromdate), 룩백 기간(lookback)과 데이터 주기(freq)를 입력 파라미터로 받아 룩백 기간을 포함하는 시작 날짜를 반환한다. 이 함수는 KOSPI 데이터의 날짜를 기준으로 시작 날짜를 룩백 기간만큼 과거 방향으로 이동시킨다.

함수의 실행 순서는 다음과 같다.

- 데이터 주기(freq)에 따라 룩백 기간(lookback)이 포함된 예상 시작 날짜(estimated_start_date)를 설정한다.

- 예상 시작 날짜(estimated_start_date)부터 시작 날짜(fromdate)까지의 KOSPI 데이터를 다운로드한다.

- 룩백 기간(lookback)을 포함하는 정확한 시작 날짜를 반환한다.

마지막으로 본 책에서 제공하는 주피터 노트북 파일을 열어서 코드 3-27의 스크립트를 실행하면 지정된 구간 동안의 평균-분산 전략 시뮬레이션 결과를 얻을 수 있다.

코드 3-27 시뮬레이션 스크립트

```
fromdate = '2020-07-10'
todate = '2023-09-27'
total_look_back = 1 + 24
adj_fromdate = get_lookback_fromdate(fromdate=fromdate,
                                lookback=total_look_back, freq='m')
data_loader = PykrxDataLoader(fromdate=adj_fromdate,
                            todate=todate, market='KOSPI')
ohlcv_data = data_loader.load_stock_data(ticker_list=ticker_list,
                                    freq='m', delay=1)
simulation_account = simulate_mean_variance(ohlcv_data=ohlcv_data, look_back=24)
```

시뮬레이션 과정에서 출력된 날짜와 투자 포트폴리오의 자산 편입 비중은 다음과 같다.

```
2018-07-31
Portfolio: None
2018-08-31
Portfolio: None
2018-09-30
Portfolio: None
2018-10-31
Portfolio: None
2018-11-30
Portfolio: None
2018-12-31
Portfolio: None
2019-01-31
Portfolio: None
2019-02-28
Portfolio: None
2019-03-31
Portfolio: None
2019-04-30
Portfolio: None
2019-05-31
Portfolio: None
2019-06-30
Portfolio: None
2019-07-31
Portfolio: None
2019-08-31
Portfolio: None
2019-09-30
Portfolio: None
2019-10-31
Portfolio: None
2019-11-30
Portfolio: None
2019-12-31
Portfolio: None
2020-01-31
Portfolio: None
2020-02-29
Portfolio: None
2020-03-31
Portfolio: None
2020-04-30
Portfolio: None
2020-05-31
```

```
Portfolio: None
2020-06-30
Portfolio: None
2020-07-31
Portfolio: {'000270': 0.0, '000660': 0.333, '005380': 0.033, '005490': 0.107,
'005930': 0.127, '006400': 0.215, '035420': 0.031, '051910': 0.103, '207940': 0.051}
2020-08-31
Portfolio: {'000270': 0.0, '000660': 0.323, '005380': 0.009, '005490': 0.122,
'005930': 0.151, '006400': 0.226, '035420': 0.032, '051910': 0.091, '207940': 0.046}
…  # 중간 결과 생략
2023-08-31
Portfolio: {'000270': 0.277, '000660': 0.012, '005380': 0.119, '005490': 0.0,
'005930': 0.014, '006400': 0.0, '035420': 0.0, '051910': 0.0, '207940': 0.578}
2023-09-30
Portfolio: {'000270': 0.246, '000660': 0.0, '005380': 0.172, '005490': 0.0, '005930':
0.013, '006400': 0.0, '035420': 0.0, '051910': 0.0, '207940': 0.569}
```

시뮬레이션이 진행됨에 따라 매일 최적화된 투자 포트폴리오의 자산 편입 비중이 출력되는 것을 확인할 수 있다. 이를 통해 시간에 따른 포트폴리오 조정 과정을 모니터링할 수 있다.

3.2 시뮬레이션 분석

나　"드디어 첫 번째 투자 전략을 완성했어요! 하지만 시뮬레이션 결과에 너무 많은 정보가 포함돼 있어서 전략이 좋은지 나쁜지를 어떻게 판단해야 할지 모르겠어요."

선배　"그렇지? 지금처럼 시뮬레이션 과정을 그대로 텍스트로 출력하는 것보다 분석적인 방법을 활용해서 자세히 살펴볼 필요가 있어. 예를 들어 성능 지표를 통해 전체 전략을 수치로 평가할 수도 있고 시각화를 통해 시간에 따른 전략의 특성을 분석할 수도 있지."

나　"평균-분산 전략의 시뮬레이션 결과가 좋은지 빨리 알고 싶어요."

선배　"그럼 평균-분산 최적화 전략의 시뮬레이션 결과를 바탕으로 평균-분산 전략의 전반적 성과, 주기적 성과, 개별 자산의 성과를 분석해 볼까?"

3.2.1 시뮬레이션 결과 전처리

계좌에는 시뮬레이션 과정의 모든 히스토리가 저장돼 있다. 시뮬레이션 결과를 분석하기 전에 분석이 용이한 형태로 데이터를 전처리해 보자.

3.2.1.1 히스토리 형식 변환

코드 3-28에서 시뮬레이션 결과 데이터를 쉽게 처리하기 위한 전처리 코드를 볼 수 있다.

코드 3-28 시뮬레이션 결과 데이터 형식 변환

```
df_account = pd.DataFrame(simulation_account.account_history).set_index('date')
df_portfolio = pd.DataFrame(simulation_account.portfolio_history).set_index('date')
df_portfolio = df_portfolio.assign(
    ticker=df_portfolio['ticker'].apply(lambda x: f'{x}({ticker_to_name(x)})')
)
```

전처리 단계는 다음과 같은 순서로 실행된다.

- 계좌의 장부 금액 히스토리(account_history)를 pandas의 DataFrame 형식으로 변환하고 날짜 열을 인덱스로 설정한다.

- 투자 포트폴리오 히스토리(portfolio_history)도 DataFrame 형식으로 변환하고 날짜 열을 인덱스로 설정한다.

- 종목 이름을 추가해 종목 정보를 쉽게 확인할 수 있도록 한다.

여기서 ticker_to_name() 함수는 종목 코드에 해당하는 종목 이름을 가져오는 함수로 코드 3-29에 정의돼 있다.

코드 3-29 ticker_to_name() 함수

```
def ticker_to_name(ticker: str) -> str:
    if ticker == 'cash':
        return '현금'
    else:
        return stock.get_market_ticker_name(ticker=ticker)
```

함수의 실행 순서는 다음과 같다.

- 종목 코드가 'cash'인 경우 예외 처리를 해 '현금'으로 반환한다.

- 종목 코드가 'cash'가 아니라면 PyKrx 라이브러리의 get_market_ticker_name() API를 사용해 종목 코드의 종목 이름을 가져온다.

3.2.1.2 룩백 기간 제거

시뮬레이션을 실행하는 동안은 평균-분산 모델에서 수익률을 계산할 때 필요한 룩백 기간이 포함돼 실행된다. 따라서 시뮬레이션 결과 중 시뮬레이션 시작일 전까지의 기간, 즉 시뮬레이션 시작일의 룩백 기간에 해당하는 기간의 결과는 정상적인 결과라고 볼 수 없다.[5] 따라서 시뮬레이션 결과를 분석할 때는 시뮬레이션 시작 날짜부터 분석할 수 있도록 시뮬레이션 결과에서 역으로 시뮬레이션 시작 날짜를 계산하고 해당 일부터 시뮬레이션 종료일까지의 결과만 잘라서 분석한다. 코드 3-30은 시뮬레이션 결과를 분석하기 위한 이러한 과정에 대한 코드다.

코드 3-30 시뮬레이션 결과 데이터 구간 선택

```
analysis_fromdate = df_account.index[total_look_back-1]
df_portfolio = df_portfolio.loc[analysis_fromdate:]
```

3.2.1.3 단기 수익률 계산

투자 포트폴리오의 성능 지표를 계산할 때는 대부분 포트폴리오의 단기 수익률이 필요하다. 포트폴리오 단기 수익률은 총자산 변동률로 포트폴리오에서 보유하고 있는 총자산이 한 기간 내에서 어떤 비율로 변동됐는지를 나타낸다. 단기 수익률 계산은 코드 3-31에 나타나 있다.

코드 3-31 포트폴리오의 단기 수익률 계산과 구간 선택

```
returns = df_account['total_asset'].pct_change().loc[analysis_fromdate:]
returns.name = 'return'
```

코드의 실행 순서는 다음과 같다.

---

5 예를 들어 코드 3-27의 출력된 날짜와 자산 편입 비중에서 2020년 7월 31일 이전의 출력은 없다.

- 총자산 데이터(total_asset)의 변화율을 계산하고 시뮬레이션 시작일 이후로 슬라이싱한다.

- 단기 수익률의 이름을 'return'으로 설정한다.

3.2.1.4 KOSPI 월간 수익률 계산

투자 포트폴리오의 성과를 상대적으로 평가하기 위해 다른 투자 포트폴리오나 KOSPI와 같은 시장 지수를 벤치마크로 지정해서 비교할 수 있다. 코드 3-32에는 KOSPI를 벤치마크로 사용하기 위해 KOSPI 데이터를 가져와서 수익률을 계산하는 과정이 나와 있다.

코드 3-32 KOSPI의 월간 수익률 계산

```
kospi = data_loader.load_index_data(ticker_list=['1001'], freq='m', delay=1)
kospi_returns = kospi['close'].pct_change().loc[analysis_fromdate:]
kospi_returns.iloc[0] = 0.0
kospi_returns.name = 'kospi_return'
kospi_returns.index.name = 'date'
```

코드의 실행 순서는 다음과 같다.

- data_loader.load_index_data() 함수로 KOSPI의 월간 가격 데이터(kospi)를 가져온다.

- KOSPI의 월간 수익률(kospi_returns)을 계산하고 시뮬레이션 시작일 이후로 슬라이싱한다.

- 투자 포트폴리오 수익률과 일치시키기 위해 시뮬레이션 시작일의 수익률을 0으로 설정한다.

- 수익률의 이름을 'kospi_return'으로 설정하고 인덱스 이름을 날짜(date)로 수정한다.

3.2.1.5 연 환산 인자

포트폴리오의 성능 지표 중 일부는 연간 기준으로 표현하기도 한다. 예를 들어 월 단위의 단기 수익률을 연간 수익률로 나타낼 수 있다. 이를 위해 코드 3-33과 같이 각 단위 기간을 연간 기준으로 변경했을 때 해당하는 단위 수를 나타내는 연 환산 인자(annualization_factor)를 정의한다.

코드 3-33 주기별 연 환산 인자

```
annualization_factor = {
    'd': 252,
    'm': 12,
    'y': 1,
}
```

여기서 단위 기간을 나타내는 'd', 'm', 'y'는 각각 일, 월, 년을 나타내며 데이터 주기(freq)와 같다. 숫자 252, 12, 1은 연간 기준으로 변경했을 때 단위 기간의 개수를 나타낸다. 예를 들어 연간 기준으로 일은 252일로, 월은 12개월로, 년은 1년으로 나타낼 수 있다. 이때 일 단위가 252일 이유는 거래일을 기준으로 계산했기 때문이다.

3.2.2 포트폴리오 성능 지표

투자 포트폴리오 성능 지표에는 수익률, 변동성, 리스크 조정 수익률의 3가지 유형이 있다. 표 3-7에는 각 유형에 따른 세부 지표가 정리돼 있다.

표 3-7 포트폴리오 성능 지표

지표 유형	지표 이름
수익률	복리 연간 성장률
	누적 수익률
	상대 수익률
변동성	연간 변동성
	최대 손실 낙폭
리스크 조정 수익률	샤프 비율
	소티노 비율
	칼마 비율
	정보 비율

수익률 지표로는 복리 연간 성장률, 누적 수익률, 상대 수익률 등이 있다. 변동성 지표로는 연간 변동성, 최대 손실 낙폭 등이 있다. 리스크 조정 수익률 지표로는 샤프 비율, 소티노 비율,

칼마 비율Calmar Ratio, 정보 비율Information Ratio 등이 있다. 각 지표의 정의와 계산 방식을 자세히 살펴보자.

3.2.2.1 연평균 복리 성장률(CAGR)

연평균 복리 성장률CAGR, Compound Annual Growth Rate, 즉 CAGR은 특정 기간 동안의 연간 성장률을 의미한다. CAGR의 계산식은 다음과 같다. CAGR은 투자의 최종 가치를 초기 가치로 나눈 총 성장률의 n제곱근으로 계산한다. 이때 n은 CAGR을 계산하기 위한 기간의 총연수를 의미한다.

$$CAGR_n = \left(\frac{V_n}{V_0}\right)^{\frac{1}{n}} - 1$$

V_0: 투자의 초기 가치
V_n: 투자의 최종 가치
n: 연수

cagr() 함수는 CAGR를 계산하는 역할을 한다. 수익률 데이터(returns)와 데이터 주기(freq)를 입력 파라미터로 받아 CAGR를 반환한다. 코드 3-34에는 cagr() 함수가 정의돼 있다.

코드 3-34 cagr() 함수

```
def cagr(returns: pd.Series, freq: str = 'd') -> float:
    if len(returns) < 1:
        return np.nan
    ann_factor = annualization_factor[freq]
    num_years = len(returns) / ann_factor
    cum_return = (returns + 1).prod()
    return cum_return ** (1 / num_years) - 1
```

함수의 실행 순서는 다음과 같다.

- 수익률 데이터(returns)의 길이가 0이면 NaNNot a Number값을 반환한다.

- 연 환산 인자(ann_factor)를 읽는다.

- 수익률 데이터의 연수(num_years)를 계산한다.

- 단기 수익률(returns)을 누적 수익률(cum_return)로 전환한다.

- CAGR를 계산해서 반환한다.

3장 주피터 노트북 파일인 '3. mean-variance.ipynb'에서 코드 3-35에 해당하는 스크립트를 실행하면 투자 포트폴리오와 KOSPI의 CAGR을 각각 얻을 수 있다.

코드 3-35 연평균 복리 성장률 계산

```
cagr(returns=returns, freq='m')
cagr(returns=kospi_returns, freq='m')
```

연평균 복리 성장률은 투자의 평균 수익률로서 서로 다른 투자 포트폴리오 성과를 측정할 때 매우 유용하다. CAGR은 투자 성장이 꾸준히 이뤄진다고 가정하지만 실제로 투자에는 큰 변동성이 있다. 서로 다른 시기의 투자 결과는 확연하게 다를 수 있고 투자를 결정할 때는 이러한 변동성, 즉 투자 위험을 충분히 고려해야 한다. CAGR은 투자 수익률의 평균 수준을 나타내지만, 실제 수익률 변화와 위험 정도를 반영하지 못한다는 점을 주의해야 한다. 충분한 위험 관리가 병행됐을 때 비로소 합리적인 투자 결정이 가능하다.

3.2.2.2 최대 손실 낙폭(MDD)

투자 대상의 가격의 하락을 의미하는 것이 바로 낙폭Drawdown이다. 낙폭 중 가장 큰 값을 나타내는 최대 손실 낙폭MDD, Maximum Drawdown은 MDD라고도 하며 투자 대상의 가격이 최고점에서 최저점까지 떨어졌을 때의 상태를 말한다. 최대 손실 낙폭은 자산을 매수했을 때 발생할 수 있는 최악의 상황을 기술하기 위해 사용되며 주식, 펀드 등 투자 대상의 위험성을 측정하는 대표적인 지표 중 하나이다.

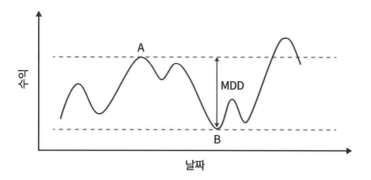

그림 3-3 MDD 설명도

그림 3-3에서 MDD를 나타내는 수익 그래프가 그려져 있다. 그래프에서 최저점은 B이고, B 이전의 최고점은 A로 최대 손실 낙폭은 A와 B 사이의 높이 차이를 의미한다. 즉 가격이 최대 로 하락하는 폭을 나타내므로 최고점은 항상 최저점 이전에 나타나야 한다. MDD를 계산하는 함수인 mdd()는 코드 3-36에 정의돼 있다. mdd() 함수는 수익률 데이터(returns)를 입력 파라 미터로 받아 MDD를 반환한다.

코드 3-36 mdd() 함수

```python
def mdd(returns: pd.Series) -> float:
    if len(returns) < 1:
        return np.nan
    cum_returns = (returns + 1).cumprod()
    max_return = np.fmax.accumulate(cum_returns, axis=0)
    mdd = ((cum_returns - max_return) / max_return).min()
    return mdd
```

함수의 실행 순서는 다음과 같다.

- 수익률 데이터(returns)의 길이가 0이면 NaN 값을 반환한다.

- 단기 수익률(returns)을 누적 수익률(cum_returns)로 전환한다.

- 시점마다 최대 누적 수익률(max_return)을 계산한다.

- MDD를 계산한다.

3장 주피터 노트북 파일에서 코드 3-37의 스크립트를 실행하면 투자 포트폴리오와 KOSPI의 MDD를 각각 얻을 수 있다.

코드 3-37 최대 손실 낙폭 계산

```
mdd(returns=returns)
mdd(returns=kospi_returns)
```

3.2.2.3 샤프 비율

샤프 비율Sharpe Ratio은 위험 대비 수익률로 미국의 경제학자이자 노벨 경제학상 수상자 윌리엄 샤프William Sharpe가 1966년에 제안한 지표이다. 샤프 비율은 투자 자산과 무위험자산의 수익률을 비교하기 위해 개발됐으며 이때 수익률은 위험으로 조정해서 비교한다. 따라서 투자자가 감수하는 위험 1 단위당 얻을 수 있는 무위험자산 대비 투자 자산의 초과 수익률을 나타낸다.[6] 샤프 비율의 계산 수식은 다음과 같다.

$$샤프비율 = \sqrt{a}\,\frac{r_p - r_f}{\sigma_p}$$

a: 연 환산 인자

r_p: 투자 기대 수익률

r_f: 무위험 수익률

$r_p - r_f$: 초과 수익률

σ_p: 투자 수익률의 표준 편차

샤프 비율은 투자 수익률과 무위험 수익률 차의 기댓값을 투자 수익률의 표준 편차로 나눈 값이다. 여기서 표준 편차는 위험 또는 변동성을 나타낸다. 일반적으로 투자 수익률의 기댓값과 표준 편차는 과거의 수익률 평균과 표준 편차로 나타낸다. 또한 서로 다른 기간에 따른 영향을

---

6 앞으로 문맥에 따라 위험과 리스크라는 용어를 혼재해서 사용한다.

제거하기 위해 연환산을 한 후 샤프 비율을 비교한다.

구현 코드는 코드 3-38과 같다. sharpe_ratio() 함수는 수익률 데이터(returns), 무위험 수익률(risk_free), 데이터 주기(freq)를 입력 파라미터로 받아 샤프 비율을 반환한다.

코드 3-38 sharpe_ratio() 함수

```
def sharpe_ratio(returns: pd.Series, risk_free: float = 0,
                 freq: str = 'd') -> float:
    if len(returns) < 2:
        return np.nan
    adjusted_returns = returns - risk_free
    ann_factor = annualization_factor[freq]
    sharpe_ratio = (adjusted_returns.mean() / adjusted_returns.std()
                    * np.sqrt(ann_factor))
    return sharpe_ratio
```

함수의 실행 순서는 다음과 같다.

- 수익률 데이터(returns)의 길이가 2 미만이면 NaN 값을 반환한다.

- 초과 수익률(adjusted_returns)을 계산한다.

- 연 환산 인자(ann_factor)를 읽는다.

- 샤프 비율을 계산한다.

3장 주피터 노트북 파일에서 코드 3-39의 스크립트를 실행하면 투자 포트폴리오와 KOSPI의 샤프 비율을 각각 얻을 수 있다.

코드 3-39 샤프 비율 계산

```
sharpe_ratio(returns=returns, freq='m')
sharpe_ratio(returns=kospi_returns, freq='m')
```

샤프 비율이 다른 두 자산이 있다고 해 보자. 어떤 자산을 선택해야 할까? 이때는 샤프 비율이 높은 자산이 동일한 위험을 감수할 때 더 나은 수익을 제공하므로 샤프 비율이 높은 자산을 선택해야 한다. 반대로 위험의 관점에서 해석하면 두 자산의 수익률이 같다면 샤프 비율이 높은 자산의 위험이 낮다. 따라서 투자자는 수익률을 높이거나 또는 변동성을 줄여서 샤프 비율을 최대한 높여야 한다.

샤프 비율은 대표적인 성과 측정 지표로 활용되지만 동시에 다음과 같은 한계가 있다.

- 첫째, 수익률이 음수일 때 샤프 비율은 올바르게 적용되지 않는다. 즉 수익률이 음수인데 변동성이 커지면 샤프 비율이 커지기 때문이다.

- 둘째, 샤프 비율은 투자 위험을 표준 편차로 측정하기 때문에 가격이 상승하는 양(+)의 변동성을 위험으로 평가함으로써 양의 변동성을 가진 투자 전략을 과소평가하는 경향이 있다. 즉 샤프 비율이 '변동성은 나쁘다'고 가정하고 상승 변동성과 하락 변동성을 동일하게 취급하기 때문이다.

- 그 외에 연간 기준으로 계산되므로 짧은 기간의 수익률 또는 위험의 변화를 포착하기 어렵다는 점과 무위험자산을 주관적으로 선정할 경우 결과가 달라지는 문제점 등이 있다.

3.2.2.4 소티노 비율

프랭크 소티노[Frank Sortino]는 1980년대에 샤프 비율의 한계를 개선하기 위해 소티노 비율[Sortino Ratio]을 제안했다. 소티노 비율의 계산 방법은 샤프 비율과 유사하지만 주요 차이점은 연간 변동성 대신 연간 하방 위험을 사용한다는 것이다. 즉 표준 편차 대신 반편차[semi-deviation]를 사용한다. 하방 위험의 수식은 다음과 같다.

$$\sigma_{sd} = \sqrt{\frac{1}{n} \sum_{r_t = \bar{r}}^{N} (r_t - \bar{r})^2}$$

n: 평균 수익률 미만의 관찰값 수

r_t: t 시점의 수익률

$\bar{r}$: 평균 수익률

소티노 비율의 수식은 다음과 같다.

$$소티노\ 비율 = \sqrt{a}\ \frac{r_p - r_f}{\sigma_{sd}}$$

a: 연 환산 인자

r_p: 포트폴리오 수익률

r_f: 무위험 수익률

σ_{sd}: 포트폴리오의 하방 위험($\bar{r} = 0$)

구현 코드는 코드 3-40과 같다. sortino_ratio() 함수는 수익률 데이터(returns), 무위험 수익률(risk_free), 데이터 주기(freq)를 입력 파라미터로 받아 소티노 비율을 반환한다.

코드 3-40 sortino_ratio() 함수

```python
def sortino_ratio(returns: pd.Series, risk_free: float = 0,
                  freq: str = 'd') -> float:
    if len(returns) < 2:
        return np.nan
    adjusted_returns = returns - risk_free
    negative_returns = adjusted_returns[adjusted_returns < 0]
    downside_risk = np.sqrt(np.mean(negative_returns.pow(2)))
    ann_factor = annualization_factor[freq]
    if downside_risk == 0:
        sortino_ratio = np.NAN
    else:
        sortino_ratio = (adjusted_returns.mean() / downside_risk
                         * np.sqrt(ann_factor))
    return sortino_ratio
```

함수의 실행 순서는 다음과 같다.

- 수익률 데이터(returns)의 길이가 2 미만이면 NaN 값을 반환한다.

- 초과 수익률(adjusted_returns)을 계산한다.

- 마이너스 수익률(negative_returns)을 계산한다.

- 하방 위험(downside_risk)을 계산한다.

- 연 환산 인자(ann_factor)를 읽는다.

- 소티노 비율을 계산한다.

3장 주피터 노트북 파일에서 코드 3-41의 스크립트를 실행하면 투자 포트폴리오와 KOSPI의
소티노 비율을 각각 얻을 수 있다.

코드 3-41 소티노 비율 계산

```
sortino_ratio(returns=returns, freq='m')
sortino_ratio(returns=kospi_returns, freq='m')
```

3.2.2.5 기타 위험 조정 후 수익률

위험 조정 수익률 지표로 샤프 비율과 소티노 비율 외에도 정보 비율과 칼마 비율과 같은 것들
이 있다. 표 3-8과 같이 칼마 비율은 표준 편차 대신 최대 손실 낙폭을 위험으로 사용한다는 점
이 다르며 정보 비율은 무위험 수익률 대신 시장 지수 수익률을 사용한다는 점이 다르다.

표 3-8 리스크 조정 수익률 비교

지표 이름	초과 수익률 기준	리스크
샤프 비율	무위험 수익률	표준 편차
소티노 비율	무위험 수익률	반편차(하방 위험)
칼마 비율	무위험 수익률	최대 손실 낙폭
정보 비율	지수 수익률	표준 편차

칼마 비율의 수식은 다음과 같다.

$$칼마\ 비율 = \sqrt{a}\,\frac{r_p - r_f}{MDD}$$

a: 연 환산 인자

r_p: 포트폴리오 수익률

r_f: 무위험 수익률

MDD: 최대 손실 낙폭

144

정보 비율의 수식은 다음과 같다.

$$\text{정보 비율} = \sqrt{a}\, \frac{r_p - r_f}{\sigma_p}$$

a: 연 환산 인자

r_p: 포트폴리오 수익률

r_f: 지수 수익률

$r_p - r_b$: 포트폴리오 초과 수익률

σ_p: 포트폴리오 초과 수익률의 표준 편차

칼마 비율과 정보 비율과 같은 성능 지표에 관심이 있는 독자는 직접 구현해서 앞으로 이 책에서 실험하게 될 전략에 적용해 보는 것을 추천한다.

3.2.2.6 평균-분산 전략 성능 지표 요약

앞에서 구현한 평균-분산 전략을 지금까지 설명한 성과 지표로 평가해 보고 같은 기간 KOSPI의 성과와 비교해 보면 표 3-9와 같은 결과를 얻을 수 있다. 모든 성과 지표에서 평균-분산 전략이 KOSPI 보다 우수하게 나타나고 있다.

표 3-9 평균-분산 전략/KOSPI 성과 지표 비교

	CAGR	MDD	샤프 비율	소티노 비율
평균-분산 전략	**0.076**	**−0.286**	**0.461**	**0.422**
KOSPI	0.029	−0.346	0.240	0.220

3.2.3 시각화를 통한 시뮬레이션 분석

지금까지 소개한 투자 포트폴리오의 성능 지표는 수익률, 위험, 종합적 성과를 하나의 숫자로 표현하고 있어서 투자 포트폴리오를 한 번에 비교할 수 있다는 장점이 있다. 반면에 이런 성능 지표는 시간 정보와 투자 구조를 반영하지 못하는 한계가 존재한다. 이번 절에서는 시각화 기법을 통해 포트폴리오 및 개별 자산의 성과 변화를 시간의 흐름에 따라 보여줌으로써 한층 심화한 분석을 진행한다. 다음 순서대로 포트폴리오 누적 수익률 곡선, 수익률 변동 그래프, 개별 자산 누적 수익률 곡선, 포트폴리오 자산 비중 변화 면적그래프를 소개할 예정이다.

3.2.3.1 누적 수익률 곡선

누적 수익률 곡선^{cumulative return curve}은 그림 3-4와 같이 투자 포트폴리오의 수익률을 누적해서 보여준다. 가로축은 시간을 나타내고 세로축은 누적 수익률을 나타낸다. 시작 시점의 누적 수익률은 0부터 시작하며 각 시점의 수익률을 더해서 표현한다.

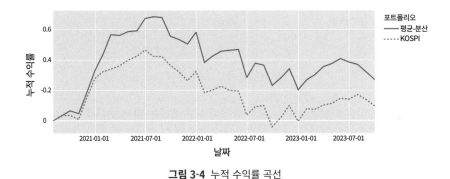

그림 3-4 누적 수익률 곡선

누적 수익률 곡선을 통해 투자 포트폴리오의 시간에 따른 성과의 변화를 직관적으로 확인할 수 있다. 누적 수익률 곡선을 분석하면 다음과 같은 정보를 얻을 수 있다.

- **포트폴리오의 총손익**: 곡선이 상승하면 지속적 수익 발생, 하락하면 손실 발생

- **수익 변동 추세**: 곡선 기울기 크기가 수익 변화 속도를 나타냄

- **최대 손실 낙폭**: 곡선의 최고점에서 최저점까지의 하락 폭

- **투자 리스크-수익 특성**: 곡선 변동성 크기는 리스크 수준을 반영

또한 동일 기간의 시장 벤치마크 누적 수익률 곡선을 그려 포트폴리오의 벤치마크 대비 상대 성과를 분석할 수 있다.

코드 3-42에는 Plotly 라이브러리를 사용해 누적 수익률 곡선을 그리는 plot_cumulative_ return() 함수가 정의돼 있다. 투자 포트폴리오의 단기 수익률(returns), 벤치마크 단기 수익률(benchmark_returns), 전략 이름(strategy_name), 벤치마크 이름(benchmark_name)을 입력 파라미터로 받아 그래프를 그리고 보여준다.

코드 3-42 plot_cumulative_return() 함수

```python
def plot_cumulative_return(returns: pd.Series, benchmark_returns: pd.Series,
                           strategy_name: str = 'My Strategy',
                           benchmark_name: str = 'KOSPI') -> None:
    # 포트폴리오의 누적 수익률 계산
    cum_returns = (returns + 1).cumprod() - 1
    # KOSPI의 누적 수익률 계산
    benchmark_cum_returns = (benchmark_returns + 1).cumprod() - 1

    # 그래프 객체
    fig = go.Figure()
    # 포트폴리오의 누적 수익률 곡선
    fig.add_trace(go.Scatter(x=cum_returns.index, y=cum_returns,
                             name=strategy_name))
    # KOSPI의 누적 수익률 곡선
    fig.add_trace(go.Scatter(x=benchmark_cum_returns.index, y=benchmark_cum_returns,
                             name=benchmark_name, line = dict(dash='dot')))
    # 날짜 표시 형식
    fig.update_xaxes(tickformat='%Y-%m-%d')
    # 그래프 설정
    fig.update_layout(
        width=800,
        height=400,
        xaxis_title='날짜',
        yaxis_title'누적 수익률',
        legend_title_text='포트폴리오',
    )
    fig.show()
```

함수의 실행 단계는 다음과 같다.

- 투자 포트폴리오의 단기 수익률(returns)을 누적 수익률(cum_returns)로 변환한다. 이때 DataFrame의 **cumprod()** 함수를 사용해서 변환한다.

- KOSPI의 단기 수익률(benchmark_returns)도 누적 수익률(benchmark_cum_returns)로 변환한다.

- Figure() 함수로 새로운 그래프 객체(fig)를 만든다.

- add_trace()와 Scatter() 함수를 사용해 각각 투자 포트폴리오의 누적 수익률 곡선을 그린다. 곡선을 그릴 때 x축을 날짜, y축을 누적 수익률로 지정한다.

- KOSPI의 누적 수익률 곡선도 같은 방식으로 점선으로 그린다.

- 날짜 표시 형식과 그래프의 레이아웃과 관련된 크기, 좌표축 및 범례 제목을 설정한다.

- 마지막으로 show() 함수로 그래프를 그린다.

코드 3-43 누적 수익률 곡선 그림

```
plot_cumulative_return(returns=returns, benchmark_returns=kospi_returns,
                       strategy_name='평균-분산',
                       benchmark_name='KOSPI')
```

코드 3-43의 스크립트를 실행하면 그림 3-4와 같은 누적 수익률 그래프를 얻는다. 누적 수익률 곡선에서 평균-분산 전략의 누적 수익률이 26.9%임을 알 수 있다. 누적 수익률은 7월을 정점으로 다소 하락했지만 여전히 KOSPI 위를 달리고 있다.

조금 더 알아보기

plotly로 그린 그래프는 상호 작용을 할 수 있는 그래프로 데이터의 세부 정보를 다양한 방식으로 확인할 수 있는 기능을 지원한다. 예를 들어 마우스 클릭이나 선택, 호버[hover] 등을 통해 그래프의 구체적인 데이터 값을 볼 수 있다. 마우스를 포트폴리오 누적 수익률 곡선의 마지막 시간 지점 위로 옮기면 그림 3-5와 같이 동적으로 시뮬레이션 종료 시점에 해당하는 누적 수익률 0.269, 즉 누적 수익률 26.9%를 보여준다.

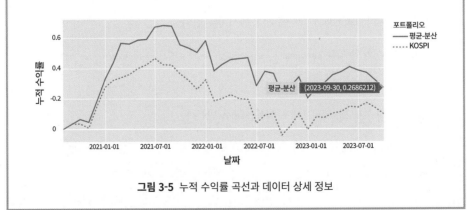

그림 3-5 누적 수익률 곡선과 데이터 상세 정보

3.2.3.2 단기 수익률 변동 막대그래프

단기 수익률 변동 막대그래프^{periodic return bar chart}는 투자 포트폴리오의 구간별 수익률 변화를 직관적으로 보여주는 그래프이다. 그림 3-6과 같이 가로축은 시간, 세로축은 수익률을 나타낸다. 각 막대는 해당 기간의 수익률을 나타낸다.

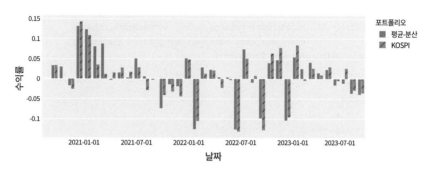

그림 3-6 단기 수익률 변동 막대그래프

단기 수익률 변동 막대그래프를 통해 다음을 확인할 수 있다.

- 구간별 수익률

- 서로 다른 기간의 수익률 변동 상황과 이를 통한 수익률 변동의 주기성, 계절성 등의 패턴 분석

- 인접 기간 간 수익률의 연관성

또한 동일 기간 내 시장 벤치마크 수익률 변동을 같이 표시해서 포트폴리오 수익률과 시장 수익률의 연관성, 서로 다른 시장 환경에서의 수익 특징 등을 분석할 수 있다. 단기 수익률 변동 막대그래프를 그리는 plot_single_period_return() 함수 정의는 코드 3-44와 같다. 투자 포트폴리오 단기 수익률(returns), 벤치마크 단기 수익률(benchmark_returns), 전략 이름(strategy_name), 벤치마크 이름(benchmark_name)을 입력받아 그래프를 그리고 보여준다.

코드 3-44 plot_single_period_return() 함수

```python
def plot_single_period_return(returns: pd.Series,
                              benchmark_returns: pd.Series,
                              strategy_name: str = 'My Strategy',
                              benchmark_name: str = 'KOSPI') -> None:
    fig = go.Figure()
    fig.add_trace(go.Bar(x=returns.index, y=returns,
                         name=strategy_name))
    fig.add_trace(go.Bar(x=benchmark_returns.index, y=benchmark_returns,
                         name=benchmark_name, marker_pattern_shape='/'))
    fig.update_xaxes(tickformat='%Y-%m-%d')
    fig.update_layout(
        width=800,
        height=400,
        xaxis_title='날짜',
        yaxis_title='수익률',
        legend_title_text='포트폴리오',
    )
    fig.show()
```

단기 수익률 변동 막대그래프를 그리는 방법은 누적 수익률 곡선을 그리는 방법과 거의 유사하다. 다만 Scatter() 함수 대신 Bar() 함수를 사용해 막대그래프를 그린다는 부분에서 차이가 있다.

코드 3-45 단기 수익률 변동 막대그래프 그림

```python
plot_single_period_return(returns=returns, benchmark_returns=kospi_returns,
                          strategy_name='평균-분산',
                          benchmark_name='KOSPI')
```

코드 3-45를 실행하면 그림 3-6과 같은 최종 그래프를 얻는다. 단기 수익률 변동 막대그래프에서 평균-분산 전략 2020년 11월부터 2021년 2월 사이에 가장 높은 수익을 올렸다. 그 후 2021년 9월부터 2022년 12월까지 수익이 하락했으며 수익률의 변동 폭은 비교적 크다.

이와 유사하게 투자 포트폴리오와 KOSPI 대비 상대 수익률을 쉽게 관찰할 수 있도록 상대 수익률 막대그래프를 그릴 수 있다. 상대 수익률 막대그래프를 그리는 plot_relative_single_period_return() 함수의 코드는 코드 3-46과 같다. 투자 포트폴리오 단기 수익률(returns)과

벤치마크 단기 수익률(benchmark_retusn)을 입력받아 그래프를 보여준다.

코드 3-46 plot_relative_single_period_return() 함수

```python
def plot_relative_single_period_return(returns: pd.Series,
                                       benchmark_returns: pd.Series) -> None:
    relative_returns = returns - benchmark_returns

    fig = go.Figure()
    fig.add_trace(go.Bar(x=relative_returns.index, y=relative_returns))
    fig.update_xaxes(tickformat='%Y-%m-%d')
    fig.update_layout(
        width=800,
        height=400,
        xaxis_title='날짜',
        yaxis_title='상대 수익률',
        legend_title_text=None,
    )
    fig.show()
```

코드 3-47을 실행하면 그림 3-7과 같은 최종 그래프를 얻을 수 있다.

코드 3-47 상대 수익률 막대그래프 그림

```python
plot_relative_single_period_return(returns=returns, benchmark_returns=kospi_returns)
```

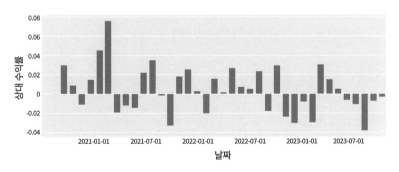

그림 3-7 상대 수익률 막대그래프

3.2.3.3 개별 자산 누적 수익 곡선

지금까지 포트폴리오 전체 성과를 보여주는 누적 수익률 곡선과 단기 수익률 변동 막대그래프를 살펴봤다. 포트폴리오 전체 성과와 함께 분석해야 할 사항이 포트폴리오 내 개별 자산의 수익과 편입 비중 정보이다. 개별 자산의 수익과 비중 분석을 통해 포트폴리오의 수익 구조 및 특징을 분석할 수 있기 때문이다. 따라서 이번 절에서는 투자 포트폴리오 내부 구조를 보여주는 그래프를 소개할 예정이다.

먼저, 개별 자산 누적 수익 곡선^{cumulative asset profit curve}은 투자 포트폴리오 내 개별 자산이 총수익에 얼마나 기여하는지, 기여도를 직관적으로 확인할 수 있는 곡선이다. 그림 3-8에는 개별 자산 누적 수익 곡선이 그려져 있으며 가로축은 시간, 세로축은 누적 수익을 나타낸다. 개별 자산별 누적 수익 곡선을 보면서 어떤 자산이 어떤 기간에 수익률에 크게 기여하는지를 확인할 수 있다.

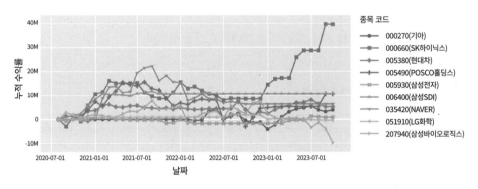

그림 3-8 개별 자산 누적 수익 곡선

개별 자산 누적 수익 곡선을 분석함으로써 다음과 같은 정보를 얻을 수 있다.

- 각 자산의 누적 수익 성과

- 각 자산의 서로 다른 기간 내 수익 변화 추세

- 각 자산의 포트폴리오 수익 기여도

코드 3-48에는 개별 자산 누적 수익 곡선을 그리는 plot_cumulative_asset_profit() 함수가 정의돼 있다. 투자 포트폴리오 히스토리 데이터(df_portfolio)를 입력받아서 그래프를 그리고 보여준다.

코드 3-48 plot_cumulative_asset_profit() 함수

```python
def plot_cumulative_asset_profit(df_portfolio: pd.DataFrame) -> None:
    df_portfolio = df_portfolio.assign(
        profit=((df_portfolio['latest_price'] - df_portfolio['cost'])
                * df_portfolio['position']).fillna(0)
    )
    df_asset_profit = df_portfolio[['ticker', 'profit']].set_index(
        'ticker', append=True).unstack(level=-1, fill_value=0)['profit']
    df_asset_position = df_portfolio[['ticker', 'position']].set_index(
        'ticker', append=True).unstack(level=-1, fill_value=0)['position']
    df_asset_profit_change = df_asset_profit.diff()
    df_asset_profit_change[df_asset_position==0] = 0
    df_asset_cumulative_profit = df_asset_profit_change.cumsum()
```

함수의 수행 단계는 다음과 같다.

- 3.2.1절의 df_portfolio를 이용해 각 자산의 누적 수익을 계산한다.

    - (최신 가격 − 평균 초기 가격) × 보유 수량을 이용해 자산의 **미실현 손익**(profit)을 계산한다.[7]

    - 현금(cash)의 경우 평균 초기 가격(cost)과 보유 수량(position)의 값이 없으므로 미실현 손익(profit) 값이 정의되지 않는다. 따라서 fillna() 함수로 현금(cash)의 미실현 손익(profit)을 0으로 설정한다.

- 미실현 손익(profit)을 날짜를 행으로, 종목 코드를 열로 하는 행렬 df_asset_profit으로 변환한다.

- 보유 수량(position)도 동일한 변환을 수행한다.

- 미실현 손익(profit)의 변화량(df_asset_profit_change)을 계산한다.

---

7 아직 판매되지 않아 그 가치가 실현되지 않은 상태의 손익을 미실현 손익이라 한다.

- 단, 자산 보유 수량(df_asset_position)이 0이면 변화량(df_asset_profit_change)도 0으로 설정한다.

- 누적합 함수를 이용해 각 자산의 누적 수익(df_asset_cumulative_profit)을 계산한다.

그래프에서 서로 다른 자산의 수익 곡선을 더 쉽게 구분할 수 있도록 각 곡선에 다른 기호를 사용한다. 코드 3-49를 이용하면 plotly에서 지원하는 모든 기호 표식을 얻을 수 있다.

코드 3-49 plotly 지원하는 기호 표식

```
from plotly.validators.scatter.marker import SymbolValidator
raw_symbols = SymbolValidator().values[2::12]
```

코드 3-50에는 개별 자산 누적 수익 곡선을 그리는 코드가 있다. 누적 수익률 곡선을 그리는 방법과 거의 동일하다.

코드 3-50 개별 자산 누적 수익 곡선 그림 및 기호 적용

```
fig = go.Figure()
for idx, col in enumerate(df_asset_cumulative_profit.columns):
    if 'cash' in col:
        continue
    fig.add_trace(go.Scatter(x=df_asset_cumulative_profit.index,
                             y=df_asset_cumulative_profit[col],
                             name=col, mode='lines+markers',
                             marker={'symbol': raw_symbols[idx]}))
fig.update_xaxes(tickformat='%Y-%m-%d')
fig.update_layout(
    width=800,
    height=400,
    xaxis_title='날짜',
    yaxis_title='누적 수익률',
    legend_title_text='종목 코드',
)
fig.show()
```

각 자산의 누적 수익(df_asset_cumulative_profit)의 모든 열을 반복하면서 Scatter() 함수로 곡선을 그린다. 곡선을 그릴 때 mode를 '곡선＋기호'로 지정하고 marker를 통해 기호를 명시한다.

코드 3-51을 실행하면 그림 3-8과 같은 그래프가 출력된다.

코드 3-51 개별 자산 누적 수익 곡선 그림

```
plot_cumulative_asset_profit(df_portfolio=df_portfolio)
```

개별 자산 누적 수익 곡선을 살펴보면 000660(SK하이닉스)의 누적 수익률이 가장 높고 207940(삼성바이오로직스)의 누적 수익률이 가장 낮다는 것을 알아낼 수 있다.

3.2.3.4 자산 편입 비중 영역 차트

투자 포트폴리오 분석을 할 때 포트폴리오 내 각 자산 편입 비중의 변동 상황을 분석하기 위해서 자산 편입 비중 영역 차트^{asset weight area chart}를 그려보면 된다. 그림 3-9에는 자산 편입 비중 영역 차트가 그려져 있다. 가로축은 시간을, 세로축은 자산 편입 비중을 나타내며 각 시점에서 서로 다른 자산의 편입 비중을 쌓아 올린 형태로 영역을 표시하고 있다.

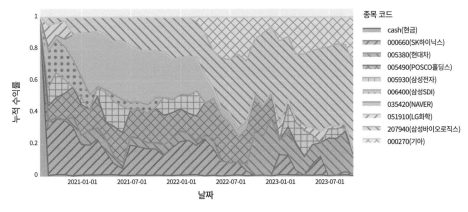

그림 3-9 자산 편입 비중 영역 차트

자산 편입 비중 영역 차트를 분석하면 다음과 같은 정보를 얻을 수 있다.

- **각 자산의 편입 비중**: 어떤 자산이 포트폴리오의 주요 부분인지를 파악

- 포트폴리오의 위험 분산 상황

- 개별 자산 편입 비중 변동 추이 및 변동 속도

- 편입 비중 조정 시기 및 조정 폭

코드 3-52에는 자산 편입 비중 영역 차트를 그리기 위한 `plot_asset_weight()` 함수의 앞부분이 정의돼 있다. 투자 포트폴리오 히스토리(`df_portfolio`)를 입력받아서 자산의 편입 비중을 계산하고 그에 해당하는 그래프를 그린다.

코드 3-52 plot_asset_weight() 함수

```python
def plot_asset_weight(df_portfolio: pd.DataFrame) -> None:
    # 현금의 보유수량을 1로 설정
    df_portfolio = df_portfolio.assign(
        position=df_portfolio['position'].fillna(1)
    )
    # 자산의 시가 총액 계산
    df_portfolio = df_portfolio.assign(
        value=df_portfolio['latest_price'] * df_portfolio['position']
    )
    # 자산의 편입 비중 계산
    df_portfolio = df_portfolio.assign(
        weight=df_portfolio['value'].groupby('date').transform(lambda x: x / x.sum())
    )
```

함수의 수행 단계는 다음과 같다.

- 자산의 편입 비중을 계산하기 위해서 먼저 현금의 보유수량(position)을 1로 설정한다.

- 최신 가격 × 보유 수량을 이용해 자산의 시가 총액(value)을 계산한다.

  ◦ 이때 현금의 경우 최신 가격(latest_price)은 현금 자산의 시가 총액이고 현금의 보유 수량을 1로 설정한다.

- 자산 시가 총액(value)을 동일 날짜의 총 자산 시가 총액으로 나눠 편입 비중(weight)을 얻는다.

코드 3-53에 함수의 나머지 부분이 정의돼 있다.

코드 3-53 자산 편입 비중 영역 차트 그림 및 채우기 도형 적용

```
fig = px.area(data_frame=df_portfolio, y='weight',
              color='ticker', pattern_shape='ticker')
fig.update_xaxes(tickformat='%Y-%m-%d')
fig.update_layout(
    width=800,
    height=400,
    xaxis_title='날짜',
    yaxis_title='자산 편입 비중',
    legend_title_text='종목 코드',
)
fig.show()
```

Plotly의 area() 함수를 이용해 영역 차트를 그린다. 이 때 기본적으로 data_frame의 index(날짜)를 x축으로, y축을 자산 편입 비중(weight)으로 지정한다. 색상(color)과 채우기 도형(pattern_shape)을 종목 코드(ticker)로 지정하면 색상(color)과 채우기 도형(pattern_shape)은 종목 코드(ticker)에 따라 변화한다.

코드 3-54를 실행하면 그림 3-9와 같은 자산 편입 비중 영역 차트가 출력돼 각 자산 편입 비중의 변화 추이를 볼 수 있다.

코드 3-54 자산 편입 비중 영역 차트 그림

```
plot_asset_weight(df_portfolio=df_portfolio)
```

결과를 분석해 보면 207940(삼성바이오로직스)은 유일하게 계속 보유되고 있는 자산임을 알 수 있다.

참고문헌

3-1   [PyPortfolioOpt] GitHub

  • https://github.com/robertmartin8/PyPortfolioOpt/blob/master/README.md

3-2   [Zipline] GitHub

  • https://github.com/quantopian/zipline/tree/master/zipline/finance

## CHAPTER 4

마켓 타이밍 전략

평균 분산 전략으로 포트폴리오를 만들고 수익이 나기를 기다린지 한 달이 됐다. 오늘은 드디어 통장을 열어보는 날이다! 부푼 마음으로 통장을 열었는데 돈이 소박하다…. 심란한 얼굴을 보고 선배가 말을 걸었다.

선배 "무슨 일 있어? 얼굴에 근심이 가득하네."

나 "평균 분산 전략으로 포트폴리오를 만들었는데 수익이 기대보다 적어요. 저는 빨리 건물주가 되고 싶은데 이대로라면 오래 걸리겠어요."

선배 "하하. 심각해 보였는데 그런 거였어? 벌써 평균 분산 전략을 적용해 봤다니 대단한걸. 괜찮다면 포트폴리오 좀 보여줄래? 포트폴리오에 개선할 점이 있는지 검토해 볼게."

나 "네, 봐주신다면 너무 감사하죠! 여기 이번 달 포트폴리오예요."

선배 "흠… 평균 분산 전략을 정말 제대로 구현했네! 자산 배분이 잘됐어. 그런데… 빨리 부자가 되려면 평균 분산 전략 외에 다른 투자 방법론도 알면 좋을 것 같은데? 마켓 타이밍 전략도 알아볼래? 마켓 타이밍 전략은 추세를 분석해 적절한 시기에 자산을 매수하거나 매도하는 전략이야."

그림 4-1 추세를 고려하는 마켓 타이밍 전략

4.1 마켓 타이밍 전략이란?

마켓 타이밍 전략Market Timing Strategy은 시장의 상황과 추세를 분석해 적절한 시기에 자산을 매수하거나 매도하는 전략을 의미한다. 이 전략을 활용하면 어떤 종목을 어떤 시기에 매수/매도할지 결정할 수 있다. 이 방법은 마치 주식 시장에서 파도를 타는 것과 유사하다. 파도의 흐름을 파악하고 언제 서프보드에 올라야 할지 결정하듯이 마켓 타이밍 전략도 시장의 움직임을 파악하고 그에 맞춰 액션(매도/매수)을 취하기 때문이다.

그림 4-2 주식 시장의 파도에 올라타기

그렇다면 어떻게 시장의 움직임을 파악할까? 시장의 움직임을 파악할 때는 기술적 분석 Technical Analysis[1]을 사용할 수 있다. 기술적 분석은 주가 차트와 다양한 기술 지표를 분석해서 주식의 흐름과 추세를 예측하는 방법이다. 예를 들어 주가가 일정한 패턴을 보이거나 특정 지표가 특이한 변화를 보인다면 그에 따라 매수/매도를 결정할 수 있다. 대표적인 기술 지표로는 이동 평균선Moving Average Line, 상대 강도 지수RSI, Relative Strength Index, 스토캐스틱 오실레이터 Stochastic Oscillator가 있다. 이동 평균선은 4.2절에서 설명하며 상대 강도 지수는 5장에서 설명한다. 스토캐스틱 오실레이터는 아래 박스를 참고하길 바란다.

조금 더 알아보기

> 스토캐스틱 오실레이터는 시장의 과매수/과매도 상태를 판단하는 지표이다. 0과 100 사이의 값을 가지며 계산 방법은 다음과 같다〈참고문헌 4-1〉.
>
> $$\%K = \frac{\text{현재가격} - \text{과거 } N\text{일 중 최저가}}{\text{과거 } N\text{일 중 최고가} - \text{과거 } N\text{일 중 최저가}}$$
>
> $$\%D = \%K\text{의 } M\text{일 이동평균}$$
>
> $\%K$란 빠른 스토캐스틱 오실레이터를 의미한다. 이것은 주식의 현재 가격이 최근 N일 동안의 가격 범위에서 어느 위치에 있는지를 나타내는 지표이다. $\%D$란 느린 스토캐스틱 오실레이터를 의미하며 $\%K$의 이동 평균으로 정의한다. 일반적으로 N과 M은 14와 3으로 설정된다. 마켓 타이밍 전략에서 스토캐스틱 오실레이터를 사용하는 방법은 다음과 같다.
>
> - $\%K$가 80 이상으로 상승하면 과매수(하락 예상)로 판단한다.
>
> - $\%K$가 20 이하일 경우 과매도(상승 예상)로 판단한다.
>
> - $\%K$가 $\%D$를 상향 돌파할 때 매수하고 $\%K$가 $\%D$를 하향 돌파할 때 매도한다.
>
> 스토캐스틱 오실레이터는 단순하지만 효과적인 마켓 타이밍 전략이며, 다른 지표와 함께 사용해 위험을 더욱 줄일 수 있다.

---

1 기술적 분석과 대비되는 분석 기법은 펀더멘탈 분석(Fundamental Analysis)이다. 펀더멘탈 분석은 기업의 재무제표, 건전성 등을 분석한다. 분석 기법에 대한 자세한 설명은 7장에 있다.

4.2 이동 평균 전략

이동 평균 전략은 이동 평균선 지표를 이용해 주식 가격의 추세를 파악하고 투자 결정을 내리는 전략이다. 여기서 이동 평균이란 특정 기간의 평균 주가를 의미한다. 예를 들어 50일 이동 평균은 최근 50일 동안의 주가를 합산해 50으로 나눈 값이다. 이렇게 이동 평균을 매일 계산해 이은 선이 이동 평균선이다.

이동 평균선은 기간에 따라 단기 이동 평균선(예: 5일, 20일)과 장기 이동 평균선(예: 120일, 200일)으로 구분된다.[2] 때때로 60일 이동 평균선을 중기 이동 평균선으로 분류하기도 하지만 일반적으로는 단기와 장기로 구분하는 것이 보편적이다. 그림 4-3은 KOSPI 지수와 이동 평균선을 나타낸다. 그림에 나타난 4가지 이동 평균선을 살펴보면 이동 평균 기간이 길어질수록 이동 평균선이 평평해지는 것을 알 수 있다.

그림 4-3 KOSPI 지수와 이동 평균선

---

2 대한민국에서 사용하는 홈 트레이딩 시스템(HTS)에서는 단기 이동 평균선을 20일 이하로 지칭한다.

4.2.1 이동 평균선을 이용한 투자 방법

이동 평균선은 주가의 추세를 파악하는 가장 간단한 방법이다. 주가가 단기 이동 평균선보다 위에 있으면 상승 추세, 아래에 있으면 하락 추세로 해석할 수 있다. 또한 단기 이동 평균선과 장기 이동 평균선의 교차점은 매수 또는 매도 신호로 사용되기도 하며 이것을 **골든 크로스**GC, Golden Cross와 **데드 크로스**DC, Death Cross라고 부른다.

4.2.1.1 골든 크로스와 데드 크로스 전략

골든 크로스와 데드 크로스 전략은 이동 평균선을 이용해 주식을 매매하는 대표적인 방법이다. 매매하는 방법은 다음과 같다. 그림 4-4를 참고하면 한결 이해가 쉽다.

- 단기 이동 평균선이 장기 이동 평균선을 하향 돌파(위에서 아래로 돌파, 데드 크로스)하면 주가가 하락할 가능성이 높다고 판단하고 매도한다.
- 단기 이동 평균선이 장기 이동 평균선을 상향 돌파(아래에서 위로 돌파, 골든 크로스)하면 주가가 상승할 가능성이 높다고 판단하고 매수한다.

그림 4-4 KOSPI 지수의 골든 크로스와 데드 크로스

이동 평균선 외에도 이동 평균 값을 이용해 투자하는 방법이 존재한다. 2006년에 파버[Faber]가 발표한 논문에서는 현재 주가가 200일 단순 이동 평균[3]보다 크다면 매수하고 반대라면 매도하는 방법을 언급하고 있다〈참고문헌 4-2〉. 이 방법을 사용하면 1900년부터 2005년까지의 S&P 500 투자 수익률을 뛰어넘는 성과를 얻을 수 있으며 **최대 손실 낙폭**[Maximum Drawdown][4]도 줄일 수 있다고 한다. 4.2.3에서는 이 논문에서 소개한 이동 평균 전략을 변형해 구현할 것이다.

이동 평균 전략은 단순하고 이해하기 쉬운 전략으로 가격의 추세를 파악하고 매매 타이밍을 결정하는 데 도움을 준다. 하지만 단독으로 사용하기보다는 다른 기술 지표와 함께 사용해 신중하게 접근하는 것이 필요하다.

4.2.2 이동 평균 계산 방법

이동 평균은 특정 기간의 주가 평균을 의미한다. 이러한 이동 평균의 계산 방법은 **단순 이동 평균**[SMA, Simple Moving Average], **누적 이동 평균**[CMA, Cumulative Moving Average], **지수 이동 평균**[EMA, Exponential Moving Average] 등 다양하다. 이 중에서 주식 시장 분석에 대표적으로 사용되는 단순 이동 평균과 지수 이동 평균의 식과 계산 방법을 알아보자.

4.2.2.1 단순 이동 평균 살펴보기

단순 이동 평균은 가장 기본적인 평균화 기법으로 산술평균과 계산 방법이 동일하다. 예를 들어 주식의 종가 데이터를 가지고 5일 단순 이동 평균을 구한다면 최근 5일 동안 주식 종가의 합을 5로 나누면 된다. 이것을 일반화해 수식으로 표현하면 다음과 같다.

$$SMA(k) = \frac{P_{i,k-n+1} + \cdots + P_{i,k-1} + P_{i,k}}{n}$$

$P_{i,k}$: 자산 i의 k 시점 가격

n: 이동 평균 기간

$SMA(k)$: 시점 k에서의 n일 단순 이동 평균

---

3   단순 이동 평균과 지수 이동 평균은 4.2.2 이동 평균 계산 방법에서 다룬다.
4   최대 손실 낙폭은 보통 절댓값으로 표시하며 값이 작을수록 좋다.

이 식은 시점 k에서의 n일 단순 이동 평균 값을 의미한다. 여기서 $P_{i,k-n+1} + ... + P_{i,k-1} + P_{i,k}$ 는 날짜별 주식 가격을 의미하며 분모는 이동 평균 계산 기간을 나타낸다. 이 식을 5일 단순 이동 평균 예시에 대입해 보면 분자는 5일 동안의 종가 합을 의미하며 분모는 계산 기간인 5일을 나타낸다. 이처럼 단순 이동 평균은 데이터에 대해 모두 동일한 가중치를 부여하는 평균화 기법이다.

4.2.2.2 지수 이동 평균 살펴보기

지수 이동 평균은 단순 이동 평균과 다르게 최근 데이터에 더 큰 가중치를 부여하는 가중 평균화 방법이다. 이 방법은 과거 데이터로 갈수록 지수적으로 감소하는 가중치를 사용한다. 그림 4-5는 지수 이동 평균의 가중치를 나타낸 그래프이다. 그림을 보면 현재에 가까울수록 더 큰 가중치를 부여하고 과거로 갈수록 작은 가중치를 부여하는 것을 알 수 있다.

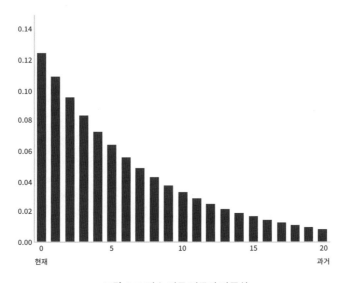

그림 4-5 지수 이동 평균의 가중치

이제 지수 이동 평균의 식을 살펴보자.

$$EMA(k) = \alpha \times P_{i,k} + (1 - \alpha) \times EMA(k - 1)$$

α: 평활화 상수

$P_{i,k}$: 자산 i의 k시점 가격

$EMA(k-1)$: 시점 $k-1$에서의 지수 이동 평균 값

이 식은 시점 k에서의 지수 이동 평균 값을 의미한다. 지수 이동 평균은 **평활화 상수**[Smoothing Factor] α에 현재 주식 가격을 곱하고 $(1-\alpha)$에 이전 지수 이동 평균을 곱해 계산한다. 여기서 평활화 상수는 현재 데이터에 어느 정도의 가중치를 줄지 결정하는 요소이다. 이 값이 클수록 현재 가격에 더 큰 가중치를 부여하게 되므로 현재 가격 변동에 민감해지는 특징이 있다. 일반적으로 평활화 상수는 다음과 같이 계산하며 n은 지수 이동 평균의 기간을 뜻한다.

$$\alpha = \frac{2}{n+1}$$

n: 이동 평균 기간

지수 이동 평균 계산의 시작점에서는 $EMA(k-1)$ 값이 없기 때문에 이를 대체할 초깃값이 필요하다. 일반적으로 전일 주식 종가 또는 전일 단순 이동 평균을 초깃값으로 설정한다.

나 "지수 이동 평균 계산은 조금 어렵네요. 특히 계산식이 재귀식으로 정의돼 있어서 복잡해 보여요."

선배 "맞아. 지수 이동 평균 계산은 단순 이동 평균보다 복잡하지. 나도 처음에는 헷갈렸어. 하지만 예시를 통해서 직접 계산해 보면 이해될 거야. 주식 가격(그림 4-6 참조)을 가지고 단순 이동 평균부터 지수 이동 평균까지 차근차근 계산해 보자."

날짜	주식 종가
2023-01-02	71,200
2023-01-03	71,000
2023-01-04	71,100
2023-01-05	71,200
2023-01-06	71,300

그림 4-6 날짜별 주식 종가

4.2.2.3 단순 이동 평균 계산하기

그림 4-6의 주식 종가 데이터를 가지고 1월 4일 날짜에서의 3일 단순 이동 평균을 계산하면 다음과 같다.

$$ SMA(k) = \frac{P_{i,k-n+1} + \cdots + P_{i,k-1} + P_{i,k}}{n} = \frac{71200 + 71000 + 71100}{3} = 71100 $$

식을 살펴보면 1월 2일부터 4일까지의 주식 가격을 모두 더한 뒤 이동 평균 기간으로 나눈 것을 확인할 수 있다.

4.2.2.4 지수 이동 평균 계산하기

그림 4-6의 주식 종가 데이터를 가지고 1월 5일의 3일 지수 이동 평균과 1월 6일의 3일 지수 이동 평균을 각각 계산해 보자. 지수 이동 평균 계산 절차는 (1) 직전 지수 이동 평균 값 결정 (2) 평활화 상수 계산 (3) 현재 지수 이동 평균 값 계산으로 구성된다.

먼저 (1) 직전 지수 이동 평균 값을 결정하자. 1월 5일은 첫 번째 지수 이동 평균 계산 시점으로 직전 지수 이동 평균이 존재하지 않는다. 따라서 전일 종가 또는 전일 단순 이동 평균을 사용하면 된다. 일반적으로 전일 단순 이동 평균을 더 많이 사용하므로 여기서도 직전 3일 단순 이동 평균을 사용하겠다. 1월 2일부터 4일까지의 3일 단순 이동 평균은 다음과 같다.

$$ EMA(k - 1) \approx SMA(k - 1) = \frac{71200 + 71000 + 71100}{3} = 71100 $$

두 번째로 (2) 평활화 상수를 계산해 보자. 지금은 3일 지수 이동 평균을 계산하고 있다. 따라서 이동 평균 기간 n은 3이므로 평활화 상수 식에 대입하면 다음과 같다.

$$ \alpha = \frac{2}{n + 1} = \frac{2}{3 + 1} = 0.5 $$

마지막으로 앞에서 구한 직전 지수 이동 평균 값 $EMA(k - 1)$와 평활화 상수 α를 지수 이동 평균 계산식에 대입해 (3) 현재 지수 이동 평균을 계산하면 된다.

$$EMA(k) = \alpha \times P_{i,k} + (1 - \alpha) \times EMA(k - 1)$$
$$= 0.5 \times 71200 + 0.5 \times 71100$$
$$= 71150$$

$P_{i,k}$에는 1월 5일 종가인 71,200원이 사용된 것을 볼 수 있으며 최종적으로 1월 5일의 3일 지수 이동 평균은 71,150원으로 계산됐다.

다음으로 1월 6일 날짜의 3일 지수 이동 평균을 구해 보자. 이 값은 1월 5일 날짜의 지수 이동 평균 값을 이용해 간단히 구할 수 있다. 아래의 계산 과정을 살펴보면 $P_{i,k}$에 1월 6일 주식 가격을 대입하고 직전 지수 이동 평균에 1월 5일의 지수 이동 평균 값인 71,150원을 대입함으로써 지수 이동 평균을 도출한 것을 볼 수 있다.

$$EMA(k) = \alpha \times P_{i,k} + (1 - \alpha) \times EMA(k - 1)$$
$$= 0.5 \times 71300 + 0.5 \times 71150$$
$$= 71225$$

4.2.3 이동 평균 전략 구현하기

지금까지 이동 평균 계산 방법과 이동 평균을 이용한 투자 전략에 대해 살펴봤다. 이번 장에서는 이동 평균 전략을 코드로 구현할 예정이다. 앞으로 구현할 이동 평균 전략은 다음과 같다.

- 투자 기간: 2018년 7월 10일~2023년 9월 27일

- 투자 전략: 3개월 이동 평균 값보다 현재 종가가 크면 매수, 작으면 매도

- 리밸런싱: 1개월

- 투자종목: 표 4-1 참조

표 4-1 투자 종목

종목 코드(tiker)	주식명
005930	삼성전자
000660	하이닉스
207940	삼성바이오로직스
051910	LG화학
006400	삼성SDI
005380	현대차
000270	기아
005490	POSCO홀딩스
035420	NAVER

4.2.3.1 코드 개요

코드 구현 순서는 그림 4-7과 같다. 먼저 라이브러리와 데이터를 불러오는 코드를 구현한다. 그 후 이동 평균 전략을 시뮬레이션하는 코드부터 시작해 세부적인 함수를 구현할 것이다.

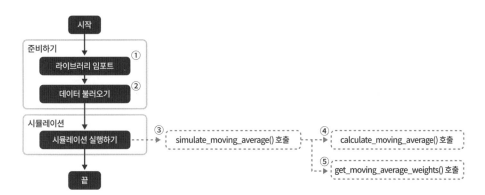

그림 4-7 코드 구현 순서

simulate_moving_average() 함수는 시뮬레이션의 전반적인 프로세스를 총괄한다. 이 함수는 여러 내부 함수를 순차적으로 호출하는데 calculate_moving_average() 함수와 get_moving_average_weights() 함수도 그중 하나이다. calculate_moving_average() 함수는 단순 이동 평균 또는 지수 이동 평균을 계산하고 get_moving_average_weights() 함수는 이동 평균 전략에 따라 매도/매수 종목을 결정한다.

4.2.3.2 라이브러리 임포트하기

먼저 필요한 라이브러리를 불러온다. 코드 4-1은 이동 평균 전략을 위한 다양한 모듈과 라이브러리를 불러온다.

코드 4-1 라이브러리 임포트하기

```python
# coding: utf-8
from typing import Dict, Optional

import pandas as pd
import plotly.express as px

from data.data_loader import PykrxDataLoader
from simulation.account import Account
from simulation.broker import Broker
from simulation.utility import get_lookback_fromdate
from simulation.utility import rebalance
from simulation.metric import cagr, mdd, sharpe_ratio, sortino_ratio
```

설치하지 않은 라이브러리가 있다면 미리 설치하고 임포트하자.

4.2.3.3 데이터 불러오기

다음으로 이동 평균 전략에 필요한 데이터를 불러온다. 코드 4-2는 날짜와 종목을 정의하고 그에 맞는 주식 데이터를 가져온다.

코드 4-2 데이터 불러오기

```python
# 데이터 시작과 끝 날짜 정의
fromdate = '2018-07-10'
todate = '2023-09-27'

# 투자할 종목 후보 정의
ticker_list = ['005930', '000660', '207940',
               '051910', '006400', '005380',
               '000270', '005490', '035420']
```

```
# 이동 평균 기간 정의
period = 3

# 기간을 고려한 데이터 시작 날짜 가져오기
adj_fromdate = get_lookback_fromdate(fromdate=fromdate, lookback=period, freq='m')

# 데이터 불러오기
data_loader = PykrxDataLoader(fromdate=adj_fromdate, todate=todate, market="KOSPI")
ohlcv_data = data_loader.load_stock_data(ticker_list=ticker_list, freq='m', delay=1)

# 데이터 확인하기
ohlcv_data.head()
```

코드의 실행 순서는 다음과 같다.

- 데이터 시작 날짜(fromdate)와 끝 날짜(todate)를 정의한다. 이 날짜는 시뮬레이션 기간을 의미한다.

- 투자 종목(ticker_list)을 정의한다. 투자 종목은 종목 코드로 표현하고 있다(표 4-1 참조).

- 이동 평균 기간(period)을 정의한다. 이동 평균 기간(period)은 3개월로 설정하고 있다.

- 이동 평균 계산에 필요한 기간(3개월)을 고려해 데이터 시작 날짜를 조정한다. 사용하는 함수는 get_lookback_fromdate()이다.

- PykrxDataLoader 클래스의 load_stock_data() 메서드를 이용해 주식 데이터를 불러온다.

- 불러온 데이터의 형태를 확인한다.

4.2.3.4 시뮬레이션 실행하기

이제 준비된 데이터를 기반으로 시뮬레이션을 실행하는 코드를 살펴볼 것이다. 코드 4-3은 단순 이동 평균 전략을 시뮬레이션 하는 코드이다.

```
# 이동 평균 종류 정의
ma_type = 'sma'  # {ema, sma}

# 단순 이동 평균 전략 실행하기
sma_simulation_account = simulate_moving_average(ohlcv_data=ohlcv_data,
                                                 ma_type=ma_type,
                                                 period=period)
```

코드의 실행 순서는 다음과 같다.

- 이동 평균 종류(ma_type)를 정의한다. 이동 평균 종류(ma_type)는 단순 이동 평균(sma)과 지수 이동 평균(ema)가 있다. 현재는 단순 이동 평균(sma)으로 정의하고 있다.

- simulate_moving_average() 함수를 이용해 시뮬레이션을 실행한다. 이 함수는 주가 데이터(ohlcv_data), 이동 평균 종류(ma_type), 이동 평균 기간(period)을 파라미터로 받는다. 함수를 호출하면 이동 평균 전략을 이용해 매도/매수를 진행하고 투자 결과를 담은 계좌를 반환한다. simulate_moving_average() 함수는 4.2.3.5에서 자세히 설명한다.

4.2.3.5 시뮬레이션 함수 살펴보기

시뮬레이션을 실행하는 simulate_moving_average() 함수를 코드 4-4를 통해 살펴보자. 시뮬레이션 함수 중 눈여겨봐야 할 부분을 배경색으로 표시했다. 그 외 코드에 대한 설명은 3장을 참고하자.

코드 4-4 이동 평균 전략을 이용하는 시뮬레이션 함수

```
def simulate_moving_average(ohlcv_data: pd.DataFrame,
                            ma_type: str,
                            period: int) -> Account:
    # (1) 계좌 및 브로커 생성
    account = Account(initial_cash=100000000)
    broker = Broker()

    # (2) 이동 평균 값 계산
    ma = calculate_moving_average(ohlcv_data=ohlcv_data, period=period, ma_type=ma_type)
```

```
for date, ohlcv in ohlcv_data.groupby(['date']):
    print(date.date())

    # (3) 주문 집행 및 계좌 갱신
    transactions = broker.process_order(dt=date, data=ohlcv, orders=account.orders)
    account.update_position(transactions=transactions)
    account.update_portfolio(dt=date, data=ohlcv)
    account.update_order()

    # (4) 이동 평균 전략을 이용해 포트폴리오 구성
    ma_slice = ma.loc[date]
    weights = get_moving_average_weights(ohlcv_data=ohlcv, ma_data=ma_slice)

    print(f'Portfolio: {weights}')
    if weights is None:
        continue

    # (5) 주문 생성
    rebalance(dt=date, data=ohlcv, account=account, weights=weights)

return account
```

함수의 선언부를 보면 주가 데이터(ohlcv_data), 이동 평균 종류(ma_type), 이동 평균 기간(period)을 입력으로 받아 계좌에 대한 정보(Account)를 반환하는 것을 알 수 있다.[5] 코드 4-4는 평균-분산 전략의 시뮬레이션 함수와 대부분 동일하며 (2)번과 (4)번 과정만 평균-분산 전략의 시뮬레이션 함수와 차이가 있다. 함수의 실행 순서는 다음과 같다.

- 계좌(account)와 중개인(broker)를 생성한다.

- 주식 데이터(ohlcv_data), 이동 평균 기간(period), 이동 평균 종류(ma_type)를 이용해서 이동 평균(ma)을 계산한다. 이동 평균을 계산하는 함수 calculate_moving_average()는 4.2.3.6에서 설명한다.

- for 루프를 돌며 날짜(date)와 주가 데이터(ohlcv)를 가져오고 시뮬레이션을 진행한다.

  ◦ 주문 목록(accounts.orders)을 검토하고 처리하지 않은 주문을 집행한다. 주문이 집행되면 거래(transactions) 결과를 반환한다.

---

5 함수의 선언부란 함수의 이름, 입력 파라미터 그리고 반환 타입을 지정하는 부분을 의미한다. 이 부분은 함수의 '**시그니처**(Signature)'라고도 불린다.

- 거래(transactions) 결과에 따라 계좌(account) 내 자산 포지션을 업데이트한다.

- 포트폴리오와 주문 목록도 업데이트한다.

- 날짜(date)에 해당하는 이동 평균 데이터(ma_slice)를 가져온다.

- get_moivng_average_weights() 함수를 이용해서 포트폴리오의 자산 편입 비중(weights)을 계산한다. 이 함수는 종목의 매도/매수를 결정할 때 이동 평균 전략을 사용하며 4.2.3.7에서 자세히 설명한다.

- 자산 편입 비중(weights)이 None이면 거래할 자산이 없는 것이므로 for 루프의 첫 부분으로 이동한다.

- None이 아니면 거래할 자산이 있는 것이므로 rebalance() 함수를 활용해 주문을 생성한다. 주문은 rebalance() 함수의 파라미터로 받은 계좌(account)의 주문 목록(accounts.orders)에 추가된다.

4.2.3.6 이동 평균 값 계산 함수 살펴보기

코드 4-5를 통해 calculate_moving_average() 함수를 살펴보자. 이 함수는 이동 평균 값을 계산하는 함수이다.

코드 4-5 이동 평균 값 계산 함수

```
def calculate_moving_average(ohlcv_data: pd.DataFrame,
                             period: int,
                             ma_type: str) -> pd.DataFrame:
    # (1) 종가 가져오기
    close_data = ohlcv_data[['close', 'ticker']].reset_index().set_index(
        ['ticker', 'date']).unstack(level=0)
    close_data = close_data['close']

    # (2) 이동 평균 값 계산하기
    if ma_type == 'sma':
        ma = close_data.rolling(window=period).mean()
    elif ma_type == 'ema':
        ma = close_data.ewm(span=period).mean()
    else:
        raise ValueError
```

함수의 선언부를 보면 주가 데이터(ohlcv_data)와 이동 평균 기간(period), 이동 평균 종류(ma_type)를 받아서 데이터 프레임(pd.DataFrame)을 반환하는 것을 알 수 있다. 반환되는 데이터 프레임의 예시는 그림 4-8과 같다.

```
종목          000270    000660    005380    005490    005930    006400    035420    051910    207940
날짜
2018-07-31     NaN       NaN       NaN       NaN       NaN       NaN       NaN       NaN       NaN
2018-08-31   31875.0   84650.0  127250.0  328500.0   47350.0  232500.0  147008.5  370500.0  418000.0
2018-09-30   33575.0   78050.0  127250.0  310500.0   47450.0  247250.0  147008.5  365750.0  498500.0
2018-10-31   31750.0   70650.0  118000.0  276250.0   44425.0  247000.0  128951.5  356250.0  460750.0
2018-11-30   29450.0   68900.0  106750.0  252750.0   42125.0  221000.0  120500.0  346250.0  361000.0
...            ...       ...       ...       ...       ...       ...       ...       ...       ...
2023-05-31   85200.0   99050.0  198750.0  368500.0   68450.0  704500.0  195900.0  716500.0  782500.0
2023-06-30   87200.0  111900.0  203250.0  374000.0   71800.0  693500.0  191150.0  680000.0  764000.0
2023-07-31   85600.0  119300.0  201250.0  515000.0   71000.0  667000.0  204900.0  657500.0  755000.0
2023-08-31   81450.0  122600.0  192550.0  610500.0   68350.0  639500.0  220750.0  615500.0  751500.0
2023-09-30   80800.0  118250.0  190100.0  557000.0   67650.0  563000.0  208000.0  539750.0  709000.0
```

그림 4-8 calculate_moving_average() 함수의 반환 값

함수의 실행 순서는 다음과 같다.

- 주가 데이터(ohlcv_data)에서 종가(close)와 종목 코드(ticker)를 가져온다. 그 후 reset_index()와 set_index()를 이용해 인덱스를 재설정한다. 마지막으로 unstack() 함수를 이용해 종목 코드(ticker)를 열로 설정한다. 이 과정을 거치면 날짜(date)를 인덱스로, 종목 코드(ticker)를 열로, 종가(close)를 값으로 하는 데이터 프레임이 생성된다. 입력으로 받은 주가 데이터(ohlcv_data)는 그림 4-9와 같이 날짜를 인덱스로 하며 시가/고가/저가/종가/거래량/종목을 컬럼으로 가지고 있다.

- if 문에서 이동 평균 종류(ma_type)가 단순 이동 평균(sma)이면 단순 이동 평균을 계산한다. 단순 이동 평균을 계산하는 코드는 close_data.rolling(window=period).mean()이다. 여기서 rolling() 함수는 데이터의 이동 평균 계산을 돕는 함수로, 이동할 창(window)의 크기를 지정한 후 집계 함수[6]를 사용해 원하는 계산을 수행할 수 있게 해준

---

6 집계 함수란 여러 행으로부터 하나의 결과 값을 반환하는 함수이다.

다. 여기서는 mean() 함수로 이동 평균 연산을 수행했다.

- elif 문에서 이동 평균 종류(ma_type)가 지수 이동 평균(ema)이면 지수 이동 평균을 계산한다. 지수 이동 평균을 계산하는 코드는 close_data.ewm(span=period).mean()이다. 여기서 ewm()은 지수가중 함수이며 mean() 함수를 통해 지수 이동 평균이 계산된다. ewm() 함수의 파라미터인 span은 평활화 상수를 $2/(n+1)$ 방식으로 계산하게 해주는 매개변수이다.

- else 문은 이동 평균 종류(ma_type)가 단순 이동 평균(sma)과 지수 이동 평균(ema) 중 어느 것도 아닌 경우 값 오류(ValueError)를 일으킨다.

	시가	고가	저가	종가	거래량	종목
날짜						
2018-07-31	46500	47600	44650	46250	214539505	005930
2018-07-31	85000	91200	78600	86300	69910321	000660
2018-07-31	420500	437500	363000	373000	4705325	207940
2018-07-31	332500	380500	312000	375000	6754396	051910
2018-07-31	215000	244000	207000	229000	8145064	006400
2018-07-31	125000	131500	118000	129500	9794773	005380
2018-07-31	30850	32850	29450	31700	17534882	000270
2018-07-31	326500	334500	297500	330500	4395552	005490
2018-07-31	153217	156622	142602	143403	2015945	035420

그림 4-9 calculate_moving_average() 함수의 ohlcv_data 데이터

4.2.3.7 이동 평균 전략 함수 살펴보기

4.2.3.6에서 이동 평균 값을 계산하는 코드를 살펴봤다. 마지막으로 이동 평균 전략을 이용해 매도/매수 종목을 결정하는 함수를 다음과 같이 구현해 보자.

코드 4-6 이동 평균 전략 함수

```
def get_moving_average_weights(ohlcv_data: pd.DataFrame,
                               ma_data: pd.DataFrame) -> Optional[Dict]:
    # (1) 이동 평균 데이터 중 결측치가 있는지 확인함
    if ma_data.isnull().values.any():
        return None
```

```
/* 코드 4-6-1 이동 평균 전략의 매도, 매수 규칙 */
# (2) 매수할 주식과 매도할 주식을 선정함
weights = {}
stocks_to_buy = []
for ticker in ohlcv_data['ticker']:
    # 종가 > 이동 평균
    if ohlcv_data.loc[ohlcv_data['ticker'] == ticker, 'close'].values > \
                    ma_data[ticker]:
        stocks_to_buy.append(ticker)
    # 종가 <= 이동 평균
    else:
        weights[ticker] = 0.0

# 매수할 주식이 없는 경우 포트폴리오 반환
if not stocks_to_buy:
    return weights

/* 코드 4-6-2 매수 종목의 비율 결정하기 */
# (3) 매수할 주식 비율을 할당함
ratio= 1 / len(stocks_to_buy)
for ticker in stocks_to_buy:
    weights[ticker] = ratio

return weights
```

get_moving_average_weights() 함수는 주식 데이터(ohlcv_data)와 이동 평균 데이터(ma_data)를 입력으로 받는다. 또한 이동 평균 데이터(ma_data)에 결측치가 있다면 None을, 결측치가 없다면 종목별 편입 비중(weights)을 딕셔너리 형태로 반환한다. 입력 파라미터 중 이동 평균 데이터(ma_data)는 calculate_moving_average() 함수의 반환 값(그림 4-8) 중 일부 데이터(ma_slice)이다. 함수의 실행 순서는 다음과 같다.

이동 평균 데이터(ma_data)에 결측치(np.nan)가 있는지 확인한다. 왜냐하면 이동 평균 값이 없는 경우 투자 결정을 내릴 수 없기 때문이다. 따라서 이 함수는 결측치가 없을 때만 다음으로 진행되며 결측치가 존재할 경우 None을 반환하고 종료된다.

이동 평균 데이터에 결측치가 발생하는 이유는 이동 평균 기간만큼의 데이터가 모이기 전까지는 이동 평균을 계산할 수 없기 때문이다. 예를 들어 4일 이동 평균을 계산한다면 첫 번째부터 세 번째 데이터에 대한 값은 결측치이다. 네 번째 데이터부터 1~4일 값을 이용해 이동 평균을 계산할 수 있다. 그림 4-10은 4일 이동 평균과 결측치를 보여준다.

그림 4-10 이동 평균과 결측치

(1)번 과정을 지나면 매수할 주식과 매도할 주식을 선별하는 (2)번 과정(코드 4-6-1)이 진행된다.

코드 4-6-1 이동 평균 전략의 매도, 매수 규칙

```python
# (2) 매수할 주식과 매도할 주식을 선정함
weights = {}
stocks_to_buy = []
for ticker in ohlcv_data['ticker']:
    # 종가 > 이동 평균 값
    if ohlcv_data.loc[ohlcv_data['ticker'] == ticker, 'close'].values > \
                    ma_data[ticker]:
        stocks_to_buy.append(ticker)
    # 종가 <= 이동 평균 값
    else:
        weights[ticker] = 0.0

# 매수할 주식이 없는 경우 포트폴리오 반환
if not stocks_to_buy:
    return weights
```

코드의 실행 순서는 다음과 같다.

- 종목별 편입 비중(weights)과 매수할 주식(stocks_to_buy) 목록을 초기화한다.

- for 루프를 돌면서 주가 데이터(ohlcv_data)의 종목 코드(ticker)를 하나씩 가져온다.

  ○ if 문에서는 주식 데이터(ohlcv_data)에서 특정 주식(ticker)의 종가(close)와 이동 평균 값(ma_data)을 비교한다. 종가(close)가 이동 평균 값(ma_data)보다 클 경우 해당 종목을 매수 목록(stocks_to_buy)에 추가한다.

- 반대로 종가(close)가 이동 평균 값(ma_data)보다 작은 경우에는 else 문이 실행되며 종목별 편입 비중(weights)에 해당 종목을 0.0 비율로 할당한다. 0 만큼 매수하겠다는 것은 매도하겠다는 의미로 해석할 수 있다.

- for 루프 종료 후에는 if 문을 통해 매수할 주식(stocks_to_buy)이 있는지 확인한다. 매수할 주식(stocks_to_buy)이 없다면 종목별 편입 비중(weights)이 전량 매도로 완성됐으므로 종목별 편입 비중(weights)를 반환하고 함수를 종료한다. 매수할 주식(stocks_to_buy)이 있는 경우에는 코드 4-6-2로 이어진다.

코드 4-6-2 매수 종목의 비율 결정하기

```
# (3) 매수할 주식 비율을 할당함
ratio = 1 / len(stocks_to_buy)
for ticker in stocks_to_buy:
    weights[ticker] = ratio

return weights
```

코드 4-6-2는 매수할 주식의 편입 비중을 결정하고 종목별 편입 비중(weights)에 추가한다. 이동 평균 전략은 매수 주식을 모두 동일한 비율로 투자하므로 $\frac{1}{\text{매수할 주식(stocks\_to\_buy)의 개수}}$ 이 편입 비중이 된다. 매수할 주식(stocks_to_buy)을 for 루프로 하나씩 돌면서 종목별 편입 비중(weights)에 매수 비율을 할당한 후 완성된 종목별 편입 비중(weights)을 반환하면 get_moving_average_weights() 함수가 종료된다.

4.2.4 이동 평균 전략 시뮬레이션

드디어 이동 평균 전략의 코드 구현이 마무리됐다. 이제 '4.2.3.4 시뮬레이션 실행하기' 코드를 실행하고 투자 성과를 확인해 보자.[7]

---

7 CAGR, MDD, 샤프 비율, 소티노 비율을 구하는 코드는 3장의 평균–분산 모델을 참고하자.

표 4-2 코스피 지수와 이동 평균 전략 성과 비교

	CAGR	MDD	샤프 비율	소티노 비율
단순 이동 평균	0.064	−0.464	0.370	0.573
지수 이동 평균	**0.078**	−0.446	**0.426**	**0.672**
KOSPI	0.011	**−0.346**	0.157	0.218

표 4-2는 각 전략별 성과를 나타낸다. 표를 보면 지수 이동 평균 전략이 최대 손실 낙폭 값을 제외한 모든 지표에서 성능이 우수함을 알 수 있다. 하지만 최대 손실 낙폭 값이 약 45%에 육박하는 것에 주의할 필요성이 있다.

구현한 전략의 누적 수익률을 시각화하면 그림 4-11과 같다. 그래프의 y축은 누적 수익률이고 x축은 날짜이다. 이를 통해 지수 이동 평균 전략이 가장 좋은 성과를 낸 것을 한눈에 알 수 있다. 또한 2021년 후반부터 2023년 초반까지 떨어지는 수익률 그래프를 통해 MDD가 큰 것도 확인할 수 있다.

시뮬레이션 결과는 지수 이동 평균이 단순 이동 평균보다 좋은 것처럼 보이지만, 이 결과는 투자 기간, 투자 종목, 투자 전략에 따라 언제든지 바뀔 수 있다. 자신만의 전략을 개발하기 위해 이러한 값을 개인적인 기준에 맞게 조정해 보는 것도 좋은 방법이다.

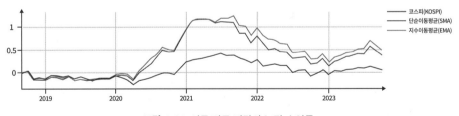

그림 4-11 이동 평균 전략의 누적 수익률

4.3 모멘텀 전략

선배 "이동 평균 전략 시뮬레이션까지 해봤으니까 이제 또 다른 마켓 타이밍 전략인 모멘텀 전략 Momentum Strategy을 알아보자. '달리는 말에 올라타기'라는 말을 들어본 적 있니? 모멘텀 전략은 달리는 말에 올라타는 것과 같은 전략이야. 달리는 말에 올라타면 나도 말과 함께 계속해서 달려

나가듯이 모멘텀은 상승 또는 하락 중인 자산이 계속 상승/하락할 것이라고 믿고 그 추세에 올라타는 기법이라고 할 수 있어. 모멘텀 전략은 아주 다양하게 존재해. 이제부터 하나씩 알아보자."

이번 장에서는 또 다른 마켓 타이밍 전략인 모멘텀 전략을 설명한다. 모멘텀이란 물리학에서 유래한 용어로 '운동량'을 의미한다. 주식 시장에서의 모멘텀은 이 개념을 응용해 특정 자산(예: 주식, 채권 등)의 가격 추세와 그 강도를 나타낸다. 따라서 모멘텀 전략이란 자산의 추세와 강도를 이용해 투자 결정을 내리는 전략이라고 할 수 있다. 이 전략은 과거 일정 기간 수익률이 높았던 주식이 미래에도 높은 수익률을 낼 것이라고 가정(추세를 반영함)하고 세력이 강한(강도를 반영함) 주식을 매수한다. 이와 비슷하게 과거 일정 기간 동안 수익률이 낮았던 주식은 미래에도 낮은 수익률을 낼 것이라고 가정하고 주식을 판매한다.

그림 4-12 달리는 말에 올라타는 전략, 모멘텀

4.3.1 모멘텀 전략과 표기법

모멘텀 전략은 모멘텀의 계산 방식과 모멘텀으로 거래 신호를 생성하는 방법에 따라 다양하게 정의된다. 따라서 투자자는 자신의 투자 목표와 스타일에 따라 적절한 모멘텀 전략을 선택할 수 있다. 본격적으로 각 전략을 살펴보기 전에 모멘텀 전략의 표기법을 알아보자.

4.3.1.1 모멘텀 전략의 표기법

모멘텀 전략은 (1) **룩백 기간**[Lookback Period] (2) **생략 기간**[Skip Period] (3) **보유 기간**[Hold Period]으로 구성된다. 이 3가지 구성요소는 그림 4-13과 같이 표기된다. 왼쪽부터 순서대로 룩백 기간, 생략 기간, 보유 기간을 의미하며 생략 기간은 물결 표시와 함께 표기된다.

$$(6, \sim1, 6)$$

룩백   생략   보유

그림 4-13 모멘텀 전략 표기법

그림 4-14는 모멘텀 전략의 구성 요소를 시간선 위에 표현한 것이다. 그림의 가장 좌측에 있는 룩백 기간은 모멘텀 계산에 사용하는 기간을 의미한다. 그 바로 옆에 있는 생략 기간은 모멘텀 계산에 사용하지 않고 버리는 기간을 의미하며 일반적으로 **단기 반전 현상**[Short-Term Reversal][8]을 막기 위해 1(개월)이 사용된다. 마지막으로 보유 기간이란 모멘텀 전략으로 구성한 포트폴리오를 유지하는 기간을 의미한다.

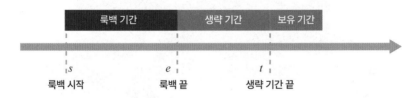

그림 4-14 모멘텀 전략의 구성요소

4.3.1.2 다양한 모멘텀 전략

앞으로 설명할 모멘텀 전략은 다음과 같다.

- 상대 모멘텀 전략[Relative Momentum Strategy]

- 절대 모멘텀 전략[Absolute Momentum Strategy]

---

8 단기 반전 현상이란 특정 자산의 과거 단기 수익률이 높음에도 불구하고 미래 수익률이 낮은 현상을 의미한다. 이는 모멘텀의 가정과 반대되는 현상으로 단기 모멘텀을 사용할 때 나타나는 현상이다.

- 듀얼 모멘텀 전략^{Dual Momentum Strategy}

- 중기 모멘텀 전략^{Intermediate Momentum Strategy}

- 52주 최고가 모멘텀 전략^{52-Week High Momentum Strategy}

여러 금융 학계에 따르면 모멘텀 전략[9]은 주가가 상승하는 시장에서 효과가 좋고 주가가 횡보하거나 하락하는 시장에서는 효과가 좋지 않다고 한다〈참고문헌 4-3〉. 또한 모멘텀 전략은 포트폴리오 회전율이 높은 특징이 있어 세금과 매매 비용을 고려해 리밸런싱 주기를 적절히 설정해야 하는 어려움이 있다. 하지만 이러한 주의점에도 불구하고 모멘텀 전략은 1997년 칼하트^{Carhart}의 4팩터 모델^{4-Factor Model}부터 팩터로서 언급되기 시작해 투자에서 수익을 내는 지표로 오랫동안 인정받고 있다. 이제부터 각 전략의 이론을 자세히 살펴보자.

4.3.2 상대 모멘텀 전략

상대 모멘텀 전략은 서로 다른 주식의 모멘텀 값을 비교해 상대적으로 강한 모멘텀을 보이는 주식을 매수하고, 약한 모멘텀을 보이는 주식을 매도 또는 **공매도**^{Short, Short Selling}[10]하는 전략이다. 이 모멘텀 전략은 **횡단면 모멘텀**^{Cross-sectional momentum}, **상대 강도 모멘텀**^{Relative Strength Momentum} 또는 **컨벤셔널 모멘텀**^{Conventional Momentum} 전략이라고도 불린다.

상대 모멘텀 전략의 매수/매도 과정을 시각화하면 그림 4-15과 같다. 이 전략은 (1) 자산별 모멘텀 계산하기 (2) 모멘텀 값으로 자산 정렬하기 (3) 모멘텀 중 **상위 $N\%$ 자산**^{Winners} 매수하기 및 **하위 $N\%$ 자산**^{Losers} 매도 또는 공매도하기 절차로 포트폴리오를 구성한다.[11]

---

9   모멘텀 외에도 가치, 소형주 팩터 등 다양한 팩터가 존재한다. 팩터 투자에 대한 자세한 설명은 7장에 나와 있다.

10   공매도란 없는 것을 판다는 뜻이다. 투자자가 자산을 보유하지 않은 상태에서 매도하는 행위를 말하며 자산의 가격이 떨어질 것이라고 예상할 때 사용된다.

11   상위 $N\%$ 자산 그룹을 승자(Winners), 하위 $N\%$ 자산 그룹을 패자(Losers)라고 부른다. 상위 자산을 매수하고 하위 자산을 공매도 했다면 **승자 마이너스 패자 포트폴리오**(Winners Minus Losers Portfolio)라고 불린다.

그림 4-15 상대 모멘텀 전략

예를 들어 모멘텀을 과거 K개월 동안의 수익률로 가정해 보자. 생략 기간을 0으로 설정하면 모멘텀 전략은 $(K, \sim0, 보유기간)$으로 표기할 수 있다. 위의 3가지 단계에 따르면 포트폴리오를 구성하는 첫 번째 단계는 투자 유니버스에 있는 종목들의 모멘텀을 계산하는 것이다. 10개의 주식 중에서 어떤 주식에 투자할지 고민 중이라면 10개 종목의 과거 K개월 동안의 수익률을 계산하면 된다. 두 번째 단계는 계산한 모멘텀 값을 정렬하는 것이다. 여기서는 수익률이 높은 순서대로 정렬하게 되는데, 이 경우 높은 수익률을 가진 자산이 모멘텀이 강세인 자산이라고 볼 수 있다. 마지막으로, 정렬한 모멘텀을 기준으로 상위 $N\%$ 종목을 매수, 하위 $N\%$ 종목을 매도 또는 공매도하면 상대 모멘텀 전략이 완성된다.[12]

4.3.2.1 상대 모멘텀과 모멘텀 크래시

모멘텀 크래시Momentum Crash란 시장이 지속해서 하락하는 베어마켓Bear Market[13]에서 상대 모멘텀 전략에 따른 투자가 큰 손실로 이어지는 것을 의미한다. 주식 시장이 하락하는 경우 상대 모멘텀을 이용해 상위 $N\%$의 주식을 매수하더라도 손실을 볼 수 있기 때문이다. 따라서 상대 모멘텀은 최대 손실 낙폭을 줄이기 어려운 전략으로 볼 수 있다. 이러한 모멘텀 크래시를 보완하는 전략이 4.3.5에서 소개할 듀얼 모멘텀 전략이다.

---

12 하위 $N\%$ 자산에 대한 투자 방법은 다양하다. 하위 $N\%$ 종목을 이미 보유하고 있는 경우에는 매도하는 방식을 취할 수 있으며, 종목을 가지고 있지 않은 경우에는 투자를 피하는 방식으로 사용하거나 공매도를 취할 수 있다.

13 베어마켓과 반대되는 개념은 불마켓(Bull Market)이다. 이것은 주식 시장이나 다른 금융시장의 가격이 지속적으로 상승하는 상태를 의미한다.

4.3.2.2 상대 모멘텀과 절대 모멘텀

그림 4-16는 횡단면 모멘텀(상대 모멘텀)과 종단면 모멘텀(절대 모멘텀)에 대한 그림으로 각 자산의 시간대별 수익률을 나타낸다. 그림과 같이 횡단면 모멘텀은 같은 시기의 다른 자산과 비교하는 것이 특징이고, 종단면 모멘텀은 자산의 수익률을 절대적인 기준과 비교하는 것이 특징이다. 종단면 모멘텀(절대 모멘텀)은 4.3.4에서 자세히 설명한다.

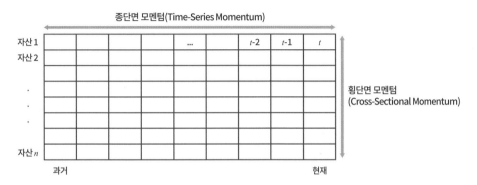

그림 4-16 자산의 시간대별 수익률(종단면 모멘텀과 횡단면 모멘텀)

4.3.3 중기 모멘텀 전략

중기 모멘텀은 상대 모멘텀 전략에서 룩백 기간과 생략 기간을 변경해 주면 완성된다. 중기 모멘텀 전략은 룩백 기간을 -6에서 -11개월 사이로 사용하는 전략이기 때문이다. 이 전략은 과거 7~12개월 사이의 모멘텀이 효과적인 것으로 알려지며 중기 모멘텀 전략이라고 불리게 됐다. 실제로 2017년에 나온 논문에 따르면〈참고문헌 4-4〉중기 모멘텀 전략은 한국 주식 시장에서 2001년 이후 데이터에 대해 상대 모멘텀보다 뛰어난 것으로 밝혀졌다. 그림 4-17은 중기 모멘텀 전략을 시각적으로 표현한 것이다. 이는 모멘텀 계산 시, 최근 6개월($t-5 \sim t$)은 제외하고 나머지 기간을 사용하는 것을 보여준다. 그림은 룩백 기간 6개월, 생략 기간 6개월, 보유 기간 1개월인 (6, ~6, 1) 중기 모멘텀 전략의 예시이다.

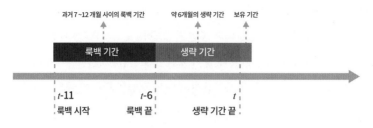

그림 4-17 중기 모멘텀 (6, ~6, 1) 전략

4.3.4 절대 모멘텀 전략

절대 모멘텀 전략은 **종단면 모멘텀** 또는 **시계열 모멘텀**Time-series momentum 전략이라고도 불리며 주식의 모멘텀 값을 절대적인 기준(예: 무위험자산의 수익률)과 비교해 투자를 결정하는 전략이다. 이 전략은 기준을 상회하는 모멘텀을 가진 주식을 매수하고 기준을 하회하는 주식은 매도한다. 그림 4-18은 절대 모멘텀 전략을 시각적으로 표현한 것이다. 상대 모멘텀 전략과 비교했을 때 ③의 매도/매수 전략이 다른 것을 볼 수 있다.

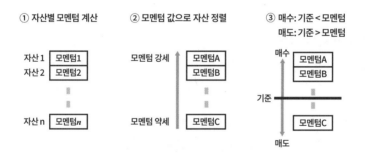

그림 4-18 절대 모멘텀 전략

예를 들어 모멘텀을 과거 K개월 동안의 수익률이라고 정의하고 수익률 0%를 절대적인 기준으로 설정한다면 절대 모멘텀 전략은 수익률이 양수인 주식을 매수하고 음수인 주식을 매도하는 방식을 취한다.[14]

---

14 이전까지 모멘텀은 수익률로 정의해왔다. 하지만 모멘텀은 수익률로 한정되는 것이 아니며 52주 최고가 등 다른 값으로 정의되기도 한다. 절대 모멘텀에서는 (자산의 수익률 – 국채 수익률)로 모멘텀을 정의하기도 한다.

4.3.5 듀얼 모멘텀 전략

듀얼 모멘텀 전략은 상대 모멘텀과 절대 모멘텀을 조합한 전략이다. 상대 모멘텀과 절대 모멘텀을 결합하자는 아이디어는 계속해서 제기돼 왔지만 구체적인 실행 전략과 듀얼 모멘텀이라는 용어는 **게리 안토나치**Gary Antonacci가 처음으로 제시했다.

이 전략은 상대 모멘텀을 사용해 좋은 성과를 내는 자산을 선정하고, 절대 모멘텀을 활용해 하락장에서의 투자 위험을 최소화하는 전략이다. 가장 유명한 듀얼 모멘텀 전략은 게리 안토나치가 제안한 **글로벌 주식 모멘텀**GEM, Global Equity Momentum으로 미국 주식과 미국 채권 그리고 선진국 주식을 이용한 투자 전략이다.

그림 4-19는 듀얼 모멘텀 전략을 시각적으로 표현한 것이다. 이 전략은 시장이 전체적으로 하락하는 때에도 특정 기준을 만족하지 않으면 투자하지 않기 때문에 모멘텀 크래시를 막을 수있는 전략이다. 그림과 같이 상대 모멘텀 후에 절대 모멘텀을 적용해도 되지만 절대 모멘텀 적용 후 상대 모멘텀을 적용해도 상관없다.

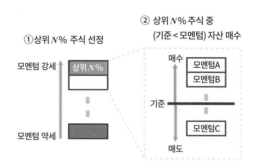

그림 4-19 듀얼 모멘텀 전략

4.3.6 52주 최고가 모멘텀 전략

52주 최고가 모멘텀 전략은 앞선 전략들과 다르게 모멘텀 값으로 52주 최고가를 활용하는 전략이다. 52주 최고가를 활용하는 방법은 여러 가지가 존재하지만 여기서는 2004년에 토마스 J.조지 외 1명이 작성한 논문〈참고문헌 4-5〉에 소개된 52주 최고가 모멘텀 전략을 소개하려고 한다. 이 논문에서는 모멘텀을 다음과 같이 계산한다.

$$\text{모멘텀} = \frac{P_{(i,t)}}{\text{high}_{(i,t)}} = \frac{(t)\text{시점의 주식 } i\text{의 가격}}{(t_{-51} \sim t)\text{기간 동안 주식 } i\text{의 최고가}}\text{[15]}$$

이 식은 특정 주식의 52주 최고가 대비 가격을 나타낸다. 따라서 모멘텀 값이 1에 근접할수록 주식 가격이 52주 최고가와 가깝다는 것을 알 수 있으며 값이 1보다 크면 52주 최고가를 넘어섰다고 해석할 수 있다. 논문에서는 이러한 모멘텀 값을 정렬하고 상위 N%를 매수, 하위 N%를 매도해 전략을 완성한다. 그림 4-20은 52주 최고가 모멘텀 전략을 시각적으로 표현한 것이다. 논문에서는 생략 기간을 따로 두지 않는다.[16]

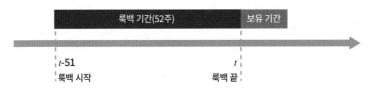

그림 4-20 52주 최고가 전략

52주 최고가 전략은 하락장에서는 효과적이지 않을 수 있다. 가격이 계속 하락하는 상황에서는 52주 최고가를 갱신하는 주식이 거의 없을 수 있기 때문이다. 또한 고점에서 매수를 하는 기법이기 때문에 시장이 반전될 경우 큰 손실을 볼 수 있는 전략이기도 하다. 하지만 52주 최고가 전략은 단순하고 이해하기 쉬운 전략으로 많은 투자자에게 사랑받고 있다. 따라서 이 전략을 사용하기 전에는 시장 상황을 주의 깊게 관찰하고 시장 반전 시 손실을 방지하는 전략을 함께 고려하는 것을 추천한다.

4.3.7 모멘텀 전략 구현하기

지금까지 다양한 모멘텀 전략을 살펴봤다. 이제 직접 코드로 구현해 보자. 구현할 전략의 투자 기간과 투자 종목은 다음과 같다.

---

15 논문에서는 t대신 $t-1$로, t_{-51}대신 t_{-52}로 표기돼 있다. 하지만 여기서는 t시점부터 모멘텀 계산에 사용하는 것으로 정의해왔으므로 시점을 하나씩 당겨서 표기했다. 표기법만 다를 뿐 같은 수식이다.

16 52주 최고가 모멘텀 전략을 간단하게 구현하는 방법도 있다. 가장 간단한 방법은 특정 주식의 가격이 과거 52주 동안의 최고가를 넘어서거나 근접할 경우, 주식 가격이 계속 상승할 것으로 예상하고 매수하는 것이다.

- 투자 기간: 2018년 7월 10일~2023년 9월 27일

- 리밸런싱: 1개월

- 투자 종목: 표 4-3 참조

표 4-3 투자 종목

Ticker	주식명
005930	삼성전자
000660	하이닉스
207940	삼성바이오로직스
051910	LG화학
006400	삼성SDI
005380	현대차
000270	기아
005490	POSCO홀딩스
035420	NAVER

4.3.7.1 코드 개요

코드 구현 순서는 그림 4-21과 같다. 모멘텀 전략은 시뮬레이션을 실행하는 코드가 모두 비슷하므로 simulate_momentum() 함수부터 설명한 후에 실행 코드를 설명할 것이다.

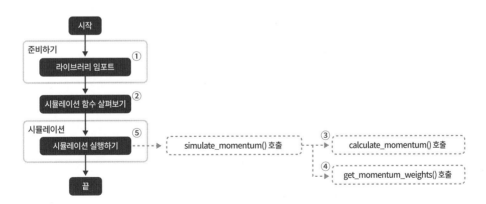

그림 4-21 코드 구현 순서

simulate_momentum() 함수는 시뮬레이션의 전반적인 과정을 총괄하며 모멘텀 전략을 이용해 종목을 매도/매수한다. 이 함수는 여러 내부 함수를 순차적으로 호출하는데 calculate_momentum() 함수와 get_momentum_weights() 함수도 그중 하나이다. calculate_momentum() 함수는 수익률 모멘텀 또는 52주 최고가 모멘텀을 계산하고 get_momentum_weights() 함수는 모멘텀 전략에 따라 매도/매수 종목을 결정한다.

4.3.7.2 라이브러리 임포트하기

먼저 필요한 라이브러리를 임포트한다. 코드 4-7은 모멘텀 전략을 위한 다양한 모듈과 라이브러리를 불러온다.

코드 4-7 라이브러리 임포트하기

```
# coding: utf-8
from typing import Dict, Optional

import pandas as pd
import plotly.express as px

from data.data_loader import PykrxDataLoader
from simulation.account import Account
from simulation.broker import Broker
from simulation.utility import get_lookback_fromdate
from simulation.utility import rebalance
from simulation.metric import cagr, mdd, sharpe_ratio, sortino_ratio
```

설치하지 않은 라이브러리가 있다면 미리 설치하고 임포트하자.

4.3.7.3 시뮬레이션 함수 살펴보기

라이브러리를 불러왔으면 simulate_momentum() 함수를 살펴보자. 이 함수는 시뮬레이션 기간 동안 모멘텀 전략에 따라 주식의 매수 및 매도를 실행하고 투자 결과를 계좌에 담아서 반환한다. 시뮬레이션 함수 중 눈여겨봐야 할 부분을 배경색으로 표시했다. 그 외 코드에 대한 설명은 3장을 참고하자.

```python
def simulate_momentum(ohlcv_data: pd.DataFrame,
                      lookback_period: int,
                      skip_period: int,
                      strategy_name: str,
                      buying_ratio: float = 0.1,
                      buying_criteria: float = 0.0) -> Account:
    # (1) 계좌 및 브로커 선언
    account = Account(initial_cash=100000000)
    broker = Broker()

    # (2) 모멘텀 계산
    momentum = 'returns' if strategy_name != '52wh' else '52wh'
    momentum_data = calculate_momentum(ohlcv_data=ohlcv_data,
                                       lookback_period=lookback_period,
                                       skip_period=skip_period,
                                       momentum=momentum)

    for date, ohlcv in ohlcv_data.groupby(['date']):
        print(date.date())

        # (3) 주문 집행 및 계좌 갱신
        transactions = broker.process_order(dt=date, data=ohlcv, orders=account.orders)
        account.update_position(transactions=transactions)
        account.update_portfolio(dt=date, data=ohlcv)
        account.update_order()

        # (4) 모멘텀 전략을 이용해 포트폴리오 구성
        momentum_data_slice = momentum_data.loc[date]
        weights = get_momentum_weights(strategy_name=strategy_name,
                                       momentum_data=momentum_data_slice,
                                       buying_ratio=buying_ratio,
                                       buying_criteria=buying_criteria)

        print(f'Portfolio: {weights}')
        if weights is None:
            continue

        # (5) 주문 생성
        rebalance(dt=date, data=ohlcv, account=account, weights=weights)

    return account
```

simulate_momentum() 함수의 선언부를 보면 주식 데이터(ohlcv_data), 룩백 기간(lookback_period), 생략 기간(skip_period), 전략 이름(strategy_name), 매수할 종목 비율(buying_ratio) 그리고 매수 기준(buying_criteria)을 입력으로 받으며 계좌에 대한 정보(account)를 반환하는 것을 알 수 있다.

이 함수도 평균-분산 전략의 시뮬레이션 함수와 대부분 동일하며, (2)번과 (4)번 과정만 평균-분산 전략의 시뮬레이션 함수와 차이가 있다. 함수의 실행 순서는 다음과 같다.

- 계좌(account)와 중개인(broker)을 생성한다.

- 전략 이름(strategy_name)이 52주 최고가(52wh)가 아니면 모멘텀 종류(momentum)에 수익률(returns)을 할당하고 52주 최고가(52wh)면 52주 최고가(52wh)를 할당한다.

- 주식 데이터(ohlcv_data), 룩백 기간(lookback_period), 생략 기간(skip_period), 모멘텀 종류(momentum)를 이용해서 모멘텀 데이터(momentum_data)를 계산한다. 모멘텀을 계산하는 함수 calculate_momentum()은 4.3.7.4에서 설명한다.

- for 루프를 돌며 날짜(date)와 주가 데이터(ohlcv)를 가져오고 시뮬레이션을 진행한다.

  ○ 주문 목록(accounts.orders)을 검토하고 처리하지 않은 주문을 집행한다. 주문이 집행되면 거래(transactions) 결과를 반환한다.

  ○ 거래(transactions) 결과에 따라 계좌(account) 내 자산 포지션을 업데이트한다.

  ○ 포트폴리오와 주문 목록도 업데이트한다.

  ○ 모멘텀 데이터(momentum_data)에서 날짜(date)에 해당하는 모멘텀 데이터 일부(momentum_data_slice)를 가져온다.

  ○ get_momentum_weights() 함수를 이용해서 포트폴리오의 자산 편입 비중(weights)을 계산한다. 이 함수는 모멘텀 전략을 이용해 투자 결정을 내리며, 전략 이름(strategy_name), 특정 날짜의 모멘텀 데이터(momentum_data_slice), 매수 비율(buying_ratio), 매수 기준(buying_criteria)을 입력으로 받는다. 함수에 대한 자세한 설명은 4.3.7.5에서 진행한다.

○ 자산 편입 비중(weights)이 None이면 for 루프의 첫 부분으로 이동하고 None이 아니면 rebalance() 함수를 활용해 주문을 생성한다. 주문은 rebalance() 함수의 파라미터로 받은 계좌(account)의 주문 목록(accounts.orders)에 추가된다.

4.3.7.4 모멘텀 값 계산 함수 살펴보기

코드 4-9는 모멘텀 값을 계산하는 함수이다. 함수는 크게 (1) 종가 데이터를 가져오는 부분과 (2) 모멘텀을 계산하는 부분으로 이뤄져 있다.

코드 4-9 모멘텀 계산하기

```python
def calculate_momentum(ohlcv_data: pd.DataFrame,
                       lookback_period: int,
                       skip_period: int,
                       momentum: str) -> pd.DataFrame:
    # (1) 종가 데이터 가져오기
    data = ohlcv_data[['high', 'close', 'ticker']].reset_index().set_index(
        ['ticker', 'date']).unstack(level=0)
    close_data = data['close']

    # (2) 모멘텀 계산하기
    if momentum == "returns":
        momentum_data = close_data.shift(periods=skip_period).rolling(
            window=lookback_period).apply(lambda x: x[-1] / x[0] - 1)
    elif momentum == '52wh':
        highest_highs = data['high'].shift(periods=skip_period).rolling(
            window=lookback_period).max()
        momentum_data = close_data.shift(periods=skip_period) / highest_highs
    else:
        raise ValueError

    return momentum_data
```

이 함수는 주식 데이터(ohlcv_data), 룩백 기간(lookback_period), 생략 기간(skip_period) 그리고 모멘텀 유형(momentum)을 입력으로 받아 데이터 프레임(pd.DataFrame)을 반환한다. 함수의 실행 순서는 다음과 같다.

- 주가 데이터(ohlcv_data)에서 고가(high), 종가(close), 종목 코드(ticker)를 가져온다. 그 후 reset_index()와 set_index()를 이용해 인덱스를 재설정한다. 마지막으로

unstack() 함수를 이용해 종목 코드(ticker)를 열로 설정한다. 이 과정을 거치면 데이터(data) 변수에는 종목 코드(ticker)의 고가(high)와 종가(close) 정보를 날짜(date)별로 정리한 값이 들어간다.

- 데이터(data) 변수에서 종가(close)를 가져와서 종가 데이터(close_data)에 저장한다.

- if 문에서 모멘텀 종류(momentum)가 수익률(returns)이면 수익률 모멘텀을 계산한다. 종가 데이터(close_data)에 shift() 함수를 적용하고 rolling().apply()함수를 적용한다. 모멘텀을 계산할 때는 생략 기간(skip_period)만큼의 데이터를 제외해야 하는데 이 역할을 해주는 함수가 shift() 함수이다. 이 함수는 데이터 프레임의 행을 기간만큼 이동시키는데 기간이 양수인 경우 행을 아래로 이동시키고 음수인 경우 위로 이동시킨다. 그림 4-22는 shift() 함수의 동작 방식을 나타낸다.[17] rolling(window=lookback_period) 함수는 룩백 기간(lookback_period)만큼씩 윈도우를 이동하는 역할을 담당하고 apply(lambda x: x[-1] / x[0] - 1)는 rolling 윈도우마다 수익률을 계산하는 역할을 수행한다.[18]

- elif 문에서 모멘텀 종류(momentum)가 52주 최고가(52wh)이면 52주 최고가 모멘텀을 계산한다. 데이터(data)에서 고가(high) 데이터를 가져오고 shift() 함수를 이용해 생략 기간(skip_period)을 반영한 것을 알 수 있다. 생략 기간(skip_period) 반영 후에는 rolling().max()를 호출하고 있는데 이것은 룩백 기간(lookback_period)에서 최댓값을 찾는 코드이다. 계산된 값은 과거 52주 동안의 최고가(highest_highs)가 된다.

- 52주 최고가를 구한 후에는 종가(close_data)를 과거 52주 동안의 최고가(highest_highs)로 나눠 모멘텀을 계산한다. 여기서 shift(periods=skip_period)는 분자에 적용한 생략 기간(skip_period)을 분모에도 동일하게 적용하기 위해서 사용됐다.

- else 문에서는 모멘텀 종류(momentum)가 수익률(returns) 또는 52주 최고가(52wh)가 아닌 경우 에러(ValueError)를 일으킨다.

---

17 그림 4-22의 periods=1 예시 중 우측 데이터를 보면 2020년 2월 29일에 한 달 전 데이터인 2020년 1월 31일의 데이터가 있는 것을 볼 수 있다. 즉 이 함수는 주어진 시점의 데이터가 생략 기간만큼 과거 데이터가 되게 함으로써 생략 기간(skip_period)을 반영한다고 할 수 있다.

18 x[-1]은 롤링 기간의 마지막 값(현재 가격)이고 x[0]은 첫 번째 값(구매 가격)이다. 수익률 공식은 다음과 같다.

$$수익률(\%) = \frac{현재가 - 구매가}{구매가} \times 100 = \left(\frac{현재가}{구매가} - 1 \right) \times 100$$

수익률 기반 모멘텀과 52주 최고가 기반 모멘텀의 계산 방법을 모두 살펴봤다. 마지막으로 계산한 모멘텀 데이터(momentu_data)를 반환하면 calculate_momentum() 함수가 종료된다. 함수의 반환 예시는 그림 4-23과 같으며 여기에는 날짜별 모멘텀 값이 담겨있다.

```
주식        동화약품    현대차   삼성전자   카카오                              주식        동화약품      현대차    삼성전자     카카오
날짜                                                      아래로 한칸         날짜
2020-01-31   7910   125000    56400   31914           shift(periods=1)   2020-01-31      NaN        NaN       NaN        NaN
2020-02-29   6830   115000    54200   34523           ───────────────▶   2020-02-29   7910.0   125000.0   56400.0   31914.0
2020-03-31   6550    88700    47750   31211                              2020-03-31   6830.0   115000.0   54200.0   34523.0
2020-04-30  11250    93600    50000   36932                              2020-04-30   6550.0    88700.0   47750.0   31211.0


주식        동화약품    현대차   삼성전자   카카오                              주식        동화약품      현대차    삼성전자     카카오
날짜                                                      위로 한칸          날짜
2020-01-31   7910   125000    56400   31914           shift(periods=1)   2020-01-31   6830.0   115000.0   54200.0   34523.0
2020-02-29   6830   115000    54200   34523           ───────────────▶   2020-02-29   6550.0    88700.0   47750.0   31211.0
2020-03-31   6550    88700    47750   31211                              2020-03-31  11250.0    93600.0   50000.0   36932.0
2020-04-30  11250    93600    50000   36932                              2020-04-30  11550.0    98000.0   50700.0   52889.0
```

그림 4-22 shift() 함수의 동작 방식

```
종목          000270    000660    005380    005490    005930    006400    035420    051910    207940
날짜
2018-05-31      NaN       NaN       NaN       NaN       NaN       NaN       NaN       NaN       NaN
2018-06-30      NaN       NaN       NaN       NaN       NaN       NaN       NaN       NaN       NaN
2018-07-31      NaN       NaN       NaN       NaN       NaN       NaN       NaN       NaN       NaN
2018-08-31  0.017657 -0.076017 -0.068345 -0.026510 -0.087771  0.142145  0.070252  0.107829 -0.142529
2018-09-30  0.038898 -0.031505 -0.003984 -0.007599  0.038585  0.102804  0.014416  0.097451  0.110312
...              ...       ...       ...       ...       ...       ...       ...       ...       ...
2023-05-31  0.122178  0.001119  0.120250  0.185535  0.080858 -0.007184  0.077698  0.088235  0.010349
2023-06-30  0.060494  0.225734  0.084011 -0.021739  0.115625 -0.023129  0.012376 -0.026685 -0.005076
2023-07-31  0.047337  0.287151  0.045570  0.029178  0.102290 -0.031838  0.049402 -0.098649 -0.047375
2023-08-31 -0.037253  0.136280 -0.020000  0.783333 -0.022409 -0.073816  0.137845 -0.064935 -0.022959
2023-09-30 -0.093785  0.057292 -0.084262  0.492268 -0.073407 -0.082212  0.173414 -0.125937 -0.009409
```

그림 4-23 calculate_momentum() 함수의 반환 값

4.3.7.5 모멘텀 전략 함수 살펴보기

코드 4-10은 모멘텀 전략을 이용해 포트폴리오를 구성하고 반환하는 함수이다. 이 함수는 전략 이름(strategy_name), 모멘텀 데이터(momentum_data), 매수할 종목 비율(buying_ratio) 그리고 매수 기준(buying_criteria)을 입력으로 받는다. 또한 모멘텀 데이터(momentum_data)에 결측치가 있다면 None을 반환하고 결측치가 없다면 종목별 편입 비중(weights)을 딕셔너리 형태로 반환한다.

```python
def get_momentum_weights(strategy_name: str,
                         momentum_data: pd.DataFrame,
                         buying_ratio: float,
                         buying_criteria: float) -> Optional[Dict]:
    # (1) 모멘텀 데이터 중 결측치가 있는지 확인함
    if momentum_data.isnull().values.any():
        return None

    # (2) 매수할 주식을 선정함
    if strategy_name == 'relative' or strategy_name == '52wh':
        top_quantile = momentum_data.quantile(1 - buying_ratio)
        stocks_to_buy = momentum_data[momentum_data >= top_quantile].index.to_list()
    elif strategy_name == 'absolute':
        stocks_to_buy = momentum_data[momentum_data > buying_criteria].index.to_list()
    elif strategy_name == 'dual':
        top_quantile = momentum_data.quantile(1 - buying_ratio)
        relative_result = set(momentum_data[momentum_data >= top_quantile].index)
        absolute_result = set(momentum_data[momentum_data > buying_criteria].index)
        stocks_to_buy = list(relative_result & absolute_result)
    else:
        raise ValueError

    # (3) 주식 비율을 할당함
    ratio = 1 / len(stocks_to_buy) if stocks_to_buy else 0
    weights = {ticker: ratio if ticker in stocks_to_buy else
               0.0 for ticker in momentum_data.index}

    return weights
```

함수의 실행 순서는 다음과 같다.

- 모멘텀 데이터(momentum_data)에 결측치가 있는지 확인한다. 결측치가 있으면 None을 반환하고 함수를 종료한다.

- if 문에서 전략 이름(strategy_name)이 상대 모멘텀(relative) 또는 52주 최고가 모멘텀 (52wh)이면 상위 N% 주식을 매수, 하위 N% 주식을 매도한다.

- 모멘텀 데이터(momentum_data)에 quantile() 함수를 적용하면 분위수(top_quantile)를 가져올 수 있다. 그 후 모멘텀 데이터(momentum_data)에서 분위수(top_quantile)[19]보다 큰 모멘텀을 가진 종목을 선정하면 매수할 종목(stocks_to_buy)이 된다.

- 두 번째 elif 문에서 전략 이름(strategy_name)이 절대 모멘텀(absolute)이면 모멘텀 데이터(momentum_data) 중에서 매수 기준(buying_criteria)을 초과하는 종목을 매수할 종목(stocks_to_buy)으로 선정한다.

- 세 번째 elif 문에서 전략 이름(strategy_name)이 듀얼 모멘텀(dual)이면 상위 N% 주식 중에서 특정 기준을 만족하는 주식을 매수하고 나머지는 매도한다. 상대 모멘텀과 절대 모멘텀 구현은 앞에서 이미 설명한 것과 같고 상대 모멘텀 결과(relative_result)와 절대 모멘텀 결과(absolute_result)에 파이썬 AND 연산을 해 상대 모멘텀과 절대 모멘텀을 동시에 만족하는 주식(교집합)들을 선정하고 있다.

- 주어진 전략 이름이 위의 예시 중 하나가 아닐 경우에는 else 문에서 오류를 반환한다.

- 매수할 주식을 선정한 다음에는 코드 4-10의 (3)에서 각 주식의 투자 비율을 결정한다. 모멘텀 전략은 동일한 비율로 투자하므로 매수 비율은 $\frac{1}{\text{매수할 주식(stock\_to\_buy)의 개수}}$ 가 된다. 그 후 모든 주식을 순회하며 매수 대상인 주식에는 매수 비율을 할당하고, 매도할 주식에는 0.0 비율을 할당한다. 마지막으로 완성된 종목별 편입 비중(weights)을 반환하면 함수가 종료된다.

4.3.7.6 시뮬레이션 실행하기

지금까지 모멘텀 전략 시뮬레이션을 위한 코드를 작성했다. 이제 작성한 코드를 실행시키기 위한 코드를 구현할 것이다. 모멘텀 전략들의 실행 코드는 입력하는 파라미터의 값만 조금씩 다를 뿐 모두 비슷하다. 따라서 차이점을 배경색으로 표현했다. 시뮬레이션 실행에 있어 공통으로 필요한 코드를 먼저 설명한 후 각 모멘텀 전략을 실행하는 코드를 소개할 예정이다.

---

19 분위수란 크기에 따라 정렬된 데이터를 특정 개수로 나눌 때 기준이 되는 수이다. 예를 들어 아이스크림 종류가 100개가 있고 이를 낮은 가격순으로 나열했을 때 1사분위수(25%)란 아이스크림 가격 중 25번째로 저렴한 아이스크림의 가격을 나타낸다. quantile() 함수에 1 − 매수할 종목 비율(buying_ratio, 예:0.1)을 넣게 되면 0.9 분위수에 해당하는 값이 나온다. 0.9 분위수란 데이터를 나열했을 때 90% 지점에 있는 값을 의미한다. 즉 모멘텀 값이 0.9 분위수(top_quantile)보다 크다면 상위 10%에 해당하는 값이라는 의미이다.

1) 공통

코드 4-11은 모든 전략에서 동일하게 사용되는 코드이다. 이 코드는 시뮬레이션 기간과 투자 종목을 정의한다.

코드 4-11 시뮬레이션 기간과 투자 종목

```
# 데이터 시작과 끝 날짜 정의
fromdate = '2018-07-10'
todate = '2023-09-27'

# 투자할 종목 후보 정의
ticker_list = ['005930', '000660', '207940',
               '051910', '006400', '005380',
               '000270', '005490', '035420']
```

코드의 실행 순서는 다음과 같다.

- 데이터 시작 날짜(fromdate)와 끝 날짜(todate)를 정의한다. 이 날짜는 시뮬레이션 기간을 의미한다.

- 투자 종목(ticker_list)을 정의한다. 투자 종목은 종목 코드로 표현하고 있다(표 4-3 참조).

2) 상대 모멘텀 전략 실행하기

상대 모멘텀 전략을 실행하는 코드는 다음과 같다.

코드 4-12 상대 모멘텀 전략 실행하기

```
# 룩백 기간 정의
lookback = 6

# 생략 기간 정의
offset = 1

# 기간을 고려한 데이터 시작 날짜 가져오기
adj_fromdate = get_lookback_fromdate(fromdate=fromdate, lookback=lookback+offset,
                                     freq='m')
```

```
# 데이터 불러오기
data_loader = PykrxDataLoader(fromdate=adj_fromdate, todate=todate, market="KOSPI")
ohlcv_data = data_loader.load_stock_data(ticker_list=ticker_list, freq='m', delay=1)

# 상위 N% 매수 비율 정의
ratio = 0.2

# 전략 정의
strategy = 'relative'  # {relative, absolute, dual, 52wh}

# 상대모멘텀 전략 실행하기
account_relative = simulate_momentum(ohlcv_data=ohlcv_data,
                                     lookback_period=lookback,
                                     skip_period=offset,
                                     strategy_name=strategy,
                                     buying_ratio=ratio)
```

코드 4-12는 (6, ~1, 1) 형태의 상대 모멘텀 전략을 실행한다. 코드의 실행 순서는 다음과 같다.

- 룩백 기간(lookback)과 생략 기간(offset)을 정의한다.

- 주식 데이터를 가져오기 전에 모멘텀 계산에 필요한 기간(7개월)을 고려해 데이터 시작 날짜를 조정한다. 사용하는 함수는 get_lookback_fromdate()이다.

- PykrxDataLoader 클래스의 load_stock_data() 메서드를 이용해 주식 데이터를 불러온다.

- 매수 비율(ratio)은 20%로 설정하고 전략 이름(strategy)은 상대 모멘텀(relative)로 설정한다.

- simulate_momentum() 함수를 이용해 시뮬레이션을 실행한다. 이 함수는 주가 데이터(ohlcv_data), 룩백 기간(lookback_period), 생략 기간(skip_period), 전략이름(strategy_name), 매수 비율(buying_ratio)을 파라미터로 받는다.

3) 중기 모멘텀 전략 실행하기

중기 모멘텀은 상대 모멘텀 전략에서 룩백 기간(lookback)과 생략 기간(offset)을 변경해 주면 완성된다. 코드 4-13은 중기 모멘텀 전략을 실행하는 코드이다.

코드 4-13 중기 모멘텀 전략 실행하기

```python
# 룩백 기간 정의
lookback = 3

# 생략 기간 정의
offset = 6

# 기간을 고려한 데이터 시작 날짜 가져오기
adj_fromdate = get_lookback_fromdate(fromdate=fromdate, lookback=lookback+offset,
                                     freq='m')

# 데이터 불러오기
data_loader = PykrxDataLoader(fromdate=adj_fromdate, todate=todate, market="KOSPI")
ohlcv_data = data_loader.load_stock_data(ticker_list=ticker_list, freq='m', delay=1)

# 상위 N% 매수 비율 정의
ratio = 0.2

# 전략 정의
strategy = 'relative'  # {relative, absolute, dual, 52wh}

# 중기모멘텀 전략 실행하기
account_intermediate = simulate_momentum(ohlcv_data=ohlcv_data,
                                         lookback_period=lookback,
                                         skip_period=offset,
                                         strategy_name=strategy,
                                         buying_ratio=ratio)
```

이 코드는 (3, ~6, 1) 형태의 중기 모멘텀 전략을 실행한다. 룩백 기간(lookback)과 생략 기간 (offset) 변수만 변한 것을 볼 수 있다.

4) 절대 모멘텀 전략 실행하기

코드 4-14는 절대 모멘텀을 실행한다. 절대 모멘텀은 매수 기준(criteria)과 전략(strategy)을 변경해 주고 simulatie_momentum() 함수에 매수 기준(buying_criteria) 파라미터를 입력해 주면 완성된다.

코드 4-14 절대 모멘텀 전략 실행하기

```python
# 룩백 기간 정의
lookback = 6
```

```
# 생략 기간 정의
offset = 1

# 기간을 고려한 데이터 시작 날짜 가져오기
adj_fromdate = get_lookback_fromdate(fromdate=fromdate, lookback=lookback+offset,
                                     freq='m')

# 데이터 불러오기
data_loader = PykrxDataLoader(fromdate=adj_fromdate, todate=todate, market="KOSPI")
ohlcv_data = data_loader.load_stock_data(ticker_list=ticker_list, freq='m', delay=1)

# 매수 기준 정의
criteria = 0.0

# 전략 정의
strategy = 'absolute'   # {relative, absolute, dual, 52wh}

# 절모멘텀 전략 실행하기
account_absolute = simulate_momentum(ohlcv_data=ohlcv_data,
                                     lookback_period=lookback,
                                     skip_period=offset,
                                     strategy_name=strategy,
                                     buying_criteria=criteria)
```

코드는 (6, ~1, 1) 형태의 절대 모멘텀 전략을 실행한다.

5) 듀얼 모멘텀 전략 실행하기

코드 4-15는 (6, ~1, 1) 형태의 듀얼 모멘텀 전략을 실행한다. 듀얼 모멘텀 전략은 상대 모멘텀 전략과 절대 모멘텀 전략을 합친 전략으로 두 코드를 합치면 완성된다.

코드 4-15 듀얼 모멘텀 전략 실행하기

```
# 룩백 기간 정의
lookback = 6

# 생략 기간 정의
offset = 1

# 기간을 고려한 데이터 시작 날짜 가져오기
adj_fromdate = get_lookback_fromdate(fromdate=fromdate, lookback=lookback+offset,
                                     freq='m')
```

```
# 데이터 불러오기
data_loader = PykrxDataLoader(fromdate=adj_fromdate, todate=todate, market="KOSPI")
ohlcv_data = data_loader.load_stock_data(ticker_list=ticker_list, freq='m', delay=1)

# 상위 N% 매수 비율 및 매수 기준 정의
ratio = 0.2
criteria = 0.0

# 전략 정의
strategy = 'dual'  # {relative, absolute, dual, 52wh}

# 듀얼모멘텀 전략 실행하기
account_dual = simulate_momentum(ohlcv_data=ohlcv_data,
                                 lookback_period=lookback,
                                 skip_period=offset,
                                 strategy_name=strategy,
                                 buying_ratio=ratio,
                                 buying_criteria=criteria)
```

상대 모멘텀의 매수 비율(ratio)은 20%로, 절대 모멘텀의 매수 기준은 0으로 설정했으며 전략 (strategy)은 dual로 설정했다. 상대 모멘텀 전략 코드와 비교하면 매수 기준과 매수 비율이 시뮬레이션 함수의 입력 파라미터에 사용되는 것이 차이점이다.

6) 52주 최고가 모멘텀 전략 실행하기

상대 모멘텀은 수익률 기반 모멘텀을 사용하지만 52주 최고가 전략은 52주 최고가에 기반한 모멘텀을 사용한다. 코드 4-16은 (12, ~0, 1) 형태의 52주 최고가 모멘텀 전략을 실행한다.

코드 4-16 52주 최고가 모멘텀 전략 실행하기

```
# 룩백 기간 (52주=1년=12개월), 생략 기간(0개월)
lookback = 12

# 생략 기간 정의
offset = 0

# 기간을 고려한 데이터 시작 날짜 가져오기
adj_fromdate = get_lookback_fromdate(fromdate=fromdate, lookback=lookback+offset,
                                     freq='m')

# 데이터 불러오기
data_loader = PykrxDataLoader(fromdate=adj_fromdate, todate=todate, market="KOSPI")
```

```
ohlcv_data = data_loader.load_stock_data(ticker_list=ticker_list, freq='m', delay=1)

# 매수 비율 정의
ratio = 0.2

# 전략 정의
strategy = '52wh'    # {relative, absolute, dual, 52wh}

# 52주 최고가 모멘텀 전략 실행하기
account_52wh = simulate_momentum(ohlcv_data=ohlcv_data,
                                 lookback_period=lookback,
                                 skip_period=offset,
                                 strategy_name=strategy,
                                 buying_ratio=ratio)
```

이 전략에서는 모멘텀이 52주, 즉 12개월을 가지고 계산되므로 룩백 기간이 12개월로 설정돼 있다. 또한 생략 기간을 0개월로 둬 논문에서 제시한 방법 그대로 구현돼 있으며 매수 비율은 20%로 정의했다. 시뮬레이션 함수는 주식 데이터, 룩백 기간, 생략 기간, 전략 이름, 매수 비율을 파라미터로 받는다.

4.3.8 모멘텀 전략 시뮬레이션

모멘텀 전략을 실행하는 코드까지 살펴봤다. 이제 투자 성과를 확인해 보자.

표 4-4 코스피 지수와 모멘텀 전략 성과 비교

	CAGR	MDD	샤프 비율	소티노 비율
상대 모멘텀	0.039	−0.505	0.273	0.452
중기 모멘텀	0.146	−0.355	0.560	1.025
절대 모멘텀	0.083	−0.518	0.431	0.682
듀얼 모멘텀	0.028	−0.523	0.240	0.396
52주 최고가	**0.159**	−0.547	**0.644**	**1.139**
코스피	0.013	**−0.346**	0.168	0.233

표 4-4를 통해 각 지표별로 어떤 전략이 더 우수한 성과를 보였는지를 파악할 수 있다. 최대 손실 낙폭 값을 제외하면 52주 최고가 전략의 성능이 우수함을 알 수 있지만 최대 손실 낙폭 값이 약 55%에 육박하므로 더 큰 위험을 갖는 전략이라는 점을 주의하자.

구현한 전략의 누적 수익률을 시각화 하면 그림 4-24와 같다. 그래프의 y축은 누적 수익률이고 x축은 날짜이다. 이를 통해 52주 최고가 전략이 가장 좋은 성과를 낸 것을 시각적으로 알 수 있다. 그래프의 가장 우측을 보면 누적 수익률이 52주 최고가, 중기 모멘텀, 절대 모멘텀, 상대 모멘텀, 듀얼 모멘텀, 코스피 순으로 좋은 것을 알 수 있다.

투자 결과는 투자 기간, 투자 종목, 투자 전략에 따라 언제든지 바뀔 수 있으므로 자신만의 전략을 개발하기 위해 값을 조정해 보자.

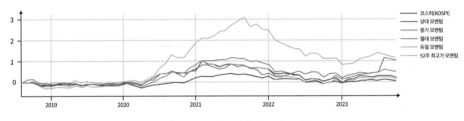

그림 4-24 모멘텀 전략의 누적 수익률

참고문헌

4-1   스토캐스틱 오실래이터

- https://www.litefinance.org/ko/blog/for-beginners/choegoui-oehwan-jipyo/seutokaeseutig-osilleiteo/#h3

4-2   A Quantitative Approach to Tactical Asset Allocation, Mebane T. Faber, 2006

- https://ko.wikipedia.org/wiki/%EC%9D%B4%EB%8F%99%ED%8F%89%EA%B7%A0

4-3   Momentum investing and business cycle risk: Evidence from pole to pole, John M. Griffin, Xiuqing Ji and J. Spencer Martin, 2003, The Journal of Finance, 58(6), 2515-2547

4-4   Is There Momentum in Korean Equity Market?, Sungchul Shin, 2017

4-5   The 52-Week High and Momentum Investing, THOMAS J. GEORGE and CHUAN-YANG HWANG, 2004

## CHAPTER 5

시장 모니터링 및 수시 리밸런싱

마켓 타이밍 전략까지 구현하고 포트폴리오를 구성해서 투자한 지 세 달이 지났다. 초반 한 달 간은 수익률을 확인해 보니 7%의 수익률을 달성했다. '이제 나도 주식 투자의 고수가 된 것일 까?'라고 생각하고 통장 잔고를 확인하는 것도 잊고 있던 사이, 뉴스에서 하락장이라는 단어 가 여러 번 들리기 시작한다. 깜짝 놀라 통장 잔고를 확인하니 7%의 수익률은 온데간데없고 −15%라는 충격적인 수익에 말문이 막혔다. 알고 보니 나뿐만 아니라 주변 주식 투자를 하는 직원들 모두 최근 수익률이 마이너스다. 최근에 주식을 시작해 이렇게 하락장을 처음 겪어봐 난감하기만 하다.

그림 5-1 하락장

5.1 시장 모니터링의 필요성

한참 주식 잔고만 바라보고 있자니 일할 의욕이 생기지 않는다. 마침 커피 한 잔 마시러 가자는 옆자리 선배의 제안에 카페로 향하는 길에 질문을 시작한다.

나   "선배, 제가 최근에 마켓 타이밍 전략까지 배워서 포트폴리오를 만들었어요. 그런데 요즘 경제 상황이 안 좋아서 그런지 수익률이 −15%에요. 선배님은 최근에 수익률이 괜찮은가요?"

선배   "나도 최근에는 수익률이 −3% 정도야. 그렇지만 최근 3달 동안 코스피가 10%정도 빠졌으니까 아주 선방했다고 할 수 있지. 주식 투자를 할 때는 벌 때 더 벌고 잃을 때 덜 잃는 게 중요하거든."

나   "그렇군요! 그럼, 선배님이 코스피 대비 덜 잃을 수 있었던 노하우가 있나요?"

선배   "좋은 질문이야. 나는 **시장 모니터링**^{market monitoring}을 통해서 시장 상황을 항상 파악하고 있어. 보통 투자 시장은 불안정하고 변동성이 높으니까 현재 시장 상황을 파악하는 것이 중요한데 이를 시장 모니터링이라고 해. 시장의 모든 정보를 파악하고 대응하기는 불가능하겠지만 시장 모니터링을 통해 적절한 대응 능력을 키울 수 있어. 예를 들어서 최근에 FED나 한국은행이 금리 인상을 지속해서 단행할 거라고 생각이 되면 투자 비중을 줄이거나 안전 자산에 투자하는 것이 좋은 대처일 수 있지."

그림 5-2 시장 모니터링을 통한 소프트 랜딩

5.1.1 시장 모니터링이란

시장 모니터링은 기업의 실적 보고서, 경제 지표, 정책 변화, 업종 동향 등 다양한 정보를 수집하고 분석해 주식 시장에서 일어나는 변화를 지속해서 관찰하고 분석하는 과정을 말한다. 주식 시장은 경제, 기업, 정책 등 다양한 요소의 영향을 받아 가격 변동이 발생하며 이러한 변동은 투자에 영향을 미친다. 주식 투자자들은 변동성이 높은 주식 시장에서 최상의 투자 결정을 내리고 변화에 대응하기 위해 시장 모니터링이 필요하다.

시장 모니터링은 효율적인 정보 수집과 분석을 통해 이뤄진다. 주식 시장에는 다양한 정보가 존재하며 기업 실적, 경제 지표, 정책 변화, 업종 동향 등 다양한 요소가 주식 가격에 영향을 미칠 수 있다. 주식 투자자는 이러한 정보를 수집하고 분석해 투자에 반영해야 한다. 예를 들어 기업의 실적 발표나 신제품 발표 등 해당 기업 관련 뉴스를 주시하면서 해당 기업의 경제적 상태를 파악하고 관련된 산업 동향을 추적해 투자에 활용할 수 있다.

그림 5-3 시장 모니터링

5.1.2 시장 모니터링의 이점

시장 모니터링은 주식 투자자가 투자 전략을 수정하고 대처하는 데 도움을 준다. 주식 시장은 변동성이 높기 때문에 주식 투자자는 시장의 변화에 신속하게 대응해야 한다. 시장 모니터링을 통해 주식 가격 변동, 트렌드 변화, 시장 심리 등을 파악하고 이를 기반으로 투자 전략을 조정할 수 있다. 예를 들어 시장에서 특정 섹터가 성장하는 트렌드를 발견하면 관련 주식에 투자 비중을 늘릴 수 있다.

또한 시장 모니터링은 잠재적인 투자 기회를 판단하는 데 도움을 준다. 주식 시장은 다양한 기업과 산업의 상호 작용으로 구성돼 있으며 이는 투자 기회를 만들어낸다. 주식 투자자는 시장 모니터링을 통해 주식 가격 변동, 산업 동향, 기업의 성장 잠재력 등을 파악하고 잠재적인 투자 기회를 찾을 수 있다.

주식 시장에서 시장 모니터링은 주식 투자자에게 중요한 활동이다. 시장 모니터링을 활용한 효율적인 정보 수집과 분석, 투자 전략의 수정과 대처 그리고 투자 기회 판단 등을 통해 주식 투자자는 최상의 투자 결정을 내릴 수 있다. 시장 모니터링은 지속적이고 체계적인 노력이 필요하며 이를 통해 주식 투자자는 주식 시장에서의 성공을 극대화할 수 있다.

그림 5-4 시장 모니터링의 이점

5.1.3 시장 모니터링 방법

시장 모니터링은 **기술적 분석**, **기본적 분석**, **뉴스 및 이벤트 분석**, **업종 및 시장 동향 분석**, **투자자 감정 분석**^{sentimental analysis} 등 다양한 방법으로 수행될 수 있다.

기술적 분석

주식 가격 그래프, 거래량, 지표 등의 통계적 데이터를 분석해 주식 가격의 향후 움직임을 예측하는 분석 방법이다. 기술적 분석은 차트 패턴, **이동 평균선**, **상대 강도 지수**^{relative strength index}, **등락 비율**^{advanced decline ratio}, **이동 평균 수렴 확산**^{moving average convergence divergence} 등의 지표를 사용해 주식 시장의 흐름과 트렌드를 분석한다.

기본적 분석

기업의 재무 상태, 경영 성과, 산업 동향 등을 분석해 기업의 가치와 주식의 적정 가격을 평가하는 방법이다. 기본적 분석은 기업의 재무제표, 실적 보고서, 경제 지표, 산업 리서치 등을 활용해 기업의 성장 잠재력과 가치를 평가한다.

예를 들어 A 기업의 최근 재무 보고서를 분석한 결과 순이익이 증가하고 부채가 감소했으며 해당 업종의 성장률이 긍정적이라고 판단했다면 이를 기반으로 A 기업의 주식에 투자를 결정할 수 있다.

뉴스 및 이벤트 분석

주식 시장에 영향을 미칠 수 있는 기업 실적 발표, 경제 정책 변화, 산업 동향, 관련 뉴스 등을 실시간으로 모니터링하는 것을 말한다. 이를 통해 주식 투자자는 정보를 신속하게 파악하고 이를 기반으로 투자 결정을 내릴 수 있다.

예를 들어 최근 중앙은행이 금리를 인상하기로 했다는 뉴스가 나왔다면 이는 일반적으로 주식 시장에서 부정적인 영향을 끼치기 때문에 안전 자산에 투자 비중을 늘리는 결정을 할 수 있다.

업종 및 시장 동향 분석

특정 업종이나 시장의 동향을 파악해 주식 투자에 반영하는 것을 말하며 산업 리서치, 업종 지표 분석 등을 포함한다. 업종 및 시장 동향을 파악하면서 잠재적인 투자 기회를 발굴하고 투자 전략을 조정할 수 있다.

예를 들어 최근 전기차 업종이 성장하고 있으며 정부가 전기차에 대한 지원 정책을 강화하기로 했다고 하자. 이에 따라 투자자는 전기차 관련 기업들에 대해 투자 비중을 늘리는 전략으로 수정할 수 있다.

투자자 감정 분석

주식 시장 참여자들의 심리와 감정을 파악하는 분석 방법이다. 이는 투자자들의 행동 패턴, 소셜 미디어 활동, 감정 지표 등을 분석해 시장의 흐름과 투자자들의 심리 상태를 이해하는 데 도움을 준다.

예를 들어 A 기업의 제품에 대해서 소셜 미디어에서 긍정적인 후기들이 압도적으로 증가하고 있다고 하자. 이는 해당 기업의 실적 및 향후 성장에 긍정적인 신호로 작용할 수 있고 이에 따라 A 기업 주가의 상승을 예측하고 투자를 결정할 수 있다.

다음 장에서는 기술적 분석에 사용되는 지표 중 상대 강도 지수, 등락 비율, 이동 평균 수렴 확산 지표에 대해서 알아보고, 이들을 코스피 지수에 대해서 계산 후 시뮬레이션에 활용하는 모델을 구성해 볼 것이다.

그림 5-5 시장 모니터링 방법

5.2 기술 지표 모델

나 "선배는 시장 모니터링 방법 중에서 어떤 방법을 사용해서 시장 상황을 판단하고 있어요?"

선배 "좋은 질문이야. 본인의 목적이나 상황에 맞춰서 지금까지 설명한 방법들을 적절히 선택해서 사용하면 되는데, 나같은 경우에는 데이터도 구하기 쉽고 구현도 편리한 기술적 분석을 사용하고 있어."

나 "그렇군요! 선배님이 사용하시는 기술적 분석에 대해 자세히 설명해주실 수 있나요?"

선배 "내 노하우를 이렇게 쉽게 알려주면 안 되는데~ 나는 기술적 분석으로 기술 지표 모델들을 사용하고 있어. **기술 지표**^{technical indicator}는 금융 시장에서 가격, 거래량, 변동성 등의 과거 데이터를 기반으로 현재의 시장 상황이나 미래의 가격 움직임을 분석하기 위한 수치나 차트 형태의 지표를 말해. 그 중 몇 가지에 대해서 소개해 볼까?"

5.2.1 상대 강도 지수

상대 강도 지수^{RSI, Relative Strength Index}는 1978년 웰스 와일더^{Welles Wilder}가 만든 지표로 주식 시장에서 주가의 상승과 하락에 대한 강도를 측정하는 기술적 분석 지표이다. 이는 주식의 가격 움직임을 추적하고 상대적인 강도를 측정해 **과매수**^{overbought}와 **과매도**^{oversold} 상태를 파악하는 데 널리 사용된다. 여기서 과매수 또는 과매도란 주식 가격의 폭등 또는 폭락으로 인한 적정 수준 이상의 매수 또는 매도 주문하는 현상을 말한다. RSI는 이동 평균을 사용해 주가의 상승과 하락 강도를 비교하며 주가의 강도를 0부터 100까지의 값으로 나타낸다.

RSI는 주가의 흐름을 파악해 매수와 매도의 타이밍을 결정하는 데 활용된다. 일반적으로 RSI 값이 70 이상인 경우 과매수 상태로 매도 타이밍으로 간주되며 RSI 값이 30 이하인 경우 과매도 상태로 매수 타이밍으로 간주된다. 그러나 RSI 값만으로 매매 결정을 내리는 것은 적절하지 않을 수 있으며 다른 기술적 분석 지표나 주식 시장의 전반적인 상황을 종합적으로 고려하는 것이 중요하다.

RSI는 다음과 같은 방식으로 계산할 수 있다.

1. **상승한 종가의 평균**^{average gain}과 **하락한 종가의 평균**^{average loss}을 계산한다. 이때 일정 기간 동안의 상승과 하락 평균을 구하는 것이 일반적이다. 대체적으로 14일을 계산 기간

으로 사용한다.

2. 상승폭과 하락폭을 비교해 상대적인 강도를 계산한다. 일반적으로는 상승폭의 평균을 하락폭의 평균으로 나눠 계산한다.

3. 계산된 상대 강도$^{RS, Relative Strength}$를 이용해 RSI 값을 구한다.

$$RS = \frac{n일\ 동안의\ 상승분\ 평균}{n일\ 동안의\ 하락분\ 평균}$$

$$RSI = 100 \times \frac{RS}{1 + RS}$$

5.2.1.1 RSI 계산 함수

위의 방식대로 RSI를 계산하는 함수 rsi()를 코드 5-1과 같이 작성할 수 있다. 해당 함수는 종가를 포함한 데이터프레임(df)과 설정할 윈도우 길이(window_length)를 입력 변수로 받는다.

코드 5-1 RSI 코드

```python
def rsi(df: pd.DataFrame, window_length: int = 14):
    delta = df["Close"].diff()
    gain = delta.where(delta > 0, 0)
    loss = -delta.where(delta < 0, 0)
    avg_gain = gain.rolling(window=window_length, min_periods=1).mean()
    avg_loss = loss.rolling(window=window_length, min_periods=1).mean()
    rs = avg_gain / avg_loss
    rsi = 100 * rs / (1+rs)

    return rsi
```

함수의 실행 순서는 다음과 같다.

- 종가의 차이를 계산하고 상승분은 gain, 하락분은 loss 변수에 저장한다.

- window_length 기간의 상승분과 하락분의 평균을 각각 avg_gain, avg_loss 변수에 저장한다.

- avg_gain과 avg_loss를 바탕으로 상대강도(rs)와 상대 강도 지수(rsi)를 계산한다.

rsi() 함수를 활용해서 코스피의 RSI를 계산하는 코드는 코드 5-2와 같다.

코드 5-2 RSI 컬럼 생성 코드

```
monitoring_ticker_list = ['1001']
kospi_data = data_loader.load_index_data(ticker_list=monitoring_ticker_list,
                                         freq='d', delay=1)
kospi_data["rsi"] = rsi(kospi_data).bfill()
```

함수의 실행 순서는 다음과 같다.

- 코스피 인덱스의 종목 코드(1001)를 설정 후 **data_loader**를 통해 코스피 데이터를 불러온다.
- 코드 5-1의 **rsi()** 함수를 이용해 **rsi** 컬럼을 생성하고, **window_length**로 인한 NaN값 처리를 위해 **bfill** 메서드를 사용해 처리한다.

생성한 RSI 값에 대한 그래프는 그림 5-6과 같다.

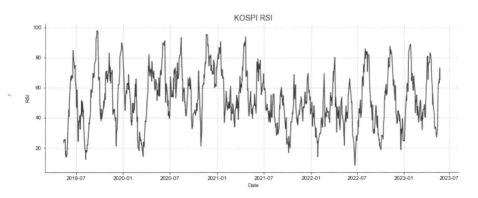

그림 5-6 코스피 RSI

5.2.2 등락 비율

등락 비율^{ADR, Advanced Decline Ratio}은 주식 시장에서 주식 종목의 상승과 하락 비율을 비교해 전반적인 시장의 강도와 흐름을 파악하는 기술적 분석 지표이다. 주식 시장에서 다수의 종목이 함께 상승하는 것은 강세장의 특징이며 다수의 종목이 하락하는 것은 약세장의 특징이다. ADR은 이러한 강세와 약세의 상태를 수치화해 투자자에게 시장의 상황을 보다 명확하게 전달해준다.

ADR은 일반적으로 상승 종목 수와 하락 종목 수를 비교해 계산된다. 일반적으로는 상승 종목 수를 하락 종목 수로 나눈 비율로 표현되며, 이를 백분율로 나타내기도 한다. 예를 들어 ADR이 150이라면 상승 종목이 하락 종목보다 1.5배 많은 상태를 의미하고, ADR이 100이라면 상승 종목과 하락 종목이 균형을 이룬 상태를 의미한다. ADR이 100보다 크면 주식 시장은 상승 흐름이 강한 상태를, 100보다 작으면 하락 흐름이 강한 상태를 보여준다.

ADR은 주식 시장의 전반적인 강도와 흐름을 파악하는 데 도움을 준다. 강세장에서 ADR이 높게 나타날 경우 다수의 주식 종목이 상승하고 있어 투자자들에게 긍정적인 신호를 보내며, 반대로 약세장에서 ADR이 낮게 나타날 경우 다수의 주식 종목이 하락하고 있어 투자자들에게 부정적인 신호를 보낼 수 있다.

ADR은 시장의 흐름을 파악하는 데 있어서 다른 기술적 분석 지표와 함께 활용된다. 예를 들어 ADR이 상승하면서 주가지수도 상승할 경우 강세장이 강화되고 있는 것으로 해석할 수 있다. 반대로 ADR이 하락하면서 주가지수도 하락할 경우 약세장이 강화되고 있는 것으로 해석할 수 있다.

투자자는 ADR을 주식 시장 분석에 활용해 투자 전략을 수립할 수 있다. 강세장에서는 상승 종목에 집중적으로 투자하고 약세장에서는 하락 종목에 주의해 매매 결정을 내릴 수 있다. 하지만 ADR은 단기적인 시장 변동성에 영향을 받을 수 있으므로 다른 기술적 분석 지표나 시장의 전반적인 상황과 함께 사용하는 것이 좋다.

ADR은 다음과 같은 방식으로 계산할 수 있다.

1. 상승한 종목 수의 누계와 하락한 종목 수의 누계를 계산한다. 이때 일정 기간의 상승과 하락 종목 수를 구하는 것이 일반적이며 대체로 20일을 사용한다.

2. 상승 종목 수와 하락 종목 수를 비교해 등락 비율을 계산한다. 일반적으로는 상승 종목의 누계를 하락 종목의 누계로 나눠 계산한다.

$$ADR = \frac{n\text{일 동안의 상승한 종목 수의 누계}}{n\text{일 동안의 하락한 종목 수의 누계}} \times 100$$

5.2.2.1 ADR 계산 함수

위의 방식대로 ADR을 계산하는 함수 adr()를 코드 5-3과 같이 작성할 수 있다. 해당 함수는 rsi() 함수와 마찬가지로 종가를 포함한 데이터프레임(df)과 설정할 윈도우 길이(window_length)를 입력변수로 받는다.

코드 5-3 ADR 코드

```
def adr(df: pd.DataFrame, window_length: int = 20):
    ups = df.groupby("Date")["Change"].apply(lambda x: (x>0).sum())
    downs = df.groupby("Date")["Change"].apply(lambda x: (x<0).sum())

    sum_of_ups = ups.rolling(window=window_length, min_periods=1).sum()
    sum_of_downs = downs.rolling(window=window_length, min_periods=1).sum()
    adr = (sum_of_ups / sum_of_downs) * 100

    return adr
```

함수의 실행 순서는 다음과 같다.

- pandas의 **groupby** 메서드를 이용해 날짜별 상승한 주식과 하락한 주식의 수를 각각 ups, downs 변수로 설정한다.

- window_length 기간의 상승 주식 수와 하락 주식 수의 합을 각각 sum_of_ups, sum_of_downs 변수에 저장한다.

- sum_of_ups와 sum_of_downs를 바탕으로 등락 비율(adr)을 계산한다.

코드 5-3을 활용해서 코스피의 ADR을 계산하는 코드는 코드 5-4와 같다.

코드 5-4 ADR 컬럼 생성 코드

```
fromdate = '2020-01-01'
todate = '2020-12-31'
data_loader = PykrxDataLoader(fromdate=fromdate, todate=todate,
                               market="KOSPI")
market_data = data_loader.load_market_data(delay=1)
kospi_data["adr"] = adr(market_data).bfill().values
```

함수의 실행 순서는 다음과 같다.

- ADR은 전 종목에 대해서 상승/하락 주식 수를 구해야 하기 때문에 data_loader를 통해 코스피 전 종목에 대한 데이터를 불러온다.

- 코드 5-3의 adr() 함수를 이용해 adr 컬럼을 생성하고 window_length로 인한 NaN 값 처리를 위해 bfill 메서드를 사용해 처리한다.

생성한 ADR 값에 대한 그래프는 그림 5-7과 같다.

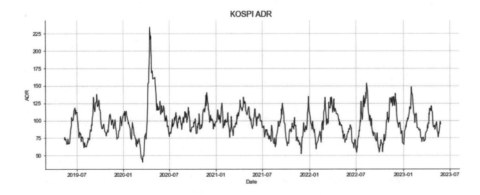

그림 5-7 코스피 ADR

5.2.3 이동 평균 수렴 확산

이동 평균 수렴 확산^{MACD, Moving Average Convergence Divergence}은 제럴드 아펠^{Gerald Appel}이 만든 지표로 주식 시장에서 가격의 추세와 추세의 반전을 확인하는 데 사용되는 기술적 분석 지표이다. 이 지표는 지난 가격 데이터를 기반으로 계산되며 주식의 장기적인 추세를 파악하고 매매 시점을 결정하는 데 도움을 준다.

이동 평균 수렴 확산은 **MACD**, **시그널**^{signal}, **MACD 히스토그램**^{MACD histogram}으로 구성된다. MACD를 계산하기 위해서는 두 기간의 지수 가중 이동 평균선이 사용되며 MACD는 단기 이동 평균선과 장기 이동 평균선의 차이를 의미한다. 지수 가중 이동 평균선은 주식 가격의 평균 가격을 나타내는 데 사용되며 일반적으로 빠른 지수 가중 이동 평균선(단기 지수 가중 이동 평균선)과 느린 지수 가중 이동 평균선(장기 지수 가중 이동 평균선)이 사용된다. 단기 지수 가중 이동 평균선은 최근 가격 데이터에 민감하게 반응하며 장기 지수 가중 이동 평균선은 더 오래된 가격 데이터를 포함해 주식의 장기적인 추세를 파악한다.

MACD의 시그널은 단기 지수 이동 평균선과 장기 지수 이동 평균선의 차이의 지수 이동 평균으로 계산해 생성된다. 이 시그널은 추세의 반전 시점을 확인하는 데 사용된다. MACD 히스토그램은 MACD와 시그널 간의 차이를 나타내며 양수인 경우 상승 추세, 음수인 경우 하락 추세를 나타낸다.

MACD는 주식 가격의 변동성과 추세의 방향을 파악하는 데 유용하게 활용할 수 있다. 주식의 추세 반전 시점을 확인해 매수 또는 매도 시점을 결정하는 데 도움을 주며 상승 또는 하락 추세의 지속 여부를 파악하는 데도 사용된다. 특히 MACD와 시그널이 교차하는 시점은 매매 신호로 간주하며 매매 결정에 활용된다.

MACD 히스토그램은 다음과 같은 방식으로 계산할 수 있다.

1. 단기 지수 가중 이동 평균(*MA1*)과 장기 지수 가중 이동 평균(*MA2*)을 계산한다. 일반적으로 단기 지수 가중 이동 평균선에는 12일, 장기 지수 가중 이동 평균선에는 26일을 사용하며 이는 MACD(12, 26)로 표기한다.

2. 단기 이동 평균선($MA1$)에서 장기 이동 평균선($MA2$)을 뺀 MACD를 계산한다.

$$MACD = MA1 - MA2$$

3. MACD의 지수 이동 평균인 시그널(Signal)을 계산한다. 일반적으로 9일 지수 이동 평균을 사용한다.

$$시그널 = MACD의\ n일\ 지수\ 이동\ 평균$$

4. MACD와 시그널의 차이인 MACD 히스토그램을 구한다.

$$히스토그램 = MACD - 시그널$$

5.2.3.1 MACD 계산 함수

위와 같은 방식으로 MACD 히스토그램을 계산하는 함수 macd()를 코드 5-5와 같이 작성할 수 있다. 해당 함수는 이전과 마찬가지로 종가를 포함한 데이터프레임(df)과 설정할 윈도우 길이 (window_length)를 입력 변수로 받는다.

코드 5-5 MACD 코드

```python
def macd(df: pd.DataFrame, window_length: tuple = (12, 26)):
    ma1 = df["Close"].ewm(span=window_length[0]).mean()
    ma2 = df["Close"].ewm(span=window_length[1]).mean()
    macd = ma1 - ma2 # MACD
    macds = macd.ewm(span=9).mean() # Signal
    macdh = macd - macds # Histogram

    return macdh
```

함수의 실행 순서는 다음과 같다.

- pandas의 ewm 메서드를 사용해 지수 가중 이동 평균선을 계산할 수 있다. 이를 통해 단기이동 평균선(ma1)과 장기이동 평균선(ma2)을 계산하고 각각 ma1, ma2 변수로 저장한다.

- MACD, MACD 시그널, MACD 히스토그램의 식에 따라 각각을 계산하고 macd, macds, macdh 변수에 저장한다.

일반적으로 MACD 자체는 주가 흐름을 파악하기 위해 사용되며 MACD 히스토그램은 MACD 지표의 동향을 더 명확하게 보여주는 보조적인 도구 역할을 한다. 따라서 이 책에서는 MACD 지표로 MACD 히스토그램을 사용하고 이를 간결하게 MACD라고 표기하겠다. 앞으로 이 책에서 특별한 언급이 없는 한, MACD는 MACD 히스토그램을 의미한다.

코드 5-5를 활용해서 코스피의 MACD를 계산하는 코드는 코드 5-6과 같다.

코드 5-6 MACD 컬럼 생성 코드

```
monitoring_ticker_list=['1001']
kospi_data=data_loader.load_index_data(ticker_list=monitoring_ticker_list,
                                       freq='d', delay=1)
kospi_data["macd"] = macd(kospi_data).bfill()
```

함수의 실행 순서는 다음과 같다.

- 코스피 인덱스의 티커(1001)를 설정 후 **data_loader**를 통해 코스피 데이터를 불러온다.

- 코드 5-5의 **macd()** 함수를 이용해 macd 컬럼을 생성하고 **window_length**로 인한 NaN 값 처리를 위해 **bfill** 메서드를 사용해 처리한다.

생성한 MACD 값에 대한 그래프는 그림 5-8과 같다.

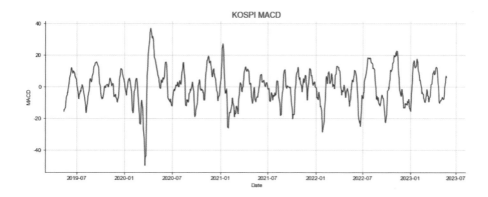

그림 5-8 코스피 MACD

5.3 기술 지표 모델 실행 결과 분석

나 "이제 저도 다양한 기술 지표들에 대해서 알 것 같아요! 그런데 이 기술 지표를 어떤 식으로 활용해야 할지 감이 안 와요."

선배 "사실 그 부분이 핵심이야. 세상에는 아주 많고 다양한 기술 지표가 존재하는데 이를 어떻게 활용해서 투자 전략을 세울지는 많은 고민이 필요해. 그리고 세운 전략들을 비교해서 어떤 전략이 우위인지 판단하는 것도 중요해. 전략과 판단은 네가 앞으로 계속해서 고민해야 하는 부분이지만 이해가 쉽게 간단한 예시들을 보여 줄게."

나 "좋아요!"

5.3.1 분석 개요

이 장에서는 3가지 기술 지표 RSI, ADR, MACD를 각각 사용해 시뮬레이션을 진행하고 그 결과를 분석할 것이다. 시장에 큰 변동이 있을 때 시장 모니터링 결과를 분석하기 더 쉽기 때문에 분석 구간은 코로나 감염병으로 인해 시장 변동이 컸던 2020년 1월 1일에서 2020년 12월 31일로 설정하고 분석을 진행한다. 분석은 다음과 같은 방식으로 진행된다.

1. 시장 모니터링에 사용할 기술 지표를 선정한다. 이 책에서는 앞에서 설명했던 RSI, ADR, MACD 3가지 기술 지표를 사용한다.

2. 선정한 기술 지표로 시장의 상승, 보합, 하락을 판단할 룰을 설정한다.

3. 상승, 보합, 하락 시그널에 대해서 각각 투자 전략을 설정한다.

4. 설정한 룰을 바탕으로 시뮬레이션을 진행하고 그 결과를 분석한다.

5.3.2에서는 각 시그널에 따른 투자 효과를 극대화하기 위한 전략을 사용하고 5.3.3에서는 평균 분산 전략에 시장 모니터링을 추가한 전략을 사용해서 분석을 진행한다. 5.3.4에서는 5.3.2와 5.3.3에서 진행한 시뮬레이션 결과에 대해서 비교 분석을 진행한다. 해당 분석 결과는 절대적인 것이 아니라 시뮬레이션 기간이나 설정하는 룰, 유니버스 등에 따라서 얼마든지 바뀔 수 있음을 유의해야 한다.

5.3.2 ETF 기반 수시 리밸런싱

이 절에서는 시그널이 정확하다고 가정했을 때 시장이 상승/하락 시 모두 수익이 나도록 하기 위해 유니버스를 지수 추종 ETF 3가지로 구성한다. 분석에 사용되는 ETF 목록은 표 5-1과 같다.

표 5-1 ETF 목록

종목 코드	ETF명	설명
122630	KODEX 레버리지	KOSPI200 일별 수익률 2배 추종
069500	KODEX 200	KOSPI200 일별 수익률 추종
252670	KODEX 200선물인버스2X	KOSPI200 선물지수 일별 수익률 음의 2배 추종

그림 5-9 레버리지 ETF에 투자하는 개미

각 종목을 간단히 설명하면 KODEX 레버리지 ETF는 KOSPI200 지수의 수익률을 2배로 추종한다. 예를 들어 KOSPI200 지수가 2% 상승한다면 KODEX 레버리지 ETF는 4% 상승하고 반대로 2% 하락한다면 KODEX 레버리지 ETF는 4% 하락한다. 즉 시장이 상승한다면 그에 대한 수익률이 2배가 되고 시장이 하락한다면 그에 대한 손실도 2배가 되는 것이다. 따라서 시장 상승 예상 시 KODEX 레버리지 ETF에 투자하면 더 높은 수익을 기대할 수 있다. 이와 반대로 KODEX 200선물인버스2X는 KOSPI200지수 수익률의 반대 방향으로 2배의 수익률을 추종한다. 즉 KOSPI200 지수가 상승할 때 해당 수익률의 2배만큼 하락하고 지수가 하락할 때는 해당 수익률의 2배만큼 상승한다. 따라서 시장 하락 예상 시 KODEX 200선물인버스2X ETF에 투자하면 높은 수익을 기대할 수 있다. KODEX 200 ETF는 KOSPI200 지수의 수익률을 추종한다.

투자 전략은 투자자에 따라 다양하게 설정할 수 있지만 이 절에서는 아래와 같이 설정하고 분석을 진행한다.

- 시장이 상승한다고 예상하면 KODEX 레버리지 ETF에 투자한다.

- 시장이 보합이라고 예상하면 KODEX 200 ETF에 투자한다.

- 시장이 하락한다고 예상한다면 KODEX 200선물인버스2X ETF에 투자한다.

간단히 말해서 시장이 하락할 때는 인버스 ETF에 투자해서 수익을 내고 상승할 때는 레버리지 ETF에 투자해서 수익을 내는 전략이라고 할 수 있다. 다만 이 전략은 예측이 정확하지 않을 경우 그만큼 큰 손실이 발생할 수 있다. 이제 표 5-1의 ETF를 유니버스로 설정해서 분석을 진행해 보자.

5.3.2.1 ETF 기반 수시 리밸런싱 시뮬레이션 함수

ETF 기반 수시 리밸런싱 시뮬레이션 코드는 코드 5-7과 같다. 해당 함수는 ohlcv 컬럼을 포함하는 데이터프레임(ohlcv_data)과 계산된 시그널 컬럼을 포함하는 데이터프레임(monitoring_data)을 입력 변수로 받는다. 기존 평균-분산 모델 시뮬레이션 코드와 유사하나, 시그널과 이를 통해 가중치를 조절하는 부분이 추가됐다. 계산된 시장 시그널을 컬럼으로 가지는 monitoring_data 데이터프레임을 입력 변수로 받아서 시그널이 상승일 때는 KODEX 레버리지 ETF에 투자 금액 전액을 투자(가중치 1을 부여)하고, 보합일 때는 KODEX 200 ETF에, 하락일 때는 KODEX 200선물인버스2X ETF에 투자 금액 전액을 투자한다. 룩백 기간은 ETF 기반 시뮬레이션에서는 쓰이지 않아 생략됐다.

코드 5-7 ETF 기반 시뮬레이션 코드

```python
def simulate_market_monitoring_etf(ohlcv_data: pd.DataFrame,
                                   monitoring_data: pd.DataFrame):
    account = Account(initial_cash=100000000)
    broker = Broker()
    rebalance_date = monitoring_data[monitoring_data["signal"] !=
                    monitoring_data["signal"].shift(1)].index.tolist()
    month_end = get_month_end(kospi_data.index.min(),
                              kospi_data.index.max())
    rebalance_date += month_end

    for date, ohlcv in ohlcv_data.groupby(['date']):
        transactions = broker.process_order(dt=date, data=ohlcv,
                                            orders=account.orders)
        account.update_position(transactions=transactions)
        account.update_portfolio(dt=date, data=ohlcv)
        account.update_order()

        if date not in rebalance_date:
            continue
        print(date.date())

        signal = monitoring_data.loc[date]['signal']

        if signal == "rise":
            weights = {'122630': 1,
                       '069500': 0,
                       '252670': 0}
        elif signal == "keep":
            weights = {'122630': 0,
                       '069500': 1,
                       '252670': 0}
        elif signal == "decline":
            weights = {'122630': 0,
                       '069500': 0,
                       '252670': 1}

        print(f'Portfolio: {weights}')
        if weights is None:
            continue

        rebalance(dt=date, data=ohlcv, account=account, weights=weights)

    return account
```

함수의 실행 순서는 다음과 같다.

- 계좌(account)와 중개인(broker)을 생성한다.

- 시그널 컬럼을 가진 데이터프레임(monitoring_data)을 이용해서 리밸런싱 날짜(시그널이 변하는 날)를 계산해 rebalance_date에 저장하고 정기 리밸런싱 날(월말)을 추가한다.

- for 루프에서는 날짜별로 주가 데이터를 가져와서 주문을 처리하고 계좌를 업데이트 한다.

  - 과거에 생성된 주문 중 아직 처리되지 않은 주문이 있다면 처리하고 거래(transactions) 를 반환받는다.

  - 거래 결과에 따라 계좌의 내용을 업데이트한다.

  - 포트폴리오도 재평가하고 주문 목록도 업데이트한다.

  - 만일 해당 날짜가 리밸런싱 날짜에 없다면 리밸런싱을 하지 않고 continue를 통해 다 음 날짜로 이동한다.

  - 해당 날짜의 시그널에 따라서 각 ETF의 weights를 설정한다.

  - rebalance() 함수를 활용해 새로 계산된 자산 편입 비중에 따른 투자 포트폴리오를 만들기 위해 주문을 생성한다.

이제 각각의 기술 지표로 시장의 상승, 보합, 하락을 판단할 룰을 설정하고 이를 바탕으로 시 뮬레이션을 진행해 보자.

5.3.2.2 RSI

앞에서 일반적으로 RSI가 70 이상일 경우 과매수로 매도 타이밍, 30 이하일 경우 과매도로 매 수 타이밍으로 간주한다고 언급했다. 하지만 초과 매수, 초과 매도 국면에서 가격이 쉽게 반전 하지 않고 추세가 연장되는 경우가 많기 때문에 이러한 전략만으로는 수익을 내기 어려울 수 있다. 따라서 상승세와 하락세가 어느 기간 동안 지속해서 유지된다고 가정한다면 이와 반대 의 전략을 취하는 것이 유리할 수 있다. 예를 들어 금리 인하가 지속적으로 유지된다고 예상한다면 RSI가 설정한 기준치 이상일 경우 매수 타이밍으로 설정할 수 있다.

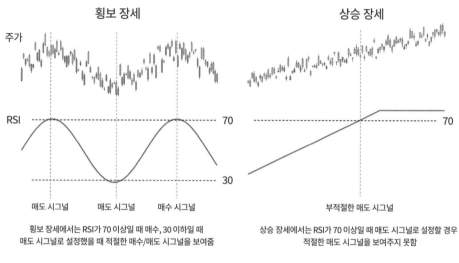

그림 5-10 장세에 따른 RSI 시그널

이에 따라 시장 상황을 판단하는 로직을 설정해 보자. 이 절에서는 RSI가 60 이상일 경우 상승 국면으로 정의하고 KODEX 레버리지에 투자, 30 이하일 경우는 하락 국면으로 정의하고 KODEX 200 선물인버스2X에 투자, 그 외에는 보합으로 정의하고 KODEX 200에 투자하도록 룰을 표 5-2과 같이 설정한다.

표 5-2 ETF 기반 RSI 전략 투자 룰

시장 상황	판단 로직	전략
상승	RSI ≥ 60	KODEX 레버리지 투자
보합	30 < RSI < 60	KODEX 200 투자
하락	RSI ≤ 30	KODEX200 선물인버스2X 투자

표 5-2를 바탕으로 시장 상황을 판단하는 룰을 코드 5-8과 같이 작성할 수 있다.

코드 5-8 RSI 시그널 계산 코드

```
def calculate_rsi_signal(indicator):
    if indicator >= 60:
        return "rise"
    elif indicator <= 30:
        return "decline"
    else:
        return "keep"
```

함수의 실행 순서는 다음과 같다.

- `rsi` 값이 60 이상이면 rise, 30 이하면 decline, 그 외에는 keep을 반환한다.

코드 5-8을 활용해서 코스피의 RSI를 계산하는 코드는 코드 5-9와 같다. 이전과 같은 방식으로 rsi 컬럼을 생성하고 pandas의 **apply** 메서드를 사용해서 시그널 컬럼을 생성한다.

코드 5-9 RSI 시그널 컬럼 생성 코드

```
monitoring_ticker_list = ['1001']
kospi_data = data_loader.load_index_data(ticker_list=monitoring_ticker_list,
                                         freq='d', delay=1)
kospi_data["rsi"] = rsi(kospi_data).bfill()
kospi_data["signal"] = kospi_data["rsi"].apply(calculate_rsi_signal)
```

함수의 실행 순서는 다음과 같다.

- 코스피 인덱스의 티커(1001)를 설정 후 **data_loader**를 통해 코스피 데이터를 불러온다.

- 코드 5-1의 rsi() 함수를 이용해 rsi 컬럼을 생성하고 **window_length**로 인한 NaN 값 처리를 위해 **bfill** 메서드를 사용해 처리한다.

- pandas의 **apply** 메서드와 코드 5-8의 calculate_rsi_signal() 함수를 활용해 시그널을 계산하고 시그널 컬럼으로 저장한다.

생성한 시그널을 시각화하기 위해서 추가적으로 시각화 코드를 구현해 보자. Plotly 라이브러리를 사용해서 상승일 때는 빨강, 하락일 때는 파랑, 보합일 때는 초록색으로 scatter plot을 그리는 코드를 코드 5-10과 같이 작성할 수 있다.

코드 5-10 시그널 컬럼 시각화 코드

```python
df = kospi_data
color_map = {
    'rise': 'red',
    'decline': 'blue',
    'keep': 'green'
}
name_map = {
    'rise': '상승',
    'decline': '하락',
    'keep': '보합'
}

# Create trace for each signal category
data = []
for signal, color in color_map.items():
    subset = df[df['signal'] == signal]
    trace = go.Scatter(
        x=subset.index,
        y=subset['close'],
        mode='markers',
        marker=dict(color=color),
        name=name_map[signal]
    )
    data.append(trace)

# 레이아웃 생성
layout = go.Layout(
    title='RSI 예측 시그널',
    xaxis=dict(title='날짜'),
    yaxis=dict(title='종가')
)

# 피규어 생성
fig = go.Figure(data=data, layout=layout)
fig.update_layout(title_x=0.5)

# 그래프
fig.show()
```

함수의 실행 순서는 다음과 같다.

- 각 시그널의 컬러, 한글명에 해당하는 매핑을 설정한다.

- 각 시그널을 설정한 색에 맞춰 scatter plot을 생성한다.

코드 5-10을 활용해서 시그널을 나타내면 그림 5-11과 같은 형태의 그래프를 얻을 수 있다. 대체로 하락과 상승을 정확하게 예측했음을 확인할 수 있다.

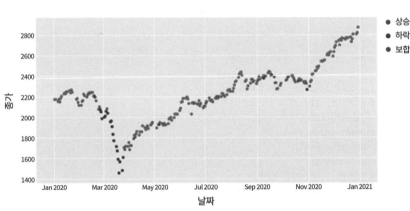

그림 5-11 RSI 시그널

이제 위의 시그널을 바탕으로 시뮬레이션을 진행하고 그 결과를 분석해 보자. 먼저 여러 가지 성과 분석 지표에 대해서 같은 기간 코스피와 시뮬레이션의 결과를 비교해 보면 표 5-3과 같다.

표 5-3 ETF 기반 RSI 전략/코스피 성과 지표 비교

	CAGR	MDD	샤프 비율	소티노 비율
RSI 전략	**1.004**	−0.358	**1.581**	**1.463**
코스피	0.327	**−0.357**	1.143	1.010

시뮬레이션 결과 MDD를 제외한 모든 성과 분석 지표에서 RSI 전략이 코스피보다 우수했음을 알 수 있다. 이어서 누적 수익률을 비교해 시각화해 보면 그림 5-12와 같다.

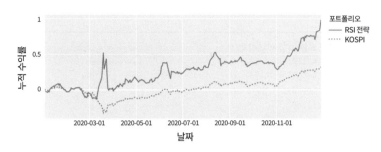

그림 5-12 ETF 기반 RSI 전략 시뮬레이션 결과

누적 수익률에서도 RSI 전략이 코스피보다 우위에 있음을 알 수 있다. 2020년 3월~4월 구간에 누적 수익률의 변동이 큰 것을 확인할 수 있는데, 이는 해당 구간에서 하락을 예측해 초반에는 수익을 내다가 상승 구간에서 손실을 봤기 때문이라고 할 수 있다. 그리고 그 결과로 성과 지표 중 MDD 지표가 코스피 대비 좋지 않았다고 해석할 수 있다.

5.3.2.3 ADR

이번에는 ADR 지표를 이용해서 시장의 상승, 보합, 하락을 판단할 룰을 설정해 보자. ADR은 일반적으로 횡보 장세에서 120 이상일 때는 과매수로 정의해서 매도 시점으로, 75 이하일 때는 과매도로 정의해서 매수 시점으로 판단한다. 다만 RSI 지표와 마찬가지로 상승세와 하락세가 어느 기간 동안 지속해서 유지된다고 가정하고 시장 상황을 판단하는 로직을 설정해 보자. 이 절에서는 ADR이 110 이상일 경우 상승 국면으로 정의하고 KODEX 레버리지에 투자, 80 이하일 경우는 하락 국면으로 정의하고 KODEX 200 선물인버스2X에 투자, 그 외에는 보합으로 정의하고 KODEX 200에 투자하도록 룰을 표 5-4와 같이 설정할 수 있다.

표 5-4 ETF 기반 ADR 전략 투자 룰

시장 상황	판단 로직	전략
상승	ADR ≥ 110	KODEX 레버리지 투자
보합	80 < ADR < 110	KODEX 200 투자
하락	ADR ≤ 80	KODEX 200 선물인버스2X 투자

표 5-4를 바탕으로 시장 상황을 판단하는 룰을 설정하면 코드 5-11과 같이 작성할 수 있다.

```
def calculate_adr_signal(indicator):
    if indicator >= 110:
        return "rise"
    elif indicator <= 80:
        return "decline"
    else:
        return "keep"
```

함수의 실행 순서는 다음과 같다.

- adr 값이 110 이상이면 rise, 80 이하면 decline, 그 외에는 keep을 반환한다.

코드 5-10을 활용해서 시그널을 나타내면 그림 5-13과 같은 형태의 그래프를 얻을 수 있다. RSI 대비 하락과 보합 예측 비율이 늘어났음을 확인할 수 있다.

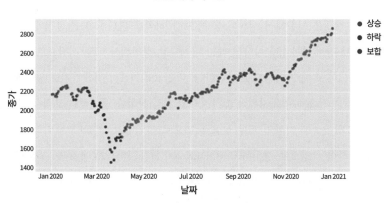

그림 5-13 ADR 시그널

이제 ADR 시그널을 이용해서 시뮬레이션을 진행하고 그 결과를 분석해 보자. 먼저 여러 가지 성과 분석 지표에 대해서 같은 기간 코스피와 시뮬레이션의 결과를 비교해 보면 표 5-5와 같다.

표 5-5 ETF 기반 ADR 전략/코스피 성과 지표 비교

	CAGR	MDD	샤프 비율	소티노 비율
ADR 전략	**1.583**	−0.391	**2.155**	**1.874**
코스피	0.327	**−0.357**	1.143	1.010

시뮬레이션 결과, 이전과 마찬가지로 MDD를 제외한 모든 성과 분석 지표에서 ADR 전략이 코스피보다 우수했음을 알 수 있다. 이어서 누적 수익률을 비교해 시각화해 보면 그림 5-14와 같다.

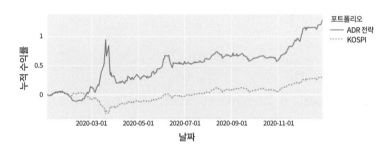

그림 5-14 ETF 기반 ADR 전략 시뮬레이션 결과

누적 수익률에서도 ADR 전략이 코스피보다 우위에 있음을 알 수 있다. 특히 RSI 대비 MDD를 제외하고는 수익률과 모든 성과 분석 지표에서 우위에 있음을 알 수 있는데 이는 RSI보다 하락 시장을 더 빠르게 예측했기 때문이라고 해석할 수 있다.

5.3.2.4 MACD

마지막으로 MACD에 대해서 시장의 상승, 보합, 하락을 판단할 룰을 설정해 보자. 이전과 마찬가지로 상승세와 하락세가 어느 기간 동안 지속해서 유지된다고 가정하면 MACD가 12 이상일 경우 상승 국면으로 정의하고 KODEX 레버리지에 투자, −12 이하일 경우는 하락 국면으로 정의하고 KODEX 200 선물인버스2X에 투자, 그 외에는 보합으로 정의하고 KODEX 200에 투자하도록 룰을 표 5-6과 같이 설정할 수 있다.

표 5-6 ETF 기반 MACD 전략 투자 룰

시장 상황	판단 로직	전략
상승	MACD ≥ 12	KODEX 레버리지 투자
보합	−12 < MACD < 12	KODEX 200 투자
하락	MACD ≤ −12	KODEX 200 선물인버스2X 투자

표 5-6을 바탕으로 시장 상황을 판단하는 룰을 설정하면 코드 5-12와 같이 작성할 수 있다.

코드 5-12 MACD 시그널 계산 코드

```python
def calculate_macd_signal(indicator):
    if indicator >= 12:
        return "rise"
    elif indicator <= -12:
        return "decline"
    else:
        return "keep"
```

함수의 실행 순서는 다음과 같다.

- macd 값이 12 이상이면 rise, −12 이하면 decline, 그 외에는 keep을 반환한다.

코드 5-10을 활용해서 시그널을 나타내면 그림 5-15와 같은 형태의 그래프를 얻을 수 있다. RSI나 ADR에 비해 전반적으로 보합이 많고, 예측 성능이 좋지 않음을 확인할 수 있다.

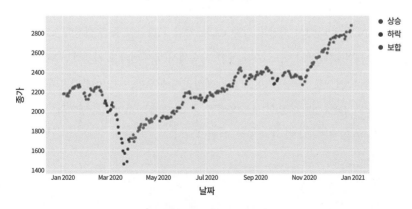

그림 5-15 MACD 시그널

같은 방식으로 시뮬레이션을 진행하고 그 결과를 분석해 보자. 먼저 여러 가지 성과 분석 지표에 대해서 같은 기간 코스피와 시뮬레이션의 결과를 비교해 보면 표 5-7과 같다.

표 5-7 ETF 기반 MACD 전략/코스피 성과 지표 비교

	CAGR	MDD	샤프 비율	소티노 비율
MACD 전략	**0.354**	−0.433	0.865	0.783
코스피	0.327	**−0.357**	**1.143**	**1.010**

시뮬레이션 결과, 앞의 두 지표와는 다르게 MACD 전략의 CAGR을 제외한 모든 성과 지표가 코스피보다 낮았다. 이어서 누적 수익률을 비교해 시각화해 보면 그림 5-16과 같다.

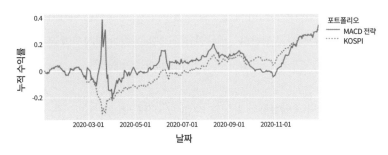

그림 5-16 ETF 기반 MACD 시뮬레이션 결과

누적 수익률에서는 최종적으로는 MACD 전략이 코스피보다 약간 앞서긴 하지만 변동성이 훨씬 크기 때문에 우위에 있다고 말하기는 어렵다. 특히 RSI나 ADR 대비 좋지 않은 성능을 보여주는데 이는 시장 상황 예측이 두 지표대비 좋지 않았기 때문이라고 할 수 있다. 이처럼 시장 모니터링 방식을 사용한다고 해도 예측 결과에 따라 코스피 대비 좋지 않은 성능을 보여줄 수 있으므로 시장 상황에 맞게 룰과 적절한 지표를 선정해서 활용하는 것이 중요하다.

5.3.3 평균-분산 전략 기반 수시 리밸런싱

5.3.2에서는 ETF와 기술 지표를 활용해 수시 리밸런싱을 적용하고 분석을 진행했다. 5.3.3에서는 기술 지표를 기반으로 한 시그널을 사용해 평균-분산 모델에 수시 리밸런싱을 적용한다. 분석에 사용하는 유니버스는 코스피 대표 종목 9가지로 구성해 표 5-8과 같이 설정한다.

표 5-8 평균-분산 전략 기반 수시 리밸런싱 유니버스 목록

종목 코드	주식명
005930	삼성전자
000660	하이닉스
207940	삼성바이오로직스
051910	LG화학
006400	삼성SDI
005380	현대차
000270	기아
005490	POSCO홀딩스
035420	NAVER

수시 리밸런싱 투자 전략은 다양하게 구성할 수 있지만 이 장에서는 아래와 같이 투자 금액을 조정하는 방식으로 분석을 진행한다. 이는 현금 비율을 높여서 한정적인 운용을 하기 위한 전략이라고 할 수 있다.

- 시장이 상승한다고 예상하면 자산의 100%를 투자한다.

- 시장이 보합이라고 예상하면 자산의 70%를 투자한다.

- 시장이 하락한다고 예상하면 자산의 50%를 투자한다.

5.3.3.1 평균-분산 전략 기반 수시 리밸런싱 시뮬레이션 함수

이제 표 5-2의 유니버스로 설정해서 시그널을 활용한 분석을 진행해 보자. 평균-분산 전략 기반 수시 리밸런싱 시뮬레이션 코드는 코드 5-13과 같다. 해당 함수는 ohlcv 컬럼을 포함하는 데이터프레임(ohlcv_data)과 계산된 시그널 컬럼을 포함하는 데이터프레임(monitoring_data), 룩백 기간(look_back)을 입력 변수로 받는다. 코드는 기존 평균-분산 모델 시뮬레이션 코드에서 계산된 시장 시그널을 컬럼으로 가지는 monitoring_data 데이터프레임을 입력 변수로 받아서 시그널이 상승일 때는 자산의 100%를 투자하고, 보합일 때는 70%, 하락일 때는 50%를 투자하도록 조정하는 부분만 추가됐다. 각 기술 지표의 시장 상황 판단 룰은 ETF 기반 시뮬레이션에서 설정했던 룰과 동일하게 설정하고 룩백 기간은 120일로 설정 후 시뮬레이션을 진행한다.

코드 5-13 평균-분산 전략 기반 수시 리밸런싱 시뮬레이션 코드

```python
def simulate_market_monitoring_mean_variance(ohlcv_data: pd.DataFrame,
                                             monitoring_data: pd.DataFrame,
                                             look_back: int):
    account = Account(initial_cash=100000000)
    broker = Broker()
    rebalance_date = monitoring_data[monitoring_data["signal"] !=
                    monitoring_data["signal"].shift(1)].index.tolist()
    month_end = get_month_end(monitoring_data.index.min(),
                              monitoring_data.index.max())
    rebalance_date += month_end

    return_data = calculate_return(ohlcv_data=ohlcv_data)

    for date, ohlcv in ohlcv_data.groupby(['date']):
        transactions = broker.process_order(dt=date, data=ohlcv,
                                            orders=account.orders)
        account.update_position(transactions=transactions)
        account.update_portfolio(dt=date, data=ohlcv)
        account.update_order()

        if date not in rebalance_date:
            continue
        print(date.date())

        return_data_slice = return_data.loc[:date].iloc[-look_back:]
        weights = get_mean_variance_weights(return_data=return_data_slice,
                                            risk_aversion=3)
        signal = monitoring_data.loc[date]['signal']
        rule = {"rise": 1, "keep": 0.7, "decline": 0.5}
        weights = {k: v * rule[signal] for k, v in weights.items()} \
            if weights is not None else {}

        print(f'Portfolio: {weights}')
        if weights is None:
            continue

        rebalance(dt=date, data=ohlcv, account=account, weights=weights)

    return account
```

함수의 실행 순서는 다음과 같다.

- 계좌(account)와 중개인(broker)을 생성한다.

- 시그널 컬럼을 가진 데이터프레임(monitoring_data)을 이용해서 리밸런싱 날짜(시그널이 변하는 날)를 계산해 rebalance_date에 저장하고 정기 리밸런싱 날(월말)을 추가한다.

- for 루프에서는 날짜 별로 주가 데이터를 가져와서 주문을 처리하고 계좌를 업데이트 한다.

  - 과거에 생성된 주문 중 아직 처리되지 않은 주문이 있다면 처리하고 거래(transactions)를 반환받는다.

  - 거래 결과에 따라 계좌의 내용을 업데이트한다.

  - 포트폴리오도 재평가하고 주문 목록도 업데이트한다.

  - 해당 날짜가 리밸런싱 날짜에 없다면 리밸런싱을 하지 않고 continue를 통해 다음 날짜로 이동한다.

  - 룩백 기간의 수익률 데이터(return_data_slice)를 가져온다.

  - get_mean_variance_weights() 함수를 사용해서 최적 포트폴리오의 자산 편입 비중(weights)을 계산한다.

  - 시그널에 따른 가중치 딕셔너리를 rule 변수에 저장하고 자산 편입 비중(weights)에 시그널에 해당하는 가중치를 곱한다.

  - rebalance() 함수를 활용해 새로 계산된 자산 편입 비중에 따른 투자 포트폴리오를 만들기 위해 주문을 생성한다.

5.3.3.2 RSI

표 5-3과 유사한 방식으로 RSI가 60 이상일 경우 상승 국면으로 정의하고 자산의 100%를 사용해 매수, 30 이하일 경우는 하락 국면으로 정의하고 자산의 50%만 매수, 그 외에는 보합으로 자산의 70%만 매수하도록 룰을 표 5-9와 같이 정의한다.

표 5-9 평균-분산 전략 기반 RSI 수시 리밸런싱 투자 룰

시장 상황	판단 로직	전략
상승	RSI ≥ 60	자산의 100% 매수
보합	30 < RSI < 60	자산의 70% 매수
하락	RSI ≤ 30	자산의 50% 매수

표 5-9를 활용해서 시그널을 나타내면 그림 5-17과 같은 형태의 그래프를 얻을 수 있다. 기존 5.3.2 RSI와 판단 로직은 동일하기 전략만 다르기 때문에 시그널은 동일하다.

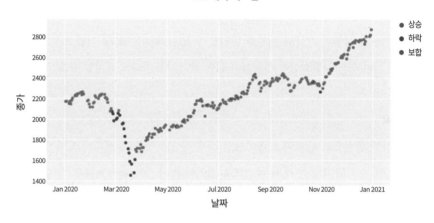

그림 5-17 RSI 시그널

이제 표 5-9의 룰을 바탕으로 시뮬레이션을 진행하면 아래와 같은 결과를 얻을 수 있다. 먼저 여러 가지 성과 분석 지표에 대해서 같은 기간 코스피와 RSI 전략 수시 리밸런싱 시뮬레이션의 결과를 비교해 보면 표 5-10과 같다.

표 5-10 평균-분산 전략 기반 RSI 수시 리밸런싱/코스피 성과 지표 비교

	CAGR	MDD	샤프 비율	소티노 비율
RSI 전략	**0.435**	**−0.221**	**1.738**	**1.786**
코스피	0.327	−0.357	1.143	1.010

시뮬레이션 결과, 모든 성과 분석 지표에서 RSI 전략이 코스피보다 우수했음을 알 수 있다. 이어서 누적 수익률을 비교해 시각화해 보면 그림 5-17과 같다.

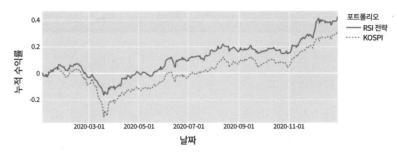

그림 5-18 평균-분산 전략 기반 RSI 수시 리밸런싱 시뮬레이션 결과

누적 수익률에서도 RSI 전략이 코스피보다 우위에 있음을 알 수 있다. 특히 ETF 기반 RSI 전략 대비 MDD 지표가 상당히 개선된 결과를 확인할 수 있는데, 이는 ETF 기반 RSI 전략보다 평균-분산 전략 기반 수시 리밸런싱이 변동성이 훨씬 작기 때문이라고 해석할 수 있다.

5.3.3.3 ADR

표 5-5와 유사한 방식으로 ADR이 110 이상일 경우 상승 국면으로 정의하고 자산의 100%를 사용해 매수, 80 이하일 경우는 하락 국면으로 정의하고 자산의 50%만 매수, 그 외에는 보합으로 자산의 70%만 매수하도록 룰을 표 5-11과 같이 정의한다.

표 5-11 평균-분산 전략 기반 ADR 수시 리밸런싱 투자 룰

시장 상황	판단 로직	전략
상승	ADR ≥ 110	자산의 100% 매수
보합	80 < ADR < 110	자산의 70% 매수
하락	ADR ≤ 80	자산의 50% 매수

표 5-11을 활용해서 시그널을 나타내면 그림 5-19과 같은 형태의 그래프를 얻을 수 있다. 기존 5.3.2 ADR과 판단 로직은 동일하고 전략만 다르기 때문에 시그널은 동일하다.

ADR 예측 시그널

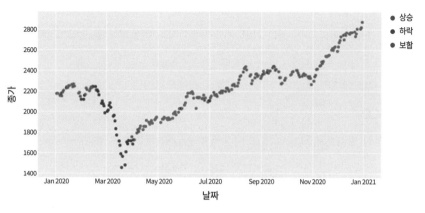

그림 5-19 ADR 시그널

표 5-11의 룰을 바탕으로 시뮬레이션을 진행하면 아래와 같은 결과를 얻을 수 있다. 먼저 여러 가지 성과 분석 지표에 대해서 같은 기간 코스피와 ADR 전략 수시 리밸런싱 시뮬레이션의 결과를 비교해 보면 표 5-12와 같다.

표 5-12 평균-분산 전략 기반 ADR 수시 리밸런싱/코스피 성과 지표 비교

	CAGR	MDD	샤프 비율	소티노 비율
ADR 전략	**0.471**	**−0.188**	**2.050**	**2.240**
코스피	0.327	−0.357	1.143	1.010

시뮬레이션 결과, RSI와 마찬가지로 모든 성과 분석 지표에서 ADR 전략이 코스피보다 우수했음을 알 수 있다. 이어서 누적 수익률을 비교해 시각화해 보면 그림 5-18과 같다.

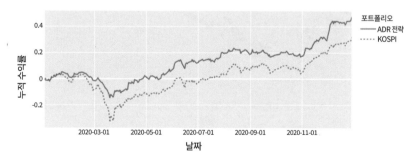

그림 5-20 평균-분산 전략 기반 ADR 수시 리밸런싱 시뮬레이션 결과

누적 수익률에서도 ADR 전략이 코스피보다 우위에 있음을 알 수 있다. ADR에서도 마찬가지로 ETF 기반 ADR 전략 대비 MDD 지표가 상당히 개선된 결과를 확인할 수 있는데, 이는 ETF 기반 ADR 전략보다 평균-분산 전략 기반 수시 리밸런싱이 변동성이 훨씬 작기 때문이라고 해석할 수 있다.

5.3.3.4 MACD

표 5-7과 유사한 방식으로 MACD가 12 이상일 경우 상승 국면으로 정의하고 자산의 100%를 사용해 매수, −12 이하일 경우는 하락 국면으로 정의하고 자산의 50%만 매수, 그 외에는 보합으로 자산의 70%만 매수하도록 표 5-13과 같이 정의한다.

표 5-13 평균-분산 전략 기반 MACD 수시 리밸런싱 투자 룰

시장 상황	판단 로직	전략
상승	MACD ≥ 12	자산의 100% 매수
보합	−12 < MACD < 12	자산의 70% 매수
하락	MACD ≤ −12	자산의 50% 매수

표 5-13을 활용해서 시그널을 나타내면 그림 5-21과 같은 형태의 그래프를 얻을 수 있다. 기존 5.3.2 MACD와 판단 로직은 동일하고 전략만 다르기 때문에 시그널은 동일하다.

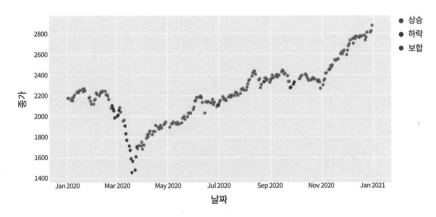

그림 5-21 MACD 시그널

표 5-13의 룰을 바탕으로 시뮬레이션을 진행하면 아래와 같은 결과를 얻을 수 있다. 먼저 여러 가지 성과 분석 지표에 대해서 같은 기간 코스피와 MACD 전략 수시 리밸런싱 시뮬레이션의 결과를 비교해 보면 표 5-14와 같다.

표 5-14 평균-분산 전략 기반 MACD 수시 리밸런싱/코스피 성과 지표 비교

	CAGR	MDD	샤프 비율	소티노 비율
MACD 전략	**0.360**	**−0.220**	**1.633**	**1.696**
코스피	0.327	−0.357	1.143	1.010

시뮬레이션 결과, ETF 기반 시뮬레이션의 MACD 전략 결과와는 상반되게 모든 성과 분석 지표에서 MACD 수시 리밸런싱 전략이 코스피보다 우수했음을 알 수 있다. 이어서 누적 수익률을 비교해 시각화해 보면 그림 5-22와 같다.

그림 5-22 평균-분산 전략 기반 MACD 수시 리밸런싱 시뮬레이션 결과

누적 수익률에서도 MACD 전략이 코스피보다 우위에 있음을 알 수 있다. 특히 이전 ETF 기반 시뮬레이션 대비 변동성이 훨씬 작은 모습도 확인할 수 있다. 이처럼 같은 기술 지표를 사용한다고 해도 어떤 전략을 취하냐에 따라서 그 결괏값이 상이할 수 있다. 따라서 어떤 기술 지표를 사용할지만큼 어떤 전략을 취할지도 많이 고민해야 함을 유념해야 한다.

5.3.4 시뮬레이션 결과 비교

이 절에서는 5.3.2 ETF 기반 시뮬레이션과 5.3.3 수시 리밸런싱에서 각 전략의 결과를 비교한다. 결과 비교는 절대적이지 않기 때문에 기간이나 시장 상황에 따라 달라질 수 있음에 유의하

기 바란다.

5.3.4.1 누적 수익률

전략별 시뮬레이션의 누적 수익률을 정리해 보면 표 5-15와 같다.

표 5-15 전략별 누적 수익률

	ETF 기반 수시 리밸런싱	평균-분산 전략 기반 수시 리밸런싱
RSI 전략	98.2%	42.7%
ADR 전략	**154.4%**	**46.2%**
MACD 전략	34.7%	35.4%

시뮬레이션 결과 두 리밸런싱 전략 모두에서 ADR 전략이 다른 두 전략 대비 높은 누적 수익률을 기록했다. 일반적으로 시뮬레이션 결과를 판단할 때 누적 수익률만을 보고 판단하는 오류를 범하기 쉽다. 예컨대 위의 결과에서 ETF 기반 수시 리밸런싱 방식으로 ADR 전략을 활용하는 것이 가장 좋다고 판단하고 이대로 실행하는 것이다. 하지만 높은 수익률에는 그만큼의 위험이 따른다. 이번 시뮬레이션에서는 ETF 기반 수시 리밸런싱 방식이 높은 수익률을 기록했지만, 반대로 말하면 기간이나 시장 상황에 따라서 더 낮은 수익률을 기록할 수 있다는 의미이다. 또한 시장 상황에 따라서 ADR 지표보다 RSI나 MACD 지표가 더 좋은 성능을 낼 수도 있다. 따라서 각 지표의 특성이나 강점을 파악해서 상황에 맞게 지표를 선택하는 것도 중요하다.

5.3.4.2 성과 분석 지표

전략별 시뮬레이션의 성과 분석 지표를 정리해 보면 표 5-16과 같다.

표 5-16 전략별 성과분석지표

	ETF 기반 수시 리밸런싱				평균-분산 전략 기반 수시 리밸런싱			
	CAGR	MDD	Sharpe ratio	Sortino ratio	CAGR	MDD	Sharpe ratio	Sortino ratio
RSI	1.004	−0.358	1.581	1.463	0.435	−0.221	1.738	1.786
ADR	**1.583**	−0.391	**2.155**	**1.874**	**0.471**	−0.188	**2.050**	**2.240**
MACD	0.354	−0.433	0.865	0.783	0.360	−0.220	1.633	1.696

먼저 누적 수익률과 마찬가지로 ETF 기반 수시 리밸런싱 방식에서 MDD 지표를 제외하고는 모든 성과 분석 지표에서 ADR 전략이 다른 두 전략보다 우수한 성능을 보여줬음을 확인할 수 있다. 또한 각 리밸런싱 방식을 비교해 보면 ETF 기반 수시 리밸런싱 방식은 평균-분산 전략 기반 수시 리밸런싱 방식 대비 CAGR 지표에서 높은 성과를 보여준다. 이는 CAGR이 연평균 성장률을 나타내는 지표이기 때문에 수익률이 높은 ETF 기반 수시 리밸런싱 방식이 높은 성과를 보여주는 것이라고 해석할 수 있다. 반면에 MDD 지표에서는 평균-분산 전략 기반 수시 리밸런싱이 더 높은 성과를 보여준다. MDD는 포트폴리오가 겪을 수 있는 최대의 손실률을 나타내는 지표이기 때문에 평균-분산 모델로 위험을 최소화해서 ETF 기반 수시 리밸런싱 방식보다 더 높은 성과를 보여주는 것이라고 해석할 수 있다. 샤프 비율과 소티노 비율, 두 지표에 대해서는 일방적인 성과의 우위를 판단하기 어렵지만 대체로 평균-분산 전략 기반 수시 리밸런싱 방식이 ETF 기반 수시 리밸런싱 방식보다 우수함을 확인할 수 있다. 이는 두 지표 모두 위험과 수익률을 고려한 지표이기 때문에 ETF 기반 수시 리밸런싱 방식은 위험과 수익률이 평균-분산 전략 기반 수시 리밸런싱 방식보다 모두 높고, 평균-분산 전략 기반 수시 리밸런싱 방식은 위험과 수익률이 모두 낮기 때문이라고 해석할 수 있다.

결론적으로 ETF 기반 수시 리밸런싱 방식과 평균-분산 전략 기반 수시 리밸런싱 방식 간에는 각각의 장단점이 존재한다. 예를 들어 위험도보다 수익률을 중요시하는 투자자는 ETF 기반 수시 리밸런싱 방식을 더 선호할 수 있고, 위험도를 중요시하는 투자자는 평균-분산 전략 기반 수시 리밸런싱 방식을 선호할 수 있다. 이처럼 투자자는 본인의 투자 성향에 맞춰 다양한 요소를 함께 고려해야 하며 시뮬레이션 결과는 특정 시장 환경에서의 시뮬레이션에 국한된 것임을 명심해야 한다. 따라서 전략을 선택할 때 다양한 시장 환경과 투자 성향 등을 고려해 선택하는 것이 바람직하다.

CHAPTER 6

팩터 전략

최적화 전략에 마켓 타이밍 전략까지 생각하는 나, 이제 어떤 것이 합리적인 투자인지 알 것 같다. 그런데 몇 달 전 입사한 인턴이 흥미로운 얘기를 한다. '내가 담은 주식이 불안하다고? 새로 온 인턴이 포털 사이트 증권 페이지에서 무언가를 보는 것 같은데 얘는 도대체 뭘 보는 걸까?'

나   "인턴씨, 뭘 계속 보고 있는 거야?"

인턴   "선배, 주식을 살펴봐야 할 것 같아요. 선배가 담은 주식이 조금 불안한 것 같아요."

나   "그게 무슨 소리야? 이 주식들은 평균 분산 전략에서 나온 주식들이란 말이야."

인턴   "아니 선배, 저번에도 원숭이 물산 투자하시더니…."

나   "그게 뭐 어때서? 내가 그 회사 주가 움직임을 계산해 봤는데 위험성도 낮고 수익률도 좋았어."

인턴   "선배, 그 회사는 원숭이 장난감을 바레인에 파는 기업인데 내실이 오죽하겠어요? PBR도 보셔 야죠!"

나   "PBR? 그게 뭔데…?"

그림 6-1 주식을 보는 또 다른 방법

6.1 팩터 투자의 배경

나 "PBR이라는 지표가 있었단 말이야? 나는 그런 거 들어보지도 못했어."

인턴 "증권사에서는 그런 지표를 바탕으로 투자를 하는 팀도 있다고 하더라고요. 전 세계를 비롯해 우리나라에서도 활발히 연구 중인 분야라고 해요. 그리고 그런 투자를 팩터 투자라고 한대요."

나 "흠…네 말을 들으니 관심이 가네. 최근에 나온 투자 방식인 거야? 그리고 팩터라는 게 어떤 개념인지 아직 잘 모르겠어."

인턴 "사실 팩터 투자도 상당히 오래된 투자 전략이라고 해요. 종류도 많고! 그럼, 저희 어떤 이유에서 이러한 투자법이 생겼는지 같이 알아볼까요?"

팩터 투자 Factor Investing는 자산 수익을 결정하는 특정한 위험 요소를 포착하고 그것을 사용하는 투자 방식이다. 여기서 위험 요소란 자산 가격의 주요 결정 요인으로, 1900년대 초 어빙 피셔Irving Fisher가 위험 프리미엄의 개념을 도입했으며〈참고문헌 6-1〉 2장에서 다룬 포트폴리오 이론은 다양화와 위험 관리의 중요성을 정립해 팩터 기반 접근 방식의 기초를 마련했다.

지금까지 주식 가격의 변화에 따른 투자 결정을 살펴봤다면 이제는 거기서 확장해서 회사의 재무적 요인이나 투자 주체까지 생각할 차례다. 널리 알려진 팩터 투자로는 워런 버핏^{Warren Buffett}이 주창하는 가치주 투자가 있다. 1930년 벤저민 그레이엄^{Benjamin Graham}과 데이비드 도드^{David Dodd}가 소개한 이 방법〈참고문헌 6-2〉은 주식의 실적이나 재무적 가치를 분석해 저평가된 주식을 식별하는 방식이다. 이러한 식별자를 팩터, **스타일**^{Style} 혹은 기존의 시장 베타^{Beta}와 구분하는 측면에서 **스마트 베타**^{Smart Beta}라고도 부르고, 이러한 팩터에는 **가치**^{Value}, **사이즈**^{Size}, **모멘텀**^{Momentum}, **퀄리티**^{Quality} 그리고 **로우볼**^{Low Volatility} 등이 있다.

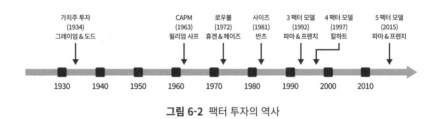

그림 6-2 팩터 투자의 역사

6.1.1 CAPM

팩터 투자 이론은 어떻게 생겨났을까? 제일 근간을 이루는 이론은 1960년 윌리엄 샤프^{William Sharpe}에 의해 개발된 **자본 자산 가격 결정 모델**^{CAPM, Capital Asset Pricing Model}이다〈참고문헌 6-3〉. 이 이론은 자본 시장이 균형 상태를 이룰 때 자본 자산의 가격이 어떻게 결정되는가를 설명하는 모델이다. 여기서 **자본 자산**^{Capital Asset}이란 주식이나 채권 등 투자자가 미래의 이익을 얻을 수 있는 권리를 갖는 자산을 뜻하며, 균형 상태란 시장에서 거래되는 모든 유가 증권의 수요와 공급이 일치되도록 가격이 형성된 상태를 뜻한다. 즉 CAPM은 균형이 이뤄진 시장에서 주식 등의 자본 자산의 가격이 어떻게 결정되는지를 모델화한 것으로 예상 수익률은 다음의 3가지 요소에 의해 결정된다.

- **무위험 이자율**^{Risk Free Rate}: 무위험 이자율은 투자자가 안전한 국채나 예금에 투자할 경우 얻을 수 있는 수익률로 일반적으로 정부 국채를 기준으로 한다.

- **시장 위험 프리미엄**^{Market Risk Premium}: 시장 위험 프리미엄은 투자자가 주식 시장에서 얻을 수 있는 추가적 수익률이다. 대게 이 프리미엄은 시장 수익률과 무위험 이자율 사이의

차이로 정의된다.

- **자산의 베타**: 베타는 자산의 시장 리스크에 대한 민감도를 뜻한다. 예를 들어 베타 값이 1보다 클 경우 자산은 시장의 변동성에 대해 민감하며 1보다 작을 경우 시장의 변동성에 덜 민감하다.

이러한 요소들과 투자자의 행동 및 투자 대상에 관한 가정을 전제로 하면 어떤 증권의 기대 수익률과 위험을 아래의 선형 관계로 표시할 수 있다.

$$E(R_i) = R_f + \beta_i[E(R_m) - R_f]$$

R_f: 무위험 수익률

R_m: 시장 수익률

R_i: i 주식의 기대 수익률

β_i: i 주식의 위험 민감도

E: Expected의 약자(대상의 기대 수익률)

즉 주식의 예상 수익률은 무위험 수익률에 해당 주식의 베타와 시장 위험 프리미엄의 곱을 더한 것으로 투자자들은 이 모델을 활용해 자산의 예상 수익률을 예측하거나 자산의 위험 대비 수익률을 평가할 수 있다. 그러나 CAPM은 몇 가지 한계와 단점이 있다.

- **시스템적 위험만 고려**: 실제 주식 시장에서는 개별 주식의 특성이 예상 수익률에 영향을 끼칠 수 있으나 CAPM은 주식의 예상 수익률을 측정하기 위해 시장 포트폴리오의 시스템적 위험만을 고려한다.

- **예상 수익률 추정의 어려움**: CAPM은 시장 포트폴리오의 수익률 추이를 통해 예상 수익률을 계산하는데 이는 미래의 불확실성을 반영하지 못한다.

- **투자자의 제한적 선택**: CAPM 모델은 투자자가 포트폴리오의 예상 수익률과 위험만을 고려해 투자 결정을 한다고 가정하나 실제로는 투자 목표나 시간 가치 등을 고려한다.

6.1.2 파마 프렌치 팩터 모델

유진 파마[Eugene Fama]와 케네스 프렌치[Kenneth French]는 위의 단점 중 CAPM이 시장 포트폴리오의 시스템적 위험만을 고려한다는 점을 지적하며 추가적 요인을 포함시켰다. **'베타의 죽음'**이라고도 불린 1993년 **3 팩터 모델**〈참고문헌 6-4〉은 실증적 내용을 바탕으로 사이즈와 가치 팩터를 소개했으며, 2015년에는 이익과 투자 요소를 확장해 **5 팩터 모델**〈참고문헌 6-5〉을 소개했다. 여기에 칼하트[Mark Carhart]의 **4 팩터 모델**〈참고문헌 6-6〉의 모멘텀까지 고려하면 추가되는 팩터는 다음과 같다.

1. **사이즈**[SMB, Small Minus Big]: SMB는 소형 기업과 대형 기업 간의 수익률 차이를 측정하는 요인이다. 작은 기업이 대형 기업보다 추가적인 위험을 감수하기 때문에 높은 수익률을 가질 수 있다고 주장했다.

2. **가치**[HML, High Minus Low]: HML은 고평가된 주식과 저평가된 주식 간의 수익률 차이를 측정하는 요인이다. 시장이 저평가된 가치주를 인식하는 과정에서 추가적 수익을 가져올 수 있다는 점을 의미한다.

3. **이익**[RMW, Robust Minus Weak]: RMW는 기업의 이익성에 따른 수익률 차이를 측정하는 것으로 이익이 큰 기업 주식이 작은 기업보다 더 높은 수익률을 가질 수 있다고 주장한다.

4. **투자**[CMA, Conservative Minus Aggressive]: CMA는 기업의 투자 정책에 따른 수익률 차이를 표현한다. 보수적으로 투자하는 기업의 주식이 공격적으로 투자하는 기업보다 더욱 안정적인 현금 흐름을 보임으로써 투자자에게 더 큰 가치를 제공할 수 있다는 점을 의미한다.

5. **모멘텀**[UMD, Up Minus Down]: UMD는 주식의 과거 수익률에 따른 수익률 차이를 측정한다. 최근에 좋은 성과를 내는 주식이 그 추세에 힘입어 이후에도 좋은 성과를 이어간다는 전제를 바탕으로 한다.

위의 팩터들은 장기적으로 시장 대비 프리미엄을 창출했으며 시장에서도 활발히 사용하고 있다. 모든 팩터를 포괄한 식은 다음과 같다.

$$E(R_i) = R_f + \beta_i[E(R_m) - R_f] + \beta_{SMB,i}\,SMB + \beta_{HML,i}\,HML + \beta_{RMW,i}\,RMW$$
$$+ \beta_{CMA,i}\,CMA + \beta_{UMD,i}\,UMD$$

$\beta_{SMB,i}$: 자산 i의 소형주 민감도

SMB: 소형 기업과 대형 기업 간의 수익률 차이

$\beta_{HML,i}$: 자산 i의 가치주 민감도

HML: 고평가된 주식과 저평가된 주식 간의 수익률 차이

$\beta_{RMW,i}$: 자산 i의 이익주 민감도

RMW: 기업의 이익성에 따른 수익률 차이

$\beta_{CMA,i}$: 자산 i의 투자주 민감도

CMA: 기업의 투자 정책에 따른 수익률 차이

$\beta_{UMD,i}$: 자산 i의 모멘텀 민감도

UMD: 주식의 과거 수익률에 따른 수익률 차이

6.2부터는 위의 여러 팩터 중 사이즈(SMB)와 가치(HML) 그리고 모멘텀(UMD)을 살펴볼 것이다. 그리고 전통의 투자 관념과 상반되는 로우볼, 뒤이어 언젠가 시장에서 인정받을지 모르는 개인이나 외국인 혹은 기관의 투자 동향을 보는 **수급 주체 팩터**를 알아보겠다.

6.2 팩터 투자

나   "위의 식은 아주 복잡해 보이는 걸? 그리고 고평가랑 저평가를 어떻게 측정하는 건지 아직 잘 모르겠어."

인턴   "음, 사실 선배가 이미 구현한 모델도 주요 팩터 중에 하나예요. 바로 모멘텀 투자요!"

나   "그렇네. 위 식에서 UMD가 내가 사용한 모멘텀 전략이구나. 그럼 다른 전략도 비슷하게 생각하면 될까?"

인턴   "맞아요. 사용하는 지표에 모멘텀 대신 다른 지표를 넣으면 쉽게 다른 팩터 투자 전략도 구현하실 수 있을 거예요!"

팩터는 다양한 방법으로 활용할 수 있다. 현대 포트폴리오 이론에 따라 자산을 배분했던 것처럼 팩터의 분산을 통해 포트폴리오의 리스크를 관리하는 투자자도 존재한다. 일각에서는 전통적인 평균-분산 전략이 경제에 존재하는 팩터 리스크를 잡아내지 못한다고 주장하기도 한다.

팩터 투자 전략은 이론보다 실증적 분석을 바탕으로 한 방식인 만큼 도전을 받기도 한다. 시장에서 보이는 팩터를 지속 불가능한 이상 현상이라고 치부하거나 심지어 팩터를 긍정하는 측에서도 팩터를 리스크 관점으로 설명할 지 행동경제학[1] 관점으로 설명할지도 아직 논쟁의 대상이다.

팩터 투자가 통하는 시장이 어디인지도 불분명하며 명확한 결론을 내리고 있는 연구도 부족한 상황이다. 투자자 중에는 팩터 투자에 대한 막연한 기대나 맹신을 가진 그룹도 있다고 알려져 있다. 이번 장에서는 개별 팩터의 이론을 살핌과 동시에 구현을 직접 해 보면서 스스로 팩터 투자의 효과를 생각해 보기 바란다.

그림 6-3 믿을까 말까?

6.2.1 모멘텀 전략 다시 보기

4.3절에서는 모멘텀 전략에 대해 자세히 알아봤다. 모멘텀은 최근 주가 수익률이 우수한 팩터에 투자해 시장 대비 초과 수익을 추구하는 대표적인 팩터이다. 다양한 모멘텀 전략 중에서도 대표적인 전략은 4.3.2에서 소개했던 상대 모멘텀 전략으로, 이 전략은 특정 구간에서 모멘텀이 좋은 종목을 매수하고 나쁜 종목을 매도 또는 공매도하는 것이다. 여기서 매도/매수하는 종목의 수는 전체 유니버스 내 비율로 결정하거나 미리 몇 개의 종목을 매도/매수할지 정해 결정할 수 있다(상/하위 N% 또는 위/아래 N개).

---

1 경제학과 심리학을 결합해 개인의 행동과 의사 결정 과정을 이해하고 경제 시스템에 적용하는 학문

뒤에서 얘기할 가치 PER이나 PBR 가치 전략 등에 비하면 모멘텀 투자는 주가 선만 보는 **차티스트**Chartist[2]의 기술적 분석에 불과하다는 의견도 있다. 펀더멘털을 고려하지 않은 시장 가격의 움직임과 추세에 의존해 수익을 내는 것이 그저 남들의 포트폴리오를 따라 한다는 비판이다. 그러나 가치 투자의 철학이 저평가된 종목의 내재 가치Intrinsic Value로의 회귀라고 한다면 모멘텀 전략은 저평가된 자산이 내재 가치로 회귀하는 순간의 움직임을 포착하고 이용하는 거라고 볼 수 있다.[3] 내재 가치로 수렴할지 말지를 보는 가치투자를 살펴보기 전에 그 시점을 포착하는 모멘텀 전략을 되짚어 보자.

6.2.1.1 모멘텀 전략 지표 단순화

총체적 팩터 전략의 코드를 작성하기 전에 기존에 소개된 모멘텀 전략의 코드를 단순하게 수정할 것이다. 코드 6-1의 간소화된 calculate_momentum() 함수는 주가 데이터(ohlcv_data), 룩백 기간(lookback_period), 스킵 기간(skip_period)을 받는다.

코드 6-1 모멘텀 코드(단순화 버전)

```python
def calculate_momentum(ohlcv_data: pd.DataFrame,
                       lookback_period: int,
                       skip_period: int) -> pd.DataFrame:
    # 데이터 재구조화
    data = ohlcv_data[['close', 'ticker']].reset_index().set_index(
        ['ticker', 'date']).unstack(level=0)['close']

    # 팩터 계산(모멘텀)
    momentum_data = data.shift(periods=skip_period).rolling(
        window=lookback_period).apply(lambda x: x[-1] / x[0] - 1)

    return momentum_data
```

함수의 실행 순서는 다음과 같다.

- 주가 데이터(ohlcv_data)에서 종가 및 종목 코드만을 받고 종목 코드와 날짜를 인덱스로 삼아 데이터를 재구조화한다.

---

2 주가의 움직임만을 보고 투자하는 사람
3 모멘텀 전략과 가치 전략을 연관해 생각하기는 쉽지 않다. 앞의 기준은 그 한 예시를 보여준다.

- 스킵 기간(skip_peiord) 만큼 데이터를 이동시킨 후 룩백 기간(lookback_period) 만큼 윈도우를 설정해 모멘텀 데이터를 계산한다.

기존의 모멘텀 코드가 중기 모멘텀이나 절대 모멘텀 등 여러 전략을 구현한 데 반해 이번 장에서는 전체 코드의 간소화를 위해 대표적인 상대 모멘텀 전략만을 구현한다. 코드 6-1에서는 간소화를 위해 if 문이 사라졌으며 전체적으로 앞서 소개됐던 함수에 변화가 생겼다.

6.2.1.2 포트폴리오 종목별 편입 비중 계산

get_factor_weight() 함수의 주목적은 전략에 해당하는 지표에 따라 어떤 주식을 살지 정하는 함수이다. 기존의 get_momentum_weight() 함수는 전략 이름(strategy_name)에 따라 전체 유니버스에서 일정한 비율(buying_ratio) 만큼의 종목을 샀다. 코드 6-2는 해당 함수(코드 4-4)를 모든 전략에 맞게 일반화한 것이다. get_momentum_weight() 함수와 마찬가지로 구매 비율(buying_ratio), 전략 이름(strategy_name)과 팩터 전략 계산을 위해 사용할 팩터 데이터(factor_data)를 받는다.

코드 6-2 포트폴리오 종목 선택 코드

```python
def get_factor_weight(factor_data: pd.DataFrame,
                      buying_ratio: float,
                      strategy_name: str) -> Optional[Dict]:
    # 데이터 중 결측치가 있는지 확인함
    if factor_data.isnull().values.any():
        return None

    # 매수 주식 선정
    reverse = {'per', 'pbr', 'small', 'lovwol'}
    ratio = buying_ratio if strategy_name in reverse else 1 - buying_ratio
    top_quantile = factor_data.quantile(ratio)
    if strategy_name in reverse:
        stocks_to_buy = factor_data[factor_data <= top_quantile].index.to_list()
    else:
        stocks_to_buy = factor_data[factor_data >= top_quantile].index.to_list()

    # 주식 비율 할당
    weights = 1 / len(stocks_to_buy) if stocks_to_buy else 0
    portfolio = {ticker: weights if ticker in stocks_to_buy else 0.0 for ticker
                 in factor_data.index}
```

함수의 실행 순서는 다음과 같다.

- 팩터 데이터(factor_data)의 결측치를 확인한다.

- 전략 이름(strategy_name)에 따라 팩터 전략 관련 지표가 높은 종목을 구매 비율(buying_ratio) 만큼 선택할지 낮은 종목을 비율만큼 선택할지 결정한다.

- 선택한 종목 수를 고려해 편입 비중(weights) 및 포트폴리오(portfolio)를 결정한다.

6.2에서 다룰 전략은 종목에 얽힌 지표가 높을 때 매수를 하는 것과 낮을 때 매수를 하는 두 종류이다. 뒤에 나올 PER과 PBR 전략은 해당 지표가 낮을수록 종목이 저평가 돼 있다고 판단해 매수를 추천한다. lowvol로 표시된 로우볼 전략은 변동성이 낮은 주식일수록 투자자들이 선호한다는 전제하에 표준 편차가 작은 주식을 매수하라고 추천하며, small로 표시된 소형주 전략의 경우 회사의 시가 총액이 낮을수록 위험에 대한 보상이 크다고 판단해 시가 총액이 작은 주식을 추천한다.

표 6-1 전략에 따른 매수 기준 구분

	지표가 높을수록 매수	지표가 낮을수록 매수
전략	모멘텀 전략, 배당 전략, 수급 주체 전략	가치(PER, PBR) 전략, 로우볼 전략, 소형주 전략

즉 get_factor_weight() 함수는 해당하는 4개의 전략과 나머지 전략을 if-else 문으로 구분해 지표의 평가를 반대로 해 어떤 주식을 살지를 구성한다. 전략에 따른 매수 결정 방향을 표 6-1에 정리했다.

6.2.1.3 팩터 전략 시뮬레이션

다음으로 변경할 부분은 팩터 전략을 실행하는 부분으로 simulate_mometum() 함수를 일반화한 simulate_factor() 함수(코드 4-8)이다. 이 함수는 주가 데이터(ohlcv_data), 룩백 기간(lookback_period), 스킵 기간(skip_period), 전략 이름(strategy_name), 구매 비율(buying_ratio)을 받는다.

```python
def simulate_factor(ohlcv_data: pd.DataFrame,
                    lookback_period: Optional[int],
                    skip_period: Optional[int],
                    strategy_name: str,
                    buying_ratio: float = 0.1) -> Account:
    # 계좌 및 브로커 선언
    account = Account(initial_cash=100000000)
    broker = Broker()

    # 팩터 계산
    if strategy_name == 'relative':
        factor_data = calculate_momentum(ohlcv_data=ohlcv_data,
                                         lookback_period=lookback_period,
                                         skip_period=skip_period, )
    else:
        raise ValueError

    for date, ohlcv in ohlcv_data.groupby(['date']):
        # 주문 집행 및 계좌 갱신
        transactions = broker.process_order(dt=date, data=ohlcv,
                                            orders=account.orders)
        account.update_position(transactions=transactions)
        account.update_portfolio(dt=date, data=ohlcv)
        account.update_order()

        # 팩터 전략을 이용해 포트폴리오 구성
        factor_data_slice = factor_data.loc[date]
        weights = get_factor_weight(factor_data=factor_data_slice,
                                    buying_ratio=buying_ratio,
                                    strategy_name=strategy_name)

        print(f'Portfolio: {weights}')
        if weights is None:
            continue

        # 주문 생성
        rebalance(dt=date, data=ohlcv, account=account, weights=weights)

    return account
```

해당 함수의 실행 과정은 다음과 같다.

- 계좌(account) 및 브로커(broker)를 선언한다.

- 전략 이름(strategy_name)이 relative일 경우 코드 6-1의 모멘텀 계산을 실행해 factor_data에 저장한다.

- 주가 데이터를 날짜에 따라 for 루프를 수행한다.

  - 주문을 집행하고 이에 따른 결과로 계좌(account)를 갱신한다.

  - factor_data 결과에 따라 가중치(weights)를 계산한다.

  - 주문을 생성한다.

기존의 모멘텀 전략을 수행하는 코드를 충실히 따라가면서 일반화를 위한 제반 작업을 마쳤다. 이후 데이터를 일별로 추출해 전략을 수행하기 위한 코드 수정과 멀티 팩터 전략 수행을 위한 코드의 보강이 있겠지만, 기존의 모멘텀 전략에서부터 코드를 하나하나 변형시키는 과정을 따라가면 어렵지 않을 것이다.

6.2.2 가치주 전략

여태까지는 주식의 기술적인 분석법을 배워봤다. 그럼 기업의 내실을 가지고 판단하는 법은 무엇일까? **펀더멘탈 분석**^{Fundamental Analysis}은 기업의 **재무제표**를 읽는 것부터 출발한다. 투기가 아니라 투자를 하려면 재무제표를 확인하라는 말이 있다. 재무제표란 해당 기업이 얼마나 수익성 있게 사업을 하는지, 재산 혹은 빚은 얼마가 있고 돈의 흐름은 어떠한지를 종합적으로 보여주는 표이다. 즉 기업을 숫자로 이해하는 정직한 방법이라고 할 수 있다. 재무제표를 활용한 대표적인 투자법이 가치 투자이다.

기업 가치란 무엇일까? 본래 어떤 기업이 주식 시장에 상장하면 그 기업의 가치는 주가로 나타난다. 그러나 시장이 매기는 기업의 가치가 정답일까? 어떠한 수요와 공급 때문에 기업 가치와 무관하게 주가가 오르내리지 않을까? 모멘텀 기반 투자에서는 주가를 기업의 가치로 생각해 주가가 오르는 것을 기업의 가치가 오르는 것으로 생각해 투자한다면, 가치 투자에서는 실제 기업의 가치와 주가의 괴리를 이용해 '**저평가**'된 주식에 투자한다. 또한 가치 투자는 소개할 다른 팩터들과의 상관관계가 낮아서 6.3에서 소개할 멀티 팩터 투자의 구성에 매우 중요한 역할을 한다.

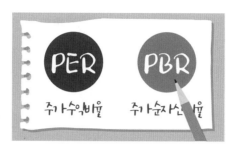

그림 6-4 PER, PBR이란?

6.2.2.1 PER 전략

주주에게 좋은 기업이란 무엇인지 논한다면 돈을 잘 버는 기업이 답 중 하나일 수 있다. 수익이 잘 나는 기업, 그럼에도 시장에서 가치를 싸게 책정한 기업을 알아낸다면 투자자들은 그 기업을 포트폴리오에 넣기를 고려할 것이다. 주식 투자를 하는 사람이라면 한 번쯤은 들어봤을 지표가 EPS^{Earning Per Share}와 PER^{Price to EPS Ratio}이다.

$$EPS = \frac{당기\ 순이익}{발행\ 주식\ 수}$$

EPS는 **주당 순이익**으로 순이익을 발행 주식 수로 나눈 지표이다. 쉽게 말하면 주식 한 주가 1년간 벌어들이는 순이익금이다. 여기서 **당기 순이익**이란 기업이 벌어들인 모든 돈을 감안한 이익으로 기업이 본업(**영업 이익**)뿐만 아니라 금융 상품이나 부동산 등에 투자해서 번 돈의 합에서 빌린 돈의 이자, 세금 등의 부수적 비용을 모두 뺀 후 기업에게 최종적으로 떨어지는 순수한 이익을 뜻한다. 영업 이익뿐 아니라 당기 순이익이 중요한 이유는 이것이 **배당**의 기준이 되기 때문이다. 주식을 사면 주가에 따른 매매 차익을 기대할 수도 있지만 배당에 따른 수익도 있다. 여기서 배당률을 결정하는 기준이 당기 순이익이기 때문에 가치 투자를 할 때는 영업 이익보다 더 종합적인 당기 순이익을 쓴다.

이제 PER을 보자. PER은 **주가 수익 비율**이라고 불리는데 기업의 시가 총액을 당기 순이익으로 나눈 값이다. 그런데 시가 총액을 발행 주식 수 곱하기 주가로 구하므로 PER은 곧 주가 나누기 EPS가 된다.

$$PER = \frac{\text{시가 총액}}{\text{당기 순이익}} = \frac{\text{발행 주식수} \times \text{주가}}{\text{발행 주식수} \times EPS} = \frac{\text{주가}}{EPS}$$

즉 EPS에 PER을 곱하면 기업의 적정 주가를 계산할 수 있다는 뜻이다. PER은 기업이 벌어들이는 총이익에 비해 주가가 어느 정도 수준인지 말해주는 지표이다. PER이 높다면 해당 기업이 벌어들이는 총이익에 비해 주가가 비싸다는 뜻이고 PER이 낮다면 반대로 벌어들인 총이익에 비해 시장에서 주식 가격이 싸게 평가되고 있다는 뜻이다.

6.2.2.2 PBR 전략

앞서 소개된 PER이 주가 대비 기업이 벌어들이는 수익이라면 PBR^{Price to Book-value Ratio}은 주가 대비 회사가 가진 자산을 뜻한다. 이 PBR이 위의 5 팩터 모델에서 가치 팩터의 가치(HML)에 해당하는 부분으로, 가치 관련 지수를 평가할 때 측정 지표로서 PBR의 비중이 높은 편이다. 여기서 B는 **주당 장부가**인 BPS^{Bookvalue Per Share}를 뜻하고 한 주식의 자본 가치, 즉 회사의 순자산을 발행 주식 수로 나눈 값이다.

$$BPS = \frac{\text{순자산}}{\text{발행 주식 수}}$$

PBR 계산에서 쓰이는 BPS는 자산을 표현하는 값 중에서도 **순자산**(자본 총계)을 쓰는데 이는 회사의 자산에서 부채를 차감한 값이다. 순자산은 회사의 소유자들에게 남는 실질적 가치로 회사가 모든 자산을 팔아서 부채를 모두 상환한 뒤 남는 총액이라고 이해할 수 있다.

$$PER = \frac{\text{시가 총액}}{\text{순자산}} = \frac{\text{발행 주식수} \times \text{주가}}{\text{발행 주식수} \times BPS} = \frac{\text{주가}}{BPS}$$

앞서 PER이 기업의 수익성으로 주가를 판단하는 기준이라면 PBR은 재무 내용과 비교해 주가를 판단하는 기준이라고 정리할 수 있다. PBR이 1이라면 그 기업이 가진 자산 전부를 팔았을 때 딱 투자금만큼만 회수할 수 있다는 의미이고, PBR이 1보다 낮다면 회사를 전부 팔아도 투자금보다 많은 돈이 남는다는 뜻이다. PBR은 장부가치에 대한 표현인 만큼 주가가 하락할 때 어디가 바닥인지를 가늠하기에 유용하다. 그러나 PBR은 회사의 비품 등도 포함하므로 이러한 유형 자산의 감가상각에 대해 반영이 어렵다는 측면이 있다.

앞서 사용한 PyKRX 라이브러리는 종목별 기본 데이터를 가지고 있다. 여기에는 PER, PBR과 그것들을 구성하는 데 쓰이는 EPS와 BPS 데이터를 제공하므로 PER 및 PBR 전략에 사용할 수 있다. 다만 문제는 주가 데이터와 다르게 **액면 분할**로 인한 조정이 해당 데이터에 반영되지 않았다는 것이다. EPS의 경우 연간 순이익을 발행 주식 수로 나눈 값을, BPS는 기업 순자산을 발행 주식 수로 나눈 값을 사용하는데 액면 분할로 인해 주식 수가 2배로 높아질 경우 EPS 및 BPS는 절반으로 줄어든다. 해당 현상을 해결하기 위해 기본 데이터와 함께 상장 주식 수를 가져오는 함수도 새로이 정의한다.

6.2.2.3 펀더멘탈 및 주식 수 데이터 불러오기

먼저 PER 및 PBR 가치 전략에 필요한 데이터를 불러와야 한다. 이를 위한 코드 6-4와 코드 6-5는 티커 리스트(ticker_list), 빈도(freq), 딜레이(delay)를 파라미터로 받는다.

코드 6-4 기본 데이터 로드

```
def load_fundamental_data(self, ticker_list: List, freq: str,
                          delay: float = 1):
    ticker_data_list = []
    for ticker in ticker_list:
        ticker_data = stock.get_market_fundamental(
            fromdate=self.fromdate, todate=self.todate,
            ticker=ticker, freq=freq)
        ticker_data = ticker_data.assign(ticker=ticker)
        ticker_data.index.name = 'date'
        ticker_data_list.append(ticker_data)
        time.sleep(delay)
    data = pd.concat(ticker_data_list)
    return data
```

코드 6-5 주식 수 데이터 로드

```
def load_market_cap_data(self, ticker_list: List, freq: str,
                         delay: float = 1):
    ticker_data_list = []
    for ticker in ticker_list:
        ticker_data = stock.get_market_cap(fromdate=self.fromdate,
                                           todate=self.todate,
```

```
                                        ticker=ticker, freq=freq)
        ticker_data = ticker_data.rename(
            columns={'시가 총액': 'market_cap',
                     '거래량': 'volume',
                     '거래 대금': 'trading_value',
                     '상장주식수': 'shares'}
        )
        ticker_data = ticker_data.assign(ticker=ticker)
        ticker_data.index.name = 'date'
        ticker_data_list.append(ticker_data)
        time.sleep(delay)
    data = pd.concat(ticker_data_list)
    return data
```

코드 6-4 및 6-5의 실행은 다음과 같다.

- 빈 리스트 ticker_data_list를 생성한다.

- 티커 리스트(ticker_list) 안의 각 종목(ticker)에 대해 다음 작업을 반복한다.

  ◦ stock.get_market_fundamental() 혹은 stock.get_market_cap()을 호출해 해당 종목(ticker)의 시장 기본 데이터를 가져온다.

  ◦ 가져온 데이터에 ticker 컬럼을 추가해 해당 데이터가 어떤 종목(ticker)의 것인지 명시한다.

  ◦ 데이터의 인덱스 이름을 날짜(date)로 설정한다.

  ◦ ticker_data_list에 해당 데이터를 추가한다.

  ◦ time.sleep(delay)를 사용해 지정된 딜레이(delay) 시간만큼 대기한다.

- 모든 종목(ticker)의 데이터를 리스트에 모은 후 pd.concat()을 사용해 이 데이터를 하나로 합친다.

- 최종적으로 합쳐진 데이터를 반환한다.

코드 6-4와 코드 6-5로 EPS, BPS 및 주식 수에 대한 데이터를 종목별로 가져올 수 있다. 위의 코드들은 load_stock_data() 코드와 같은 구조를 띤다.

6.2.2.4 펀더멘탈 데이터 교정

앞서 설명했듯이 PyKRX 라이브러리는 액면 분할로 인해 변한 EPS 및 BPS를 계산하지 않는다는 문제가 있다. 코드 6-6은 이를 교정하기 위한 코드이며 펀더멘탈 데이터(fundamental_data) 및 주식 수 데이터(market_cap_data)를 파라미터로 받는다.

코드 6-6 EPS 및 BPS 교정

```python
def fundamental_adjuster(fundamental_data: pd.DataFrame,
                         market_cap_data: pd.DataFrame) -> pd.DataFrame:
    # 현재 주식 수로 나누기
    market_cap_data['shares_div'] = market_cap_data['shares'].div(
        market_cap_data.groupby('ticker')['shares'].transform('last'))
    market_cap_data = market_cap_data[['shares_div', 'ticker']].reset_index()

    # 조정
    data = fundamental_data.reset_index().merge(
        market_cap_data, on=['date', 'ticker']).set_index(['date'])
    data['EPS'] = data['shares_div'] * data['EPS']
    data['BPS'] = data['shares_div'] * data['BPS']

    # 주식 수 바뀐 당일 오류 탐색
    changed_row = data.copy()
    changed_row['previous'] = changed_row.shares_div.shift(1)
    changed_row = changed_row[changed_row.shares_div != changed_row.previous]
    changed_row = changed_row.reset_index().set_index(['ticker', 'date'])

    # 당일 오류 정정
    data = data.reset_index().set_index(['ticker', 'date'])
    for i, index in enumerate(data.index):
        if index in changed_row.index:
            data.loc[index] = data.iloc[i + 1]

    return data.reset_index()[['ticker', 'date', 'BPS', 'EPS']]
```

코드 6-6의 흐름은 다음과 같다.

- `market_cap_data`에 있는 주식 수(shares) 열을 이용해 주식 수로 나눈 값을 주식 수 비율 (shares_div) 열에 추가한다.

- 주식 수 비율(shares_div)과 종목(ticker) 열만 남기고 데이터프레임을 재구성한다.

- 펀더멘탈 데이터(fundamental_data) 및 주식 수 데이터(market_cap_data)를 날짜(date)와 종목(ticker) 기준으로 합친다.

- EPS와 BPS를 주식 수로 조정한다.

- 주식 수가 변경된 날짜를 탐색해 그 날짜에 해당하는 행들을 changed_row에 저장한다.

- 주식 수가 변경된 날짜에 대해 이전 날짜의 값을 가지도록 데이터를 수정한다.

- 최종적으로 종목(ticker), 날짜(date), BPS, EPS 열만 남긴 데이터프레임을 반환한다.

이 흐름을 이해하기 위해 첨가한 표 6-2의 데이터는 PyKRX로 가져온 네이버(종목번호: 035420)의 펀더멘탈 및 주식 수 데이터이다. 네이버는 2018년 10월 12일 1주당 액면가를 기존 500원에서 100원으로 낮춰 재상장을 했고〈참고문헌 6-7〉이에 따라 주식 수는 5배가 됐지만 라이브러리에서는 EPS 및 BPS는 해당 액면 분할로 인한 주식 수 변경이 반영되지 않은 채 값만 1/5로 바뀌었다. 이를 교정해 주기 위해서는 먼저 주식 수를 현재 주식 수로 나눠 변화 비율을 구해야 한다.

표 6-2 교정 전 데이터(좌: 펀더멘탈 데이터, 우: 주식 수 데이터)

날짜	BPS	EPS		날짜	주식 수
2018-09	144477	26562		2018-09	32962679
2018-10	144477	26562		2018-10	164813395
2018-11	28936	5320		2018-11	164813395
2018-12	28936	5320		2018-12	164813395
2019-01	28936	5320		2019-01	164813395

현재 주식 수 대비 주식 수의 비율을 표 6-3에 표현했다. 데이터상 제일 최근(2021년 12월 31일)의 비율을 1로 표시하고 이에 대응하는 비율이 2018년 9월부터 2019년 1월까지 표시돼 있다. 이제 표 6-3의 주식 수 비율과 표 6-2의 펀더멘탈 데이터(좌)를 곱해 EPS 및 BPS 데이터를 교정할 수 있다.

날짜	주식 수 비율
2018-09	0.20093
2018-10	0.20093
2018-11	1.00466
2018-12	1.00466
2019-01	1.00466

표 6-4(좌)에는 표 6-3과 표 6-2(좌)를 곱한 값이 나타나 있다. 단 10월 12일의 네이버 액면 분할이 주식 수 데이터에는 10월부터, 펀더멘탈 데이터에는 11월부터 반영돼 있다. 이러한 시점 불일치도 조정하기 위해 주식 수가 바뀐 시점을 추적해 shift() 함수를 통해 오류를 다시 한 번 수정한 것이 표 6-4의 오른쪽이다.

표 6-4 EPS 및 BPS 교정(좌: 시점 교정 전, 우: 시점 교정 후)

날짜	BPS	EPS	날짜	BPS	EPS
2018-09	29030.02460	5337.15064	2018-09	29030.02460	5337.15064
2018-10	145150.12302	26685.75322	2018-10	29070.81376	5344.78605
2018-11	29070.81376	5344.78605	2018-11	29070.81376	5344.78605
2018-12	29070.81376	5344.78605	2018-12	29070.81376	5344.78605
2019-01	29070.81376	5344.78605	2019-01	29070.81376	5344.78605

6.2.2.5 가치주 지표 산출

코드 6-7에서는 코드 6-6을 통해 교정한 EPS 및 BPS 데이터로 PER 및 PBR 값을 계산한다. 코드 6-7은 주가 데이터(ohlcv_data), 주식 수 데이터(market_cap_data), 펀더멘탈 데이터 (fundamental_data), 전략 이름(strategy_name), 룩백 기간(lookback_period)을 파라미터로 받는다.

코드 6-7 펀더멘탈 데이터 산출

```
def calculate_fundamental(ohlcv_data: pd.DataFrame,
                          market_cap_data: pd.DataFrame,
                          fundamental_data: pd.DataFrame,
                          strategy_name: str,
```

```python
                            lookback_period: int = 12, ) -> pd.DataFrame:
    # 데이터 재구조화(OHLCV)
    data = ohlcv_data[['close', 'ticker']].reset_index().set_index(
        ['ticker', 'date']).unstack(level=0)['close']

    # 데이터 조정 및 재구조화(기본)
    fundamental_data = fundamental_adjuster(fundamental_data=fundamental_data,
                                            market_cap_data=market_cap_data)
    mapping = {'per': 'EPS', 'pbr': 'BPS'}
    target_fundamental = mapping.get(strategy_name)
    fundamental_data = fundamental_data[
        ['date', target_fundamental, 'ticker']].reset_index().set_index(
        ['ticker', 'date']).unstack(level=0)[target_fundamental]

    # 팩터 계산(PER, PBR)
    if strategy_name == "per":
        fundamental_data = fundamental_data.rolling(
            window=lookback_period).sum()
        fundamental_data = data / fundamental_data
    elif strategy_name == 'pbr':
        fundamental_data = data / fundamental_data
    else:
        raise ValueError

    return fundamental_data
```

코드의 흐름은 다음과 같다.

- 주가 데이터(ohlcv_data)에서 종가(close)와 종목(ticker) 열만 선택해 데이터를 재구조화한다.

- fundamental_adjuster() 함수를 사용해 펀더멘탈 데이터(fundamental_data)를 조정한다.

- 전략 이름(strategy_name)에 따라 per 또는 pbr을 선택하고 해당하는 기본 데이터를 가져온다.

- 선택된 기본 데이터를 날짜(date)와 종목(ticker)을 기준으로 재구성한다.

- per 또는 pbr에 따라 팩터(PER 또는 PBR)를 계산한다.

- per이면 룩백 기간(lookback_period)동안의 EPS 합을 계산하고, 그것을 주가 데이터(ohlcv_data)로 나눠서 계산한다.

- pbr이면 주가 데이터를 해당하는 BPS로 나눠서 계산한다.

기존 모멘텀 지표 산출을 위한 코드에서는 주가 데이터를 재구조화했다. 기본 지표를 산출하기 위해서도 같은 재구조화를 거쳐야 한다. 코드 6-7을 보면 먼저 기본 데이터와 주식 수 데이터를 사용해 EPS 및 BPS를 교정한 뒤 해당 값을 똑같은 방식으로 재구조화한다. 그리고 사용할 방식에 맞춰 기본 지표를 계산한다. 삼성증권의 경우 PER 전략은 1년의 룩백 기간을 고려했고 PBR 전략은 현재 PBR을 고려했다. 이 책에서도 같은 룩백 기간을 사용해 시뮬레이션을 진행할 것이다. 지표를 구한 뒤 현재 주가에서 EPS 및 BPS를 나눠 PER 및 PBR의 계산이 끝나게 된다.

6.2.2.6 팩터 시뮬레이션 수정

이렇게 구한 기본 데이터를 6.2.1에서 일반화한 `simulate_factor()` 함수에서 이용하게 된다. 더해진 전략인 PER 및 PBR을 추가하기 위해 해당 코드를 일부 변형시켜 보자. 다음 코드는 주가 데이터(ohlcv_data), 주식 수 데이터(market_cap_data), 펀더멘탈 데이터(fundamental_data), 룩백 기간(lookback_period), 스킵 기간(skip_period), 전략 이름(strategy_name), 구매 비율(buying_ratio)을 받는다.

코드 6-8 팩터 전략 시뮬레이션 코드(PER 및 PBR 추가)

```
def simulate_factor(ohlcv_data: pd.DataFrame,
                    market_cap_data: Optional[pd.DataFrame],
                    fundamental_data: Optional[pd.DataFrame],
                    lookback_period: Optional[int],
                    skip_period: Optional[int],
                    strategy_name: str,
                    buying_ratio: float = 0.1) -> Account:
    # 계좌 및 브로커 선언
    account = Account(initial_cash=100000000)
    broker = Broker()

    # 팩터 계산
    if strategy_name == 'relative':
        factor_data = calculate_momentum(ohlcv_data=ohlcv_data,
                                         lookback_period=lookback_period,
                                         skip_period=skip_period, )
```

```python
    elif strategy_name in {'per', 'pbr'}:
        factor_data = calculate_fundamental(ohlcv_data=ohlcv_data,
                                            market_cap_data=market_cap_data,
                                            fundamental_data=fundamental_data,
                                            lookback_period=lookback_period,
                                            strategy_name=strategy_name)
    else:
        raise ValueError

    for date, ohlcv in ohlcv_data.groupby(['date']):
        # 주문 집행 및 계좌 갱신
        transactions = broker.process_order(dt=date, data=ohlcv,
                                            orders=account.orders)
        account.update_position(transactions=transactions)
        account.update_portfolio(dt=date, data=ohlcv)
        account.update_order()

        # 팩터 전략을 이용해 포트폴리오 구성
        factor_data_slice = factor_data.loc[date]
        weights = get_factor_weight(factor_data=factor_data_slice,
                                    buying_ratio=buying_ratio,
                                    strategy_name=strategy_name)

        print(f'Portfolio: {weights}')
        if weights is None:
            continue

        # 주문 생성
        rebalance(dt=date, data=ohlcv, account=account, weights=weights)

    return account
```

코드 6-8의 흐름은 다음과 같다.

- 계좌(Account) 클래스와 중개인(Broker) 클래스를 초기화해 계좌와 브로커를 선언한다.

- 전략 이름(strategy_name)에 따라 팩터 계산을 수행한다.

  ○ 모멘텀(relative)이면 calculate_momentum() 함수를 호출해 모멘텀을 계산한다.

  ○ per 또는 pbr이면 calculate_fundamental() 함수를 호출해 PER 또는 PBR를 계산한다.

- 주가 데이터(ohlcv_data)를 날짜(date)로 묶어 반복하며 각 날짜마다 주문을 처리하고 계좌를 업데이트한다.

- 주어진 팩터 전략 결과(factor_data)를 기반으로 포트폴리오를 구성한다.

- get_factor_weight() 함수를 사용해 각 전략에 대한 가중치(weights)를 계산한다.

- 계산된 가중치(weights)에 따라 주문을 생성하고 재조정을 수행한다.

6.2.2.7 가치주 전략 실행

해당 전략을 실행하는 코드는 코드 6-9~11과 같다. 표 6-5의 유니버스는 KOSPI 200에서 랜덤하게 가져왔다.[4]

표 6-5 유니버스 테이블

Ticker	주식명
000660	SK하이닉스
005490	POSCO홀딩스
051910	LG화학
006400	삼성SDI
005380	현대차
000270	기아
012330	현대모비스
068270	셀트리온
105560	KB금융
096770	SK이노베이션
055550	신한지주
066570	LG전자
047050	포스코인터내셔널
032830	삼성생명
015760	한국전력
086790	하나금융지주

---

4 본 장에는 이전의 장보다 종목 수가 많다. 이는 7장에서 소개할 멀티 팩터 전략 구현을 위한 것으로 풍부해진 유니버스는 군집화와 전체 전략의 헷징(Hedging) 등에 용이하게 쓰일 것이다. 단 개별 팩터의 구현을 위해서는 종목을 기존에 사용한 종목들로 사용해도 좋다.

Ticker	주식명
000810	삼성화재
033780	KT&G
034730	SK
034020	두산에너빌리티
009150	삼성전기
138040	메리츠금융지주
010130	고려아연
001570	금양
010950	S-Oil
024110	기업은행
030200	KT
051900	LG생활건강
009830	한화솔루션
086280	현대글로비스
011170	롯데케미칼
012450	한화에어로스페이스
036570	엔씨소프트
005830	DB손해보험
161390	한국타이어앤테크놀로지
034220	LG디스플레이
004020	현대제철
032640	LG유플러스
097950	CJ제일제당
000720	현대건설
006800	미래에셋증권
006260	LS
010620	현대미포조선
011780	금호석유
078930	GS
005940	NH투자증권
029780	삼성카드
128940	한미약품
035250	강원랜드

Ticker	주식명
016360	삼성증권
021240	코웨이
010120	LS ELECTRIC
052690	한전기술
008770	호텔신라
071050	한국금융지주
000990	DB하이텍
001450	현대해상
020150	롯데에너지머티리얼즈
039490	키움증권
111770	영원무역
000880	한화
004370	농심
036460	한국가스공사
007070	GS리테일
138930	BNK금융지주
139480	이마트

코드 6-9 데이터 불러오기

```
# 데이터 시작과 끝 날짜 정의
fromdate = '2013-04-01'
todate = '2021-12-31'

# 투자할 종목 후보 정의
ticker_list = ['000660', '005490', '051910', '006400', '005380', '000270',
               '012330', '068270', '105560', '096770', '055550', '066570',
               '047050', '032830', '015760', '086790', '000810', '033780',
               '034730', '034020', '009150', '138040', '010130', '001570',
               '010950', '024110', '030200', '051900', '009830', '086280',
               '011170', '012450', '036570', '005830', '161390', '034220',
               '004020', '032640', '097950', '000720', '006800', '139480',
               '006260', '010620', '011780', '078930', '005940', '029780',
               '128940', '035250', '016360', '021240', '010120', '052690',
               '008770', '071050', '000990', '001450', '020150', '039490',
               '111770', '000880', '004370', '036460', '007070', '138930',]
# 데이터 불러오기
data_loader = PykrxDataLoader(fromdate=fromdate, todate=todate, market="KOSPI")
```

```
ohlcv_data = data_loader.load_stock_data(ticker_list=ticker_list, freq='m',
                                          delay=1)
fundamental_data = data_loader.load_fundamental_data(ticker_list=ticker_list,
                                                     freq='m', delay=1)
market_cap_data = data_loader.load_market_cap_data(ticker_list=ticker_list,
                                                   freq='m', delay=1)
```

코드 6-10 PER전략 실행하기

```
# 시뮬레이션 시작일
simulation_fromdate = '2017-02-01'

# 룩백 기간, 생략 기간 정의
lookback = 12
offset = 0
total_lookback = get_lookback_fromdate(fromdate=simulation_fromdate,
                                       lookback=lookback + offset, freq='m')



# 매수 비율 정의
ratio = 0.1

# 전략 정의
strategy = 'per'

# PER 가치 전략 실행하기
account_per = simulate_factor(ohlcv_data=ohlcv_data[total_lookback:],
                              market_cap_data=market_cap_data[total_lookback:]),
                              fundamental_data=fundamental_data[total_lookback:]),
                              lookback_period=lookback,
                              skip_period=offset,
                              strategy_name=strategy,
                              buying_ratio=ratio)
```

코드 6-11 PBR전략 실행하기

```
# 룩백 기간, 생략 기간 정의
lookback = 1
offset = 0
total_lookback = get_lookback_fromdate(fromdate=simulation_fromdate,
                                       lookback=lookback + offset, freq='m')
```

```
# 매수 비율 정의
ratio = 0.1

# 전략 정의
strategy = 'pbr'

# PBR 가치 전략 실행하기
account_pbr = simulate_factor(ohlcv_data=ohlcv_data[total_lookback:],
                              market_cap_data=market_cap_data[total_lookback:]),
                              fundamental_data=fundamental_data[total_lookback:]),
                              lookback_period=lookback,
                              skip_period=offset,
                              strategy_name=strategy,
                              buying_ratio=ratio)
```

두 코드를 동일 시점에 실행하기 위해 get_lookback_fromdate() 함수를 써서 데이터의 길이를 맞춰줬다. 또한 데이터를 불러올 시작일(fromdate)과 시뮬레이션 시작일(simulation_fromdate)이 서로 다르므로 두 변수를 정의했다. 특히 시뮬레이션 시작일 변수는 다른 전략 실행 코드에서도 동일하게 사용할 것이다. 이후 시각화 코드를 수행한 결과는 다음과 같다. 시각화 코드는 4.3에서 소개된 것과 동일해 설명하지 않는다.

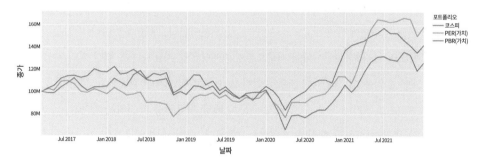

그림 6-5 PER과 PBR 결과

그림 6-6을 보면 2017년 2월부터 2021년 12월까지 수행 시 PER의 경우 약 1.58배의 수익, PBR의 경우 1.26배의 수익을 기록하고 있다. 벌어들인 수익보다 회사 전체의 규모에 집중하는 PBR 전략이 경기 하방이거나 횡보일 때는 PER 전략에 우세하다가 경기가 상승하면 PER이 급격하게 오르는 것을 볼 수 있다. 이는 똑같은 가치 투자임에도 불구하고 PER이 더욱 시장을

민감하게 받아들인다는 것으로 이해할 수 있다.

표 6-6 4가지 평가 지표(PER vs PBR vs KOSPI)

	CAGR	MDD	샤프 비율	소티노 비율
PER	**0.0982**	**−0.2996**	**0.5498**	**0.9436**
PBR	0.0492	−0.4434	0.3237	0.4698
코스피	0.0744	−0.3163	0.5033	0.7868

3.2.2절에 소개된 코드로 만든 평가 지표로 가치 전략의 결과를 분석한 게 표 6-6에 나타나 있다. 4가지 지표 모두 PER, 코스피, PBR 순으로 결과가 좋은 것으로 나타났으며, PER과 코스피가 샤프 비율에서는 차이가 크지 않는 데 반해 소티노 비율에서는 큰 차이를 보인다. 이는 PER 전략의 MDD가 작은 데서 기인한다고 볼 수 있다.

6.2.3 배당 전략

코로나로 인해 각국에서 시중에 풀은 돈을 거둬들이기 위해 고금리 시대가 시작됐다. 이와 함께 경기가 침체하면서 사람들이 관심을 가진 주식은 **배당주**이다. 왜 사람들은 배당주를 얘기했을까? 배당 전략을 알아보기 전에 **배당금**에 대해 알아보자. 배당금은 기업이 벌어들인 이익의 일부를 기업의 주주에게 현금으로 나눠주는 것을 의미한다. 보통 우리나라 기업은 회계 연도 결산 월이 12월이기 때문에 이때를 기준으로 1년 배당금을 지급하는데, 결산 월의 기업이 1년 동안 벌어들인 수익을 계산해 배당금으로 얼마를 지급할 것인지를 결정한다. 배당금은 1년에 한 번 줄 수도 있고 분기마다 줄 수도 있기 때문에 **배당 지급일**을 확인하는 게 좋다. 불확실성으로 가득 찬 주식 시장에서 확실한 것 중 하나인 배당, 그럼 과연 배당주의 인기는 단순히 배당 수익을 기대할 수 있어서일까?

경기가 나쁘거나 주식 시장이 하락세일 때 배당주는 일종의 경기 방어주로서 역할을 한다. 주식의 배당률에는 배당금을 배당 기준일의 주가로 나누는 시가 배당률과 현재 주가로 나누는 배당 수익률이라는 개념이 있다.

$$배당\ 수익률 = \frac{배당금}{현재\ 주가}$$

삼성전자가 2020년 12월 기준으로 배당금을 계산해 1년간 1,000원의 배당금을 준다고 생각해보자. 2021년 4월에는 주가가 높아서 80,000원이라고 가정하면 해당 시점에 배당 수익률은 1.25%가 될 것이다. 그러나 주가가 하락한 9월경의 시점에서는 주가가 약 50,000원이라고 가정할 때 배당 수익률이 2%로 올라가게 된다. 이러면 해당 주식이 투자자의 시선을 끌 수 있고 따라서 매수세의 기대와 더불어 바닥을 지지해주는 힘이 생긴다. 반대로 주가가 반등하는 시기에는 배당 수익률의 상승 폭이 시장 상승률 대비 크지 않은 것도 사실이다. 즉 배당주는 움직임이 상대적으로 완만하고 변동성을 잡는 효과가 있어 7.3의 멀티 팩터 투자 포트폴리오에 편입시키는 게 좋다. 배당 팩터는 후술할 로우볼 팩터와 상관관계가 매우 높으며 가치주 팩터와는 상관관계가 크지 않다.

그림 6-6 투자한 만큼 받는 배당금

배당 수익률을 바탕으로 한 방법도 가치주와 같이 펀더멘탈 투자에 해당한다. 배당이 회사의 수익이나 내재적 가치에 의해 결정되기 때문이다. 같은 펀더멘탈 분석이니만큼 코드는 PER 및 PBR에 해당하는 가치주 투자와 유사하다.

6.2.3.1 배당을 추가한 펀더멘탈 데이터 산출 및 계산

배당은 6.2.2의 가치 전략처럼 펀더멘탈 데이터를 사용한다. 즉 6.2.2.4에서 했던 똑같은 교정 또한 배당 관련 펀더멘탈 데이터에도 적용해야 한다. 코드의 파라미터와 흐름은 코드 6-6 및 6-7과 같아서 설명하지 않는다.

```python
def fundamental_adjuster(fundamental_data: pd.DataFrame,
                         market_cap_data: pd.DataFrame) -> pd.DataFrame:
    # 현재 주식 수로 나누기
    market_cap_data['shares_div'] = market_cap_data['shares'].div(
        market_cap_data.groupby('ticker')['shares'].transform('last'))
    market_cap_data = market_cap_data[['shares_div', 'ticker']].reset_index()

    # 조정
    data = fundamental_data.reset_index().merge(
        market_cap_data, on=['date', 'ticker']).set_index(['date'])
    data['EPS'] = data['shares_div'] * data['EPS']
    data['BPS'] = data['shares_div'] * data['BPS']
    data['DPS'] = data['shares_div'] * data['DPS']

    # 주식 수 바뀐 당일 오류 탐색
    changed_row = data.copy()
    changed_row['previous'] = changed_row.shares_div.shift(1)
    changed_row = changed_row[changed_row.shares_div != changed_row.previous]
    changed_row = changed_row.reset_index().set_index(['ticker', 'date'])

    # 당일 오류 정정
    data = data.reset_index().set_index(['ticker', 'date'])
    for i, index in enumerate(data.index):
        if index in changed_row.index:
            data.loc[index] = data.iloc[i + 1]

    return data.reset_index()[['ticker', 'date', 'BPS', 'EPS', 'DPS']]


def calculate_fundamental(ohlcv_data: pd.DataFrame,
                          market_cap_data: pd.DataFrame,
                          fundamental_data: pd.DataFrame,
                          strategy_name: str,
                          lookback_period: int = 12, ) -> pd.DataFrame:

    # 데이터 재구조화(OHLCV)
    data = ohlcv_data[['close', 'ticker']].reset_index().set_index(
        ['ticker', 'date']).unstack(level=0)['close']

    # 데이터 조정 및 재구조화(기본)
    fundamental_data = fundamental_adjuster(fundamental_data=fundamental_data,
                                            market_cap_data=market_cap_data)
    mapping = {'per': 'EPS', 'pbr': 'BPS', 'dividend': 'DPS'}
    target_fundamental = mapping.get(strategy_name)
    fundamental_data = fundamental_data[
        ['date', target_fundamental, 'ticker']].reset_index().set_index(
        ['ticker', 'date']).unstack(level=0)[target_fundamental]
```

```
# 팩터 계산(PER, PBR, 배당)
if strategy_name == "per":
    fundamental_data = fundamental_data.rolling(
        window=lookback_period).sum()
    fundamental_data = data / fundamental_data
elif strategy_name == 'pbr':
    fundamental_data = data / fundamental_data
elif strategy_name == 'dividend':
    fundamental_data = fundamental_data / data
else:
    raise ValueError

return fundamental_data
```

코드 6-12에서는 PER 및 PBR 전략을 구동했던 코드에서 **DPS**를 사용한 데이터가 추가됐다. DPS는 **dividend per share**의 약자로 전체 배당 금액을 발행 주식 수로 나눈 것이다.

$$DPS = \frac{\text{전체 배당금액}}{\text{발행 주식 수}}$$

액면 분할이 이 데이터에도 반영 안 되는 문제가 있어 같은 방식으로 에러를 보정했고 현재 주가와 비교해 보기 위해 주가에서 나눠주면서 전략에 필요한 지표를 완성시켰다.

6.2.3.2 배당 전략 실행

배당 전략을 실행하는 코드가 코드 6-13에 나타나 있다.

코드 6-13 배당 전략 실행하기

```
# 룩백 기간, 생략 기간 정의
lookback = 1
offset = 0
total_lookback = get_lookback_fromdate(fromdate=simulation_fromdate,
                                        lookback=lookback + offset, freq='m')


# 매수 비율 정의
ratio = 0.1

# 전략 정의
```

```
strategy = 'dividend'
```

```
# 배당 전략 실행하기
account_pbr = simulate_factor(ohlcv_data=ohlcv_data[total_lookback:],
                              market_cap_data=market_cap_data[total_lookback:]),
                              fundamental_data=fundamental_data[total_lookback:]),
                              lookback_period=lookback,
                              skip_period=offset,
                              strategy_name=strategy,
                              buying_ratio=ratio)
```

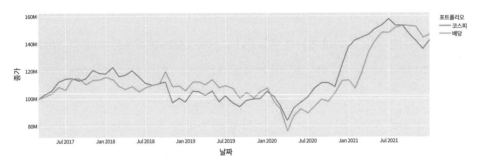

그림 6-7 배당 전략 결과

그림 6-8에서는 배당 전략이 약 1.5배의 수익을 기록해 최종 수익률은 PER 전략과 유사하지만 코로나 이전 구간에서 PER 전략과 다른 패턴을 보임을 확인할 수 있다. 같은 기본적 투자 방법임에도 불구, 경기 방어주의 특성상 PER 전략에 비해 폭등 구간에서의 수익률은 저조했다. 대신 횡보 및 하락장에서는 PER보다 좋은 수익률을 보여주는 안정적인 전략이라고 판단할 수 있다.

표 6-7 4가지 평가 지표(배당 vs KOSPI)

	CAGR	MDD	샤프 비율	소티노 비율
배당	**0.0809**	−0.3619	**0.5069**	0.7854
코스피	0.0744	**−0.3163**	0.5033	**0.7868**

배당 전략의 성과 측정 결과는 그래프에 보이듯이 코스피와 비슷하게 나왔다. 표 6-7을 보면 누적 및 연간 수익률의 경우 배당 전략이 앞섰으나 최대 손실 낙폭이 코스피를 우회해 샤프 비율과 코스피보다 좋음에도 불구하고 소티노 비율은 더 나쁨을 알 수 있다.

276

6.2.3.3 팩터 시뮬레이션 일반화

주목할 부분은 아주 적은 코드의 변형을 통해 배당 전략을 구현했다는 점이다. 모든 전략이 같은 원리에 기반해 제작됐으므로 simulate_factor() 함수를 일반화해 만들면 나머지 지표 산출 부분만 각 전략에 맞춰서 작성하면 될 것이다. 코드 6-8에서 거래 주체 데이터(trader_data) 파라미터가 추가됐다.

코드 6-14 팩터 전략 시뮬레이션 코드(전체 포괄)

```python
def simulate_factor(ohlcv_data: pd.DataFrame,
                    market_cap_data: Optional[pd.DataFrame],
                    fundamental_data: Optional[pd.DataFrame],
                    trader_data: Optional[pd.DataFrame],
                    lookback_period: Optional[int],
                    skip_period: Optional[int],
                    strategy_name: str,
                    buying_ratio: float = 0.1) -> Account:
    # 계좌 및 브로커 선언
    account = Account(initial_cash=100000000)
    broker = Broker()

    # 팩터 계산
    if strategy_name == 'relative':
        factor_data = calculate_momentum(ohlcv_data=ohlcv_data,
                                         lookback_period=lookback_period,
                                         skip_period=skip_period, )
    elif strategy_name in {'per', 'pbr', 'dividend'}:
        factor_data = calculate_fundamental(ohlcv_data=ohlcv_data,
                                            market_cap_data=market_cap_data,
                                            fundamental_data=fundamental_data,
                                            lookback_period=lookback_period,
                                            strategy_name=strategy_name)
    elif strategy_name == 'small':
        factor_data = calculate_small(ohlcv_data=ohlcv_data,
                                      market_cap_data=market_cap_data)
    elif strategy_name in {'individual', 'institutional', 'foreign'}:
        factor_data = calculate_trader(ohlcv_data=ohlcv_data,
                                       market_cap_data=market_cap_data,
                                       trader_data=trader_data,
                                       lookback_period=lookback_period,
                                       strategy_name=strategy_name)
    elif strategy_name == 'lowvol':
        factor_data = calculate_lowvol(ohlcv_data=ohlcv_data,
                                       lookback_period=lookback_period)
```

```
    else:
        raise ValueError

    for date, ohlcv in ohlcv_data.groupby(['date']):
        # 주문 집행 및 계좌 갱신
        transactions = broker.process_order(dt=date, data=ohlcv,
                                            orders=account.orders)
        account.update_position(transactions=transactions)
        account.update_portfolio(dt=date, data=ohlcv)
        account.update_order()

        # 팩터 전략을 이용해 포트폴리오 구성
        factor_data_slice = factor_data.loc[date]
        weights = get_factor_weight(factor_data=factor_data_slice,
                                    buying_ratio=buying_ratio,
                                    strategy_name=strategy_name)

        print(f'Portfolio: {weights}')
        if weights is None:
            continue

        # 주문 생성
        rebalance(dt=date, data=ohlcv, account=account, weights=weights)

    return account
```

코드의 흐름은 다음과 같다.

- 주어진 주가 데이터(ohlcv_data), 주식 수 데이터(market_cap_data), 펀더멘탈 데이터
  (fundamental_data), 거래 주체 데이터(trader_data) 등을 활용해 팩터를 계산한다.

  ○ 모멘텀(relative) 전략: calculate_momentum() 함수를 사용해 모멘텀을 계산한다.

  ○ per, pbr, 배당(dividend) 전략: calculate_fundamental() 함수를 사용해 PER, PBR
    또는 배당을 계산한다.

  ○ 소형주(small) 전략: calculate_small() 함수를 사용해 작은 규모의 주식에 대한 팩
    터를 계산한다.

  ○ 개인(individual), 기관(institutional), 외국인(foreign) 전략: calculate_trader()
    함수를 사용해 투자자 유형별 팩터를 계산한다.

278

- 로우볼(lowvol) 전략: calculate_lowvol() 함수를 사용해 저변동성 주식에 대한 팩터를 계산한다.

- 각 날짜의 주가 데이터(ohlcv_data)를 날짜(date)로 묶어 반복하며 주문을 처리하고 계좌를 업데이트한다.

- 주어진 팩터 전략(factor_data)을 기반으로 포트폴리오를 구성한다.

- get_factor_weight() 함수를 사용해 각 전략에 대한 가중치(weights)를 계산한다.

- 계산된 가중치(weights)에 따라 주문을 생성하고 재조정을 수행한다.

앞서 소개한 배당 전략을 PER 및 PBR 전략과 함께 묶으면서도 미리 다른 전략들을 실행하는 코드도 조건문을 활용해 코드 6-14에 표현했다. 각 산출 방식에 맞게 적절한 파라미터를 전달해 모든 전략을 수행할 수 있는 공통 실행 코드를 이어지는 장에서도 활용할 것이다.

6.2.4 소형주 전략

소형주 팩터란 소형주의 주가수익률이 대형주보다 높은 현상이다. 여기서 소형주, 대형주는 시가 총액을 기준으로 한다. 소형주는 기준에 따라 다른데, 예를 들어 코스피 시장에서는 시가 총액 1위부터 100위까지가 대형주, 101위부터 300위까지가 중형주 그리고 301위 이하부터를 소형주로 분류하는 한편, 코스닥 시장에는 401위 이하의 종목들을 소형주로 분류한다. 많은 투자금은 코스피200 같은 대표적이고 거대한 지수에 몰리고, 오히려 시가 총액이 작은 주식에 투자해서 손해를 보았다는 사람도 많은데 소형주 프리미엄은 왜 생기는 것일까?

여기에는 여러 설명이 존재한다. 대표적인 **리스크 프리미엄 관점**의 설명은 소형주가 대형주에 비해 시장에서 지닌 상대적으로 높은 변동성과 리스크에 기인한다는 것이다. 시가 총액이 작은 회사들은 자금 조달이 어렵거나 경쟁력이 낮을 수 있고 경영 위기에 놓일 가능성도 크다. 내재적으로 가지고 있는 시장 위험 프리미엄이 높은 레버리지를 만든다는 것이다. 소형주에 대한 정보 부족을 소형주 프리미엄의 이유로 꼽는 **행동주의 관점**도 존재한다. 주식의 가치 평가에 애널리스트의 관심을 충분히 받지 못해 적절한 평가가 되지 않아서 상대적으로 저평가가 돼 있을 수 있다는 관점이다. 이러한 정보 비대칭 때문에 효율적인 가격 형성이 이뤄지지 않고 투자자는 그에 따른 매매 차익을 노린다는 설명이다. 이외에도 저렴한 페니 스톡[5]에 대한 투자자의 선호로 설명하거나 주기성에 주목해 세금을 줄이는 목적으로 설명하는 1월 효과[6]도 있다.

소형주 팩터의 실효성에 대해서는 많은 논란이 있으나 5 팩터 모델에 있는 전략인 만큼 그 효과를 실험할 필요가 있다. 특히 소형주 팩터는 멀티 팩터 투자 포트폴리오를 구성할 때 이점이 있는데 소형주 전략을 편입시켜서 포트폴리오를 다변화할 수 있기 때문이다. 또한 소형주는 주식 시장에서 다른 종목들과 상관관계가 낮을 수 있기 때문에 통계적으로 다양한 종목을 한 바구니에 담을 수 있다.

그림 6-8 소형주를 담아보자

기존의 코드를 충실히 따라왔으면 소형주 전략의 구현은 어렵지 않게 할 수 있다. 배당 전략 장에서 전체를 포괄하는 실행 함수를 구축했고 소형주 전략은 주식 수에 의존함으로써 새로이 개발할 부분은 지표 산출밖에 없다.

6.2.4.1 소형주 지표 산출

다른 전략과 마찬가지로 소형주 전략에 사용될 지표를 구하는 코드는 코드 6-15과 같이 구성된다. 다음 코드는 주가 데이터(ohlcv_data)와 주식 수 데이터(market_cap_data)를 받는다.

---

5 저가 주식을 나타내는 용어로 미국의 경우 보통 5달러 미만의 주식을 통칭
6 연초에 투자자들이 세금 관련 결정을 고려하면서 나타나는 주식 시장의 경향

코드 6-15 소형주 지표 산출

```python
def calculate_small(ohlcv_data: pd.DataFrame,
                    market_cap_data: pd.DataFrame) -> pd.DataFrame:
    # 데이터 재구조화(OHLCV)
    data = ohlcv_data[['close', 'ticker']].reset_index().set_index(
        ['ticker', 'date']).unstack(level=0)['close']

    # 데이터 재구조화(주식 수)
    market_cap_data = market_cap_data[['shares',
                                       'ticker']].reset_index().set_index(
        ['ticker', 'date']).unstack(level=0)['shares']

    # 시장 데이터 날짜 수정
    market_cap_data = date_adjust(index_df=data, df=market_cap_data)

    # 팩터 계산(시가 총액)
    market_cap_data = market_cap_data * data

    return market_cap_data
```

코드의 흐름은 다음과 같다.

- 주가 데이터(ohlcv_data)에서 종가(close)와 종목(ticker) 열만 선택해 데이터를 재구조화한다.

- 주식 수 데이터(market_cap_data)에서 주식 수 비율(shares)과 종목(ticker) 열만 선택해 데이터를 재구조화한다.

- date_adjust() 함수를 사용해 주식 수 데이터(market_cap_data)의 날짜를 인덱스에 맞게 수정한다.

- 주가 데이터(ohlcv_data)를 날짜(date)에 맞게 조정한 후 주식 수 데이터(market_cap_data)를 주가 데이터(ohlcv_data)로 곱해 소형주에 대한 팩터에 해당하는 시가 총액을 계산한다.

6.2.4.2 소형주 전략 실행

다른 전략과 마찬가지로 소형주 전략도 전략 이름(strategy_name)을 지정해서 실행하면 된다. 관련 코드와 결과는 코드 6-16 및 그림 6-10에 표현돼 있다.

```
# 룩백 기간, 생략 기간 정의
lookback = 1
offset = 0
total_lookback = get_lookback_fromdate(fromdate=simulation_fromdate,
                                       lookback=lookback + offset, freq='m')

# 매수 비율 정의
ratio = 0.1

# 전략 정의
strategy = 'small'

# 소형주 전략 실행하기
account_small = simulate_factor(
    ohlcv_data=ohlcv_data[total_lookback:],
    market_cap_data= market_cap_data[total_lookback:],
    fundamental_data=None,
    trader_data=None,
    lookback_period=lookback,
    skip_period=offset,
    strategy_name=strategy,
    buying_ratio=ratio)
```

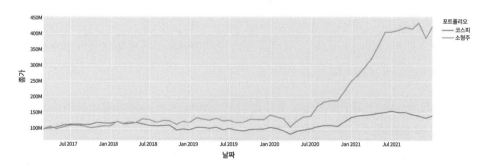

그림 6-9 소형주 전략 결과

표 6-8 4개 평가 지표(소형주 vs KOSPI)

	CAGR	MDD	샤프 비율	소티노 비율
소형주	**0.3416**	**−0.2691**	**1.2191**	**2.3714**
코스피	0.0744	−0.3163	0.5033	0.7868

소형주 전략은 이 책에서 다루는 팩터 전략 중 가장 수익률이 높은 전략으로 동일 기간 약 4.2 배의 수익률을 기록했다. 표 6-8을 보면 연간 수익률이 34%로 매우 높음을 알 수 있고 그에 따라 샤프 비율 및 소티노 비율도 매우 좋다. 소형주 전략이 이렇게까지 수익이 잘 나는 이유 중 하나는 타 전략과는 다른 종목을 추천한다는 점이다. 시가 총액이 작은 종목을 고르는 만큼 시장에 새로 진입한 종목을 빠르게 투자에 편입시킬 수 있고, 이러한 종목들이 시가 총액이 큰 종목보다 상대적으로 성장 가능성이 크거나 저평가돼 있다고 해석할 수 있다. 한편으로는 소형주의 특성상 위험성이 높은 만큼 수익률도 좋을 것이라는 기술적인 평가를 내릴 수도 있다. 단 소형주는 서술했듯이 높은 위험성을 가지고 있다. 다른 전략과 함께 쓸 때 위험을 피하면서도 높은 수익률을 꾀하기에 앙상블 전략에 활용할 경우 더욱 빛을 발하는 전략이라고 할 수 있다.

6.2.5 로우볼 전략

앞서 소개한 CAPM 등 전통적인 재무 이론은 체계적 위험이 높은 주식일수록 기대 수익률이 높아야 한다고 주장한다. 그래서 투자자가 포트폴리오를 선택할 때 가장 중요한 변수는 위험과 기대 수익률이 된다. 바로 앞에 말한 소형주 프리미엄도 소형주의 리스크를 미래 수익률의 변동으로 인식해 프리미엄을 낸다고 설명한다. 하지만 **저변동성 이상 현상**^{Low Volatility Anomaly}은 이러한 이론과 상반되게 위험이 높은 주식이 낮은 주식보다 낮은 수익률을 가져온다는 현상으로 다양한 국가의 주식 시장에서 발견되고 있다〈참고문헌 6-8〉.

'하이 리스크, 하이 리턴'이라는 재무 이론의 통념과 반대되는 이 현상을 설명하는 데는 여러 방법이 있다. 기존의 재무 이론에서는 투자자가 이성적이고 합리적이라는 가정을 하는 반면 실제로 투자자는 반드시 합리적인 판단을 하지 않는다는 게 대표적 이유이다. 본인의 능력을 과신해 향후 시장을 예측할 수 있다고 믿고 변동성이 큰 고변동성 주식 시장을 선호하는 투자자가 많아지면 고변동성 종목에 대한 수요가 증가한다. 이렇게 시장에서 일시적으로 고평가된 주식을 상대적으로 투자 지식과 경험이 많은 기관 투자자가 해소할 것으로 기대하나 기관 투자자의 운용 특성상 레버리지 활용이 제한돼 있어서 이렇게 고평가된 주식을 실제 가치보다 더 많이 담는 선택을 하게 된다. 이렇게 개인에서 시작된 고평가가 기관과 지수에까지 반영되고 저변동성 이상 현상이 시장에 남게 된다는 것이다.

흔히 로우볼이라고 불리는 이러한 이상 현상은 퀀트 투자에 있어 매력적인 요소로 다가온다. 투자자가 더 낮은 리스크로 높은 수익을 올릴 수 있다는 뜻이다. 대규모의 급락은 피하면서 주식 시장에 뛰어들고자 할 때 투자자는 저변동성 전략을 이용해 투자 리스크를 관리할 수 있다. 멀티 팩터 투자 포트폴리오를 구성할 때도 저변동성 전략이 리스크 관리에 영향을 주는 이점을 고려해 수익률과 리스크 두 마리 토끼를 꾀할 수 있는 것이다.

6.2.5.1 로우볼 지표 산출

우선 로우볼 지푯값을 산출하는 코드는 코드 6-17과 같다. 코드는 주가 데이터(ohlcv_data)와 룩백 기간(lookback_period)을 받는다.

코드 6-17 로우볼 지표 산출

```python
def calculate_lowvol(ohlcv_data: pd.DataFrame,
                     lookback_period: int) -> pd.DataFrame:
    # 데이터 재구조화
    data = ohlcv_data[['close', 'ticker']].reset_index().set_index(
        ['ticker', 'date']).unstack(level=0) ['close']

    # 팩터 계산(표준 편차)
    std_data = data.pct_change().rolling(lookback_period).std()

    return std_data
```

코드의 흐름은 다음과 같다.

- 주가 데이터(ohlcv_data)에서 종가(close)와 종목(ticker) 열만 선택해 데이터를 재구조화한다.
- 주식별로 데이터를 그룹화하고 룩백 기간(lookback_period)의 수익률 변화를 std() 함수를 통해 계산한다.
- 수익률의 이동 표준 편차를 계산해 로우볼 팩터에 해당하는 std_data를 반환한다.

6.2.5.2 일별 데이터 구하기

대게 로우볼 전략을 구성할 시 윈도우를 약 60일로 보고 있다. 기존에 월 단위 데이터로 시뮬레이션을 돌렸으므로 한 달에 속한 거래일이 21일이니 룩백 기간 윈도우를 3개월로 설정할 수도 있지만, 그러면 한 종목에 대해 3개 시점만의 표준 편차를 구하는 것으로 전략이 추구하는 지표라고 할 수 없다. 이를 위해 로우볼에서는 코드 6-18에 나타난 것처럼 주가를 월별 데이터가 아닌 일별 데이터를 사용할 것이다.

코드 6-18 데이터 불러오기

```
ohlcv_data_day = data_loader.load_stock_data(ticker_list=ticker_list, freq='d',
                                             delay=1)
```

그러나 해당 데이터로 전략을 수행할 경우 현재의 simulate_factor() 함수에서는 매일 리밸런싱을 진행하게 된다. 단 리밸런싱이 실행되는 시점을 매달 말일로 제한하기 위해 먼저 일별 데이터에서 매달 말일을 추출하는 코드 6-19를 살펴보자. 코드는 일자별 데이터(df)를 받는다.

코드 6-19 매달 말일 산출

```
def downsample_df(df: pd.DataFrame) -> pd.DataFrame:
    data = df.copy()
    data.index = pd.to_datetime(data.index)
    data['date'] = data.index
    data = data.resample('M').apply('last')

    return data.set_index(pd.DatetimeIndex(data.date)).drop(columns=['date'])
```

코드의 흐름은 다음과 같다.

- 주어진 데이터프레임(df)을 복사해 data에 저장한다.

- 데이터프레임의 인덱스를 날짜 형식으로 변경하고 날짜(date) 열을 현재 인덱스로 복사한다.

- 데이터를 월 단위(M은 월 단위를 나타내는 기간 문자열)로 리샘플링하고 각 월의 마지막 데이터만을 선택한다.

- 날짜(date)를 새로운 인덱스로 설정하고 날짜(date) 열은 삭제해 최종적으로 매월 마지막 데이터로 구성된 새로운 데이터프레임을 반환한다.

PyKRX 데이터 로더는 주가 데이터를 월별로 가져올 때 실제 거래 말일이 아닌 달력의 말일을 가져온다. 이를 해결하고자 downsample_df() 함수를 통해 실제 거래 말일 데이터를 추출한다.[7]

6.2.5.3 팩터 시뮬레이션 일자별

이제 코드 6-19에서 정의한 매달 말일 산출 함수를 더해 팩터 시뮬레이션 코드를 일자별 데이터로도 실행할 수 있게 구성하자. 코드가 받는 파라미터는 코드 6-14와 같다.

코드 6-20 팩터 전략 시뮬레이션 코드(일자별 데이터 확장)

```python
def simulate_factor(ohlcv_data: pd.DataFrame,
                    market_cap_data: Optional[pd.DataFrame],
                    fundamental_data: Optional[pd.DataFrame],
                    trader_data: Optional[pd.DataFrame],
                    lookback_period: Optional[int],
                    skip_period: Optional[int],
                    strategy_name: str,
                    buying_ratio: float = 0.1) -> Account:
    # 계좌 및 브로커 선언
    account = Account(initial_cash=100000000)
    broker = Broker()

    # 팩터 계산
    if strategy_name == 'relative':
        factor_data = calculate_momentum(ohlcv_data=ohlcv_data,
                                         lookback_period=lookback_period,
                                         skip_period=skip_period, )
    elif strategy_name in {'per', 'pbr', 'dividend'}:
        factor_data = calculate_fundamental(ohlcv_data=ohlcv_data,
                                            market_cap_data=market_cap_data,
                                            fundamental_data=fundamental_data,
                                            lookback_period=lookback_period,
```

---

7 기존 시뮬레이션에서는 수익률 계산에 날짜가 크게 중요하지 않아서 날짜 교정이 없이 실행됐다. 6장 및 7장에서는 정확한 룩백 기간 계산을 위해 교정 작업을 한다.

286

```python
                                            strategy_name=strategy_name)
    elif strategy_name == 'small':
        factor_data = calculate_small(ohlcv_data=ohlcv_data,
                                      market_cap_data=market_cap_data)
    elif strategy_name in {'individual', 'institutional', 'foreign'}:
        factor_data = calculate_trader(ohlcv_data=ohlcv_data,
                                       market_cap_data=market_cap_data,
                                       trader_data=trader_data,
                                       lookback_period=lookback_period,
                                       strategy_name=strategy_name)
    elif strategy_name == 'lowvol':
        factor_data = calculate_lowvol(ohlcv_data=ohlcv_data,
                                       lookback_period=lookback_period)
    else:
        raise ValueError

    # 월별 리밸런싱 날짜 추출
    month_end = downsample_df(ohlcv_data).index

    for date, ohlcv in ohlcv_data.groupby(['date']):
        # 주문 집행 및 계좌 갱신
        transactions = broker.process_order(dt=date, data=ohlcv,
                                            orders=account.orders)
        account.update_position(transactions=transactions)
        account.update_portfolio(dt=date, data=ohlcv)
        account.update_order()

        # 리밸런싱 날짜가 아닐 경우 넘어가기
        if date not in month_end:
            continue

        # 팩터 전략을 이용해 포트폴리오 구성
        factor_data_slice = factor_data.loc[date]
        weights = get_factor_weight(factor_data=factor_data_slice,
                                    buying_ratio=buying_ratio,
                                    strategy_name=strategy_name)

        print(f'Portfolio: {weights}')
        if weights is None:
            continue

        # 주문 생성
        rebalance(dt=date, data=ohlcv, account=account, weights=weights)

    # 리밸런싱 날짜만 남기기
    account.account_history = [item for item in account.account_history if
                              item['date'].date() in month_end.date]

    return account
```

코드 6-20의 흐름은 다음과 같다.

- **팩터 계산**: 전략 이름(strategy_name)에 따라 다른 전략을 선택해 데이터를 활용해 팩터를 계산한다.

    - relative: 모멘텀 계산

    - per, pbr, dividend: 기본 지표 계산

    - small: 소형주 지표 계산

    - individual, institutional, foreign: 투자자 유형별 지표 계산

    - lowvol: 저변동성 지표 계산

- **리밸런싱 날짜 추출**: downsample_df() 함수를 사용해 월별 리밸런싱 날짜를 구하고 그것을 month_end 변수에 할당한다.

- **일별 데이터 루프**: 날짜마다 주문을 처리하고 계좌를 업데이트한다.

    - 주문 집행, 계좌 업데이트, 포트폴리오 재조정을 일별로 실행한다.

    - 리밸런싱 날짜에 도달하면 팩터 전략을 사용해 포트폴리오를 조정한다.

- **리밸런싱 날짜만 남기기**: 계좌 히스토리(account_history)에서 월별 리밸런싱 날짜만 필터링한다.

6.2.5.4 로우볼 전략 실행

로우볼 전략을 실행하는 코드와 결과가 코드 6-21 및 그림 6-11에 나타나 있다.

코드 6-21 로우볼 실행하기

```
# 룩백 기간, 생략 기간 정의
lookback = 60
offset = 0
total_lookback = get_lookback_fromdate(fromdate=simulation_fromdate,
                                       lookback=lookback + offset, freq='d')
```

```
# 매수 비율 정의
ratio = 0.1

# 전략 정의
strategy = 'lowvol'

# 로우볼 전략 실행하기
account_lowvol = simulate_factor(
    ohlcv_data=ohlcv_data_day[:total_lookback]),
    market_cap_data=None,
    fundamental_data=None,
    trader_data=None,
    lookback_period=lookback,
    skip_period=offset,
    strategy_name=strategy,
    buying_ratio=ratio)
```

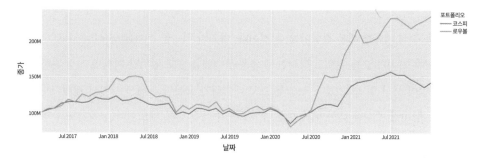

그림 6-10 로우볼 전략 결과

로우볼 전략 실행을 위해 룩백 기간을 60일로 하고 get_lookback_fromdata() 함수의 freq 파라미터를 일별로 조정했다. 약 2.4배의 수익률을 기록하고 있으며 투자 초기에는 소형주 전략을 상회할 정도의 수익률을 보여주고 있다.

표 6-9 4가지 평가 지표(로우볼 vs KOSPI)

	CAGR	MDD	샤프 비율	소티노 비율
로우볼	**0.1917**	−0.4784	**0.7701**	**1.3326**
코스피	0.0744	**−0.3163**	0.5033	0.7868

표 6-9는 로우볼 전략의 성능 결과를 보여준다. 재미있는 점은 로우볼 전략의 연간 수익률은 소형주 다음으로 좋음에도 불구하고 MDD는 모든 전략을 통틀어 최악의 성능을 보여준다. 로우볼의 개념과 다르게 아이러니한 부분으로 투자자는 이러한 정보를 활용해 투자 성향에 맞춰 최대 손실 낙폭을 피하는 투자를 할 경우 해당 방법을 거르는 선택을 할 수 있다.

6.2.6 수급 주체에 따른 투자

지금까지 전통 금융 이론에 기반하거나 실증적 분석에 따른 팩터들을 살펴봤다. 과연 팩터란 무엇일까? 재무 이론에 근간하거나 글로벌하게 보이는 실증적 발견이 있어야 할까? 팩터 투자는 아직도 여러 기관에서 발굴하려 하고 있다. 모멘텀 팩터의 날짜를 바꿔가며 여러 팩터를 만들기도 하는 한편 국내의 투자사에서는 팩터 자체를 발굴하는 인공지능 시스템도 개발하고 있다. 이번에는 우리가 쉽게 생각할 수 있는 팩터를 소개할 것이다.

다들 처음 주식 매매를 해본 경험이 있을 것이다. 자기가 익숙한 분야를 연구하는 R&D기업을 사거나 향후 가치가 오를 것으로 생각한 종목을 구매했을 수도 있지만 어쩌면 가장 흔한 이유는 '옆 사람이 사서' 일 수도 있다. 뉴스를 보고 테슬라가 오른다고 해서 사거나 케네디의 아버지도 구두닦이랑 주식에 대한 이야기를 나누고는 주식을 전부 매도했다는 얘기도 유명하다. 옆 동료보다 인터넷의 네티즌보다 더 믿을 만한 소식통은 누구일까? 애널리스트의 의견 말고도 우리가 흔히 주목하는 것은 **외국인**이나 **기관 투자**이다. 국내 증권시장 관련 뉴스를 보다 보면 빠짐없이 등장하는 내용은 외국인이 얼마를 사고 얼마를 팔았다는 내용이다. 그리고 외국인이나 기관이 빠지면 주가가 떨어질까 걱정하는 뉴스 기사가 보인다.

외국인이나 기관은 다양한 투자 그룹이다. 그들 나름대로 경제를 파악해서 시장 동향을 분석하고 또 기업을 분석해서 매매한다. 차익 거래[8]를 노리기도 하고 환 헤지Foreign exchange hedge[9]를 노리기도 하지만 유명한 투자 그룹인 **블랙록**BlackRock이나 **뱅가드**Vanguard 혹은 **국민연금**과 같은 주체들이 투자하는 경향을 따라가는 전략은 시도할 가치가 있다. 이번 섹션에서는 외국인, 기관 그리고 개인의 투자를 팩터로 삼아 팩터 투자를 구현해 보겠다.

---

8   동일한 자산 또는 금융 상품이 서로 다른 시장에서 가격 차이를 나타낼 때 이러한 차이를 이용해 이익을 얻는 거래 전략
9   외환 시장에서 통화 가치의 변동에 따른 리스크를 줄이는 전략으로 동일한 금액 및 가치인 다른 통화를 팔거나 사서 통화 가치 변동에 따른 손익을 상쇄하는 방법

그림 6-11 외국인을 따라 해볼까?

6.2.6.1 수급 주체 데이터 불러오기

해당 전략을 실행하기 위해서는 데이터의 확보가 필요하다. PyKRX에서는 기관, 외국인 및 개인의 거래 데이터를 제공한다. 먼저 데이터를 불러오기 위한 함수를 코드 6-22로 정의한다. 코드가 받는 파라미터는 코드 6-4와 같다.

코드 6-22 거래 주체 데이터 불러오기

```python
def load_trader_data(self, ticker_list: List, freq: str,
                     delay: float = 1):
    ticker_data_list = []
    for ticker in ticker_list:
        ticker_data = stock.get_market_trading_value_by_date(
            fromdate=self.fromdate,
            todate=self.todate,
            ticker=ticker, freq=freq)
        ticker_data = ticker_data.rename(
            columns={'기관합계': 'institutional', '외국인합계': 'foreign',
                     '기타법인': 'other', '개인': 'individual', '전체': 'total'}
        )
        ticker_data = ticker_data.assign(ticker=ticker)
        ticker_data.index.name = 'date'
        ticker_data_list.append(ticker_data)
        time.sleep(delay)
```

```
        data = pd.concat(ticker_data_list)
        return data
```

코드의 흐름은 다음과 같다. 본 코드 또한 다른 데이터 로더와 마찬가지의 구조를 띠고 있다.

- `ticker_list`에 있는 각 종목에 대해 거래 주체 데이터를 가져오기 위해 루프를 돌린다.

- `stock.get_market_trading_value_by_date`를 활용해 해당 종목의 거래 데이터를 불러온다.

- 각 열의 이름을 거래 주체에 맞게 바꾸고 종목(ticker) 열을 추가한 후 날짜(date)를 인덱스로 설정한다.

- 이를 `ticker_data_list`에 추가하고 모든 데이터를 합쳐 하나의 데이터프레임으로 반환한다.

6.2.6.2 수급 주체 지표 산출

수급 주체 전략의 지표는 아래 식과 같이 계산된다. 해당 지표를 구하는 코드 6-23을 보자. 코드는 주가 데이터(ohlcv_data), 주식 수 데이터(market_cap_data), 거래 주체 데이터(trader_data), 전략 이름(strategy_name), 룩백 기간(lookback_period)을 받는다.

$$수급\ 주체\ 매수율 = \frac{매수액}{시가\ 총액}$$

코드 6-23 거래 주체 산출 코드

```
def calculate_trader(ohlcv_data: pd.DataFrame,
                     market_cap_data: pd.DataFrame,
                     trader_data: pd.DataFrame,
                     strategy_name: str,
                     lookback_period: Optional[int] = 1) -> pd.DataFrame:
    # 룩백 기간 길이 변환
    if ohlcv_data.frequency == 'd': lookback_period = int(lookback_period / 21)

    # 데이터 재구조화(OHLCV)
    data = ohlcv_data[['close', 'ticker']].reset_index().set_index(
```

```
                    ['ticker', 'date']).unstack(level=0)['close']

    # 데이터 재구조화(주식 수)
    market_cap_data = market_cap_data[['shares',
                            'ticker']].reset_index().set_index(
        ['ticker', 'date']).unstack(level=0)['shares']

    # 데이터 재구조화(수급 주체)
    trader_data = trader_data[[strategy_name,
                            'ticker']].reset_index().set_index(
        ['ticker', 'date']).unstack(level=0)[strategy_name]
    trader_data = trader_data.rolling(window=lookback_period).sum()

    # 시장 및 수급 주체 데이터 날짜 수정
    market_cap_data = date_adjust(index_df=data, df=market_cap_data)
    trader_data = date_adjust(index_df=data, df=trader_data)

    # 팩터 계산(수급 주체)
    market_cap_data = market_cap_data * data
    trader_data = trader_data / market_cap_data

    return trader_data
```

코드의 흐름은 다음과 같다.

- **룩백 기간**(lookback_period) **변환**: 일별 데이터일 경우 룩백 기간을 적절하게 변환한다.

- 데이터 재구조화

  ○ 주가 데이터(ohlcv_data)의 종가(close)를 가져와서 종목별로 재구조화한다.

  ○ 주식 수 데이터(market_cap_data)와 주가 데이터(ohlcv_data)를 종목별로 재구조화한다.

  ○ 거래 주체 데이터(trader_data) 역시 종목별로 재구조화하고 주어진 룩백 기간
    (lookback_period)에 따라 윈도우를 설정해 누적 수를 계산한다.

- **시장 및 수급 주체 데이터 날짜 조정**: 인덱스를 주가 데이터(ohlcv_data)에 맞게 조정한다.

- **팩터 계산**: 시장 데이터와 거래 주체 데이터를 조합해 해당 전략에 따라 팩터를 계산
  한다.

지표 산출은 먼저 주가 데이터처럼 거래 주체 데이터를 재구조화 하는 것으로 시작한다. 그리고 현재 시가 총액에 비해 거래의 규모가 클수록 매수 시그널로 본다. 이를 위해 주식 수 데이터를 추가로 사용한다.

6.2.6.3 수급 주체 전략 실행

해당 전략을 실행하는 방법과 결과는 코드 6-24 및 그림 6-13과 같다. 3가지 방법이 유사해서 한 군데 몰아서 표시했다.

코드 6-24 거래 주체 전략 실행

```
# 개인
# 룩백 기간, 생략 기간 정의
lookback = 1
offset = 0
total_lookback = get_lookback_fromdate(fromdate=simulation_fromdate,
                                  lookback=lookback + offset, freq='m')

# 매수 비율 정의
ratio = 0.1

# 전략 정의
strategy = 'individual'

# 수급 주체 전략 실행하기
account_individual = simulate_factor(
    ohlcv_data= ohlcv_data[:total_lookback]),
    market_cap_data=market_cap_data[:total_lookback]),
    fundamental_data=None,
    trader_data=trader_data[:total_lookback]),
    lookback_period=lookback,
    skip_period=offset,
    strategy_name=strategy,
    buying_ratio=ratio)

# 기관
# 룩백 기간, 생략 기간 정의
lookback = 1
offset = 0
total_lookback = get_lookback_fromdate(fromdate=simulation_fromdate,
                                  lookback=lookback + offset, freq='m')
```

```python
# 매수 비율 정의
ratio = 0.1

# 전략 정의
strategy = 'institutional'

# 수급 주체 전략 실행하기
account_individual = simulate_factor(
    ohlcv_data= ohlcv_data[:total_lookback]),
    market_cap_data=market_cap_data[:total_lookback]),
    fundamental_data=None,
    trader_data=trader_data[:total_lookback]),
    lookback_period=lookback,
    skip_period=offset,
    strategy_name=strategy,
    buying_ratio=ratio)

# 외국인
# 룩백 기간, 생략 기간 정의
lookback = 1
offset = 0
total_lookback = get_lookback_fromdate(fromdate=simulation_fromdate,
                                       lookback=lookback + offset, freq='m')

# 매수 비율 정의
ratio = 0.1

# 전략 정의
strategy = 'foreign'

# 수급 주체 전략 실행하기
account_individual = simulate_factor(
    ohlcv_data= ohlcv_data[:total_lookback]),
    market_cap_data=market_cap_data[:total_lookback]),
    fundamental_data=None,
    trader_data=trader_data[:total_lookback]),
    lookback_period=lookback,
    skip_period=offset,
    strategy_name=strategy,
    buying_ratio=ratio)
```

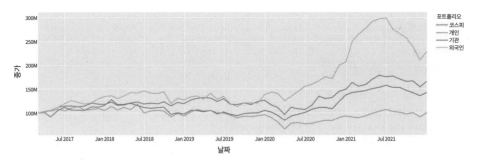

그림 6-12 거래 주체 전략 결과

통념과 크게 다르지 않게 개인보다 기관이 더 수익률이 높고 외국인이 가장 월등하다. 개인은 원금보다 저조한 0.9배의 수익률을 기록한 한편, 기관은 1.6, 외국인은 2.3배의 수익률을 내어 거래 주체별 전략의 성과 차이를 볼 수 있다.

표 6-10 4가지 평가 지표(개인 vs 기관 vs 외국인 vs KOSPI)

	CAGR	MDD	샤프 비율	소티노 비율
개인	0.0012	−0.4452	0.1164	0.1620
기관	0.1082	**−0.2687**	0.5895	1.0151
외국인	**0.1830**	−0.2955	**0.8342**	**1.3747**
코스피	0.0744	−0.3163	0.5033	0.7868

지표로 봐도 개인 투자 전략의 성능은 처참한 수준이다. 표 6-10을 보면 연수익률 0.12%로 모든 팩터 전략을 통틀어 최저의 수익률을 기록했으며 이에 따라 샤프 비율이나 소티노 비율도 매우 낮다. 반면 외국인 전략의 경우 소형주-로우볼 전략의 뒤를 이어 3위의 연간 수익률을 기록했으며 최대 손실 낙폭도 매우 적다. 또한 투자의 안정성을 요구하는 기관의 특성이 MDD 성과가 제일 높은 점에서 확인할 수 있다.

참고문헌

- 김동영, 2023. 7. 26, Data-driven Quant Model: 머신러닝 기법으로 시장의 파도에 올라타기, 삼성증권
- 하재석, 박소현, n.d., Factor Investing 시리즈, NH투자증권

6-1   Fisher, Irving. "The theory of interest." *New York* 43 (1930): 1-19

6-2   Graham, Benjamin, et al. *Security analysis: Principles and technique.* Vol. 5. New York: McGraw-Hill, 1962

6-3   Sharpe, William F. "Capital asset prices: A theory of market equilibrium under conditions of risk." *The journal of finance* 19.3 (1964): 425-442

6-4   Fama, Eugene F., and Kenneth R. French. "Common risk factors in the returns on stocks and bonds." Journal of financial economics 33.1 (1993): 3-56

6-5   Fama, Eugene F., and Kenneth R. French. "A five-factor asset pricing model." Journal of financial economics 116.1 (2015): 1-22

6-6   Carhart, Mark M. "On persistence in mutual fund performance." The Journal of finance 52.1 (1997): 57- 82

6-7   "[액면 분할 카드 꺼낸 네이버] 실적 부진 만회할 신의 한 수 될까", 이코노미스트, 2018.10.13, https://economist.co.kr/article/view/ecn201810130005

6-8   Baker, Malcolm, Brendan Bradley, and Jeffrey Wurgler. "Benchmarks as limits to arbitrage: Understanding the low-volatility anomaly." *Financial Analysts Journal* 67.1 (2011): 40-54

## CHAPTER 7

멀티 팩터 전략

팩터 전략을 이해하고 나니 머리가 더 복잡해진 느낌이다. '과연 무슨 팩터를 써야 하지? 요즘 주식 시장이 좋아 보이는데 모멘텀 전략을 써야 하나? 그렇지만 언제 시장이 냉각될지 몰라서 두렵기도 하다. 그러면 배당주 전략은? 아니야, 역시 외국인의 매수세를 추종하는 게 좋을 것 같아. 그 전에 금리가 오른다고? 그러면 채권 가격이 하락하니까 주식 시장이 오른다는 거 아 닌가? 도대체 뭘 어떻게 사야 할 지 모르겠다.'

그림 7-1 무슨 전략을 써야 하지?

7.1 팩터로 구하는 국면

나　"팩터마다 각각 장점이 있는 건 알겠어. 그렇지만 내가 궁금한 건 지금 내가 무슨 팩터 전략을 써야 하냐는 것이지."

인턴　"음… 요즘은 주식 가격이 올라가서 모멘텀 전략이 좋지 않을까요?"

나　"그렇지만 어제 뉴스에 저평가된 종목들에 주목하라는 내용이 나왔단 말이야. 지금 시장 상황이 어떤 건지 누가 딱 알려줬으면 좋겠네."

인턴　"선배 그건 어렵지 않을 것 같아요. 시장 상황에 맞춰 좋은 전략이 따로 있다면 지금 수익률이 좋은 전략이 시장 상황 아닐까요?"

나　"생각해 보니 그렇네? 시장을 보고 전략을 선택하는 게 아니라 전략으로 시장을 판단한다고… 흥미로운 걸? 팩터 전략을 통해 시장을 판단해 보자!"

팩터 투자는 적절한 시기와 선택한 전략이 맞으면 매력적일 수 있다. 그러나 시장 상황을 보고 맞는 전략을 고르기란 쉽지 않다. 주식 시장이 불황일 때는 하방 지지선이 있거나 낙폭이 적은 팩터 전략이 좋을 것이고, 주식 시장이 호황일 경우에는 공격적 성향을 보일 수 있는 전략을 선택할 수 있다. 그러나 전문가들도 시장을 보는 시각이 제각각인데 전문 경제 지식이 없이 현재 시장의 상황을 잘 정의할 수 있을까?

7.1절에서는 생각을 뒤집어서 전략의 수익률을 바탕으로 현재 시장 상황을 정의할 것이다. 또한 하나의 전략과 하나의 시장 상황이 1대1 관계라는 부자연스러운 가정보다는 여러 전략의 여러 상황이 특정 시장 상황에 대응된다는 더 유연한 가설을 바탕으로 시장 상황 분류를 진행할 것이다. 이렇게 분류한 시장 상황마다 어떠한 전략에 얼마를 투자해야 할 지를 유추할 수 있다〈참고문헌 7-1〉.

그림 7-2 생각을 반대로 해 보자!

7.1.1 전략별 일별 수익

주식 시장이 좋을 때는 모멘텀, 내실 있는 기업만 살아남을 수 있는 시기에는 가치주, 찬 바람 불 때는 배당주. 조금은 단정적일 수 있어도 각 팩터가 경제 상황마다 어떤 유리함을 가질 수 있는 지 6장에서 소개했다. 그럼 그걸 반대로 생각해 보면 어떻게 될까? 가치주가 잘 나올 때를 기업의 버블이 꺼지는 시기, 모멘텀 전략의 성과가 좋을 때가 주식 시장의 호황기 그리고 배당주가 잘 나올 때는 투자자들이 하방 지지선이 필요하다고 느낀다는 식으로 해석하는 것이다. 팩터가 경기 사정에 맞춰 활약한다면 팩터의 수익률로 현재가 어떤 경제 상황인지 파악할 수 있을 것이다.

팩터의 수익률을 알기 위해서는 우선 개별 팩터의 수익률 움직임을 분석해야 한다. 6.2에서 개발한 팩터 모델을 사용해서 각 팩터의 일별 수익 변화율을 살펴보자. 일별 수익의 변화율을 구하려면 일별 수익률이 필요한데 이를 위해 로우볼 전략뿐만 아니라 모든 전략이 일별로 돌아가야 한다.

7.1.1.1 빈도 속성을 유지하면서 데이터 자르기

전략을 실행하는 코드가 월별 및 일별 데이터를 같이 쓰기 위해서는 월별 데이터의 날짜를 조정해 줘야 한다. 월별 데이터로 수집할 시 데이터 추출 과정에서 일자가 정확하지 않을 수 있기 때문이다. 이를 위해서는 주가나 재무 데이터가 월별과 일별 중 어떤 주기로 수집됐는지를 알아야 한다.

코드 7-1 주가 데이터의 빈도 속성(코드 3-3의 일부)

```
def load_stock_data(self, ticker_list: List, freq: str, delay: float = 1):
    …
    data.__setattr__('frequency', freq)
    return data
```

코드 3-3에는 가져온 주가 데이터가 일별인지 월별인지를 표시하기 위해 'frequency'라는 빈도를 나타내는 속성이 포함돼 있다. 단 이렇게 만들어준 속성은 데이터 프레임을 **슬라이싱**^{Slicing} 하면 사라지게 된다. 사라진 속성을 재설정하기 위해 데이터의 frequency 속성을 다시 설정하면서 데이터를 슬라이싱하는 함수를 코드 7-2에 작성했다. 코드는 대상 데이터(df) 및 자르는 부분(fromdate)을 받는다.

코드 7-2 데이터 자르기

```python
def df_slicer(df: pd.DataFrame, fromdate: str):
    frequency = df.frequency if hasattr(df, 'frequency') else None
    sliced_df = df.sort_index()[fromdate:]
    sliced_df.__setattr__('frequency', frequency)

    return sliced_df
```

코드 7-2의 흐름은 다음과 같다.

- frequency 변수는 함수 안에서 대상 데이터(df)의 빈도(frequency) 속성을 읽어서 저장하고 있다. 대상 데이터(df)에 빈도(frequency) 속성이 없다면 None을 할당한다.

- 인덱스를 기준으로 대상 데이터(df)를 정렬한 뒤 기준 날짜(fromdate) 이후의 데이터를 슬라이싱해 새로운 데이터 sliced_df를 생성한다.

- 슬라이싱 데이터(sliced_df)의 frequency 속성에 추출한 빈도(frequency) 값을 설정한다.

해당 코드는 주가 데이터뿐만 아니라 펀더멘탈 데이터나 주식 수, 수급 주체 데이터에서도 사용된다.

7.1.1.2 데이터 날짜 교정

데이터를 월별로 가져올 시 데이터의 날짜는 매월 말일로 설정된다. 정확한 계산을 위해서는 월별 말일이 아닌 해당 월의 마지막 거래일이 필요하다. 이를 보정하기 위해 월별로 가져온 데이터의 월별 말일을 일별로 불러온 주가 데이터의 마지막 날(실제 주식 거래일)로 바꿔주는 함수인 코드 7-3이 필요하다. 코드는 날짜 인덱스 제공 데이터와(index_df) 변환 대상 데이터(df)를 받는다.

코드 7-3 주가 데이터 날짜 인덱스로 다른 데이터 날짜 인덱스 대치

```python
def date_adjust(index_df: pd.DataFrame, df: pd.DataFrame):
    new_index = downsample_df(index_df).index
    # 원래 인덱스에 새 인덱스 삽입
    df.index = df.index.map(
        lambda x: x.replace(day=new_index[
            (new_index.year == x.year) & (new_index.month == x.month)][0].day))

    return df
```

코드의 흐름은 다음과 같다.

- downsample_df() 함수를 사용해 인덱스 제공 데이터(index_df)를 다운 샘플링해 새로운 인덱스를 얻어 new_index로 저장한다.

- 기존의 인덱스를 new_index에 매핑해 replace() 함수를 사용해 날짜를 대체한다.

  ○ 각각의 변환 대상 데이터(df)의 인덱스 요소(x)에 대해 new_index에서 해당 연도와 월 이 일치하는 첫 번째 날을 찾아서 해당 날짜로 변경한다.

date_adjust() 함수는 코드 7-4에서와 같이 6장에서 구현했던 각 지표 산출 함수 코드(코드 6-12, 코드 6-15, 코드 6-23)에 적용하면 된다. 코드 안의 파라미터 및 흐름은 6장의 코드와 동일해 설명은 생략한다. 코드 6-12를 참고하라.

코드 7-4 date_adjust로 보정된 지표 산출 함수들

```python
def calculate_fundamental(ohlcv_data: pd.DataFrame,
                          market_cap_data: pd.DataFrame,
                          fundamental_data: pd.DataFrame,
                          strategy_name: str,
                          lookback_period: int) -> pd.DataFrame:
    # 룩백 길이 변환
    if ohlcv_data.frequency == 'd': lookback_period = int(lookback_period / 21)

    # 데이터 재구조화(OHLCV)
    data = ohlcv_data[['close', 'ticker']].reset_index().set_index(
        ['ticker', 'date']).unstack(level=0)['close']
```

```python
    # 데이터 조정 및 재구조화(기본)
    fundamental_data = fundamental_adjuster(fundamental_data=fundamental_data,
                                            market_cap_data=market_cap_data)
    mapping = {'per': 'EPS', 'pbr': 'BPS', 'dividend': 'DPS'}
    target_fundamental = mapping.get(strategy_name)
    fundamental_data = fundamental_data[
        ['date', target_fundamental, 'ticker']].reset_index().set_index(
        ['ticker', 'date']).unstack(level=0)[target_fundamental]

    # 펀더멘탈 데이터 날짜 수정
    fundamental_data = date_adjust(index_df=data, df=fundamental_data)

    # 팩터 계산(PER, PBR, 배당)
    if strategy_name == "per":
        fundamental_data = fundamental_data.rolling(
            window=lookback_period).sum()
        fundamental_data = data / fundamental_data
    elif strategy_name == 'pbr':
        fundamental_data = data / fundamental_data
    elif strategy_name == 'dividend':
        fundamental_data = fundamental_data / data
    else:
        raise ValueError

    return fundamental_data


def calculate_small(ohlcv_data: pd.DataFrame,
                    market_cap_data: pd.DataFrame) -> pd.DataFrame:
    # 데이터 재구조화(OHLCV)
    data = ohlcv_data[['close', 'ticker']].reset_index().set_index(
        ['ticker', 'date']).unstack(level=0)['close']

    # 데이터 재구조화(주식 수)
    market_cap_data = \
        market_cap_data[['shares', 'ticker']].reset_index().set_index(
            ['ticker', 'date']).unstack(level=0)['shares']

    # 시장 데이터 날짜 수정
    market_cap_data = date_adjust(index_df=data, df=market_cap_data)

    # 팩터 계산(시가 총액)
    market_cap_data = market_cap_data * data

    return market_cap_data


def calculate_trader(ohlcv_data: pd.DataFrame,
                     market_cap_data: pd.DataFrame,
                     trader_data: pd.DataFrame,
                     strategy_name: str,
```

```
                    lookback_period: Optional[int] = 1) -> pd.DataFrame:
# 룩백 길이 변환
if ohlcv_data.frequency == 'd': lookback_period = int(lookback_period / 21)

# 데이터 재구조화(OHLCV)
data = ohlcv_data[['close', 'ticker']].reset_index().set_index(
    ['ticker', 'date']).unstack(level=0)['close']

# 데이터 재구조화(주식 수)
market_cap_data = \
    market_cap_data[['shares', 'ticker']].reset_index().set_index(
        ['ticker', 'date']).unstack(level=0)['shares']

# 데이터 재구조화(수급 주체)
trader_data = \
    trader_data[[strategy_name, 'ticker']].reset_index().set_index(
        ['ticker', 'date']).unstack(level=0)[strategy_name]
trader_data = trader_data.rolling(window=lookback_period).sum()

# 시장 및 수급 주체 데이터 날짜 수정
market_cap_data = date_adjust(index_df=data, df=market_cap_data)
trader_data = date_adjust(index_df=data, df=trader_data)

# 팩터 계산(수급 주체)
market_cap_data = market_cap_data * data
trader_data = trader_data / market_cap_data

return trader_data
```

코드 7-4에는 주가 데이터를 제외한 데이터들이 date_adjust() 함수를 통해 날짜 교정이 되고
있다. 또 한 가지 주목할 점은 주가 데이터가 일별로 들어올 경우 조건문을 통해 룩백 기간을
21로 나눠 보정한다는 점이다. 룩백 기간의 크기 또한 월 주기로 변환할 필요가 있으므로 일
단위 기간을 월 단위 기간으로 바꿔 주는 것이다.

7.1.1.3 전략별 일별 수익 csv 만들기

이를 통해 모든 전략에 대해 일별 시뮬레이션을 구동할 수 있다. 7.1의 목표는 전략으로 시장
상황을 판단하는 것인데 이를 위해서는 모든 전략을 동일한 주기로 실행해 수익률을 비교할
수 있어야 한다.

그러나 모든 전략을 일별로 실행하는 것은 시간이 오래 걸리고 컴퓨터의 메모리 부족으로 중간에 오류가 날 가능성이 있다. 이를 방지하기 위해 모든 팩터 전략을 코드 7-5를 통해 일별로 실행해 csv로 저장할 것이다.

코드 7-5 전체 코드 실행 및 수익률 csv 만들기

```python
# 데이터 시작과 끝 날짜 정의
fromdate = '2013-04-01'
todate = '2021-12-30'

# 투자할 종목 후보 정의
ticker_list = ['000660', '005490', '051910', '006400', '005380', '000270',
               '012330', '068270', '105560', '096770', '055550', '066570',
               '047050', '032830', '015760', '086790', '000810', '033780',
               '034730', '034020', '009150', '138040', '010130', '001570',
               '010950', '024110', '030200', '051900', '009830', '086280',
               '011170', '011070', '012450', '036570', '005830', '161390',
               '034220', '004020', '032640', '097950', '000720', '006800',
               '006260', '010620', '011780', '078930', '005940', '029780',
               '128940', '035250', '016360', '021240', '010120', '052690',
               '008770', '071050', '000990', '001450', '020150', '039490',
               '111770', '000880', '004370', '036460', '007070', '138930',
               '139480', ]

# 데이터 불러오기
data_loader = PykrxDataLoader(fromdate=fromdate, todate=todate,
                              market="KOSPI")
ohlcv_data_day = data_loader.load_stock_data(ticker_list=ticker_list,
                                             freq='d', delay=1)
fundamental_data = data_loader.load_fundamental_data(
    ticker_list=ticker_list, freq='m', delay=1)
market_cap_data = data_loader.load_market_cap_data(ticker_list=ticker_list,
                                                   freq='m', delay=1)
trader_data = data_loader.load_trader_data(ticker_list=ticker_list,
                                           freq='m', delay=1)

setups = {
    'relative': {'ohlcv_data': ohlcv_data_day,
                 'market_cap_data': None,
                 'fundamental_data': None,
                 'trader_data': None,
                 'lookback_period': 3 * 21,
                 'skip_period': 1 * 21,
                 'strategy_name': 'relative',
                 'buying_ratio': 0.1,
```

```
                              'full_history': True},
        'per': {'ohlcv_data': ohlcv_data_day,
                'market_cap_data': market_cap_data,
                'fundamental_data': fundamental_data,
                'trader_data': None,
                'lookback_period': 12 * 21,
                'skip_period': 0,
                'strategy_name': 'per',
                'buying_ratio': 0.1,
                'full_history': True},
        'pbr': {'ohlcv_data': ohlcv_data_day,
                'market_cap_data': market_cap_data,
                'fundamental_data': fundamental_data,
                'trader_data': None,
                'lookback_period': 1 * 21,
                'skip_period': 0,
                'strategy_name': 'pbr',
                'buying_ratio': 0.1,
                'full_history': True},
    'dividend': {'ohlcv_data': ohlcv_data_day,
                 'market_cap_data': market_cap_data,
                 'fundamental_data': fundamental_data,
                 'trader_data': None,
                 'lookback_period': 1 * 21,
                 'skip_period': 0,
                 'strategy_name': 'dividend',
                 'buying_ratio': 0.1,
                 'full_history': True},
       'small': {'ohlcv_data': ohlcv_data_day,
                 'market_cap_data': market_cap_data,
                 'fundamental_data': None,
                 'trader_data': None,
                 'lookback_period': 1 * 21,
                 'skip_period': 0,
                 'strategy_name': 'small',
                 'buying_ratio': 0.1,
                 'full_history': True},
      'lowvol': {'ohlcv_data': ohlcv_data_day,
                 'market_cap_data': None,
                 'fundamental_data': None,
                 'trader_data': None,
                 'lookback_period': 60,
                 'skip_period': 0,
                 'strategy_name': 'lowvol',
                 'buying_ratio': 0.1,
                 'full_history': True},
  'individual': {'ohlcv_data': ohlcv_data_day,
                 'market_cap_data': market_cap_data,
                 'fundamental_data': None,
```

```
                    'trader_data': trader_data,
                    'lookback_period': 1 * 21,
                    'skip_period': 0,
                    'strategy_name': 'individual',
                    'buying_ratio': 0.1,
                    'full_history': True},
    'institutional': {'ohlcv_data': ohlcv_data_day,
                      'market_cap_data': market_cap_data,
                      'fundamental_data': None,
                      'trader_data': trader_data,
                      'lookback_period': 1 * 21,
                      'skip_period': 0,
                      'strategy_name': 'institutional',
                      'buying_ratio': 0.1,
                      'full_history': True},
    'foreign': {'ohlcv_data': ohlcv_data_day,
                'market_cap_data': market_cap_data,
                'fundamental_data': None,
                'trader_data': trader_data,
                'lookback_period': 1 * 21,
                'skip_period': 0,
                'strategy_name': 'foreign',
                'buying_ratio': 0.1,
                'full_history': True}
}

accounts = defaultdict(list)
for name, setup in setups.items():
    result = simulate_factor(**dict(setup))
    accounts[name] = pd.DataFrame(result.account_history)[
        ['date', 'total_asset']].rename(columns={'total_asset': name})
factor_asset = pd.concat(accounts, axis=1)
factor_asset = factor_asset.droplevel(level=0, axis=1).T.drop_duplicates().T

factor_asset.to_csv('factor_asset.csv')
```

코드의 흐름은 다음과 같다.

- 시작 날짜(fromdate)와 끝 날짜(todate)로 날짜 범위를 설정하고 종목 리스트(ticker_list)에 투자할 종목 후보를 지정한다.

- PykrxDataLoader를 사용해 주식 데이터(ohlcv_data_day), 펀더멘탈 데이터(fundamental_data), 주식 수 데이터(market_cap_data), 거래 주체 데이터(trader_data)를 불러온다.

- 팩터 전략별 시뮬레이션 설정(setups) 딕셔너리는 여러 투자 전략을 설정하고 simulate_factor() 함수를 이용해 전략별로 일별 시뮬레이션을 진행한다.

- for 루프 속에서 얻어진 결과를 결과(result) 변수에 저장한 뒤 계좌 히스토리(account_history) 속성에서 날짜 및 자산 현황을 골라내어 계좌(accounts)에 취합한다.

- 전략별 자산(factor_asset) 변수는 시뮬레이션 결과를 종합해 전략별 자산을 표시한다.

- 전략별 자산(factor_asset) 변수를 csv 파일로 저장한다.

여기서 만들어지는 csv 파일은 2013년 4월 1일부터 불러온 데이터로 만들어진다. 시뮬레이션 시작 날짜가 2017년 2월이지만 훨씬 더 이전 시점부터 팩터 전략을 시뮬레이션한 이유는 시뮬레이션 이전의 날짜를 7.2에서 군집 예측 모델의 훈련 데이터로 쓸 예정이기 때문이다. 군집의 예측은 **군집화 알고리듬**으로 이뤄지는데 머신러닝의 한 종류로 훈련 데이터를 보고 학습을 해서 테스트 데이터의 계산을 수행하는 방식이다. 즉 2017년 2월 이전의 일별 수익률을 가공해 훈련 데이터로 쓰고 학습을 해서 2017년 2월 이후의 군집을 예측하는 방식이다.

이렇게 만든 csv 파일은 다른 주피터 노트북에서 아래 코드 7-6을 통해 불러올 수 있다.

코드 7-6 csv 불러오기

```
target = pd.read_csv('factor_asset.csv', index_col=0)
```

7.1.2 경기 국면과 군집

7.1.1절에서 팩터의 수익률을 구했다. 목표는 수익률을 통해 시장 상황을 나타내는 경기 국면을 구하는 것이다. 그러면 수익률이 어떻게 바뀔 때 경기 국면이 바뀐다고 생각할 수 있을까? 팩터로 경기 국면을 구분하기 전에 경기 순환과 경기 국면에 대해서 알아보자. **경기 순환** Business Cycle 이란 경제의 전반적인 활동 수준이 좋고 나쁨을 반복하는 순환 사이클이라고 할 수 있다. 경제 상황이 성장의 **장기 추세선**(성장률) 아래 있으면 **불경기**, 그 위에 있으면 **호경기**라고 할 수 있고 불경기와 호경기 안에서 상대적 상황까지 고려하면 전체 경기를 4개의 **경기 국면**으로 나눌 수 있다.

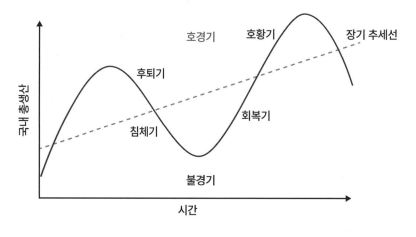

그림 7-3 경기 순환

호황기Expansion는 경제 활동이 활발해지면서 경기 수준이 가속화돼 고점이 이르는 구간을 뜻한다. 고성장과 고물가가 같이 나타나며 경기 확장 기조로 인해 모멘텀 팩터가 강세를 띠는 것으로 알려져 있다. **후퇴기**Recession에는 경기는 하락 초기의 구간으로, 물가는 여전히 상승한다. 다만 경제는 전반적으로 상향하므로 해당 구간은 상대적으로 짧다고 할 수 있다. **침체기**Depression는 경기가 하락하며 물가도 하락하는 구간이다. 투자와 생산이 극도로 줄어들고 대량실업이 나타나며 금리도 낮아진다. 침체 구간에서 상대적으로 안정 기업의 부각 현상이 나타나면서 퀄리티 팩터가 활약한다고 알려져 있다. 마지막은 **회복기**Recovery로 침체기에서 서서히 벗어나는 단계다. 기업의 재고가 감소하고 투자와 생산이 늘어남에 따라 경기는 상승하고 물가는 안정되며 주가와 금리는 오르게 된다.

이러한 경기 국면에 맞는 팩터가 있지 않을까? 경기 국면에는 4종류가 있다는 사실을 바탕으로 팩터의 수익률 또한 4개의 부류로 나누는 시도를 할 수 있다. 이러한 분류 방법 중 하나인 **K-평균 군집화**K-Means Clustering를 알아보자〈참고문헌 7-2〉.

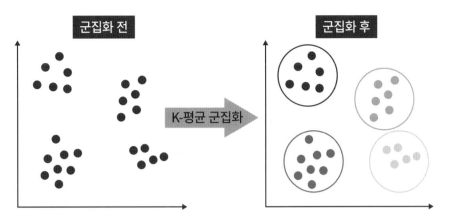

그림 7-4 K-평균 군집화

K-평균 군집화란 **비지도 학습** 중의 하나로 비슷한 패턴을 가진 군집으로 샘플을 나누는 방법이다. 그림 7-4의 좌측 초록 점들을 데이터라고 생각할 때 직관적으로 데이터를 우측의 군집으로 묶을 수 있다. K-평균 군집화를 순서대로 설명하면 다음과 같다.

1. 먼저 총 몇 개(K)의 군집으로 데이터를 나눌지 사용자가 정한다. 예를 들어 경기 국면을 4개로 분류한다고 하면 K = 4가 된다.

2. 군집의 개수가 정해지면 그 개수만큼의 중심점이 랜덤으로 생성된다.

3. 각 데이터가 가장 가까운 중심점에 배정된다(군집화).

4. 각 중심점은 해당하는 군집별 데이터의 가장 중간(평균)에 위치한 지점으로 재설정된다.

5. 3에서 설정한 군집이 초기화되고 새롭게 재설정된 중심점을 기준으로 다시 3과 4를 수행한다.

6. 더 이상 중심점의 이동이 없을 때까지 3, 4, 5를 반복한다.

7.1.2.1 사후 수익률 구하기

단 일마다 수익률을 기준으로 군집화를 시행하는 건 적절하지 않을 수 있다. 날짜에 따라서 수익률 편차가 크기 때문에 시장의 흐름을 판단하기 어렵고 이상치끼리 하나의 군집으로 만들어질 가능성이 있다. 따라서 일별 수익률 편차를 줄이기 위해 1개월 수익률을 사용할 것이다.

또한 수익률로 구분할 경기 국면은 추후 예측에 사용돼야 한다. 즉 1개월 수익률은 과거의 국면이 아닌 미래의 경기 국면을 나타내야 하고 이를 위해 사후 1개월 수익률을 사용할 것이다. 먼저 사후 1개월 수익률을 코드 7-7로 구해 보자. 다음 코드는 수익률 데이터(df)를 받는다.

코드 7-7 사후 1개월 수익률 구하기

```python
def factor_1month_return(df: pd.DataFrame):
    # date 가 인덱스로 지정되지 않은 데이터에 대한 처리
    if 'date' in df.columns:
        df = df.set_index('date')

    # 일일 변화량 구하기
    df = df.pct_change()

    # 수익률 곱셈 편의를 위한 +1
    df_copy = df.copy()
    df_copy = df_copy + 1

    # 사후 한 달(21일) 수익률 계산 & 시점 한 달(21일) 전으로 조정
    window = df_copy.rolling(21).apply(np.prod, raw=True)
    window = window.shift(-21)

    return window.dropna()
```

코드의 흐름은 다음과 같다.

- 입력된 수익률 데이터(df)의 열 중에 날짜(date)가 있는지 확인하고 존재한다면 날짜(date)를 인덱스로 지정한다. 이미 인덱스로 지정돼 있다면 넘어간다.

- 일별 변화율을 계산하기 위해 pct_change() 함수를 사용해 일일 수익률을 계산한다.

- 계산된 일일 수익률에 1을 더해 수익률을 곱셈하기 쉽도록 준비한다.

- 21일간의 수익률을 계산하기 위해 rolling(21) 함수를 사용하고 각 21일간의 수익률을 곱해 한 달(21일) 동안의 누적 수익률을 계산한다.

- 계산된 값에서 21일만큼 shift() 함수를 취해 21일 후의 누적 수익률을 현재 날짜로 조정한다.

- 결측치를 제거하고 최종 결과를 반환한다.

그림 7-5는 그 결과를 보여준다(relative: 모멘텀 전략, per: PER 전략, pbr: PBR 전략, dividend: 배당 전략, small: 소형주 전략, lowvol: 로우볼 전략, individual: 개인 주체 전략, institutional: 기관 주체 전략, foreign: 외국인 주체 전략).

date	relative	per	pbr	dividend	small	lowvol	individual	institutional	foreign
2021-11-18	1.030739	1.034944	1.041411	1.031919	1.012709	0.915600	1.059090	0.910590	0.910313
2021-11-19	1.029033	1.014371	1.018332	1.019180	0.994997	0.937821	1.020031	0.935641	0.919467
2021-11-22	1.042886	1.015693	1.017715	1.020579	0.992112	0.940681	1.016287	0.944783	0.943019
2021-11-23	1.040311	1.011386	1.009141	1.020593	0.989846	0.944038	1.019011	0.947759	0.949612
2021-11-24	1.017979	1.007805	1.004145	1.016726	0.995512	0.926013	1.024947	0.943342	0.966501
2021-11-25	1.026101	1.019896	1.018797	1.023829	1.002626	0.921670	1.023580	0.962523	0.980537
2021-11-26	1.022661	1.033945	1.034056	1.033649	1.038008	0.917357	1.054471	0.966210	0.992679
2021-11-29	1.063741	1.058631	1.068311	1.057658	1.071079	0.976956	1.076824	1.025259	1.032011
2021-11-30	1.091352	1.064935	1.069394	1.026864	1.103027	1.033107	1.104414	1.083188	1.084102
2021-12-01	1.061019	1.035336	1.040946	1.007748	1.078810	0.982172	1.056050	1.043864	1.072324

그림 7-5 사후 수익률

해당 데이터의 변화를 그래프 형태로 표시하는 코드와 결과는 다음과 같다(코드 7-8 및 그림 7-6).

코드 7-8 데이터 변화 시각화

```
def draw_data_html(df: pd.DataFrame, col: str):
    fig = go.Figure()
    fig.add_trace(go.Scatter(x=df.index, y=df[col], mode='lines', name='data'))
    fig.update_layout(margin=dict(l=20, r=20, t=20, b=60))
    fig.add_annotation(dict(font=dict(size=20), x=0, y=0, showarrow=False,
                       text=f"{eng_to_kor.get(col)}",
                       textangle=0, xanchor='left', xref="paper",
                       yref="paper"))

    return fig
```

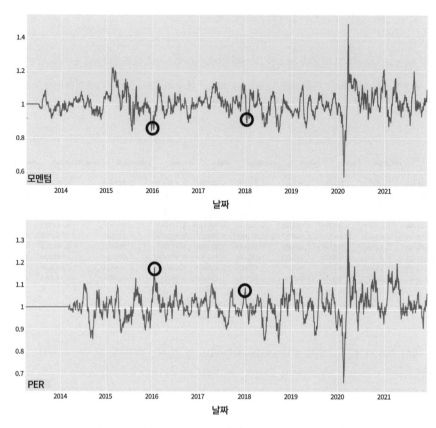

그림 7-6 모멘텀 전략 사후 수익률(상), PER 전략 사후 수익률(하)

2016년과 2018년에서 빨간색으로 표시된 부분에서 두 전략이 상반된 결과가 나옴을 확인할 수 있다. 이제 기본적인 전처리가 완료됐으니 이 데이터를 이용해 군집화해 보자.

7.1.3 군집화

K-평균 군집화를 실행하기 위해서는 7.1.2에 설명했듯이 군집의 개수를 설정해야 한다. 이를 위해 군집의 개수에 따른 **관성**^{inertia}을 측정한다. 이는 군집 내 데이터와 해당 군집의 중심점 간의 거리의 제곱합을 나타내는 지표로 군집화의 품질을 측정하는 데 사용된다.[1] 높은 관성은 데이터가 군집의 중심점에서 멀리 떨어져 있음을 의미하므로 군집화를 최적화하려면 관성을

---

1 물리학에서 특정 물체의 관성은 물체의 중심에서 각 질량 점까지의 거리의 제곱합을 의미한다. K-평균군집화에서는 물체의 중심이 군집의 중심점으로, 각 질량 점이 데이터로 번역됐다.

최소화하는 방향으로 군집의 개수를 조정해야 한다.

7.1.2.1 관성 측정

최적의 관성을 측정하기 위해서는 군집의 개수를 바꿔가면서 나오는 결과의 관성을 측정해야
한다. 관성을 측정하는 코드 7-9는 다음과 같다. 다음 코드는 데이터(df)를 받는다.

코드 7-9 군집 수 별 관성 측정

```python
def plot_inertia(df: pd.DataFrame):
    # 관성 탐색 범위를 전략 수 만큼 조정
    max_k = df.shape[1]
    ks = range(1, max_k + 1)
    inertias = []

    # Cluster 수가 추가됨에 따른 관성 구하기
    for k in ks:
        model = KMeans(n_clusters=k, n_init='auto')
        # K-평균군집화 계산
        model.fit(df)
        inertias.append(model.inertia_)

    plt.plot(ks, inertias, '-o')
    plt.xlabel('군집 수 K')
    plt.ylabel('관성')
    plt.xticks(ks)
    plt.show()
```

코드의 흐름은 다음과 같다.

- 입력된 데이터프레임(df)의 열 수를 기반으로 최대 군집 수(max_k)를 설정한다.

- ks는 1부터 최대 군집 수(max_k)까지의 범위를 가지는 리스트로 군집 수를 나타낸다.

- 군집 수에 따른 관성(inertia)을 저장할 빈 리스트 inertias를 생성한다.

- for 루프를 통해 각 군집 수에 대해 K-평균 모델을 생성하고 데이터를 피팅한다.

  - 각 모델의 관성 값을 inertias 리스트에 추가한다.

- `plt.plot()`을 사용해 군집 수에 따른 관성을 그래프로 표시한다. x축은 군집 수(K)이고, y축은 관성(inertia)이다. 각 군집 수를 눈금으로 설정해 그래프를 보여준다.

군집의 개수가 많으면 자연히 관성은 줄어들게 된다. 요지는 적은 수의 군집으로도 충분히 같은 성질을 잘 분류할 수 있는 작은 관성을 갖는 군집 수를 찾는 것이다. 이를 위해 관성의 절댓값보다도 관성이 유의미하게 변화하는 부분을 관찰하는 게 중요하다. 그림 7-7에서는 3개의 군집이 군집 개수에 비해 유의미하게 관성이 줄어들었음을 관찰할 수 있다. 이는 앞서 설명했던 경제 국면의 변화 대신 수익률을 상승, 하락, 혼조의 3개 군집으로 구분해서 그럴 수 있다.[2]

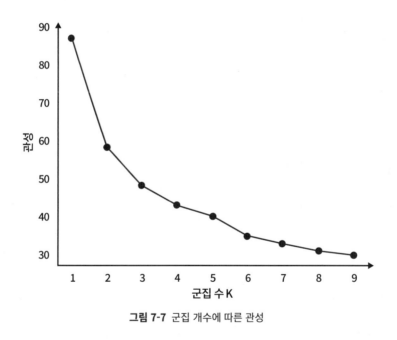

그림 7-7 군집 개수에 따른 관성

7.1.2.2 군집화 실행

7.1.2.1에서 군집의 개수를 3개로 정했다. 이제 구한 군집의 수를 설정해 군집화를 실행하는 코드 7-10과 결과 그림 7-8을 살펴보자. 코드는 데이터(df), 군집의 수(n_cluster) 그리고 K-평균 모델을 받는다.

---

2 실제로 더 많은 팩터를 사용하면 4개의 군집으로 분류되기도 한다.

316

```
def df_with_cluster(df: pd.DataFrame, n_cluster: int, kmeans_model):
    df_concern = df[:-1]

    # K-평균 군집화 계산
    if kmeans_model is None:
        kmeans_model = KMeans(n_clusters=n_cluster, n_init='auto')
    kmeans_model.fit(df_concern)

    # 군집 계산 결과를 기존 데이터프레임에 합체
    cluset_result = df_concern.copy()
    cluset_result["cluster"] = kmeans_model.labels_

    return cluset_result, kmeans_model
```

코드의 흐름은 다음과 같다.

- 주어진 데이터프레임(df)에서 마지막 행을 제외한 부분을 군집 훈련 데이터(df_concern)로 저장한다.

- K-평균 모델(kmeans_model)이 주어지지 않은 경우 새로운 K-평균 모델을 생성하고 주어진 군집의 수(n_cluster)로 군집화를 수행한다.

- K-평균 모델(kmeans_model)을 사용해 군집 훈련 데이터(df_concern)를 학습하고 각 데이터 포인트의 군집 레이블(labels_)을 얻는다.

- 군집 결과(cluster_result)라는 새로운 데이터프레임을 만들고 군집 훈련 데이터(df_concern)의 내용을 복사한 후 cluster 열을 추가해 해당 데이터프레임에 군집 레이블을 저장한다.

- 군집 결과(cluster_result)와 학습된 K-평균 모델(kmeans_model)을 반환한다.

코드 7-10의 결과를 새로운 컬럼으로 표시한 결과가 그림 7-8에 나타나 있다.

date	relative	per	pbr	dividend	small	lowvol	individual	institutional	foreign	cluster
2013-04-01	1.000000	1.000000	1.000000	1.000000	1.000000	1.000000	1.000000	1.000000	1.000000	2
2013-04-02	1.000000	1.000000	0.993874	1.002599	0.998489	1.000000	0.989386	1.007792	0.980048	2
2013-04-03	1.000000	1.000000	0.985224	0.998689	1.011376	1.000000	0.995325	1.015885	0.987177	2
2013-04-04	1.000000	1.000000	0.986836	1.017300	1.030681	1.000000	1.018537	1.004330	0.995503	2
2013-04-05	1.000000	1.000000	0.987285	1.047079	1.059617	1.000000	1.016800	1.004358	0.993597	2
...	...	...	...	...	...	...	...	...	...	...
2021-11-24	1.017979	1.007805	1.004145	1.016726	0.926013	0.926013	1.024947	0.943342	0.966501	2
2021-11-25	1.026101	1.019896	1.018797	1.023829	1.002626	0.921670	1.023580	0.962523	0.980537	2
2021-11-26	1.022661	1.033945	1.034056	1.033649	1.038008	0.917357	1.054471	0.966210	0.992679	2
2021-11-29	1.063741	1.058631	1.068311	1.057658	1.071079	0.976956	1.076824	1.025259	1.032011	1

그림 7-8 군집화 결과

7.1.2.3 군집 평가

군집 분류 결과의 판단을 위해서는 고차원 데이터를 저차원으로 투사해 시각화하는 대표적 방법인 **t-SNE**^{T-distributed Stochastic Neighbor Embedding}를 사용한다. t-SNE는 데이터 간의 유사성을 보존하면서 고차원 공간에서 멀리 있는 데이터를 저차원에서도 멀리 배치되도록 한다〈참고문헌 7-2〉. 이렇게 고차원과 저차원 공간의 데이터 간의 확률 분포 차이를 최소화하는 방식으로 저차원의 데이터 포인트 배치를 조정한다. Scikit-learn에서는 t-SNE를 지원한다. 해당 라이브러리를 통해 그림 7-8에 나타난 군집화의 품질을 확인해 보자. 해당 코드는 데이터(df)를 받는다.

코드 7-11 군집 시각화

```python
def check_clustering(df: pd.DataFrame):
    # tsne 기반 차원 축소
    tsne = TSNE(n_components=2)
    reduced_data = tsne.fit_transform(df.drop(columns='cluster'))
    tsne_df = pd.DataFrame(reduced_data, columns=['component_0', 'component_1'])

    tsne_df['target'] = df['cluster'].values

    # 타깃별 분리
    tsne_df_0 = tsne_df[tsne_df['target'] == 0]
    tsne_df_1 = tsne_df[tsne_df['target'] == 1]
    tsne_df_2 = tsne_df[tsne_df['target'] == 2]

    # 타깃별 시각화
    plt.scatter(tsne_df_0['component_0'], tsne_df_0['component_1'],
                color='pink', label=f'{eng_to_kor.get("cluster")} 0')
    plt.scatter(tsne_df_1['component_0'], tsne_df_1['component_1'],
```

```
                color='purple', label=f'{eng_to_kor.get"cluster")} 1')
    plt.scatter(tsne_df_2['component_0'], tsne_df_2['component_1'],
                color='yellow', label=f'{eng_to_kor.get("cluster")} 2')

    plt.legend()
    plt.show()
```

코드의 흐름은 다음과 같다.

- 입력된 데이터프레임(df)에서 'cluster' 열을 제외한 데이터를 t-SNE를 사용해 2차원으로 축소한다.

- 축소된 데이터를 'component_0'와 'component_1'이라는 열에 담은 t-SNE 데이터(tsne_df)를 생성한다.

- 원본 데이터프레임(df)의 'cluster' 열을 t-SNE 데이터(tsne_df)에 추가해 각 데이터 포인트의 군집 레이블을 저장한다.

- 각 군집에 따라 데이터를 분리한다. 여기서는 세 개의 군집(0, 1, 2)을 가정하고 각각의 데이터프레임을 생성한다.

- 각 군집에 해당하는 데이터프레임을 산점도로 시각화한다. 각 군집은 색깔별로 구분돼 표시되며 범례(legend)가 추가돼 시각화된 그래프를 보여준다.

그림 7-9를 보면 데이터 간에 겹치는 부분이 있어서 군집화가 쉽지 않음을 알 수 있다. 수익률의 변화는 점진적으로 일어나기 때문에 어느 한 시점을 하락장이라고 부르기 힘든 특성이 표현된다.

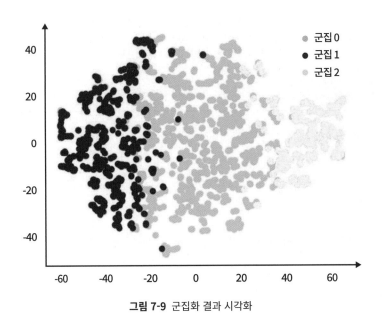

그림 7-9 군집화 결과 시각화

7.1.4 전략 가중치 설정하기

군집화로 경기 국면을 나눴다. 이제 각 경기 국면마다 어떤 팩터가 얼마나 활약했는지를 확인할 수 있다. 경기 국면별로 각 팩터의 성능을 알 수 있으면 어떤 경기 상황에서 어떤 팩터에 가중치를 얼마나 줘야 최적의 투자를 할 수 있을지 기획할 수 있을 것이다.

7.1.2.3 군집 및 전략별 수익률

어떤 전략이 어떤 군집에서 어떤 수익률을 냈는지 알기 위해서는 군집 및 전략별로 평균 수익률을 구해야 한다. 코드 7-12는 데이터(df)를, 코드 7-13은 데이터(df) 및 정렬 유무(var_sort)를 받는다.

코드 7-12 군집별 및 전략별 평균 수익률

```python
def mean_return_by_cluster(df: pd.DataFrame) -> pd.DataFrame:
    return_df = pd.DataFrame(columns=['factor', 'cluster', 'mean_return'])
    # 군집 및 전략별 평균 리턴 구하기
    for factor in df.columns.drop('cluster'):
```

```
        factor_data = []
        for cycle in sorted(df.cluster.unique()):
            mean_value = (df[df.cluster == cycle][factor].mean() - 1) * 100 * 21
            factor_data.append(
                {'factor': factor, 'cluster': cycle, 'mean_return': mean_value})
        return_df = pd.concat([return_df, pd.DataFrame(factor_data)])

    return return_df
```

코드 7-12의 흐름은 다음과 같다.

- 결과를 저장할 빈 데이터프레임 결과 데이터(return_df)를 생성한다. 이 데이터프레임은 전략(factor), 군집(cluster)과 평균 수익률(mean_return) 열을 가진다.

- 전략 및 군집의 이중 for 루프를 통해 전략 및 군집별 평균 수익률을 구한다.

- 구한 결과는 전략(factor), 군집(cluster)과 평균 수익률(mean_return)로 구성된 데이터 프레임의 형태로 나타난다.

코드 7-13 군집별 및 전략별 평균 수익률 시각화

```
def cluster_heatmap(df: pd.DataFrame, var_sort: bool = False):
    df = df.rename(columns=eng_to_kor)
    # 히트맵을 위한 데이터프레임 재구조화
    pivot_df = df.pivot_table(index=eng_to_kor.get('factor'),
                              columns=eng_to_kor.get('cluster'),
                              values='mean_return')
    pivot_df = pivot_df.rename(index=eng_to_kor)
    # 평균 수익률로 정렬
    if var_sort:
        pivot_df = pivot_df.sort_values(by=[pivot_df.var().idxmax()])
    plt.figure(figsize=(pivot_df.shape[0], int(pivot_df.shape[1]) * 2))
    ax = sns.heatmap(pivot_df, xticklabels=True, yticklabels=True)

    return ax
```

코드 7-13의 흐름은 다음과 같다.

- 'factor'를 인덱스, 'cluster'를 컬럼 및 'mean_return'을 값으로 가지는 형식의 피벗 테이블(pivot_df)로 데이터(df)를 재구조화한다.

- 정렬 유무(var_sort)에 따라 피벗 테이블(pivot_df)를 정렬한다.

- heatmap()함수를 통해 히트맵을 출력한다.

그림 7-10을 보면 1번 군집에서 수익률이 제일 높음을 확인할 수 있다. 특히 팩터 전략에서 확인했듯이 소형주 전략과 로우볼 전략의 평균 수익률이 특별하게 높음을 확인할 수 있다. 전체 군집의 색을 비교해 볼 때 1번 군집이 상승 국면, 0번 군집이 하락 국면 그리고 2번 군집이 혼조세 국면을 뜻한다고 유추할 수 있다. 주목할 점은 하락장으로 판단되는 0번 군집에서 배당 전략과 기관 주체 전략의 성과다. 배당은 전통적으로 주식 시장을 방어하는 역할을 한다고 전에 서술했다. 같은 의미로 유추하자면 기관은 그 성격 상 하락장에서 손실을 최소화하는 투자를 행했다고 생각할 수 있을 것이다.

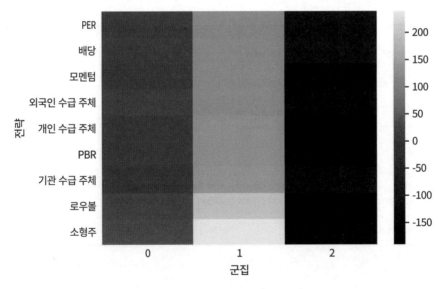

그림 7-10 군집 및 전략별 평균 수익률

7.1.2.4 군집별 전략 가중치

군집마다 전략의 성능을 그림 7-10에서 알아냈다. 코드 7-14에서는 그 성능에 비례해 군집별 각 전략의 가중치를 계산한다. 전략별 가중치는 평균 수익률을 정규화한 뒤 일정 값 이하의 값을 최소 가중치로 대체한 값으로, 아래의 식으로 표현된다.

$$\text{가중치} = \left(\frac{\mu_i}{\sum \mu_i}\right), \quad f(x) = \begin{cases} x & x \geq w_{min} \text{일 때} \\ w_{min} & x < w_{min} \text{일 때} \end{cases}$$

$$\mu_i : \text{전략의 평균 수익률}$$

$$\sum \mu_i : \text{모든 전략의 평균 수익률 합}$$

$$w_{min} : \text{최소 가중치}$$

그림 7-11에는 코드 진행의 이해를 돕기 위한 예시가 그려져 있다. 코드는 데이터(df) 및 최소 가중치(min_weight)를 받는다.

코드 7-14 전략별 가중치 구하기

```python
def get_strategy_weight(df: pd.DataFrame, min_weight: float) -> pd.DataFrame:
    # 데이터프레임 재구조화
    pivot_df = df.pivot_table(index='factor', columns='cluster',
                              values='mean_return')
    # 최소 가중치 제약 조건
    assert len(pivot_df) <= 1 / min_weight, \
        f'min weight too big({min_weight}) for {len(pivot_df)} factors'

    # 전체가 음수인 군집의 경우 양수로 바꾸고 역수를 취함
    negative_column = pivot_df.columns[(pivot_df < 0).all()]
    for column in negative_column:
        pivot_df[column] = 1 / -pivot_df[column]

    # 음수 제거(0으로 대체)
    pivot_df.clip(lower=0, inplace=True)
    cluster_variable_pair = defaultdict(list)

    # 국면별로 전략 가중치 계산 시작
    for cluster in pivot_df.columns:
        variables = pivot_df[cluster]

        # 전략 가중치 계산
        normalized = variables / variables.sum()
```

```
        normalized.fillna(0, inplace=True)

        # 최소 가중치보다 가중치가 적은 전략이 최소 가중치를 갖게 수정
        less_than_min = normalized[normalized < min_weight]
        normalized[less_than_min.keys()] = min_weight

        # 최소 가중치 전략(less_than_min) 제외한 나머지 가중치로 다시 전략 가중치 계산
        need_adjust = variables.keys().difference(less_than_min.keys())
        available_weight = 1 - (min_weight * len(less_than_min))
        normalized[need_adjust] = normalized[need_adjust] * available_weight

        # 유효숫자 재설정
        normalized = normalized.round(2)

        # 가중치 재설정 시 생긴 오차를 제일 큰 가중치를 가진 전략에서 교정
        residual = 1 - normalized.sum()
        normalized[normalized.argmax()] += residual

        cluster_variable_pair[cluster] = normalized

    return pd.DataFrame.from_dict(cluster_variable_pair)
```

코드의 흐름은 다음과 같다.

- 입력된 데이터프레임(df)을 재구조화해서 전략(factor)을 인덱스로, 군집(cluster)을 컬럼으로, 평균 수익률(mean_return)을 값으로 가지는 피벗 테이블(pivot_df)을 생성한다.

- 전략의 안정성을 위해 계란을 여러 바구니에 옮겨 담는 측면에서 모든 전략의 최소 가중치(min_weight)를 설정해 준다.

- 전략의 수가 10개인데 최소 가중치(min_weight)를 11%로 설정할 경우 총 110%가 나온다. 이를 방지하기 위해 assert 문을 사용해 피벗 테이블의 요소 수가 최소 가중치로 나눈 값보다 작은지 확인한다. 너무 큰 최소 가중치로 설정되면 오류가 발생한다.

- 피벗 테이블에서 모든 값이 음수인 열을 찾아 양수로 바꾸고 역수를 취한다.

- 음수 값을 제거하기 위해 clip() 함수를 사용해 하한값을 0으로 설정한다.

- 중간 결과를 저장하기 위해 군집별 가중치 딕셔너리(cluster_variable_pair)를 생성하고 군집별로 전략 가중치(weights)를 계산하기 위한 작업을 시작한다.

- 각 군집(cluster)에 대해 전략 가중치(weights)를 계산한다.

- 이렇게 계산된 가중치 중 최소 가중치(min_weight)보다 작은 값이 있으면 이를 최소 가중치로 설정한다.

- 최소 가중치를 갖지 않는 전략들의 가중치를 재조정해 전체 가중치가 1이 되도록 한다.

- 가중치를 반올림해 소수점 둘째 자리까지 유효 숫자를 설정한다.

- 각 군집별로 계산된 가중치를 군집별 가중치 딕셔너리(cluster_variable_pair)에 저장하고 이를 데이터프레임으로 변환해 반환한다.

코드 7-14의 흐름을 이해하기 위해 그림 7-11을 참고해 다시 한번 설명한다. 군집별로 돌아가는 for 루프에서는 우선 각 전략의 수익률^{variables}을(그림 7-11 좌상단) sum() 함수를 통해 구해진 모든 전략 수익률의 합으로 나눠 가중치를 구해준다(그림 7-11 우상단). 구해진 가중치와 최소 가중치(min_weight) 설정값을 비교해 전략 가중치가 최소 가중치(min_weight)보다 낮은 전략을 최소 가중치 미만 전략(less_than_min) 변수에 저장 후 가중치를 최소 가중치(min_weight)로 수정한다(그림 7-11 좌중단). 구해진 전략별 평균 수익률을 사용해 평균 수익률에 맞게 가중치가 정해지게 설정해 주고(그림 7-11 우중단) 전체가 음수인 군집의 경우 음수가 제일 적게 나온 전략에 제일 큰 가중치를 할당해 준다. 유효 숫자를 적용 후(그림 7-11 좌하단) 군집별 전체 가중치의 합이 1이 되게 설정해 줘(그림 7-11 우하단) 가진 자산보다 많은 투자를 하는 상황을 없앤다.

배당	10.382482
외국인수급주체	14.856647
개인수급주체	3.237319
기관수급주체	0.000000
로우볼	22.721863
PBR	7.595085
PER	2.536196
모멘텀	3.561209
소형주	29.740841

무보정 전략
가중치 계산 ▶

배당	0.109715
외국인수급주체	0.156994
개인수급주체	0.034210
기관수급주체	0.000000
로우볼	0.240109
PBR	0.080259
PER	0.026801
모멘텀	0.037632
소형주	0.314280

최소 가중치 부여 ▶

배당	0.109715
외국인수급주체	0.156994
개인수급주체	0.034210
기관수급주체	0.010000
로우볼	0.240109
PBR	0.080259
PER	0.026801
모멘텀	0.037632
소형주	0.314280

가중치 재계산 ▶

배당	0.108618
외국인수급주체	0.155425
개인수급주체	0.033868
기관수급주체	0.010000
로우볼	0.237707
PBR	0.079457
PER	0.026533
모멘텀	0.037256
소형주	0.311137

유효숫자(2) 적용 ▶

배당	0.11
외국인수급주체	0.16
개인수급주체	0.03
기관수급주체	0.01
로우볼	0.24
PBR	0.08
PER	0.03
모멘텀	0.04
소형주	0.31

(총합 – 1)을 제일 높은
비율(소형주)에서 제함 ▶

배당	0.11
외국인수급주체	0.16
개인수급주체	0.03
기관수급주체	0.01
로우볼	0.24
PBR	0.08
PER	0.03
모멘텀	0.04
소형주	0.30

그림 7-11 군집 및 전략별 평균 수익률

그림 7-12는 군집 및 전략별 가중치를 min_weight=0.1로 할당했을 시 결과를 나타낸 것이다. 위의 히트맵에서 봤듯이 1번 군집의 경우 소형주(0.18)와 로우볼(0.15)의 가중치가 높게 할당돼 있고 0번 군집에서는 배당 전략(0.15)과 기관 투자(0.13) 전략의 가중치가 높게 형성돼 있다. 미리 경기 국면을 예측할 수 있다면 해당 방식을 통해 더 안정적인 투자를 기대할 수 있을 것이다.

factor	0	1	2
dividend	0.11	0.09	0.15
foreign	0.15	0.09	0.11
individual	0.03	0.10	0.09
institutional	0.01	0.11	0.13
lowvol	0.25	0.15	0.08
pbr	0.08	0.10	0.11
per	0.02	0.09	0.13
relative	0.03	0.09	0.10
small	0.32	0.18	0.10

그림 7-12 군집 및 전략별 가중치

7.2 국면 예측

나　"그런데 지금까지 한 것은 미래의 수익률로 경기를 군집화한 거잖아. 이대로는 현재 경기 국면도 알 수가 없는데 이걸 잘 활용할 방법이 없을까?"

인턴　"물론 선배가 뭘 하고 싶은지 알고 있죠. 다음 경기는 어떨지 경기 국면을 예측하고 싶으신 거죠?"

나　"맞아. 머신러닝 같은 걸 써서 예측할 수 있을 것 같단 말이지? 그런데 예측할 대상은 있는데 예측에 쓰일 재료를 잘 모르겠다는 게 문제야."

인턴　"제가 얼마 전에 찾아본 라이브러리가 있는데 여기 데이터를 쓸 수 있을 것 같아요."

나　"거시 경기 데이터? 그래, 시장 상황은 이벤트나 거시 경기에 따라 결정되니까 이것으로 해 보자!"

7.1에서는 경기 국면을 군집으로 구분했다. 각 날짜가 어떤 경기에 해당하는지 **레이블링**Labelling이 완료된 것이다. 이제 시장 국면 예측을 해 보자. 날짜별 경기 국면을 나타내는 군집 ID가 타깃에 해당한다면 시계열 예측 모델의 입력 변수는 어떻게 정의하면 좋을까?

시장을 둘러싼 여러 **거시 경기**Macro-Economic 변수가 팩터의 효율과 연관돼 있고 경기 상황을 결정짓는다고 볼 수 있다. 예를 들어 금리가 오르면서 장단기 금리차가 상승하면 경기가 좋아질 전망으로 가치주에 주목할 수 있다. 해외 주식 시장의 지수가 오르면 상대적으로 국내 주식에 대한 관심이 떨어져서 국내 시장의 약세를 예측할 수 있다.

하지만 모든 거시 경기 요소를 경기 국면과 연결 짓기는 전문가가 아닌 이상 어려운 일이다. 이번 절에서는 직접 경제 전문가가 되기보다는 머신러닝을 활용해 거시 경기와 경기 국면과의 복잡한 관계를 추론할 것이다.

그림 7-13 거시 경기와 주가

7.2.1 거시 경기 데이터

국내 통화의 경쟁력이 약해지면 수출을 촉진해 국내 상품 및 서비스가 국제 시장에서 경쟁력을 갖게 돼 경제 성장에 기여한다. 이때 **달러 인덱스**Dollar Index[3]가 상대적으로 강세를 띠며 해외 투자자에게는 국내 시장이 상대적으로 저렴한 시장이 되고 외국인이 주식을 매수할 시그널이 되기도 한다. 그러나 이러한 원화의 약세가 불황기까지 지속되면 외국인이 리스크 회피와 사업 기회 부족을 이유로 국내 주식의 수요 악화를 초래할 수도 있다. 원자재 가격의 상승은 높은 제조 원가로 기업의 순이익률에 영향을 줄 수 있고 악화하면 인플레이션 국면에 이를 수도 있다. 반면 침체나 불황기에 시장의 악화와 함께 원자재 가격이 내려가면 재화의 가격이 내려가면서 소비자의 낮아진 구매력을 올릴 수 있는 요인이기도 하다.

---

3 미국 달러의 가치를 다른 주요 세계 통화들과 비교해 나타내는 지표

이러한 거시 경기 및 지수에 대한 자료를 얻기 위해 FinanceDataReader 라이브러리를 사용할 것이다. 해당 라이브러리는 **네이버**와 **야후 파이낸스** 등에서 금융 관련 데이터를 크롤링하는 오픈 소스 라이브러리로 지수나 경기 및 개별 주식에 대한 데이터를 가지고 있다. 다음 표 7-6은 2023년 7월 2일 기준 해당 라이브러리에서 크롤링한 거시 경기 요소들이다. 그 밖에 수집 가능한 지표와 심볼은 해당 라이브러리 위키〈참고문헌 7-3〉에서 확인하거나 **미국 연방 준비 은행**Federal Reserve 경제 데이터 사이트〈참고문헌 7-4〉에서 얻을 수 있다.

표 7-1 주요 경기 지표

분류	이름	심볼
주요 지수	코스피 200	KS200
	S&P 500	US500
	상해 종합 지수	SSEC
	공포 지수	VIX
상품 선물	WTI 선물	CL
	금 선물	GC
	구리 선물	HG=F
환율	원/달러	KRW/USD
	원/위안	KRW/CNY
국채 수익률	5년 만기 미국채 수익률	US5YT
	30년 만기 미국채 수익률	US30YT
	10년 만기 국채 이자율(한국)	FRED:IRLTLT01KRM156N
경기 지표(미국)	M2 통화량	FRED:M2
	M1 통화량	FRED:M1SL
	미국 5년 기대 인플레이션	FRED:T5YIFR
	미국 실업률	FRED:UNRATE
	미국 신규 주택 판매 지수	FRED:HSN1F
경기 지표(한국)	한국 소비자 물가 지수	FRED:KORCPIALLMINMEI
	한국 M1 통화량	FRED:MANMM101KRM189S
	한국 M2 통화량	FRED:MYAGM2KRM189S
	OECD 선행 지수: 한국용 정규화	FRED:KORLOLITONOSTSAM
	대한민국 수출: 상품 가치	FRED:XTEXVA01KRM664S
	대한민국 수입: 상품 가치	FRED:XTIMVA01KRM667S

항목에 대한 부연 설명은 다음과 같다.

- **코스피 200**: 유가 증권 시장에 상장된 보통주 중 시장 대표성, 산업 대표성, 유동성 등을 기준으로 선정된 200개 종목으로 구성

- **S&P 500**: 스탠더드 앤드 푸어스^{Standard & Poor's}사가 기업 규모, 산업 대표성 및 유동성 등을 기준으로 선정한 500개 종목으로 구성

- **상해 종합 지수**: 상해 증권 거래소^{Shanghai Stock Exchange}에 상장된 모든 종목의 시가 총액의 가중 평균

- **공포 지수**: S&P500 지수 옵션의 향후 30일간의 변동성에 대한 시장의 기대(상승은 지수 옵션의 변동성 확대에 대한 기대, 즉 투자자의 불안 심리가 높아졌음을 의미)

- **WTI 선물**: 서부 텍사스산 원유 선물의 최근월물 가격[4]

- **금 선물**: 뉴욕상품거래소에서 거래되는 금 선물의 최근월물 가격

- **구리 선물**: 뉴욕상품거래소에서 거래되는 구리 선물의 최근월물 가격

- **M1 통화량**: 민간이 보유한 통화에 은행에 있는 요구불예금의 합

- **M2 통화량**: M1 통화량에 2년 이하 정기예금, 주식, 채권 등을 합한 것

- **장단기금리차**: 연준에서 중시하는 10년 − 3개월 금리차

- **기대 인플레이션**: (n년물) 국채 명목 금리 − (n년물) TIPS금리(물가 연동 국채)

- **실업률**: 16살 이상 실업자 비율

- **신규 주택 판매 지수**: 전월 판매된 신규 단독 주택의 연월 환산 수치

- **소비자 물가 지수**: 소비자가 구입하는 상품 및 서비스의 가격 변동 추적 지수

---

4 월물이란 특정 월에 만기가 도래하는 선물 계약을 가리킨다. 예를 들어 WTI 12월 월물 계약의 경우 투자자는 계약이 명시하는 12월에 원유를 인도받거나 인도해야 하는 의무가 있다. 이러한 선물 계약은 보통 실제 상품의 인도를 목적으로 하지 않고 계약 만료 전에 대금을 정산해 금융적 이익을 취함을 목적으로 한다.

- **OECD 선행지수**: 평균 주당 노동 시간, 신규 수주, 소비자 예상 등 선행 지표를 조합한 경제의 건강도

7.2.1.1 거시 경기 데이터 불러오기

거시 경기 데이터를 불러오는 코드는 코드 7-15와 같다. 여기서 함수 `macro_data_loader()`는 시작 날짜(fromdate), 끝 날짜(todate), 거시 경기 데이터 리스트(data_list)를 받는다.

코드 7-15 거시 경기 데이터 로드

```
fromdate = '2012-11-01'
todate = '2021-12-30'
macro_name = [
    # 주요 지수
    'KS200',  # 코스피 200
    'US500',  # S&P 500 지수
    'SSEC',  # 상해 종합
    'VIX',  # 공포지수

    # 상품 선물
    'CL',  # WTI유 선물 Crude Oil (NYMEX)
    'GC',  # 금 선물 (COMEX)
    'HG=F',  # 구리 선물 (COMEX)

    # 환율
    'KRW/USD',  # 달러 원화
    'KRW/CNY',  # 달러 위엔화

    # 채권
    'US5YT',  # 5년 만기 미국국채 수익률
    'US30YT',  # 30년 만기 미국국채 수익률
    'FRED:T10Y3M',  # 미국 장단기금리차(10Y-3M) : 연준에서 중시하는 10년-3개월 금리차

    # 경기 지표(미국)
    'FRED:M1SL',  # M1 통화량
    'FRED:M2',  # M2 통화량
    'FRED:HSN1F',  # HSN1F 주택판매지수
    'FRED:T5YIFR',  # 5년 기대 인플레이션
    'FRED:UNRATE',  # 미국 실업률

    # 경기 지표(한국)
    'FRED:MANMM101KRM189S',  # 대한민국 M1 통화량
```

```
    'FRED:MYAGM2KRM189S',  # 대한민국 M2 통화량
    'FRED:KORCPIALLMINMEI',  # 한국 소비자 물가 지수: 모든 항목
    'FRED:KORLOLITONOSTSAM',  # OECD 선행지수: 대한민국용 정규화된 선행지수
    'FRED:XTEXVA01KRM664S',  # 대한민국 수출: 상품 가치
    'FRED:XTIMVA01KRM667S',  # 대한민국 수입: 상품 가치
]

def macro_data_loader(fromdate: str, todate: str,
                      data_list: list) -> pd.DataFrame:
    df = pd.DataFrame({'DATE': pd.date_range(start=fromdate, end=todate)})
    for data_name in data_list:
        # 데이터 로드하기
        df_sub = fdr.DataReader(data_name, fromdate, todate)
        # OHLCV 데이터면 Close만 사용
        if 'Close' in df_sub.columns:
            df_sub = df_sub[['Close']]
            df_sub.rename(columns={'Close': data_name}, inplace=True)
        df = df.merge(df_sub, how='left', left_on='DATE', right_index=True)

    return df.rename(columns={"DATE": "date"})
```

코드의 흐름은 다음과 같다.

- 먼저 pd.DataFrame을 사용해 날짜(DATE) 열에 주어진 날짜 범위(2012년 11월 30일부터 2021년 12월 30일까지)를 생성하고 이를 담는 데이터프레임(df)을 만든다.

- for 루프를 통해 거시 경기 데이터 리스트(data_list)에 있는 각각의 데이터에 대해 FinancialDataReader의 DataReader() 함수에 가져올 데이터와 기간을 명시해 데이터를 불러온다.

- 불러온 데이터가 OHLCV(시가, 고가, 저가, 종가, 거래량) 형식의 데이터라면 'Close' 열만 선택한 결과를 중간 데이터(df_sub) 변수에 저장한다.

- 데이터프레임(df)과 중간 데이터(df_sub)를 날짜(DATE) 열을 기준으로 합치고 각 데이터의 이름을 열 이름으로 설정해 하나의 데이터프레임으로 합친다.

- 합쳐진 데이터프레임의 날짜(DATE) 열의 컬럼 명을 'date'로 변경하고 반환한다.

7.2.1.2 거시 경기 데이터 전처리

코드 7-15에서 불러온 데이터는 데이터 취합 기준이 월 혹은 일별로 다르거나 중간에 누락된 값이 있을 수 있다. 이를 수정하기 위해 코드 7-16으로 전처리를 수행한다. 코드는 데이터(df), 시작 날짜(fromdate), 끝 날짜(todate)를 받는다.

코드 7-16 거시 경기 데이터 전처리

```python
def macro_preprocess(df: pd.DataFrame, fromdate: str,
                     todate: str) -> pd.DataFrame:
    # 업무일 데이터로 ffill하기
    business_day_list = pd.to_datetime(
        PykrxDataLoader(fromdate=fromdate, todate=todate).get_business_days())
    df = df[df['date'].isin(business_day_list)]

    return df.ffill().dropna()
```

코드의 흐름은 다음과 같다.

- PykrxDataLoader를 사용해 해당 기간의 업무일 리스트를 get_business_days() 함수로 불러온다.

- 입력된 데이터프레임(df)의 날짜(date) 열 값 중에서 업무일 리스트에 포함된 값들만 필터링해 새로운 데이터프레임(df)으로 업데이트한다.

- 결측치를 앞 방향으로 채우고(ffill() 함수) 그 후에 남아 있는 결측치를 제거한다(dropna() 함수).

7.2.1.3 거시 경기 데이터 증강

각 변수의 최근 추세 정보를 담는 파생 변수를 만들어 줄 것이다. 코스피 200의 값이 2500이라도 2700에서 2600, 2500으로 떨어지는 시점과 2300, 2400에서 2500으로 올라가는 시점에 대한 지표 해석은 다를 수밖에 없다. 거시 경기 데이터의 절대 수치뿐 아니라 최근 움직임의 정보를 담기 위해 선형 회귀를 이용해 증강해줄 것이다. 이러한 파생 변수를 '단기 방향성' 변수와 '중기 방향성' 변수로 구분하기 위해 데이터를 증강하는 함수를 만든다. 코드는 데이터(df)

및 대상 기간(days)을 받는다.

코드 7-17 거시 경기 데이터 증강

```
def macro_direction(df: pd.DataFrame, days: int) -> pd.DataFrame:
    def _feature_direction(df: pd.DataFrame):
        # 선형 회귀 기울기를 구하는 함수 정의
        line_fitter = LinearRegression()
        fit_result = line_fitter.fit(X=np.arange(len(df)).reshape(-1, 1), y=df)

        return fit_result.coef_ / abs(df).mean()

    valid_columns = df.columns.drop('date')
    # 선형 회귀 계산 윈도우
    feature_direction_df = df[valid_columns].rolling(days).apply(
        _feature_direction)

    return feature_direction_df.add_suffix(f'_{days}').ffill()
```

코드 7-17의 흐름은 다음과 같다.

- macro_direction() 함수 내부에 _feature_direction()이라는 내부 함수를 정의한다. 이 함수는 주어진 열에 대해 선형 회귀 기울기를 구하는 작업을 한다.

- 입력된 데이터프레임에서 날짜(date)를 제외한 열을 선택해 사용 데이터(valid_columns) 변수에 저장한다.

- 대상 기간(days)을 rolling() 함수에 적용해 각 열에 대해 _feature_direction() 함수를 적용한 결과를 계산한다.

- 계산된 결과에는 각 열에 대한 이동 평균 기간별 선형 회귀의 기울기가 저장된다.

- 이동 평균 기간을 이름에 추가한 후 결측치를 앞 방향으로 채워서 처리된 데이터프레임을 반환한다.

코드 7-15, 7-16 및 7-17을 종합해 경제 독립 변수 데이터를 만드는 코드는 7-18에 나타나 있다.

코드 7-18 거시 경기 독립 변수

```
# 데이터 로드
macro_original = macro_data_loader(fromdate=fromdate, todate=todate,
                                   data_list=macro_name)

# 데이터 전처리
macro_processed = macro_preprocess(df=macro_original, fromdate=fromdate,
                                   todate=todate)

# 데이터 증강
macro_20 = macro_direction(df=macro_processed, days=20)
macro_60 = macro_direction(df=macro_processed, days=60)

# 증강된 데이터 결합
macro = pd.concat([macro_processed, macro_20, macro_60], axis=1)
macro.dropna(inplace=True)
```

코드 7-18에서는 단기 방향성 20일과 중기 방향성 60일의 데이터까지 포함해 총합적 거시 경기 데이터를 구축했다. 만들어진 데이터프레임이 그림 7-14에 나타나 있다. 이제 그림 7-14에 나타난 거시 경기 데이터를 입력변수로 사용해 7.2.2에서는 타깃(경기 국면을 나타내는 군집ID)을 예측할 것이다.

	date	KS200	US500	SSEC	VIX	CL	GC	HG=F	KRW/USD	KRW/CNY	...	M2_60	HSN1F_60	T5YIFR_60	UNRATE_60
91	2013-01-31	258.070007	1498.109985	2385.422119	14.280000	53.685001	4.84	3.7235	0.000921	0.571950	...	3.506762e-04	0.000000	0.000377	0.000000
92	2013-02-01	257.640015	1513.170044	2419.020020	12.900000	54.919998	4.84	3.7755	0.000920	0.570790	...	3.493473e-04	0.000229	0.000397	0.000000
95	2013-02-04	256.890015	1495.709961	2428.154053	14.670000	54.365002	4.82	3.7585	0.000935	0.556970	...	3.468596e-04	0.000450	0.000436	0.000000
96	2013-02-05	254.820007	1511.290039	2433.129883	13.720000	54.730000	4.82	3.7615	0.000919	0.571240	...	3.437164e-04	0.000662	0.000475	0.000000
97	2013-02-06	254.309998	1512.119995	2434.477051	13.410000	54.904999	4.80	3.7335	0.000921	0.572310	...	3.399179e-04	0.000865	0.000497	0.000000
...	...	...	...	...	...	...	...	...	...	...	...	...	...	...	...
3340	2021-12-24	400.529999	4725.790039	3618.053955	17.959999	82.790001	33.75	4.3870	0.000844	0.005366	...	3.108686e-34	0.004161	-0.001684	-0.003194
3343	2021-12-27	398.609985	4791.189941	3615.969971	17.680000	83.910004	33.75	4.4650	0.000843	0.005357	...	3.108686e-34	0.004265	-0.001690	-0.003092
3344	2021-12-28	401.209991	4786.350098	3630.112061	17.540001	84.459999	33.75	4.4200	0.000843	0.005363	...	3.108686e-34	0.004218	-0.001704	-0.003096
3345	2021-12-29	396.720001	4793.060059	3597.000000	16.950001	84.910004	33.75	4.4020	0.000842	0.005353	...	3.108686e-34	0.004161	-0.001666	-0.003091

그림 7-14 거시 경기 데이터

7.2.2 랜덤 포레스트를 통한 군집 예측

예측에는 여러 방법을 쓸 수 있는데 이 책에서는 **랜덤 포레스트**^{Random Forest}를 이용하겠다. 랜덤 포레스트란 여러 **결정나무**^{Decision Tree} 모델에 **배깅**^{Bagging} 기법을 적용한 **앙상블** 모델로 하나의 데이터 소스에서 **부트스트랩**^{Bootstrap}을 통해 랜덤한 여러 데이터를 만들어 각각 결정나무를 만들고 결괏값을 종합해 판단하는 방식이다〈참고문헌 7-2〉.

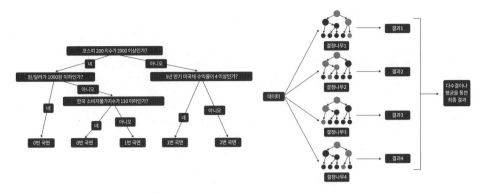

그림 7-15 결정나무(좌)와 랜덤 포레스트 모델(우)

그림 7-15의 좌측에는 결정나무의 예시가 그려져 있다. 특정 날짜에서 거시 경기 변수들로 구성된 벡터가 들어오면 벡터 구성 요소를 분석하면서 해당 날짜가 몇 번 군집에 해당하는지 결정나무가 계산할 것이다. 훈련 데이터에서는 결정나무가 미리 정해져 있는 군집에 맞춰 최적의 트리 구조를 학습할 것이고 학습한 결정나무로 예측 데이터에서 예측을 수행할 것이다.

그림 7-15의 우측에는 좌측의 결정나무를 앙상블 해 구성된 랜덤 포레스트가 그려져 있다. 이경우 같은 데이터로 결정나무들을 학습하면 결정나무들이 비슷한 구조를 취하게 돼 훈련 데이터에만 맞게 구성될 수 있다. 이를 피하기 위해 부트스트랩을 활용해 데이터를 랜덤하게 **샘플링**Sampling한다. 하나의 데이터가 독립적인 여러 개의 데이터로 샘플링이 되면 파생 데이터를 활용해 상관성이 줄어든 결정나무들이 만들어진다. 각 결정나무에서 나온 결과는 다시 다수결이나 평균을 통해 하나의 답을 선택하는 배깅 단계를 거친다. 이렇게 일반화를 끌어올린 최종 결과는 특정 훈련 데이터에만 치중되지 않아 예측 데이터에도 좋은 예측력을 가질 수 있다. 랜덤 포레스트는 단일 결정나무에 비해 이상치에 강한 특성을 얻으나 데이터의 랜덤 샘플링과 여러 결정나무의 계산이 수행돼야 하므로 모델의 해석이 어렵고 계산량이 많은 점이 단점으로 꼽힌다.

7.2.2.1 데이터 슬라이싱

거시 경기 데이터로 수익률 데이터를 예측하기 위해서는 입력 데이터와 타깃 데이터 쌍을 맞추기 위해 먼저 날짜 구간의 길이를 똑같이 해줘야 한다.

```python
fromdate = '2014-04-01'
todate = '2021-11-30'

def df_within_date(df: pd.DataFrame, fromdate: str, todate: str):
    if 'date' in df.columns:
        df.set_index('date', inplace=True)

    return df[fromdate:todate]
```

코드 7-19는 거시 경기 데이터 혹은 수익률 데이터를 df 파라미터로 받아 원하는 길이로 잘라준다. 랜덤 포레스트 모델은 2014년 4월 1일부터 2021년 11월 30일까지의 데이터를 훈련 데이터 및 예측 데이터로 사용할 것이다.

7.2.2.2 랜덤 포레스트 적용

이제 예측하는 함수를 작성할 것이다. 7.2.2의 위에서 언급한 대로 거시 경기 데이터를 입력 변수로 사용해 랜덤 포레스트 모델을 적용해 타깃인 수익률 데이터의 군집을 예측할 것이다. 코드는 훈련 입력 데이터(train_x), 훈련 타깃 데이터(train_y), 난수 초깃값(random_state)을 받는다.

코드 **7-20** 랜덤 포레스트 함수

```python
def train_RF(train_x: pd.DataFrame, train_y: pd.DataFrame, random_state: int):
    train_x_concern = train_x[:-1]
    y_train = train_y[['cluster']]
    x_train = train_x_concern[:max(y_train.index)]

    # 랜덤포레스트 모델 피팅
    rf = RandomForestClassifier(n_estimators=50, random_state=random_state)
    rf.fit(x_train, y_train.values.ravel())

    return rf
```

코드의 흐름은 다음과 같다.

- 훈련 입력 데이터(train_x)의 마지막 행을 제외한 훈련 대상 데이터(train_x_concern)를 선택한다.

- 훈련 타깃 데이터(train_y)에서 군집(cluster) 열만 선택해 사용 타깃 데이터(y_train)로 저장한다.

- 훈련 대상 데이터(train_x_concern)에서 사용 타깃 데이터(y_train)의 인덱스 최댓값에 해당하는 부분까지를 선택해 사용 타깃 데이터(x_train)를 생성한다.

- 이전 단계에서 준비된 사용 입력 데이터(x_train)와 사용 타깃 데이터(y_train)를 사용해 RandomForestClassifier() 함수를 초기화하고 fit() 함수를 사용해 모델을 학습시킨다. 이로 인해 훈련 입력 데이터(train_x) 파라미터에 담겨있던 거시 경기 변수로 훈련 타깃 데이터(train_y) 파라미터에 담겨있던 수익률 데이터의 군집을 예측하게 된다.

- 학습된 랜덤 포레스트 모델(rf)을 반환한다.

Scikit-Learn 라이브러리는 랜덤 포레스트 함수를 제공한다. 랜덤 포레스트 모델(rf)을 선언할 때 트리의 개수(n_estimator)는 50개로 설정했고 난수 초깃값(random_state)은 따로 설정하지 않는 한 1이 되도록 설정했다(코드 7-23).

7.2.2.3 점진 학습

훈련 데이터를 2014년 4월 1일부터 2017년 3월 31일까지 사용하고 이후 2021년 11월 30일까지 예측을 하는 것이 7.2의 목표다. 그러나 2014년부터 2017년까지 학습한 하나의 랜덤 포레스트 모델을 통해 2017년부터 2021년까지의 긴 기간을 예측하는 것은 예측할 시점이 학습한 기간에서 멀어질수록 거시 경기 데이터에서 표현되지 않은 이벤트가 경기 국면에 추가되면서 예측 성능이 떨어질 수 있다. 이런 예측 성능의 하락을 피하기 위해서는 한 번에 긴 기간을 예측하는 것보다 새로운 데이터가 오면 그것까지 훈련하고 짧은 미래를 예측하는 **점진 학습** Incremental Learning의 구조를 취하는 것이 더욱 효과적일 수 있다.

코드 7-21 데이터 자르기

```
splitdate = '2017-03-31'

def incremental_split(df: pd.DataFrame, split_date: str,
                      loop: int) -> pd.DataFrame:
    # 점진 학습을 위한 훈련/예측 데이터 구분점 갱신
    split_point = df.index.get_loc(split_date) + loop

    return df[:split_point]
```

먼저 splitdate 변수를 통해 처음 훈련 데이터와 예측 데이터를 구분하는 시점을 선언했다. 코드 7-21에서는 시점이 바뀌면 바뀐 시점을 loop 파라미터로 받아서 데이터를 새로 훈련 데이터와 예측 데이터로 나눈다.

7.2.2.4 개별 루프에서의 전략 가중치 저장

코드 7-21의 점진 학습을 통해 데이터프레임을 훈련 데이터와 예측 데이터로 나누면 그에 대한 군집 예측을 할 수 있고, 군집에 맞는 전략 가중치 또한 코드 7-14의 get_factor_weight() 함수를 통해 구할 수 있다. 따라서 날짜 별로 전략 가중치를 저장해 두었다가 이를 하나로 합하면 전체 기간에 해당하는 총체적 포트폴리오를 만들 수 있을 것이다. 이를 위해 구한 전략 가중치를 저장하는 함수를 코드 7-22로 정의한다. 해당 함수는 전략 가중치 데이터(df)와 그 데이터의 날짜(time)를 받는다.

코드 7-22 팩터 가중치 데이터 저장

```
def get_strategy_weight_per_loop(df: pd.DataFrame, cluster: int,
                                 time) -> pd.DataFrame:
    single_multifactor = df[cluster].transpose()
    single_multifactor['date'] = time.values

    return single_multifactor
```

코드 7-22의 함수 get_strategy_weight_per_loop()의 목적은 코드 7-14의 get_factor_weight()로 얻어낸 전략 가중치에 날짜 컬럼을 추가해 하나의 데이터프레임으로 만드는 것이다. get_ factor_weight() 함수가 만들어 낸 전략별 가중치는 코드 7-23에서 factor_weight_by_cluster 변수에 담겨 df 파라미터로 코드 7-22에 들어가지만, 해당 변수는 전략별 가중치가 추출된 날짜를 담고 있지 않다. 날짜를 담기 위해 함수 get_strategy_weight_per_loop()의 날짜(time) 파라미터에 코드가 전략별 가중치 계산을 수행하고 있는 날짜인 multifactor_time 변수를 넣어 전략 가중치를 날짜별로 담게 한다.

7.2.2.5 군집 및 전략별 가중치 예측

이제 코드 7-20, 7-21, 7-22를 취합해 for 루프 내에서 동작하게 하는 함수가 필요하다. 코드 7-23은 거시 경기 데이터(input_df), 수익률 데이터(target_df), 예측 시작일(split_start_date), 군집 수(n_cluster), 최소 가중치(min_weight), 난수 초깃값(random_state)을 받는다. 난수 초깃값은 따로 설정하지 않을 시 1이 되게 지정했다.

코드 7-23 군집 및 팩터별 가중치 예측

```
def cluster_weight_prediction(input_df: pd.DataFrame, target_df: pd.DataFrame,
                              split_start_date: str, n_cluster: int,
                              min_weight: float,
                              random_state: Optional[int] = 1) -> tuple:
    # 군집 및 전략 가중치 저장 데이터프레임 생성
    predictions = np.array([])
    reals = np.array([])
    real_multifactor = pd.DataFrame()
    pred_multifactor = pd.DataFrame()
    kmeans_model = None

    for loop in tqdm(range(target_df.loc[split_start_date:].shape[0])):
        # 점진 학습을 위한 데이터프레임 슬라이싱
        macro_split = incremental_split(input_df, split_start_date, loop)
        target_posterior_split = incremental_split(target_df, split_start_date, loop)
        # K-평균 군집화 수행 및 모델 추출
        target_posterior_cluster, kmeans_model = df_with_cluster(
            df=target_posterior_split,
            n_cluster=n_cluster,
            kmeans_model=kmeans_model)
        # 거시 경기 데이터를 사용해 랜덤 포레스트 학습
        model = train_RF(macro_split, target_posterior_cluster,
                         random_state=random_state)
        # 랜덤 포레스트를 통해 군집 예측 및 실제 군집 저장
```

```
pred_cluster = model.predict(macro_split.iloc[-1:])
real_cluster = kmeans_model.predict(target_posterior_split.iloc[-1:])
# 가중치 분배를 위한 군집 및 전략별 평균 수익률 계산
cluster_return_df = mean_return_by_cluster(target_posterior_cluster)
# 전략별 가중치 계산
factor_weight_by_cluster = get_strategy_weight(df=cluster_return_df,
                                               min_weight=min_weight)
# 히트맵을 위한 날짜 추출
multifactor_time = macro_split.iloc[-1:].index
# 멀티 팩터용 전략별 가중치 저장
pred_row = get_strategy_weight_per_loop(df=factor_weight_by_cluster,
                                        cluster=pred_cluster,
                                        time=multifactor_time)
real_row = get_strategy_weight_per_loop(df=factor_weight_by_cluster,
                                        cluster=real_cluster,
                                        time=multifactor_time)

# 데이터프레임 통합
predictions = np.append(predictions, pred_cluster)
reals = np.append(reals, real_cluster)
pred_multifactor = pd.concat([pred_multifactor, pred_row])
real_multifactor = pd.concat([real_multifactor, real_row])

return predictions, reals, pred_multifactor, real_multifactor
```

코드의 흐름은 다음과 같다.

- cluster_weight_prediction() 함수는 for 루프에 진입하기 전 군집의 배열을 담을 예측 군집 배열(predictions)과 실제 군집 배열(reals)을, 전략별 가중치를 담을 예측 전략별 가중치 데이터(pred_multifactor)와 실제 전략별 가중치 데이터(real_multifactor) 변수를 선언한다. 또한 K-평균 군집 모델(kmeans_model)을 None으로 초기화한다.

- 주어진 날짜를 기준으로 이동하면서 다음 작업을 반복한다.

  ○ 점진 학습을 위한 데이터프레임 슬라이싱: 점진 학습을 위해 거시 경기 데이터(input_df)와 수익률 데이터(target_df)를 예측 시작일(split_start_date) 기준으로 슬라이싱한다(코드 7-21). 결과를 훈련 거시 경기 데이터(macro_split)와 훈련 수익률 데이터(target_posterior_split)에 저장한다.

- K-평균 군집화 수행 및 모델 추출: 군집화를 위해 만든 df_with_cluster() 함수에 훈련 거시 경기 데이터(macro_split)와 훈련 수익률 데이터(target_posterior_split)를 넣어 수익률 군집화 데이터(target_posterior_cluster) 및 K-평균 군집 모델(kmeans_model)을 저장한다(코드 7-10).

- 거시 경기 데이터를 사용해 랜덤 포레스트 학습: 거시 경기 데이터(macro_split)를 통해 수익률 군집화 데이터(target_posterior_cluster)를 랜덤 포레스트 모델로 학습하고 랜덤 포레스트 학습 모델(model)을 저장한다(코드 7-20).

- 랜덤 포레스트를 통해 군집 예측 및 실제 군집 저장: 랜덤 포레스트 학습 모델(model)과 K-평균 군집 모델(kmeans_model)을 사용해 예측 군집(pred_cluster)과 실제 군집(real_cluster)을 저장한다.

- 가중치 분배를 위한 군집 및 전략별 평균 수익률 계산: 코드 7-12를 사용해 군집 및 전략별 평균 수익률을 계산한다.

- 전략별 가중치 계산: 위에서 구한 평균 수익률을 바탕으로 코드 7-14를 이용해 가중치를 계산한다.

- 멀티 팩터용 전략별 가중치 저장: 구한 가중치를 for 루프를 빠져나가기 전에 코드 7-22를 활용해 예측 가중치(pred_row)와 실제 가중치(real_row)에 각각 저장한다.

- for 루프를 빠져나오기 전 마지막으로 루프 내에서 저장했던 예측 군집 배열(predictions), 실제 군집 배열(reals), 전략별 가중치 데이터(pred_multifactor)와 실제 전략별 가중치 데이터(real_multifactor) 변수를 업데이트한다.

7.2.3 예측 평가하기

K-평균 군집화나 랜덤 포레스트 예측 결과는 사용자가 선택한 데이터에 의해 바뀔 수 있고 같은 데이터로 수행하더라도 알고리듬 내의 랜덤 요소에 의해 성능이 바뀔 수 있다. 7.2.3에서는 예측의 성능을 평가하기 위한 시각화를 수행한다.

7.2.3.1 군집 예측 평가

먼저 predictions와 reals 변수를 통해 군집 예측 결과와 실제 군집 결과 배열을 비교해 보자.

코드 7-24 예측 vs 실제(그래프)

```
def draw_real_pred_plot(pred: np.array, real: np.array):
    plt.figure(figsize=(15, 4))
    x = np.arange(0, len(pred), 1)
    plt.plot(x, real, label=f'{eng_to_kor.get("real")}')
    plt.plot(x, pred, label=f'{eng_to_kor.get("pred")}')
    plt.legend()
    plt.show()
```

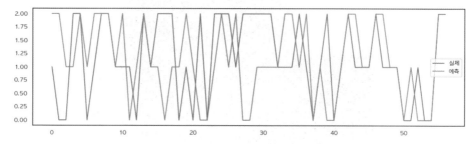

그림 7-16 예측 군집과 실제 군집

코드 7-24의 시각화 코드는 군집 예측 배열을 pred 파라미터로 받고 실제 군집 배열을 real로 받아 그래프로 나타낸다. 그림 7-16의 결과를 보면 예측한 군집과 실제 군집이 일치하는 부분도 있지만 다른 부분도 많아 보인다. 예측의 성능을 정량적으로 평가하기 위해 코드 7-25를 사용해 **분류 결과표**^{Confusion Matrix}의 형태로 시각화해 보자. 여기서는 두 배열의 일치 비율을 표시하는 scikit_learn의 accuracy_score() 함수를 사용했다.

코드 7-25 예측 vs 실제(히트맵)

```
def draw_confusion_heatmap(pred: np.array, real: np.array):
    # Scikit_learn의 accuracy_score 사용
    accuracy = accuracy_score(pred, real)
```

```
plt.figure()
cm = pd.DataFrame(confusion_matrix(pred, real))
ax = sns.heatmap(cm, annot=True)
ax.set(xlabel=f'{eng_to_kor.get("real")}',
       ylabel=f'{eng_to_kor.get("pred")}',
       title=f'{eng_to_kor.get("accuracy")}:{accuracy}')
plt.show()
```

그림 7-17의 결과를 보면 약 52%의 확률로 예측했음을 알 수 있다. 많이 치우치지 않게 구분된 3개의 군집에서 절반 이상의 적중률을 보임으로 해당 결과를 시도해 볼 수 있다.

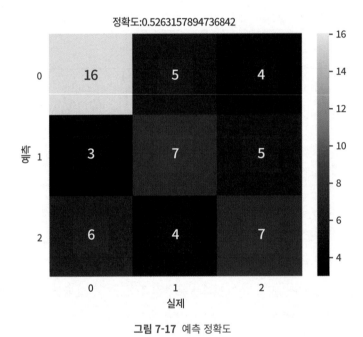

그림 7-17 예측 정확도

7.2.3.2 가중치 예측 시각화

예측의 성능이 충분하다고 생각된다면 실제로 예측에 따른 가중치의 분배가 어떻게 됐는지 확인한다. 가중치의 분배를 시각화하기 위해 군집 예측 가중치 pred_multifactor 변수와 실제 군집 가중치 real_multifactor 변수를 코드 7-26을 통해 비교해 보자.

```python
def draw_factor_weight(df: pd.DataFrame):
    df_copy = df.sort_values(by=['date'], ascending=False).copy()
    df_copy['date'] = df_copy['date'].dt.strftime("%Y%m")
    df_copy.index = df_copy['date']
    df_copy.drop(columns=['date'], inplace=True)

    sns.set_theme(style='white')
    plt.figure(figsize=(df_copy.shape[1] / 2, df_copy.shape[0] / 3))
    ax = sns.heatmap(df_copy, xticklabels=True, yticklabels=True)
    plt.show()
```

그림 7-18에 표현된 두 개의 히트맵을 만들어냈다. 두 방식 다 전반적으로는 소형주 전략에 투자를 많이 하면서도 특정 구간에 대해 로우볼 및 외국인 주체 전략에 가중을 두고 있다. 시점에 있어서는 다소의 차이가 있지만 전체 가중치의 분배를 크게 왜곡하지 않고 있어 본 예측이 제안한 가중치를 시도해 볼 것이다.

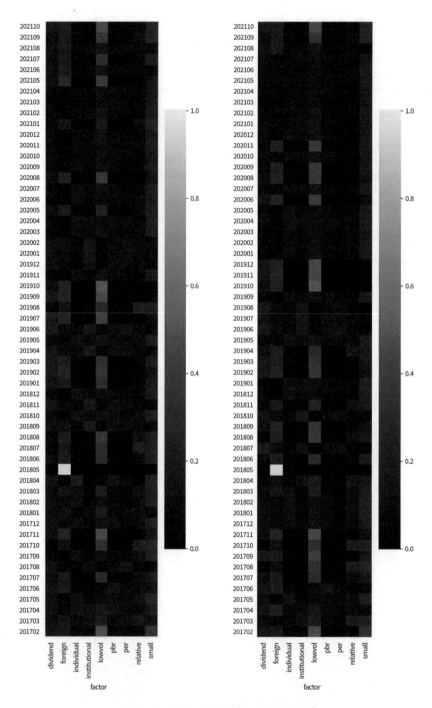

그림 7-18 가중치 분배 비교(좌: 실제, 우: 예측)

7.3 멀티 팩터 시뮬레이션

나 "이제 준비가 완료된 것 같아. 예측한 것을 바탕으로 빨리 여러 팩터를 결합한 전략을 쓰고 싶어!"

인턴 "맞아요, 선배. 기존에 팩터 전략을 실행했던 코드를 사용하면 빨리할 수 있을 거예요!"

나 "게다가 여러 팩터를 동시에 쓰는 거잖아? 성능이 기대되는걸?"

7.1과 7.2에 걸쳐 멀티 팩터 전략을 실행할 주요 작업이 끝났다. 기존에 팩터 전략을 실행하던 것처럼 멀티 팩터 전략의 실행에도 6.2의 코드를 활용할 수 있다. 단 멀티 팩터는 7.2에서 실행한 예측에 맞춰 미리 포트폴리오를 만들고 전략 실행 시에는 미리 준비한 포트폴리오에 적힌 편입 비중으로 주식에 투자한다.

실제로 멀티 팩터는 여러 방법으로 투자 분산을 기획할 수 있다. 대상 종목들을 같은 편입 비중으로 투자할 수도 있고 평균 분산 전략처럼 분산 투자할 수도 있다. 7.3에서는 이전 7.2에서의 예측이 신뢰할 수 있다는 전제하에 높은 수익률과 안정성을 기대할 수 있도록 준비된 포트폴리오에 따라 투자 전략을 실행할 것이다. 아래의 코드들을 구현해 보면서 그 효과를 확인해 보기를 바란다.

그림 7-19 멀티 팩터 포트폴리오

7.3.1 포트폴리오 준비

7.2에서는 각 전략의 가중치를 군집에 맞춰 구했다. 그러나 전략의 가중치만으로는 실제 종목으로 구성된 포트폴리오를 구성할 수 없다. 포트폴리오를 구성하기 위해서는 전략별로 종목 포트폴리오를 확보해야 한다.

7.3.1.1 전략별 포트폴리오 구하기

각 전략의 포트폴리오를 확보하고자 Account 클래스에 편입 비중 목록을 담을 수 있는 메서드를 추가했다.

코드 7-27 편입 비중 업데이트

```python
class Account(object):
    def __init__(self, initial_cash: float) -> None:
        self.weight_history: List[Dict] = []

    def update_weight(self, dt: datetime.date, weight: dict):
        new_weight = weight.copy()
        new_weight['date'] = dt
        self.weight_history.append(new_weight)
```

코드 7-27은 계산한 포트폴리오와 해당 날짜를 weight_history 속성에 저장한다. update_weight() 함수는 simulate_factor()의 함수 안에서 계좌에 weight_history를 저장하는 역할을 한다. 코드가 받는 파라미터 및 흐름은 코드 6-20과 같아서 자세한 설명은 생략한다.

코드 7-28 팩터 실행 함수(포트폴리오 저장 추가)

```python
def simulate_factor(ohlcv_data: pd.DataFrame,
                    market_cap_data: Optional[pd.DataFrame],
                    fundamental_data: Optional[pd.DataFrame],
                    trader_data: Optional[pd.DataFrame],
                    lookback_period: Optional[int],
                    skip_period: Optional[int],
                    strategy_name: str,
                    buying_ratio: float = 0.1) -> Account:
    # 계좌 및 브로커 선언
    account = Account(initial_cash=100000000)
    broker = Broker()

    # 팩터 계산
    if strategy_name == 'relative':
        factor_data = calculate_momentum(ohlcv_data=ohlcv_data,
                                         lookback_period=lookback_period,
                                         skip_period=skip_period, )
    elif strategy_name in {'per', 'pbr', 'dividend'}:
        factor_data = calculate_fundamental(ohlcv_data=ohlcv_data,
```

```python
                                        market_cap_data=market_cap_data,
                                        fundamental_data=fundamental_data,
                                        lookback_period=lookback_period,
                                        strategy_name=strategy_name)
    elif strategy_name == 'small':
        factor_data = calculate_small(ohlcv_data=ohlcv_data,
                                      market_cap_data=market_cap_data)
    elif strategy_name in {'individual', 'institutional', 'foreign'}:
        factor_data = calculate_trader(ohlcv_data=ohlcv_data,
                                       market_cap_data=market_cap_data,
                                       trader_data=trader_data,
                                       lookback_period=lookback_period,
                                       strategy_name=strategy_name)
    elif strategy_name == 'lowvol':
        factor_data = calculate_lowvol(ohlcv_data=ohlcv_data,
                                       lookback_period=lookback_period)
    elif strategy_name == 'multifactor':
        factor_data = calculate_multifactor(ohlcv_data=ohlcv_data)
    else:
        raise ValueError


    # 월별 리밸런싱 날짜 추출
    month_end = downsample_df(ohlcv_data).index


    for date, ohlcv in ohlcv_data.groupby(['date']):
        # 주문 집행 및 계좌 갱신
        transactions = broker.process_order(dt=date, data=ohlcv,
                                            orders=account.orders)
        account.update_position(transactions=transactions)
        account.update_portfolio(dt=date, data=ohlcv)
        account.update_order()

        # 리밸런싱 날짜가 아닐 경우 넘어가기
        if date not in month_end:
            continue

        # 팩터 전략을 이용해 포트폴리오 구성
        factor_data_slice = factor_data.loc[date]
        weights = get_factor_weight(factor_data=factor_data_slice,
                                    buying_ratio=buying_ratio,
                                    strategy_name=strategy_name)

        print(f'Portfolio: {weights}')
        if weights is None:
            continue

        # 포트폴리오 비율 갱신
        account.update_weight(dt=date, weight=weights)
```

```
    # 주문 생성
    rebalance(dt=date, data=ohlcv, account=account, weights=weights)

# 리밸런싱 날짜만 남기기
account.account_history = [item for item in account.account_history if
                          item['date'].date() in month_end.date]


return account
```

코드 7-28은 코드 6-20의 팩터 전략 시뮬레이션 코드에 거래가 이뤄진 후 편입 비중을 저장하는 코드를 추가한 함수이다. 거래가 이뤄진 뒤 속성을 갱신하는 update_position() 함수나 update_portfolio() 함수와는 달리, update_weight() 함수는 해당 날짜에서 이상적인 편입 비중을 담는 게 목적이다. 실제 거래가 이뤄지기 전에 해당 갱신이 일어나야 함으로 update_weight() 함수는 주문을 생성하고 이행하는 rebalance() 함수 이전에 위치한다. 또한 이렇게 얻어낸 종목 편입 비중 또한 csv의 형태로 저장하고자 코드 7-5에 편입 비중 저장 부분을 추가한다.

코드 7-29 전체 코드 실행 및 수익률 & 포트폴리오 csv 만들기

```
accounts = defaultdict(list)
portfolios = []
for name, setup in setups.items():
    result = simulate_factor(**dict(setup))
    accounts[name] = pd.DataFrame(result.account_history)[
        ['date', 'total_asset']].rename(columns={'total_asset': name})
    portfolio = pd.DataFrame(result.weight_history)
    portfolio = pd.melt(portfolio, id_vars=['date'], var_name='ticker',
                        value_name='weight',
                        value_vars=portfolio.columns[:-1])
    portfolio['factor'] = name
    portfolios.append(portfolio)
    print(f'strategy made {name}')


factor_portfolio = pd.concat(portfolios).sort_values(
    by=['date', 'factor', 'ticker'])
factor_asset = pd.concat(accounts, axis=1)
factor_asset = factor_asset.droplevel(level=0, axis=1).T.drop_duplicates().T


factor_portfolio.to_csv('factor_portfolio.csv')
factor_asset.to_csv('factor_asset.csv')
```

추가된 코드의 흐름은 다음과 같다. 코드 7-5에서 추가된 부분만을 설명한다.

- 결과(result) 변수의 편입 비중 히스토리(weight_history) 속성을 편입 비중(portfolio) 변수에 저장한다.

- 편입 비중(portfolio)을 pd.melt() 함수를 사용해 재구조화 후 해당 결과에 해당하는 팩터 전략의 이름을 데이터프레임에 컬럼으로 추가한다.

- for 루프 내에서 저장한 편입 비중(portfolio)을 취합해 전략 전체의 편입 비중(portfolios)을 저장하고 csv로 내보낸다.

7.3.1.2 멀티 팩터 포트폴리오 계산

코드 7-29에서는 전략별 편입 비중을 구했다. 전략별 편입 비중을 전략별 가중치와 곱하게 되면 최종 멀티 팩터 포트폴리오가 구해진다. 그림 7-20에는 멀티 팩터 포트폴리오를 구성하는 방법이 나타나 있다.

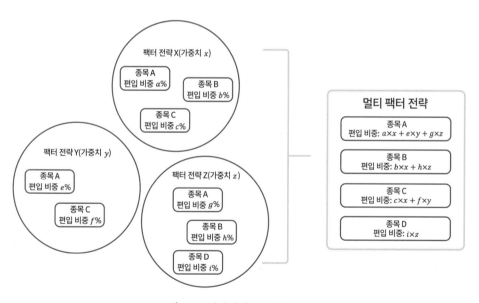

그림 7-20 멀티 팩터 포트폴리오 계산

팩터 전략 X, Y, Z에는 A, B, C, D 종목의 편입 비중이 담겨있다. 멀티 팩터 전략의 종목 A의 편입 비중을 구하려면 각 전략의 가중치 (x, y, z)와 각 전략에서 종목 A의 편입 비중 (a, e, g)를 곱해 합산하면 된다.

코드 7-29에서 만들어진 편입 비중 csv를 불러온 후 전략별 가중치와 곱한 코드가 코드 7-30에 나타나 있다. 코드는 팩터 가중치 데이터(factor_weight_df)와 편입 비중 데이터(portfolio_df)를 받는다.

코드 7-30 팩터별 가중치와 포트폴리오 합산

```python
def ticker_weight(factor_weight_df: pd.DataFrame,
                  portfolio_df: pd.DataFrame) -> pd.DataFrame:
    # 비중 테이블 unpivot
    weight_melt = pd.melt(factor_weight_df, id_vars=['date'],
                          value_vars=factor_weight_df.columns[:-1])
    weight_melt = weight_melt.sort_values(by=['date', 'factor']).reset_index(
        drop=True)
    # 포트폴리오 테이블 준비
    portfolio_df['date'] = pd.to_datetime(portfolio_df['date'])
    # 합치기
    merged_df = pd.merge(portfolio_df, weight_melt, how='left',
                         left_on=['date', 'factor'], right_on=['date', 'factor']
                         ).dropna()
    merged_df['weight'] = merged_df.weight * merged_df.value
    merged_df_grouped = merged_df[['date', 'ticker', 'weight']].groupby(
        ['date', 'ticker']).sum().reset_index()
    # 유효숫자 설정
    merged_df_grouped.weight = round(merged_df_grouped.weight, 4)

    return sum_adjust(merged_df_grouped)
```

코드 7-30의 흐름은 다음과 같다.

- 팩터 가중치 데이터(factor_weight_df)를 **pd.melt**를 사용해 날짜(date), 팩터(factor), 가중치(value)로 재구성한다. 이 데이터는 날짜(date)를 기준으로 정렬되고 팩터(factor)로 그룹화된다.

- 편입 비중(portfolio_df)의 날짜(date) 열을 날짜 형식으로 변환한다.

- 두 데이터프레임을 날짜(date)와 전략(factor) 열을 기준으로 합친다. 두 데이터프레임을 합친 후 편입 비중(weight)과 가중치(value)를 곱해 새로운 편입 비중(weight)을 생성한다. 그리고 날짜(date)와 종목(ticker)을 기준으로 묶어 편입 비중(weight)을 합산한다.

- 합산된 편입 비중(weight)값을 소수점 네 번째 자리까지 반올림한다.

- 최종적으로 가공된 데이터프레임을 반환하기 전에 sum_adjust() 함수를 사용해 데이터를 추가 처리한다.

코드 7-30은 결과를 출력하기 전 sum_adjust() 함수를 적용한다. 이는 멀티 팩터 포트폴리오의 편입 비중의 전체 합이 1이 되게 하기 위함이다. 이러한 확인 과정을 거치는 이유는 계산 과정에서 컴퓨터의 유한한 비트로 실수를 표현하거나 반올림하는 과정에서 오차[5]가 발생할 수 있기 때문이다. sum_adjust() 함수가 아래 나타나 있다.

코드 7-31 전체 합을 1에 가깝게 조정

```python
def sum_adjust(df: pd.DataFrame):
    # 합쳐서 1이 아닌 가중치 선별 및 차이 계산
    df_sum = df.groupby('date').sum()
    need_adj = df_sum[~df_sum['weight'].between(0.9, 1)]
    need_adj_copy = need_adj.copy()
    need_adj_copy['difference'] = need_adj_copy.weight - 1
    # 보정
    for date, diff in zip(need_adj_copy.index, need_adj_copy.difference):
        locator = df[df.date == date]
        location = locator[locator.weight > 0].idxmin().weight
        df.loc[location, 'weight'] -= diff

    return df
```

코드 7-31의 흐름은 다음과 같다.

- 날짜(date)를 기준으로 그룹화해 날짜별로 가중치(weight)의 합을 계산한다.

---

5 컴퓨터에서 실수를 표현할 때 사용하는 비트 수가 제한되거나, 부동소수점을 저장할 때 이진수 체계에서 소수점 위치와 지수를 저장할 수 있는 한계 때문에 생길 수 있다.

- 편입 비중(weight)의 합이 0.9와 1 사이가 아닌 경우를 필터링해 need_adj 변수에 저장한다. 이 값은 보정이 필요한 날짜들을 나타낸다.

- need_adj 변수에서 편입 비중(weight)이 1에서 어떤 값으로부터 얼마나 차이가 나는지 계산한다.

- 보정이 필요한 각 날짜에 대해 원래 데이터프레임에서 해당 날짜의 편입 비중(weight)이 양수인 가장 작은 값을 찾아서 해당 위치에서 차이(difference)만큼을 빼준다.

7.3.2 전략 실행

멀티 팩터 계산을 위한 포트폴리오를 7.3.1에서 준비했다. 최종적으로 멀티 팩터 포트폴리오 전략을 실행하기 위한 과정을 살펴보자.

7.3.2.1 멀티 팩터 포트폴리오 준비

멀티 팩터를 실행하는 주요 코드는 6.2에서 소개한 팩터 전략 실행 코드를 그대로 응용할 수 있다. 다만 타 팩터 전략과는 달리 멀티 팩터 전략은 포트폴리오가 미리 준비돼 있어 지표를 산출할 필요가 없다. 그러나 다른 팩터 전략과의 통일성을 위해 함수 이름을 calculate_multifactor()로 명명했다. 코드는 주가 데이터(ohlcv_data) 및 오라클[6] 유무(oracle)를 받는다.

코드 7-32 멀티 팩터 산출

```
def calculate_multifactor(ohlcv_data: pd.DataFrame,
                          oracle: bool = False) -> pd.DataFrame:
    # 포트폴리오 csv 가져오기
    filename = 'ticker_weight_real.csv' if oracle else 'ticker_weight_pred.csv'

    # 형태 조정
    premade = pd.read_csv(filename, index_col=0)
    premade.ticker = premade.ticker.astype(str).str.zfill(6)
    premade = premade.set_index(['ticker', 'date']).unstack(level=0).weight
```

---

6 오라클(oracle)은 문제의 해법을 미리 알고 있는 가상의 정보를 뜻한다. 이 절에서는 오라클이 예측 모델의 성능과는 상관없이 멀티 팩터 전략의 성능을 확인하는 용도로 쓰였다. 사용자는 오라클을 적용함으로써 랜덤 포레스트 모델의 예측 성능과는 무관한 멀티 팩터 전략의 최고 성능을 유추할 수 있다.

```python
premade.index = pd.to_datetime(premade.index)

# 데이터 크기 맞추기
date_pad = downsample_df(ohlcv_data).drop(columns=ohlcv_data.columns)
padded_premade = pd.concat([date_pad, premade])
padded_premade = padded_premade[
    ~padded_premade.index.duplicated(keep='last')]

return padded_premade.sort_index()
```

코드 7-32의 흐름은 다음과 같다.

- 오라클 유무(oracle) 매개변수에 따라 다른 파일에서 포트폴리오 데이터를 가져온다. oracle이 True이면 ticker_weight_real.csv에서, False이면 ticker_weight_pred.csv 에서 데이터를 가져온다.

- 불러온 데이터를 조정해 종목(ticker)과 날짜(date)를 인덱스로 하는 데이터프레임으로 변환한다.

- 종목(ticker)의 형식을 문자열로 바꾸고 필요한 만큼의 0을 추가해 6자리로 만든다.

- 다중 인덱스로 설정한 후 unstack() 함수를 사용해 종목(ticker)을 기준으로 열로 변경한다. 이후 편입 비중(weight) 열만 남기고 인덱스를 날짜로 변환한다.

- 가져온 주가 데이터(ohlcv_data)와 같은 크기로 데이터를 맞추기 위해 데이터를 패딩한다. 먼저 주가 데이터(ohlcv_data)와 같은 날짜 인덱스를 가진 데이터프레임을 생성한다. 이후 주가 데이터(ohlcv_data)와 포트폴리오 데이터를 합쳐 데이터 크기를 맞추고 중복된 날짜는 제거한다.

- 데이터 크기를 맞춘 후 날짜순으로 정렬된 패딩 된 포트폴리오 데이터를 반환한다.

7.3.2.2 멀티 팩터 전략 실행

멀티 팩터 전략을 실행하는 코드가 코드 7-33에 나타나 있다.

코드 7-33 멀티 팩터 실행

```
# 매수 비율 정의
ratio = 0.1

# 전략 정의
strategy = 'multifactor'

# 상대 모멘텀 전략 실행하기
account_multifactor = simulate_factor(
    ohlcv_data=df_slicer(df=ohlcv_data_day, fromdate=simulation_fromdate),
    market_cap_data=None,
    fundamental_data=None,
    trader_data=None,
    lookback_period=None,
    skip_period=None,
    strategy_name=strategy,
    buying_ratio=ratio)
```

코드 7-33은 멀티 팩터를 실행하는 코드이다. 이미 포트폴리오가 정해져 있는 멀티 팩터 전략은 룩백 기간 등의 파라미터를 받지 않는다. 그림 7-21은 실행 결과이다.

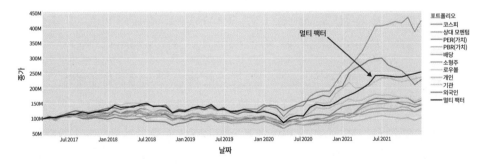

그림 7-21 멀티 팩터 및 타 전략 실행 결과

검은색으로 표시된 부분이 멀티 팩터 전략의 결과이다. 약 2.5배의 수익률을 기록하고 있으며 소형주 전략의 뒤를 이어 2위를 차지하고 있다. 다른 투자 전략을 전반적으로 상회하면서 주식 시장의 횡보 기간(2018년 초반부터 2019년 중반)에는 소형주 전략도 상회하고 있다. 최소 가중치를 지정해 극단적으로 공격적인 투자에는 어려울 수 있으나 모든 전략을 염두에 둔다는 점이 멀티 팩터 전략을 더욱 안정적으로 만든다. 표 7-2에는 멀티 팩터의 성과와 더불어 다른 전

락의 성과가 나타나 있다. 해당 표에서는 각 성능 평가 지표별로 1등과 2등을 굵게 표시했다.

표 7-2 평가 지표(멀티 팩터 vs KOSPI)

	CAGR	MDD	샤프 비율	소티노 비율
멀티 팩터	**0.2085**	−0.4309	**0.8855**	1.5268
코스피	0.0744	−0.3163	0.5033	0.7868
모멘텀	0.0577	−0.4804	0.3616	0.5629
PER	0.0982	−0.2996	0.5498	0.9436
PBR	0.0492	−0.4434	0.3237	0.4698
배당	0.0809	−0.3619	0.5069	0.7854
소형주	**0.3416**	**−0.2691**	**1.2191**	**2.3714**
로우볼	0.1917	−0.4784	0.7701	1.3326
개인	0.0012	−0.4452	0.1164	0.1620
기관	0.1082	**−0.2687**	0.5895	1.0151
외국인	0.1830	−0.2955	0.8342	1.3747

연간 수익률(CAGR)에서 멀티 팩터 전략은 소형주의 뒤를 이어 연 약 21%의 수익률을 기록했다. 샤프 비율과 소티노 비율 또한 소형주 전략의 뒤를 이어 좋은 성능을 보인다. 다만 최대 손실 낙폭(MDD)에서는 다른 전략에 비해 좋은 지표를 나타내지는 못한다. 분산을 통해 폭락장을 이겨냈어야 할 멀티 팩터 전략이 분산에 실패한 모습을 보이는 이유로는 실제로 줘야 할 가중치와는 달리 예측에서 로우볼 전략과 개인 수급 주체 전략에 많은 가중치를 줬기 때문으로 추측된다. 또한 최소 가중치라는 인위적 조건이 위험 회피에 악영향을 줬을 수도 있다. 멀티 팩터 전략의 성능 향상을 위해서는 전략 가중치를 더 효과적이라고 판단되는 전략에 많이 주거나 더 정확한 예측을 해 효율적이고 예방적인 분산을 가능하게 할 수도 있다. 특히 구성하는 팩터의 영향을 많이 받는 멀티 팩터 전략의 특성상 더욱 좋은 팩터를 많이 개발해 멀티 팩터 전략의 구성 요소에 포함시키고 저조한 성능을 보이는 팩터 전략을 제외한다면 멀티 팩터 전략은 수익률뿐 아니라 최대 손실 낙폭 성능 또한 향상시킬 수 있을 것이다.

참고문헌

7-1   김동영, 2023. 7. 26, Data-driven Quant Model: 머신러닝 기법으로 시장의 파도에 올라
         타기, 삼성증권

7-2   Bishop, Christopher M., and Nasser M. Nasrabadi. Pattern recognition and machine learning. Vol. 4. No. 4. New York: springer, 2006

7-3   https://github.com/financedata-org/FinanceDataReader/wiki/Quick-Reference

7-4   federalreserve.gov(미국연방준비제도 - 경제데이터 웹 사이트)

## CHAPTER 8

딥러닝 예측을 통한
시장 모니터링

어느 날 뉴스를 보다가 흥미로운 주제에 대해 접하게 된다. 딥러닝의 발전으로 챗봇, 예술 작품, 가상 인간 등 다양한 분야에 눈부신 발전이 이뤄지고 있다는 뉴스다. 지금까지 시장 상황을 예측할 때 사용하던 기술 지표 대신 딥러닝을 활용할 수 있을지 궁금해졌다.

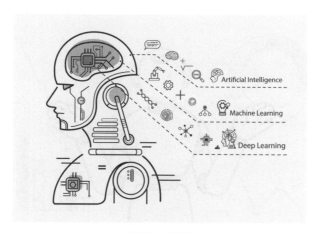

그림 8-1 딥러닝

8.1 딥러닝 예측 모델 구성

나 "선배, 요즘 뉴스를 보니 딥러닝이 굉장히 뜨고 있는 것 같아요. 시장 모니터링에도 딥러닝을 활용할 수 있을 것 같은데 어떻게 생각하세요?"

선배 "딥러닝을 시장 모니터링에 활용하는 것은 아주 흥미로운 주제야. 딥러닝은 복잡한 데이터 패턴을 학습하고 예측하는 능력이 있어서 시장 예측에 적용해 보기에 적합하지."

나 "그렇군요! 그럼 어떤 딥러닝 모델을 사용해서 훈련해야 할까요? 어떤 변수들이 시장 예측에 유용할까요?"

선배 "좋은 질문이야. 딥러닝 모델을 훈련시키기 위해 사용할 수 있는 데이터와 모델은 다양해. 일반적으로 GDP 성장률, 인플레이션율, 실업률, **소비자 가격 지수**[CPI, Consumer Price Index], **생산자 가격 지수**[PPI, Producer Price Index] 등 다양한 데이터를 사용할 수 있어. 딥러닝 모델들도 매우 다양하고 계속해서 최신 모델이 연구되고 있기 때문에 여러 모델을 사용해 보고 성능이 좋은 모델을 쓰는 게 좋아. 하지만 중요한 점은 딥러닝 모델의 예측이 항상 좋지는 않을 수 있다는 거야. 그래서 실제 투자에 적용할 때는 다른 지표나 전략과 함께 고려하는 것이 좋아. 그럼, 우선 딥러닝 모델에 대해서 먼저 알아볼까?"

그림 8-2 딥러닝을 통한 예측

8.1.1 분석

딥러닝은 이미지, 자연어, 시계열 등 다양한 분야에서 우수한 성능을 보이며 주목을 받고 있다. 이 책에서는 그중에서 시장 예측에 활용될 시계열 데이터 분석에 집중한다.

시계열 분석^{time series analysis}은 주가, 환율 등 경제 데이터의 변동, 기온/습도 등 기상 데이터의 변동과 같이 시간의 흐름에 따라 변화하는 데이터를 분석하는 방법이다. 시계열 분석은 주로 데이터의 경향이나 전망을 위해 사용한다.

시계열 데이터는 시간에 따라 여러 요인에 의해 변동한다. 이 중 가장 일반적으로 다뤄지는 변동 요인에는 추세 변동, 계절 변동, 순환 변동 그리고 불규칙 변동이 있다.

추세 변동

추세 변동^{trend variation}은 장기적인 추세나 경향성을 나타내는 변동이다. 이는 시간의 흐름에 따라서 데이터가 일정한 경향을 따라 움직이는 것을 나타내며 경제 성장, 인구 변동 등과 관련된 요인으로 발생할 수 있다.

계절 변동

계절 변동^{seasonal variation}은 일정한 주기를 가지고 발생하는 패턴이다. 계절 변동은 주로 계절, 월 또는 요일과 같은 주기적인 요인에 의해 영향을 받는다. 예를 들어 겨울철에는 난방 비용이 증가하거나 여름철에는 에어컨 사용량이 증가하는 등 계절적인 변동이 발생할 수 있다.

순환 변동

순환 변동^{cyclical variation}은 경기 변동과 관련이 있는 변동이다. 일정한 주기를 가지고 데이터가 파동처럼 상하로 움직이는 것을 의미한다. 예를 들어 경기 침체와 회복이 반복되는 경제 사이클이나 부동산 시장의 호황과 불황이 순환 변동의 예시가 될 수 있다.

불규칙 변동

불규칙 변동^{irregular variation}은 예측하기 어려운 무작위 변동이다. 외부적인 충격이나 예측할 수 없는 요인에 의해 발생하는 변동이다. 예를 들어 자연재해, 정치적 불안정, 경제적 불확실성 등이 불규칙 변동의 예시가 될 수 있다.

시계열 데이터 구성 요인

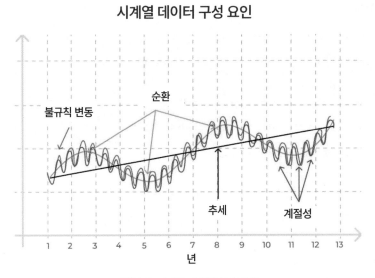

그림 8-3 시계열 데이터 구성 요인

시계열 분석에서는 이러한 변동 요인들을 고려해 데이터의 패턴과 트렌드를 모델링하고 예측을 수행한다. 시계열 데이터는 규칙적 시계열과 불규칙적 시계열로 구분할 수 있다. 규칙적 시계열은 일정한 주기 또는 패턴을 가지고 변동하는 데이터를 말하고 불규칙적 시계열은 예측이 어려운 무작위한 변동성을 가지고 있는 데이터를 말한다. 이러한 불규칙적 시계열 데이터에 규칙성을 부여해 예측하기 위해 AR, MA, ARMA 등 다양한 통계적 모델들이 제안됐다. 하지만 최근에는 딥러닝을 이용해서 모델이 패턴을 스스로 학습하도록 하는 것이 더 좋은 성능을 보여주고 있다.

조금 더 알아보기

AR(Auto Regressive) 모델

현재 데이터가 이전 데이터에 의존하는 모델이다. p 시점을 기준으로 그 이전의 데이터에 의해 현재 데이터가 영향을 받는 모델은 아래와 같이 표현할 수 있다.

$$X_t = \phi_1 X_{t-1} + \phi_2 X_{t-2} + \cdots + \theta_p X_{t-p} + \varepsilon_t$$

X_t: 시간 t에서의 관찰값

$$\phi_1, \phi_2, \ldots, \phi_p: \text{모델 파라미터}_{\text{(이전 시간 단계의 가중치)}}$$

$$\varepsilon_t: \text{백색 잡음}$$

MA(Moving Average) 모델

현재 데이터를 이전 데이터들의 예측 오차 합으로 예측하는 모델이다. p 시점을 기준으로 현재 데이터가 이전의 예측 오차에 영향을 받는 모델은 아래와 같이 표현할 수 있다.

$$X_t = \theta_1 \varepsilon_{t-1} + \theta_2 \epsilon_{t-2} + \cdots + \theta_p \epsilon_{t-p} + \varepsilon_t$$

$$X_t: \text{시간 } t \text{에서의 관찰값}$$

$$\theta_1, \theta_2, \ldots, \theta_p: \text{모델 파라미터}_{\text{(이전 예측 오차의 가중치)}}$$

$$\varepsilon_t: t \text{ 시점의 백색 잡음}$$

ARMA(Auto Regressive Moving Average) 모델

AR 모델과 MA 모델을 섞은 모델로, 아래와 같이 표현할 수 있다.

$$X_t = \phi_1 X_{t-1} + \phi_2 X_{t-2} + \cdots + \theta_p X_{t-p} + \theta_1 \varepsilon_{t-1} + \theta_2 \varepsilon_{t-2} + \cdots + \theta_p \epsilon_{t-p} + \varepsilon_t$$

$$X_t: \text{시간 } t \text{에서의 관찰값}$$

$$\phi_1, \phi_2, \ldots, \phi_p: \text{모델 파라미터}_{\text{(이전 시간 단계의 가중치)}}$$

$$\theta_1, \theta_2, \ldots, \theta_p: \text{모델 파라미터}_{\text{(이전 예측 오차의 가중치)}}$$

$$\varepsilon_t: t \text{ 시점의 백색 잡음}$$

8.1.2 딥러닝 모델

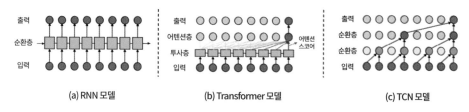

(a) RNN 모델 (b) Transformer 모델 (c) TCN 모델

그림 8-4 다양한 딥러닝 모델(그림 출처: 〈참고문헌 8-1〉)

그림 8-4와 같이 시계열 예측에는 다양한 형태의 딥러닝 모델을 사용할 수 있다. 각 모델에 대해서 간략하게 설명하자면 다음과 같다.

RNN 모델

RNN^{Recurrent Neural Network} 모델은 순환 구조를 가지며 이전 단계의 출력을 현재 단계의 입력으로 사용하는 재귀적인 구조를 가지고 있다. 이를 통해 과거 정보를 기억하고 활용할 수 있으며 장기적인 패턴을 학습할 수 있다. 시간에 따라 변화하는 시계열 데이터를 처리하는 데 강점을 가지고 있으나 오류 누적 및 기울기 소실 문제 혹은 긴 시퀀스에서는 멀리 떨어진 정보를 잘 기억하지 못하는 단점이 있다. 일반적인 RNN 구조에는 **LSTM**^{Long Short-Term Memory}과 **GRU**^{Gated Recurrent Unit} 모델이 있다. LSTM 및 GRU 모델은 기울기 소실 문제를 완화하기 위해 설계됐다.

트랜스포머 모델

트랜스포머^{transformer} 모델은 주로 자연어 처리에 사용됐지만 시계열 예측에도 적용할 수 있다. 트랜스포머는 **셀프 어텐션 메커니즘**^{self-attention mechanism}을 사용해 입력 시퀀스의 전역적인 종속성을 모델링한다. 이 모델은 입력 시퀀스의 모든 위치에 대한 상대적인 중요도를 계산해 주요 패턴을 학습한다. 이를 통해 트랜스포머는 RNN과 달리 병렬 처리가 가능하며 더 긴 시퀀스를 처리하는 데 유리하다. 또한 트랜스포머는 **층**^{layer} 간의 정보 전달을 위한 **잔차 연결**^{residual connection}과 **층 정규화**^{layer normalization}를 사용해 안정적인 학습을 돕는다. 그러나 모델이 무겁고 학습하는 데 시간이 오래 걸린다는 단점이 있다.

TCN 모델

TCN^{Temporal Convolution Network}은 1D **합성곱 신경망**^{convolution neural network} 구조를 사용해 시계열 데이터를 처리한다. TCN은 고정 크기의 필터를 사용해 각 시간 단계의 지역적 패턴을 학습하며 다음 시간 단계의 값을 예측한다. 시계열에서 긴 시간적 의존성을 캡처하는 데 RNN보다 뛰어난 성능을 보인다. 또한 TCN은 병렬 처리가 가능하고 트랜스포머 기반 방법과 비교해 학습이 빠르며 **하이퍼파라미터**^{hyperparameter} 조정이 적은 장점이 있다.

이 장에서는 RNN 모델과 현재 다양한 시계열 예측에서 **SOTA**^{State-Of-The-Art} 모델인 NLinear, SCINet 2가지 모델에 대해 알아볼 것이다. 다만 딥러닝에 대해 사전 지식은 있다고 가정하고 모델 구조를 간단히 설명한 후 구현 및 실험을 진행한다.

8.1.3 RNN

이 책에서는 GRU를 사용한 RNN 모델을 사용해 분석을 진행한다. GRU는 'Gated Recurrent Unit'의 약자로 RNN의 한 종류이다. GRU는 **장기 의존성 문제**^{long-term dependency problem}를 해결하기 위해 게이트 구조로 설계된 셀로, 시퀀스 데이터를 모델링하는 데 주로 사용된다. 여기서 장기 의존성 문제란 은닉층의 과거의 정보가 마지막까지 전달되지 못하는 현상을 의미한다.

GRU는 LSTM에 비해 더 간단한 구조를 가지고 있지만 비슷한 성능을 제공한다. GRU는 순차적인 데이터를 처리하면서 과거 정보를 기억하고 현재 입력과 함께 사용한다.

GRU의 핵심 아이디어는 '게이트'라는 개념을 도입한 것이다. GRU는 **업데이트 게이트**^{update gate}와 **리셋 게이트**^{reset gate}라는 2가지 게이트를 사용한다. 이러한 게이트들은 현재 입력과 이전 상태를 사용해 어떤 정보를 유지하고 어떤 정보를 버릴지 결정한다. 업데이트 게이트는 현재 입력과 이전 상태를 고려해 새로운 상태를 얼마나 업데이트할지를 제어한다. 이를 통해 GRU는 중요한 정보를 유지한다. 리셋 게이트는 현재 입력과 이전 상태를 고려해 얼마나 이전 상태를 재설정 할지를 결정한다. 이를 통해 GRU는 이전 상태에 대한 영향을 줄이거나 증폭시킬 수 있다. GRU는 LSTM보다 더 간단한 구조를 가지고 있어 계산 비용이 적고 학습 시간이 더 짧다는 장점이 있다.

이 책에서 사용할 기본적인 RNN 모델 구조는 그림 8-5와 같다. 여기서 RNN 계층을 얼마나 쌓느냐에 따라 구조는 변경될 수 있다.

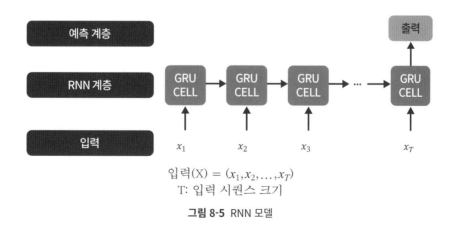

입력(X) = $(x_1, x_2, \ldots, x_T)$
T: 입력 시퀀스 크기

그림 8-5 RNN 모델

8.1.3.1 RNN 모델 함수

이제 모델을 구현해 보자. 그림 8-5의 모델을 기반으로 RNN 모델 함수를 구현해 보면 코드 8-1과 같다. 해당 모델은 input_dim, hidden_size, num_layers 그리고 output_dim이라는 4가지 매개변수를 받는다. 각 변수와 모델에 대한 설명은 아래와 같다.

코드 8-1 RNN 모델 코드

```python
class RNNModel(nn.Module):
    def __init__(self, input_dim, hidden_size, num_layers, output_dim):
        super(RNNModel, self).__init__()

        self.hidden_size = hidden_size
        self.num_layers = num_layers
        self.gru = nn.GRU(input_dim, hidden_size, num_layers,
                          batch_first=True)
        self.fc = nn.Linear(hidden_size, output_dim)

    def forward(self, x):
        h0 = torch.zeros(self.num_layers, x.size(0),
                         self.hidden_size).to(x.device)
        out, _ = self.gru(x, h0)
        out = out[:, -1, :]
        out = self.fc(out)
        return out
```

코드에 대해 간략하게 설명하자면 다음과 같다.

1. __init__ 초기화 메서드

   - 이 모델은 input_dim, hidden_size, num_layers 그리고 output_dim 4가지 매개변수를 받는다.

     ○ input_dim: 입력 x에서 예상되는 특징의 수

     ○ hidden_size: 은닉 상태 크기

     ○ num_layers: 순환 계층의 수. 예를 들어 2로 설정하면 두 개의 GRU를 함께 쌓아 'stacked GRU'를 형성한다.

366

- output_dim: 출력에서 예상되는 특징의 수

- GRU 레이어는 주어진 입력 크기, 은닉 상태 크기 그리고 레이어 수로 정의한다.

- batch_first=True는 입력 텐서의 첫 번째 차원이 배치 크기가 될 것임을 의미한다.

- GRU 레이어의 출력을 원하는 출력 크기로 매핑하기 위해 **완전 연결 계층**[FC, Fully Connected layer]이 정의된다.

2. Forward 메서드

- forward 메서드는 모델의 순방향 패스를 정의한다.

- 초기 은닉 상태(h0)는 0으로 설정된다. 그 크기는 레이어 수, 배치 크기 그리고 은닉 상태 크기에 의해 정의된다.

- 입력 x와 초기 숨겨진 상태 h0는 GRU 레이어를 통과한다.

- GRU의 출력 중 마지막 시간 단계의 출력만 선택하기 위해 out[:, -1, :]를 수행한다.

- 선택된 출력은 완전 연결 계층을 통과해 최종 출력을 생성한다.

8.1.4 SCINet

이 장에서는 현재 다양한 시계열 예측에서 SOTA를 달성하고 NeurIPS 2022에 등재된 SCINet 모델에 대해 간단하게 설명한 후 이를 통해 분석을 진행해 볼 것이다. 해당 모델은 「Time Series is a Special Sequence: Forecasting with Sample Convolution and Interaction(Liu et al.; 2020, AAAI)」 논문에서 처음 제안됐다〈참고문헌 8-1〉. SCINet 모델은 앞에서 설명했던 딥러닝 모델 중 TCN 구조를 발전시킨 모델이다.

SCINet 모델은 다양한 시계열 해상도로부터 특징들을 반복적으로 추출하고 이들을 서로 인터렉션하는 계층적 구조를 제안했다. 계층적 구조를 위해 SCINet 모델의 구성 요소이자 기본 단위인 SCI-Block을 제안했고 이 SCI-Block은 입력 시계열에서 짝수 열과 홀수 열의 인터렉션을 모델링해서 특징들을 효율적으로 추출하는 역할을 한다. SCINet 모델의 구조는 그림 8-6과 같다.

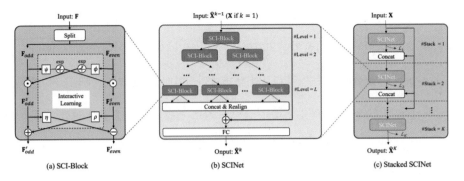

그림 8-6 SCINet 모델(출처: Liu, M.; Zeng, A.; Chen, M.; Xu, Z.; Lai, Q.; Ma, L.; and Xu, Q. 2022. SCINet: Time Series Modeling and Forecasting with Sample Convolution and Interaction. Thirty-sixth Conference on Neural Information Processing Systems.)

SCINet 모델 구조는 그림 8-6과 같이 3가지로 구성된다. SCINet 모델은 시간의 불규칙성을 고려하기 위해 입력 데이터의 짝수^{even}, 홀수^{odd} 스텝을 구분하는 아주 독특한 방식을 제안했다. 예를 들어 시계열 데이터에서 10개의 시퀀스를 가지고 있으면 1, 3, 5, 7, 9번째 데이터와 2, 4, 6, 8, 10번째 데이터를 분할해 학습한다.

(a)는 SCI-Block의 구조를 나타낸다. SCI-Block 그림을 보면 실제로 짝수 스텝과 홀수 스텝으로 분할되면서 상호 간의 네트워크를 연결해 학습하는 구조를 알 수 있다. 각 짝수, 홀수 스텝의 데이터는 컨볼루션 필터를 통해서 시퀀스의 특성이 추출된다.

(b)는 SCI-Block을 계층별로 쌓은 트리 구조를 나타낸다. 최종적으로 zig-zag 얼라인먼트를 통해 합친 후 완전히 연결돼 출력값을 도출한다. 이 구조를 (c) 그림과 같이 여러 개 쌓은 스택 형태로 구성할 수도 있다.

정리하자면 입력된 시퀀스에서 짝수, 홀수를 여러 번 분할하는 방식을 활용해 기존 시계열 분석 방법이 고려하지 못한 불규칙성을 보완했다고 볼 수 있다.

8.1.4.1 SCINet 모델 함수

SCINet 모델을 구현한 코드는 코드 8-2와 같다〈참고문헌 8-4〉. 실제 SCINet 모델 코드는 훨씬 방대하기 때문에 stack을 1로 설정하고 **포지션 인코딩**$^{positional\ encoding}$과 RevIN은 사용하지 않는다고 가정해 해당 부분의 코드를 일부 생략하고 표기했다. 실제로 이 책에서는 SCINet 모델의 stack을 1로 설정하고 포지션 인코딩과 RevIN은 사용하지 않는다. 또한 입력 변수 중 입력 시퀀스 길이(input_seq), 출력 시퀀스 길이(output_seq), 입력 차원(input_dim)을 제외한 변수들은 디폴트로 설정된 값으로 사용한다. 전체 코드를 확인하고 싶은 독자는 dl_models 폴더의 scinet.py 파일을 참조하길 바란다.

코드 8-2 간소화한 SCINet 모델 코드

```python
class SCINet(nn.Module):
    def __init__(self, input_seq, output_seq, input_dim=1,
                 hid_size=1, num_stacks=1, num_levels=3,
                 num_decoder_layer=1, concat_len=0, groups=1,
                 kernel=5, dropout=0.5, single_step_output_One=0,
                 input_len_seg=0, positionalE=False,
                 modified=True, RIN=False):
        super(SCINet, self).__init__()

        self.input_dim = input_dim
        self.input_len = input_seq
        self.output_len = output_seq
        self.hidden_size = hid_size
        self.num_levels = num_levels
        self.groups = groups
        self.modified = modified
        self.kernel_size = kernel
        self.dropout = dropout
        self.single_step_output_One = single_step_output_One
        self.concat_len = concat_len
        self.pe = positionalE
        self.RIN = RIN
        self.num_decoder_layer = num_decoder_layer

        self.blocks1 = EncoderTree(
            in_planes=self.input_dim,
            num_levels=self.num_levels,
            kernel_size=self.kernel_size,
            dropout=self.dropout,
            groups=self.groups,
            hidden_size=self.hidden_size,
            INN=modified)
        self.stacks = num_stacks

        for m in self.modules():
```

```
        if isinstance(m, nn.Conv2d):
            n = m.kernel_size[0] * m.kernel_size[1] * m.out_channels
            m.weight.data.normal_(0, math.sqrt(2. / n))
        elif isinstance(m, nn.BatchNorm2d):
            m.weight.data.fill_(1)
            m.bias.data.zero_()
        elif isinstance(m, nn.Linear):
            m.bias.data.zero_()
    self.projection1 = nn.Conv1d(self.input_len, self.output_len,
                                 kernel_size=1, stride=1, bias=False)


def forward(self, x):
    # 입력 길이를 균등하게 두 부분으로 나눔.
    # (3레벨 예시: 32 -> 16 -> 8 -> 4)
    assert self.input_leN% (np.power(2, self.num_levels)) == 0
    # the first stack
    res1 = x
    x = self.blocks1(x)
    x += res1
    x = self.projection1(x)

    return x.view(-1, 1)
```

코드에 대한 설명은 아래와 같다.

1. __init__ 초기화 메서드

- 다양한 설정 및 하이퍼파라미터를 입력으로 받는다. 입력 시퀀스 길이, 출력 시퀀스 길이, 히든 사이즈, 커널 크기, 드롭아웃 등이 있다.

- 인코딩을 위한 EncoderTree를 초기화한다.

- 선택적으로 두 번째 스택을 위한 EncoderTree를 초기화한다(코드 8-2에서는 생략).

- 포지션 인코딩을 위한 로직이 포함돼 있다. PE는 Transformer 아키텍처에서 영감을 받아 시퀀스 내의 각 위치에 대한 정보를 제공한다(코드 8-2에서는 생략).

- RevIN과 관련된 로직이 있다. RevIN은 데이터를 정규화 하는 메커니즘이다(코드 8-2 에서는 생략).

2. Forward 메서드

- 첫 번째 인코딩 블록을 통해 데이터를 전달하고 결과를 res1(residual connection)에 저장한다.

- 최종 예측 결과를 반환한다.

- 입력 데이터에 포지션 인코딩을 추가할 수 있는 옵션이 있다(코드 8-2에서는 생략).

- RevIN이 활성화된 경우 입력에 대한 정규화 및 변환을 수행한다(코드 8-2에서는 생략).

- 선택적으로 두 번째 인코딩 블록을 통해 데이터를 전달하고 그 결과를 합친다(코드 8-2에서는 생략).

- RevIN의 역변환 로직이 있다. 이는 데이터를 원래의 형태로 되돌리는 과정이다(코드 8-2에서는 생략).

조금 더 알아보기

> ### RevIN(Reversible Instance Normalization)
>
> Reversible Instance Normalization[RevIN]은 2022년 ICLR에서 제안된 정규화 방법이다 〈참고문헌 8-3〉. 이는 시계열 예측에서의 **분포 이동 문제**[distribution shift problem]에 대한 대응책으로 설계된 방법으로 데이터의 입력에 대해 **인스턴스 정규화**[instance normalization]를 수행하고 예측값에 대해 **역정규화**[denormalization]를 적용해 예측 성능을 높였다〈참고문헌 8-6〉.

8.1.5 NLinear

이 장에서는 다양한 시계열 예측에서 SOTA를 달성한 또 다른 모델, NLinear 모델에 대해서 살펴볼 것이다. 이 모델은 「Are Transformers Effective for Time Series Forecasting?(AAAI 2023)」 논문에서 제안됐다〈참고문헌 8-2〉. NLinear 모델은 매우 간단한 **MLP**[Multi Layer Perceptron] 기반의 모델이지만 기존 transformer 기반의 모델들보다 성능과 효율성 면에서 더 우수하다. NLInear 모델의 구조는 그림 8-7과 같다.

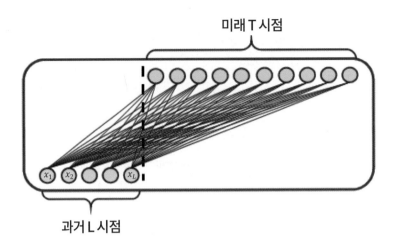

그림 8-7 NLinear 모델

NLinear 모델은 길이 L의 입력 시퀀스에 대해서 가장 마지막 값을 뺀 후 MLP를 통해 학습시키고 다시 그 값을 더해 실제 값이 존재하는 분포로 복귀시켜 길이 T의 시퀀스를 예측한다. 다시 말해 $(X_1, X_2, \ldots, X_L)$과 같은 입력 데이터에 대해서 $(X_1 - X_L, X_2 - X_L, \ldots, X_{L-1} - X_L, X_L - X_L)$과 같은 형태로 학습을 시킨 후 다시 X_L을 더해 원래 분포로 복귀한다.

매우 간단한 구조이지만 데이터가 상승하거나 하락하는 추세를 지녔을 경우 평균 및 분산으로 데이터를 정규화 하면 평가 데이터의 분포 이동이 발생할 수 있기 때문에 이러한 점을 보완한 형태라고 할 수 있다. 다시 말해서 데이터가 **비정상성**non-stationary을 가져서 분포가 계속 바뀌는 경우 분포를 간단히 표준화 하는 방법으로 마지막 값을 빼고 더하는 방법을 제안했다고 할 수 있다.

8.1.5.1 NLinear 모델 함수

NLinear 모델을 구현한 코드는 코드 8-3과 같다⟨참고문헌 8-5⟩. 해당 모델은 입력 변수로 입력 시퀀스 길이(input_seq)와 출력 시퀀스 길이(output_seq)를 입력 변수로 받는다.

코드 8-3 NLinear 모델 코드

```python
class NLinear(nn.Module):
    def __init__(self, input_seq, output_seq):
        super(NLinear, self).__init__()
        self.input_len = input_seq
        self.output_len = output_seq
        self.Linear = nn.Linear(self.input_len, self.output_len)

    def forward(self, x):
        # x: [Batch, Input length, Channel]
        seq_last = x[:, -1:, :].detach()
        x = x - seq_last
        x = self.Linear(x.permute(0, 2, 1)).permute(0, 2, 1)
        x = x + seq_last
        return x.view(-1, 1)  # [Batch, Output length, Channel]
```

1. __init__ 초기화 메서드

- 이 모델은 input_seq와 output_seq 2가지 매개변수를 받는다.

  - input_seq: 입력 시퀀스의 길이

  - output_seq: 출력 시퀀스의 길이

- seq_len은 입력 시퀀스의 길이를 저장하고 pred_len은 출력 시퀀스의 길이를 저장한다.

- nn.Linear 레이어는 seq_len에서 pred_len까지의 선형 변환을 수행한다.

2. Forward 메서드

- forward 메서드는 모델의 순방향 패스를 정의한다.

- 먼저, 입력 x의 마지막 시퀀스 값을 가져온다. 이 값을 seq_last에 저장하며 이 값을 계산 그래프에 연결시키지 않아 역전파에 영향을 주지 않도록 하기 위해 .detach()를 사용해 분리한다.

- 입력 시퀀스에서 seq_last 값을 뺀다.

- 그다음, 입력 x의 차원을 변경해 선형 레이어를 통과시키고 다시 원래의 차원으로 변경한다.

- 마지막으로, seq_last 값을 더하고 결과를 변경해 출력 형태 [Batch, Output length, Channel]을 얻는다.

코드에서도 확인할 수 있듯이 NLinear의 주요 아이디어는 입력 시퀀스의 마지막 값을 기준으로 시퀀스를 정규화하고 선형 변환을 적용한 후 원래의 마지막 값을 다시 더하는 것이라고 할 수 있다.

8.2 딥러닝 예측 모델 시뮬레이션

나 "선배, 이제 딥러닝 모델에 대해서는 어느 정도 알 것 같아요. 근데 이 모델들을 학습시켜서 시뮬레이션에 어떻게 활용할 수 있을까요?"

선배 "시뮬레이션 활용은 딥러닝 모델의 성능을 검증하고 실제 상황에서 어떻게 동작할지 예측하는 데 중요해. 예를 들어 모델이 학습된 후에는 과거의 데이터를 가지고 어떻게 예측했을지 시뮬레이션을 통해 확인할 수 있어. 그렇게 함으로써 모델의 정확도나 잠재적인 위험을 사전에 파악할 수 있지."

나 "아, 그럼, 예를 들면 과거 5년간의 주식 데이터를 가지고 모델을 훈련시킨 후 최근 1년간의 데이터로 시뮬레이션을 돌려보는 건가요?"

선배 "맞아. 그렇게 하면 모델이 실제로 얼마나 잘 동작하는지, 어떤 시점에서 오류를 내는지 등을 파악할 수 있어. 물론 과거 데이터로 시뮬레이션을 했을 때의 성능이 미래의 성능을 보장하는 것은 아니지만 여러 가정과 조건 하에서의 모델의 반응을 살펴볼 수 있어."

나 "그렇군요. 그럼 시뮬레이션 결과를 바탕으로 모델을 수정하거나 튜닝할 수도 있겠네요."

선배 "정확해. 시뮬레이션은 모델의 성능을 향상시키는 방향으로 수정 및 튜닝하는 데 큰 도움을 줘. 또한 여러 모델을 동시에 비교하거나 다양한 변수를 조절해 가며 최적의 성능을 찾아 나갈 수 있지. 그럼 알아본 딥러닝 모델들을 시장 모니터링에 활용하는 방법에 대해 자세히 알아볼까?"

나 "좋아요!"

그림 8-8 딥러닝 모델을 통한 시뮬레이션

8.2.1 딥러닝 학습 개요

이 장에서는 5.3과 유사한 방식으로 시뮬레이션을 진행하고 그 결과를 분석할 것이다. 다른 점은 5.3에서는 시장 시그널을 판단하는 지표로 RSI, ADR, MACD와 같은 기술 지표를 사용했다면 이 장에서는 RNN, SCINet, NLinear과 같은 딥러닝 모델을 사용해 시장 시그널을 예측하고 이를 이용해서 판단한다는 점이다. 분석 기간은 동일하게 2020년 1월 1일에서 2020년 12월 31일로 설정하고 분석을 진행한다. 분석은 다음과 같은 방식으로 진행된다.

1. 딥러닝 모델(RNN, NLinear, SCINet)을 통해 분석 기간 이전 데이터(~2019년 12월 31일)를 학습한다.

2. 학습한 데이터를 바탕으로 분석 기간의 각 시점에서 다음날의 코스피 지수를 예측한다.

3. 예측한 결괏값을 바탕으로 상승, 보합, 하락 시그널 룰을 설정한다.

4. 상승, 보합, 하락 시그널에 대해서 각각의 투자 전략을 설정한다.

5. 설정한 룰을 바탕으로 시뮬레이션을 진행하고 그 결과를 분석한다.

5장에서와 마찬가지로 8.2.2에서는 지수 추종 ETF를 기반으로 한 수시 리밸런싱, 8.2.3에서는 평균-분산 전략을 활용한 수시 리밸런싱을 통해 시뮬레이션을 진행한다. 유니버스는 기존과 동일하게 설정하고 분석을 진행한다.

표 8-1 ETF 기반 수시 리밸런싱 유니버스

종목 코드	ETF명	설명
122630	KODEX 레버리지	KOSPI200 일별 수익률 2배 추종
069500	KODEX 200	KOSPI200 일별 수익률 추종
252670	KODEX 200선물인버스2X	KOSPI200 선물지수 일별 수익률 음의 2배 추종

표 8-2 평균-분산 전략 기반 수시 리밸런싱 유니버스 목록

종목 코드	주식명
005930	삼성전자
000660	하이닉스
207940	삼성바이오로직스
051910	LG화학
006400	삼성SDI
005380	현대차
000270	기아
005490	POSCO홀딩스
035420	NAVER

이 장에서 수행하는 기본적인 딥러닝 모델 학습은 아래와 같은 순서로 진행한다.

8.2.1.1 시드 설정

모델 학습 결과가 책과 일치하게 하기 위해서 코드 8-4와 같이 시드를 고정할 수 있다. 이는 학습 시 사용하는 랜덤 변수들의 시드를 고정해 같은 결괏값을 나오도록 설정해 준다. 이 책에서는 시드를 22로 고정한다.

코드 8-4 시드 설정 코드

```python
def set_seed(seed_value=22):
    random.seed(seed_value)       # 파이썬 빌트인 랜덤 시드 설정
    np.random.seed(seed_value)    # numpy 시드 설정
    torch.manual_seed(seed_value) # pytorch 시드 설정

    # cuda 사용시
    if torch.cuda.is_available():
        torch.cuda.manual_seed(seed_value)
```

```
        torch.cuda.manual_seed_all(seed_value)
        torch.backends.cudnn.deterministic = True
        torch.backends.cudnn.benchmark = False

    set_seed(22)
```

코드의 실행 순서는 아래와 같다.

- 파이썬, numpy, pytorch의 시드를 설정한다.

- cuda를 사용하는 경우 시드를 고정한다.

8.2.1.2 데이터 전처리

코스피 데이터를 전처리하고 학습 및 테스트 세트로 나누는 과정을 수행한다. 일반적으로 학습 데이터와 검증 데이터, 테스트 데이터로 나누지만 이 책에서는 간단하게 학습 데이터와 테스트 데이터로만 나눠서 진행한다. 세부적인 코드는 코드 8-5와 같다.

코드 8-5 데이터 split 함수 코드

```
def split_data(price, lookback):
    data_raw = price.to_numpy()  # numpy array로 변환
    data = []

    # 룩백 길이를 가진 sequence 생성
    for index in range(len(data_raw) - lookback):
        data.append(data_raw[index: index + lookback + 1])

    data = np.array(data)
    train_set_size = data.shape[0] - (test_set_size)

    x_train = data[:train_set_size, :-1, :]
    y_train = data[:train_set_size, -1, :]

    x_test = data[train_set_size:, :-1]
    y_test = data[train_set_size:, -1, :]

    return [x_train, y_train, x_test, y_test]
```

코드의 실행 순서는 아래와 같다.

- `price`를 numpy array로 변환하고 룩백(lookback)에 맞춰 데이터를 생성해 data 리스트에 추가한다.

- train, test 길이에 맞춰 x_train, y_train, x_test, y_test 변수를 생성한다.

split_data() 함수는 코스피 데이터와 룩백을 입력으로 받아 학습 및 테스트 데이터로 나누는 역할을 한다. 테스트 시작 구간을 2020년 1월 1일로 설정하고 룩백을 32로 설정해 데이터를 나누려면 코드 8-6과 같이 설정할 수 있다. 이 장에서는 룩백을 모두 32로 고정해 분석을 진행한다. 코드와 이에 대한 설명은 아래와 같다.

코드 8-6 데이터 split 실행 코드

```
# Minmax scaler 적용
test_set_start_date = "2020-01-01"
price = data[['close']].copy()
scaler = MinMaxScaler(feature_range=(-1, 1))
scaler.fit(data[data['date'] < test_set_start_date][['close']])
price['close'] = scaler.transform(price['close'].values.reshape(-1,1))
test_set_size = len(data[data['date'] >= test_set_start_date])
```

코드의 실행 순서는 아래와 같다.

- MinMaxScaler를 사용해 종가 데이터를 [−1,1] 범위로 스케일링한다.

- 룩백을 32로 설정하고 split_data() 함수를 사용해 학습 및 테스트 데이터로 나눈다.

8.2.1.3 데이터셋 생성

이제 학습을 위해 device를 설정하고 train과 test 데이터 세트를 생성해야 한다. 해당 코드는 코드 8-7과 같다.

코드 8-7 데이터셋 생성 코드

```
device = torch.device("cuda" if torch.cuda.is_available() else "cpu")

x_train = torch.from_numpy(x_train).type(torch.Tensor).to(device)
x_test = torch.from_numpy(x_test).type(torch.Tensor).to(device)
y_train = torch.from_numpy(y_train).type(torch.Tensor).to(device)
y_test = torch.from_numpy(y_test).type(torch.Tensor).to(device)

# TensorDataset 생성
train_dataset = TensorDataset(x_train, y_train)
test_dataset = TensorDataset(x_test, y_test)

# 배치 사이즈 설정
batch_size = 10000

# train, test DataLoader 생성
train_loader = DataLoader(train_dataset, batch_size=batch_size, shuffle=True)
test_loader = DataLoader(test_dataset, batch_size=batch_size, shuffle=False)

# 전체 DataLoader 생성
x_combined = torch.cat((x_train, x_test), dim=0)
y_combined = torch.cat((y_train, y_test), dim=0)
combined_dataset = TensorDataset(x_combined, y_combined)
combined_loader = DataLoader(combined_dataset, batch_size=batch_size, shuffle=False)
```

코드의 실행 순서는 아래와 같다.

- device 변수는 현재 학습을 하는 기기에서 gpu 사용이 가능하면 gpu를 사용하고 그렇지 않으면 cpu를 사용하도록 설정한다.

- 코드 8-6에서 생성한 x_train, x_test, y_train, y_test를 tensor로 변환하고 TensorDataset 을 생성한 후 각각의 dataloader를 생성한다.

- Batch_size를 설정한다. 이 책에서는 사용하는 데이터와 모델이 가볍기 때문에 전체 데 이터를 한 번에 학습하도록 10000으로 설정한다.

- 전체 결과를 한 번에 판단하기 위해 합쳐진 dataloader인 combined_loader를 생성한다.

8.2.1.4 학습 진행

모델과 손실 함수, 옵티마이저를 설정하고 학습을 진행한다. 세부적인 코드는 코드 8-8과 같다.

코드 8-8 모델 학습 코드

```python
criterion = torch.nn.MSELoss(reduction='mean')
optimizer = torch.optim.Adam(model.parameters(), lr=0.01)

hist = np.zeros(num_epochs)
start_time = time.time()

for epoch in range(num_epochs):
    model.train()

    for x_batch, y_batch in train_loader:
        y_train_pred = model(x_batch)
        loss = criterion(y_train_pred, y_batch)
        optimizer.zero_grad()
        loss.backward()
        optimizer.step()

    with torch.no_grad():
        model.eval()
        y_test_pred = model(x_test)
        test_loss = criterion(y_test_pred, y_test)

    if (epoch + 1) % 10 == 0:
        print("Epoch ", epoch + 1, "Train Loss: ", loss.item(),
                "Test Loss: ", test_loss.item())
    hist[epoch] = loss.item()

training_time = time.time() - start_time
print("Training time: {}".format(training_time))
```

코드의 실행 순서는 아래와 같다.

- 모델은 사용할 모델에 맞춰 따로 정의해 주고 손실 함수와 옵티마이저를 정의한다. 이 장에서는 손실 함수로는 평균 제곱 오차인 MSELoss를 사용하고 옵티마이저로는 Adam 옵티마이저를 사용한다.

- 각 에포크마다 학습 데이터 로더(train_loader)에서 배치를 가져와 모델을 통해 예측을 수행하고 실제 값과의 차이를 계산해 손실을 구한다.

- 손실에 대한 그래디언트를 계산하고 그래디언트를 사용해 모델의 가중치를 업데이트한다.

- 모든 배치에 대한 학습이 완료된 후 테스트 데이터(x_test)를 사용해 모델을 평가하고 테스트 손실을 계산한다.

- 학습 상태 및 시간을 출력한다.

8.2.1.5 모델 평가

학습된 모델을 사용해 예측을 수행하고, 예측 결과를 원래의 스케일로 변환한다. 세부적인 코드는 코드 8-9와 같다.

코드 8-9 모델 예측 코드

```
with torch.no_grad():
    model.eval()
    predictions = []
    targets = []
    for x_batch, y_batch in combined_loader:
        y_pred = model(x_batch)
        predictions.append(y_pred)
        targets.append(y_batch)
y_pred = torch.cat(predictions)
y_original = torch.cat(targets)

predict = pd.DataFrame(scaler.inverse_transform(y_pred.detach().cpu().numpy()))
original = pd.DataFrame(scaler.inverse_transform(y_original.detach().cpu().numpy()))
```

코드의 실행 순서는 아래와 같다.

- **역전파**[backpropagation]를 사용하지 않으므로 torch.no_grad() 블록을 사용해 그래디언트 계산을 비활성화한다.

- `model.eval()`을 통해 모델을 평가 모드로 설정한다. 이렇게 하면 드롭아웃과 같이 학습 중에는 활성화되지만 평가 시에는 비활성화되는 기능들이 비활성화된다.

- 전체 데이터셋(`combined_loader`)을 가져와 예측을 수행하고 `predictions`, `targets` 리스트에 저장한다.

- `Torch.cat()` 함수를 사용해 하나의 텐서로 병합하고 MinMaxScaler를 사용해 원래의 스케일로 역변환 후 데이터프레임으로 저장한다.

이 장에서는 딥러닝 모델을 사용해 시장 모니터링에 활용하는 방법에 초점을 맞추기 위해 예측에 입력하는 특징도 코스피 종가로 한정하고 있다. 시뮬레이션 결과가 예상에 비해 좋지 않을 수 있고 튜닝 결과나 시점에 따라 그 결과가 매우 상이할 수 있다. 하지만 독자가 거시경제 지표나 재무 데이터 등 활용할 수 있는 특징을 추가한다면 성능 향상을 기대할 수 있을 것이다.

8.2.2 ETF 기반 수시 리밸런싱

이 절에서는 5.3.2와 같은 방식으로 3가지 ETF를 유니버스로 설정해서 분석을 진행한다. 시뮬레이션 코드는 유사하나 한 가지 작업을 추가한다. 통계 기반의 기술 지표와 다르게 딥러닝 모델의 예측은 민감하게 바뀔 수 있으므로 리밸런싱을 진행한 후 일정 기간 리밸런싱을 진행하지 않는 기간을 둬 모델의 민감도를 낮추도록 한다. 이 책에서는 이 기간을 **쿨다운 기간**^{cooldown period}으로 표기하고 3일로 설정한다. 다시 말해 리밸런싱을 진행한 후 3일 동안은 시그널이 변화해도 리밸런싱을 진행하지 않는다는 의미이다.

8.2.2.1 ETF 기반 수시 리밸런싱 시뮬레이션 함수

쿨다운 기간을 3일로 설정한 ETF 기반 수시 리밸런싱 시뮬레이션 함수 코드는 코드 8-10과 같다. 해당 함수는 ohlcv 컬럼을 포함하는 데이터프레임(`ohlcv_data`)과 계산된 시그널 컬럼을 포함하는 데이터프레임(`monitoring_data`)을 입력 변수로 받는다.

코드 8-10 ETF 기반 시뮬레이션 코드

```python
def simulate_market_monitoring_etf(ohlcv_data: pd.DataFrame,
                                   monitoring_data: pd.DataFrame):
    account = Account(initial_cash=100000000)
    broker = Broker()
    rebalance_date = monitoring_data[monitoring_data["signal"] !=
                monitoring_data["signal"].shift(1)].index.tolist()
    month_end = get_month_end(kospi_data.index.min(),
                              kospi_data.index.max())
    rebalance_date += month_end
    cooldown_count = 0

    for date, ohlcv in ohlcv_data.groupby(['date']):
        transactions = broker.process_order(dt=date, data=ohlcv,
                                            orders=account.orders)
        account.update_position(transactions=transactions)
        account.update_portfolio(dt=date, data=ohlcv)
        account.update_order()
        cooldown_count += 1

        if date not in rebalance_date or cooldown_count < 3:
            continue
        print(date.date())
        cooldown_count = 0

        signal = monitoring_data.loc[date]['signal']

        if signal == "rise":
            weights = {'122630': 1,
                       '069500': 0,
                       '252670': 0}
        elif signal == "keep":
            weights = {'122630': 0,
                       '069500': 1,
                       '252670': 0}
        elif signal == "decline":
            weights = {'122630': 0,
                       '069500': 0,
                       '252670': 1}

        print(f'Portfolio: {weights}')
        if weights is None:
            continue

        rebalance(dt=date, data=ohlcv, account=account, weights=weights)

    return account
```

코드의 실행 순서는 아래와 같다.

- 계좌(account)와 중개인(broker)을 생성한다.

- 시그널 컬럼을 가진 데이터프레임(monitoring_data)을 이용해서 리밸런싱 날짜(시그널이 변하는 날)를 계산해 rebalance_date에 저장하고 정기 리밸런싱 날(월말)을 추가한다.

- 쿨다운 카운트(cooldown_count) 변수를 0으로 설정한다.

- for 루프에서는 날짜별로 주가 데이터를 가져와서 주문을 처리하고 계좌를 업데이트 한다.

  - 과거에 생성된 주문 중 아직 처리되지 않은 주문이 있다면 처리하고 거래(transactions) 를 반환받는다.

  - 거래 결과에 따라 계좌의 내용을 업데이트한다.

  - 포트폴리오도 재평가하고 주문 목록도 업데이트한다. 쿨다운 카운트(cooldown_ count) 변수에 1을 더해준다.

  - 날짜가 리밸런싱 날짜에 없거나 쿨다운 카운트가 3보다 작다면 리밸런싱을 하지 않고 continue를 통해 다음 날짜로 이동한다. 그렇지 않으면 쿨다운 카운트 변수를 0으로 초기화하고 계속해서 진행한다.

  - 해당 날짜의 시그널에 따라서 각 ETF의 weights를 설정한다.

  - rebalance() 함수를 활용해 새로 계산된 자산 편입 비중에 따른 투자 포트폴리오를 만들기 위해 주문을 생성한다.

기존에는 rebalance_date 리스트에 해당하는 날짜에만 리밸런싱을 진행하도록 조건이 설정 돼 있었지만 코드 8-10에서는 cooldown_count 변수를 설정해서 리밸런싱 후 소요된 기간을 세 고 해당 변수가 3 이상일 때 리밸런싱을 진행하는 조건을 추가했다. 그 외 투자 전략은 이전과 동일하게 설정하고 상승, 보합, 하락을 판단하는 룰은 각 모델에 따라 다르게 설정한다.

8.2.2.1 RNN

이 장에서는 8.1.1에서 소개한 RNN 모델을 활용해서 학습 및 분석을 진행한다. 이를 위해 우선 학습에 필요한 RNN 모델을 코드 8-11과 같이 정의한다.

코드 8-11 RNN 모델 정의 코드

```
# 변수 설정
input_dim = 1
hidden_dim = 32
num_layers = 2
output_dim = 1
num_epochs = 100

model = RNNModel(input_size=input_dim, hidden_size=hidden_dim,
                 num_layers=num_layers, output_size=output_dim).to(device)
```

코드에 대한 설명은 아래와 같다.

- `input_dim`: 모델의 입력 차원을 나타내며 코스피 종가만을 사용하기 때문에 값은 1로 설정한다.

- `hidden_dim`: GRU 레이어의 은닉 상태의 차원을 나타내며 값은 32로 설정한다.

- `num_layers`: RNN 모델의 레이어 수를 나타내며 값은 2로 설정한다. 즉 RNN 레이어가 2개 겹친 stacked GRU 구조이다.

- `output_dim`: 모델의 출력 차원을 나타내며 다음날의 종가를 예측하기 때문에 값은 1로 설정한다.

- `num_epochs`: 학습을 위한 에포크 수를 나타내며 값은 100으로 설정한다.

위의 방식으로 RNN 모델을 초기화하고 코드 8-8을 활용해 모델을 학습하면 아래와 같은 예측 결과를 얻을 수 있다.

```
Epoch  10 Train Loss:  0.02321 Test Loss:  0.01429
Epoch  20 Train Loss:  0.00596 Test Loss:  0.00278
Epoch  30 Train Loss:  0.00092 Test Loss:  0.0039
Epoch  40 Train Loss:  0.00139 Test Loss:  0.00357
Epoch  50 Train Loss:  0.00088 Test Loss:  0.00263
Epoch  60 Train Loss:  0.00046 Test Loss:  0.00236
Epoch  70 Train Loss:  0.00045 Test Loss:  0.00199
Epoch  80 Train Loss:  0.00037 Test Loss:  0.00164
Epoch  90 Train Loss:  0.00036 Test Loss:  0.00149
Epoch 100 Train Loss:  0.00036 Test Loss:  0.00149
Training time: 6.155087232589722
```

이제 추가로 학습 결과를 시각화해 보자. 학습된 모델을 사용해서 예측값의 데이터프레임을 생성하는 코드는 코드 8-12와 같다.

코드 8-12 예측 결과 데이터프레임 생성 코드

```python
with torch.no_grad():
    model.eval()
    predictions = []
    targets = []
    for x_batch, y_batch in combined_loader:
        y_pred = model(x_batch)
        predictions.append(y_pred)
        targets.append(y_batch)
y_pred = torch.cat(predictions)
y_original = torch.cat(targets)

predict = pd.DataFrame(
    scaler.inverse_transform(y_pred.detach().cpu().numpy()),
    columns=["predicted"]
)
original = pd.DataFrame(
    scaler.inverse_transform(y_original.detach().cpu().numpy()),
    columns=["original"]
)

predict["date"] = data[-len(predict):]["date"]
original["date"] = data[-len(original):]["date"]
```

코드의 실행 순서는 아래와 같다.

- with torch.no_grad() 블록에서 학습된 모델을 통해 추론을 실행하고 이 값을 predictions, targets 리스트에 저장한다.

- 이후 해당 값들을 tensor로 변환하고 MinMax scaler 역변환을 수행한 값을 predict, original이라는 변수명의 데이터프레임으로 저장한다.

이제 이 데이터프레임들을 활용해서 결과를 시각화해 보자. 시각화는 전체 예측 결과 시각화, 테스트 구간 시각화, loss 시각화로 구성돼 있다. 시각화 코드는 코드 8-13과 같다.

코드 8-13 예측 결과 시각화 코드

```
# 시스템에 따라 폰트 설정
if os_system == 'Windows':
    font_name = 'Malgun Gothic'
elif os_system == 'Darwin':  # macOS
    font_name = 'AppleGothic'
else:
    font_name = 'Arial'
plt.rc('font', family=font_name)
fontdict = {'family': font_name, 'size': 12}
fig, axs = plt.subplots(figsize=(14, 10), nrows=3)
sns.set(style="ticks")
sns.despine()

sns.lineplot(data=original, x = "date", y = "original",
            label="실제 종가", color='royalblue', ax=axs[0])
sns.lineplot(data=predict, x = "date", y = "predicted",
            label="예측 종가(RNN)", color='tomato', ax=axs[0])
axs[0].set_title('전체 예측', size = 14, fontweight='bold')
axs[0].set_xlabel("날짜", size = 14)
axs[0].set_ylabel("종가", size = 14)
axs[0].vlines(x=datetime.strptime("2020-01-01", "%Y-%m-%d"), ymin=0,
            ymax=max(np.maximum(predict["predicted"],
                                original["original"])),
            color='black')
train_test_annotation_x = datetime.strptime("2020-01-01", "%Y-%m-%d")
train_test_annotation_y = 0.9*max(np.maximum(predict["predicted"],
                                original["original"]))
# Add "<- Train" to the left
axs[0].annotate("← Train", xy=(train_test_annotation_x,
```

```
                        train_test_annotation_y),
            xytext=(-50, 20), textcoords='offset points',
            arrowprops=dict(arrowstyle="->"), fontweight='bold')
# Add "Test ->" to the right
axs[0].annotate("Test →", xy=(train_test_annotation_x,
                        train_test_annotation_y),
            xytext=(0, 20), textcoords='offset points',
            arrowprops=dict(arrowstyle="->"), fontweight='bold')
axs[0].grid()
legend = axs[0].legend()
for text in legend.get_texts():
    text.set_fontproperties(font_name)


sns.lineplot(data=original[-test_set_size:], x = "date", y = "original",
            label="실제 종가", color='royalblue', ax=axs[1])
sns.lineplot(data=predict[-test_set_size:], x = "date", y = "predicted",
            label="예측 종가(RNN)", color='tomato', ax=axs[1])
axs[1].set_title('Test구간 예측', size = 14, fontweight='bold')
axs[1].set_xlabel("날짜", size = 14)
axs[1].set_ylabel("종가", size = 14)
axs[1].grid()
legend = axs[1].legend()
for text in legend.get_texts():
    text.set_fontproperties(font_name)


sns.lineplot(data=hist, color='royalblue', ax=axs[2])
axs[2].set_xlabel("Epoch", size = 14)
axs[2].set_ylabel("Loss", size = 14)
axs[2].set_title("학습 Loss", size = 14, fontweight='bold')
axs[2].grid()

plt.tight_layout(pad=1)
plt.show()
fig.savefig("rnn_result.png")
```

코드의 실행 순서는 아래와 같다.

- OS에 따라 폰트를 설정한다.

- 3개의 서브 그래프를 생성한다. 첫 번째 그래프는 train, test를 포함한 전체 예측을 플롯하고 train과 test가 구분되는 시점을 표시한다.

- 두 번째 그래프는 test 구간만 나타낸다.

- 세 번째 그래프는 epoch에 따른 학습 loss를 나타낸다.

코드 8-13을 활용해 예측 결과를 시각화 하면 그림 8-9를 얻을 수 있다. 예측 결과를 보면 사용되는 데이터가 종가 하나밖에 없기 때문에 값이 딜레이된 형태로 예측하는 경향을 보이는 것을 확인할 수 있다.

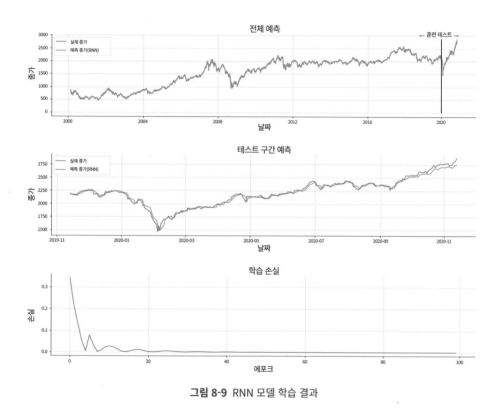

그림 8-9 RNN 모델 학습 결과

이제 시장 상황을 판단하는 룰을 설정해 보자. 우리가 예측한 코스피 종가를 바탕으로 판단 로직을 설정하기 위한 방법으로 변화율을 사용하자. RNN 모델에서는 표 8-3과 같이 코스피가 0.6% 이상 상승하면 상승, 코스피가 0.6% 이상 하락하면 하락, 그 외에는 보합으로 설정한다.

시장 상황	판단 로직	전략
상승	코스피 변화율 ≥ 0.6%	KODEX 레버리지 투자
보합	−0.6% < 코스피 변화율 < 0.6%	KODEX 200 투자
하락	코스피 변화율 ≤ −0.6%	KODEX200 선물인버스2X 투자

표 8-3을 바탕으로 시장 상황을 판단하는 룰을 설정하면 코드 8-14와 같이 작성할 수 있다.

코드 8-14 RNN 시그널 계산 코드

```python
def calculate_signal(indicator):
    if indicator >= 0.6:
        return "rise"
    elif indicator <= -0.6:
        return "decline"
    else:
        return "keep"
```

코드의 실행 순서는 아래와 같다.

- 예측한 코스피 종가 변화율 값이 0.6 이상이면 rise, −0.6 이하면 decline, 그 외에는 keep을 리턴한다.

코드 8-14를 활용해서 RNN 시그널을 계산하는 코드는 코드 8-15와 같다. 우선 data_loader를 통해 코스피 데이터를 불러오고 해당 데이터프레임에 예측값을 predicted_close 컬럼으로 추가한다. 이후 예측값의 변화율을 pct_change 메서드를 사용해 predicted_change_pct 컬럼으로 생성하고 코드 8-14 함수를 사용해 RNN 시그널을 생성한다. 코드 8-15는 SCINet, NLinear 모델에서 시그널을 생성할 때도 동일하게 사용된다.

코드 8-15 시그널 생성 코드

```python
monitoring_ticker_list = ['1001']
kospi_data = data_loader.load_index_data(ticker_list=monitoring_ticker_list,
                                         freq='d', delay=1)
kospi_data["predicted_close"] = testPredictPlot[-len(kospi_data):]
kospi_data["predicted_change_pct"] = \
```

```
        kospi_data["predicted_close"].pct_change().bfill() * 100
kospi_data["signal"] =
kospi_data["predicted_change_pct"].apply(calculate_signal)
```

코드의 실행 순서는 아래와 같다.

- 코스피 인덱스의 티커(1001)를 설정 후 data_loader를 통해 코스피 데이터를 불러온다.

- 예측한 코스피 종가를 활용해 변화율(predicted_change_pct)을 구한다.

- pandas의 apply 메서드와 코드 8-14의 calculate_signal() 함수를 활용해 시그널을 계산하고 시그널 컬럼으로 저장한다.

이제 이를 활용해 시그널을 플롯 하면 그림 8-10과 같은 형태의 그래프를 얻을 수 있다. 앞서 말한 대로 기술 지표 대비 시그널이 빈번하게 변동함을 확인할 수 있다.

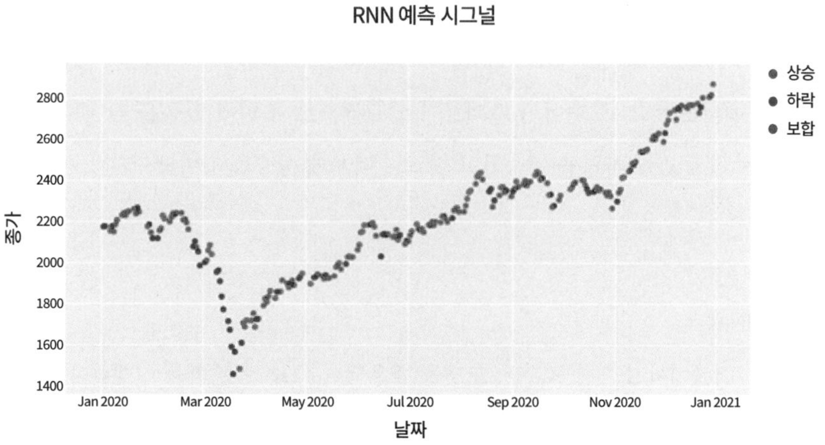

그림 8-10 RNN 시그널 그래프

이제 시뮬레이션을 진행하고 그 결과를 분석해 보자. 먼저 여러 가지 성과 분석 지표에 대해서 같은 기간 코스피와 시뮬레이션의 결과를 비교해 보면 표 8-4와 같다.

표 8-4 RNN 모델 vs 코스피 성과 지표 비교

	CAGR	MDD	샤프 비율	소티노 비율
RNN 모델	**2.538**	**−0.149**	**2.958**	**3.450**
코스피	0.327	−0.357	1.143	1.010

시뮬레이션 결과, 모든 성과 분석 지표에서 RNN 모델이 코스피보다 우수했음을 알 수 있다. 이어서 누적 수익률을 비교해 시각화해 보면 그림 8-11과 같다.

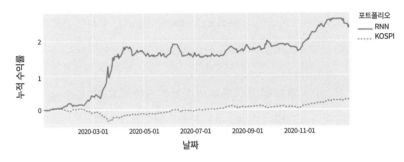

그림 8-11 RNN 시뮬레이션 결과

누적 수익률에서도 RNN 모델이 코스피보다 압도적으로 우위에 있음을 알 수 있다. 이는 2020년 3월~4월 구간에 하락을 예측하고 비교적 빠르게 상승을 잡아냈기 때문이라고 해석할 수 있다.

8.2.2.2 SCINet

이 장에서는 8.1.2에서 소개한 SCINet 모델을 활용해서 학습 및 분석을 진행한다. 이를 위해 우선 학습에 필요한 SCINet 모델은 코드 8-16과 같이 정의한다.

코드 8-16 SCINet 모델 정의 코드

```
# 변수 설정
input_dim = 1
input_len = 32 # lookback과 동일
num_epochs = 5000
```

```
model = SCINet(input_seq=lookback, output_seq=1,
               input_dim=input_dim).to(device)
```

코드의 실행 순서는 아래와 같다.

- `input_dim`: 모델의 입력 차원을 나타내며 분석에 종가만을 사용하기 때문에 값은 1로 설정한다.

- `input_len`: 모델의 입력 길이를 나타내며 `lookback` 변수와 동일한 값인 32로 설정한다. 이 변수는 과거 데이터를 얼마나 많이 고려할지를 나타낸다.

- `num_epochs`: 학습을 위한 에포크 수를 나타내며 값은 5000으로 설정한다.

위의 방식으로 SCINet 모델을 초기화하고 앞에서 정의한 방식으로 모델을 학습하면 아래와 같은 예측 결과를 얻을 수 있다.

```
Epoch  500 Train Loss:  0.00121 Test Loss:  0.00476
Epoch 1000 Train Loss:  0.00067 Test Loss:  0.00255
Epoch 1500 Train Loss:  0.00055 Test Loss:  0.00194
Epoch 2000 Train Loss:  0.00049 Test Loss:  0.00168
Epoch 2500 Train Loss:  0.00045 Test Loss:  0.0015
Epoch 3000 Train Loss:  0.00042 Test Loss:  0.00136
Epoch 3500 Train Loss:  0.00038 Test Loss:  0.00124
Epoch 4000 Train Loss:  0.00036 Test Loss:  0.00116
Epoch 4500 Train Loss:  0.00034 Test Loss:  0.0011
Epoch 5000 Train Loss:  0.00033 Test Loss:  0.00107
Training time: 386.1714026927948
```

이어서 코드 8-8을 활용해 모델을 학습하면 그림 8-12와 같은 예측 시각화 결과를 얻을 수 있다. 여기서도 딜레이를 확인할 수 있지만 앞에서 살펴본 RNN 모델에 비해서는 딜레이로 예측하는 경향이 약간 덜함을 확인할 수 있다. 이는 SCINet모델이 RNN 모델보다 더 복잡한 과정을 거쳐 예측을 수행하기 때문이라고 볼 수 있다.

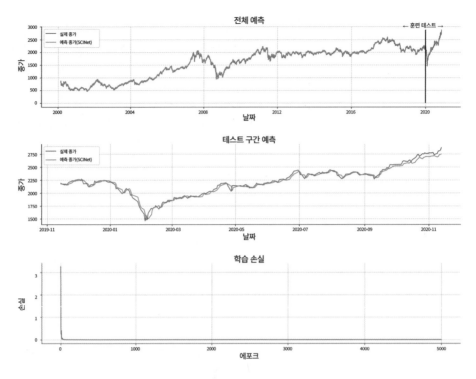

그림 8-12 SCINet 모델 학습 결과

이제 시장 상황을 판단하는 룰을 설정해 보자. SCINet 모델에서는 표 8-5와 같이 코스피가 1%
이상 상승하면 상승, 코스피가 1% 이상 하락하면 하락, 그 외에는 보합으로 설정한다.

표 8-5 ETF 기반 SCINet 모델 투자 룰

시장 상황	판단 로직	전략
상승	코스피 변화율 ≥ 1%	KODEX 레버리지 투자
보합	−1% < 코스피 변화율 < 1%	KODEX 200 투자
하락	코스피 변화율 ≤ −1%	KODEX200 선물인버스2X 투자

표 8-5를 바탕으로 시장 상황을 판단하는 룰을 설정하면 코드 8-17과 같이 작성할 수 있다.

코드 8-17 SCINet 시그널 계산 코드

```python
def calculate_signal(indicator):
    if indicator >= 1:
        return "rise"
    elif indicator <= -1:
        return "decline"
    else:
        return "keep"
```

코드의 실행 순서는 아래와 같다.

- 예측한 코스피 종가 변화율 값이 1 이상이면 rise, −1 이하이면 decline, 그 외에는 keep 을 리턴한다.

이제 코드 8-15를 활용해 시그널을 생성하고 이를 활용해 시그널을 플롯 하면 그림 8-13과 같은 형태의 그래프를 얻을 수 있다. RNN과 마찬가지로 시그널이 빈번하게 변동함을 확인할 수 있다.

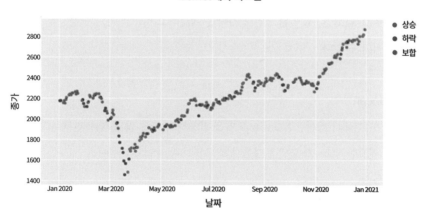

그림 8-13 SCINet 시그널 그래프

RNN 모델과 같은 방식으로 시뮬레이션을 진행하고 그 결과를 분석해 보자. 먼저 여러 가지 성과 분석 지표에 대해서 같은 기간 코스피와 시뮬레이션의 결과를 비교해 보면 표 8-6과 같다.

표 8-6 SCINet 모델 vs 코스피 성과 지표 비교

	CAGR	MDD	샤프 비율	소티노 비율
SCINet 모델	**1.535**	**−0.200**	**2.167**	**2.204**
코스피	0.327	−0.357	1.143	1.010

시뮬레이션 결과, 모든 성과 분석 지표에서 SCINet 모델이 코스피보다 우수했음을 알 수 있다. 이어서 누적 수익률을 비교해 시각화해 보면 아래와 같다.

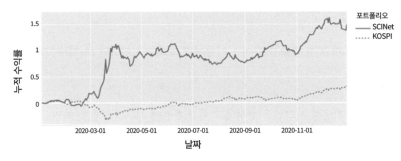

그림 8-14 SCINet 시뮬레이션 결과

누적 수익률에서도 SCINet 모델이 코스피보다 압도적으로 우위에 있음을 알 수 있다. 이는 이전과 마찬가지로 2020년 3월~4월 구간에 하락을 예측하고 비교적 빠르게 상승을 잡아냈기 때문이라고 해석할 수 있다.

8.2.2.3 NLinear

이 장에서는 8.1.3에서 소개한 NLinear 모델을 활용해서 학습 및 분석을 진행한다. 이를 위해 우선 학습에 필요한 NLinear 모델은 다음과 코드 8-18과 같이 정의한다.

코드 8-18 NLinear 모델 정의 코드

```
#변수 설정
input_len = lookback # lookback과 동일
num_epochs = 500

model = NLinear(input_seq=input_len, output_seq=1).to(device)
```

- **input_len**: 모델의 입력 길이를 나타내며 lookback 변수와 동일한 값인 32로 설정한다. 이 변수는 과거 데이터를 얼마나 많이 고려할지를 나타낸다.

- **num_epochs**: 학습을 위한 에포크 수를 나타내며 값은 100으로 설정한다.

위의 방식으로 NLinear 모델을 초기화하고 앞에서 정의한 방식으로 모델을 학습하면 아래와 같은 예측 결과를 얻을 수 있다.

```
Epoch  50 Train Loss:  0.00041 Test Loss:  0.00121
Epoch 100 Train Loss:  0.00031 Test Loss:  0.0011
Epoch 150 Train Loss:  0.00031 Test Loss:  0.00109
Epoch 200 Train Loss:  0.0003 Test Loss:  0.00108
Epoch 250 Train Loss:  0.0003 Test Loss:  0.00108
Epoch 300 Train Loss:  0.0003 Test Loss:  0.00107
Epoch 350 Train Loss:  0.0003 Test Loss:  0.00107
Epoch 400 Train Loss:  0.0003 Test Loss:  0.00107
Epoch 450 Train Loss:  0.0003 Test Loss:  0.00107
Epoch 500 Train Loss:  0.0003 Test Loss:  0.00107
Training time: 21.554633140563965
```

이어서 코드 8-8을 활용해 모델을 학습하면 그림 8-15와 같은 예측 시각화 결과를 얻을 수 있다. RNN모델과 유사하게 대부분 예측이 딜레이인 경향을 보여줌을 확인할 수 있다. 이는 NLinear 모델이 간단한 MLP 모델을 기반으로 예측을 수행하기 때문이라고 해석해 볼 수 있다.

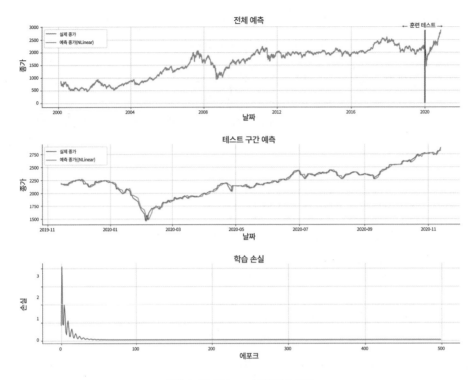

그림 8-15 NLinear 모델 학습 결과

이제 시장 상황을 판단하는 룰을 설정해 보자. NLinear 모델에서는 표 8-7과 같이 코스피가 0.8% 이상 상승하면 상승, 코스피가 0.8% 이상 하락하면 하락, 그 외에는 보합으로 설정한다.

표 8-7 ETF 기반 NLinear 모델 투자 룰

시장 상황	판단 로직	전략
상승	코스피 변화율 ≥ 0.8%	KODEX 레버리지 투자
보합	−0.8% < 코스피 변화율 < 0.8%	KODEX 200 투자
하락	코스피 변화율 ≤ −0.8%	KODEX200 선물인버스2X 투자

표 8-7을 바탕으로 시장 상황을 판단하는 룰을 설정하면 코드 8-19와 같이 작성할 수 있다.

```python
def calculate_signal(indicator):
    if indicator >= 0.8:
        return "rise"
    elif indicator <= -0.8:
        return "decline"
    else:
        return "keep"
```

코드의 실행 순서는 아래와 같다.

- 예측한 코스피 종가 변화율 값이 0.8 이상이면 rise, −0.8 이하면 decline, 그 외에는 keep을 리턴한다.

이제 코드 8-15를 활용해 시그널을 생성하고 이제 이를 활용해 시그널을 플롯 하면 그림 8-16과 같은 형태의 그래프를 얻을 수 있다. 이전과 마찬가지로 시그널이 빈번하게 변동함을 확인할 수 있다.

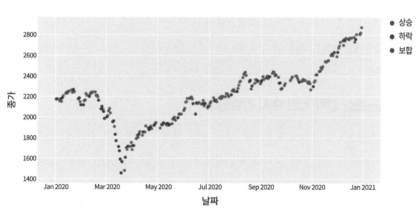

그림 8-16 NLinear 시그널 그래프

SCINet 모델과 같은 방식으로 시뮬레이션을 진행하고 그 결과를 분석해 보자. 먼저 여러 가지 성과 분석 지표에 대해서 같은 기간 코스피와 시뮬레이션의 결과를 비교해 보면 표 8-8과 같다.

표 8-8 NLinear 모델 vs 코스피 성과 지표 비교

	CAGR	MDD	샤프 비율	소티노 비율
NLinear 모델	**2.803**	**−0.148**	**2.909**	**3.005**
코스피	0.327	−0.357	1.143	1.010

시뮬레이션 결과 모든 성과 분석 지표에서 NLinear 모델이 코스피보다 우수했음을 알 수 있다. 이어서 누적 수익률을 비교해 시각화해 보면 아래와 같다.

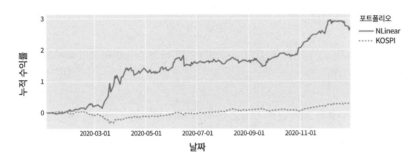

그림 8-17 NLinear 시뮬레이션 결과

누적 수익률에서도 NLinear 모델이 코스피보다 압도적으로 우위에 있음을 알 수 있다. 이는 RNN, SCINet 모델과 마찬가지로 2020년 3월~4월 구간에 하락을 예측하고 비교적 빠르게 상승을 잡아냈기 때문이라고 해석할 수 있다.

8.2.3 평균-분산 전략 기반 수시 리밸런싱

이 절에서는 5.3.3과 같은 방식으로 기존 평균-분산 전략을 기반으로 수시 리밸런싱을 적용해서 분석을 진행한다. ETF 기반 수시 리밸런싱과 마찬가지로 기존 평균-분산 전략 시뮬레이션 코드에 쿨다운 기간을 추가한다.

8.2.3.1 평균-분산 전략 기반 수시 리밸런싱 시뮬레이션 함수

쿨다운 기간을 추가한 시뮬레이션 코드는 코드 8-20과 같다. 해당 함수는 ohlcv 컬럼을 포함하는 데이터프레임(ohlcv_data)과 계산된 시그널 컬럼을 포함하는 데이터프레임(monitoring_data), 룩백 기간(look_back)을 입력 변수로 받는다.

```python
def simulate_market_monitoring_mean_variance(ohlcv_data: pd.DataFrame,
                                             monitoring_data: pd.DataFrame,
                                             look_back: int):
    account = Account(initial_cash=100000000)
    broker = Broker()
    rebalance_date = monitoring_data[monitoring_data["signal"] !=
                    monitoring_data["signal"].shift(1)].index.tolist()
    month_end = get_month_end(monitoring_data.index.min(),
                              monitoring_data.index.max())
    rebalance_date += month_end
    cooldown_count = 0

    return_data = calculate_return(ohlcv_data=ohlcv_data)

    for date, ohlcv in ohlcv_data.groupby(['date']):
        transactions = broker.process_order(dt=date, data=ohlcv,
                                            orders=account.orders)
        account.update_position(transactions=transactions)
        account.update_portfolio(dt=date, data=ohlcv)
        account.update_order()
        cooldown_count += 1

        if date not in rebalance_date or cooldown_count < 3:
            continue
        print(date.date())
        cooldown_count = 0

        return_data_slice = return_data.loc[:date].iloc[-look_back:]
        weights = get_mean_variance_weights(return_data=return_data_slice,
                                            risk_aversion=3)
        signal = monitoring_data.loc[date]['signal']
        rule = {"rise": 1, "keep": 0.7, "decline": 0.5}
        weights = {k: v * rule[signal] for k, v in weights.items()} \
            if weights is not None else {}

        print(f'Portfolio: {weights}')
        if weights is None:
            continue

        rebalance(dt=date, data=ohlcv, account=account, weights=weights)

    return account
```

코드의 실행 순서는 아래와 같다.

- 계좌(account)와 중개인(broker)을 생성한다.

- 시그널 컬럼을 가진 데이터프레임(monitoring_data)을 이용해서 리밸런싱 날짜(시그널이 변하는 날)를 계산해 rebalance_date에 저장하고 정기 리밸런싱 날(월말)을 추가한다.

- 쿨다운 카운트(cooldown_count) 변수를 0으로 설정한다.

- for 루프에서는 날짜별로 주가 데이터를 가져와서 주문을 처리하고 계좌를 업데이트한다.

    - 과거에 생성된 주문 중 아직 처리되지 않은 주문이 있다면 처리하고 거래(transactions)를 반환받는다.

    - 거래 결과에 따라 계좌의 내용을 업데이트한다.

    - 포트폴리오도 재평가하고 주문 목록도 업데이트한다. 쿨다운 카운트(cooldown_count) 변수에 1을 더해준다.

    - 해당 날짜가 리밸런싱 날짜에 없거나 쿨타운 카운트가 3보다 작다면 리밸런싱을 하지 않고 continue를 통해 다음 날짜로 이동한다. 그렇지 않으면 쿨다운 카운트 변수를 0으로 초기화하고 계속해서 진행한다.

    - 룩백 기간의 수익률 데이터(return_data_slice)를 가져온다.

    - get_mean_variance_weights() 함수를 사용해서 최적 포트폴리오의 자산 편입 비중(weights)을 계산한다.

    - 시그널에 따른 가중치 딕셔너리를 rule 변수에 저장하고 자산 편입 비중(weights)에 시그널에 해당하는 가중치를 곱한다.

    - rebalance() 함수를 활용해 새로 계산된 자산 편입 비중에 따른 투자 포트폴리오를 만들기 위해 주문을 생성한다.

상승, 보합, 하락을 판단하는 룰은 기존 8.2.2에서 설정한 룰을 따르고 모델은 따로 학습하지 않고 기존에 학습했던 모델을 사용해서 예측을 진행한다.

8.2.3.1 RNN

기존에 ETF 기반 수시 리밸런싱에서 설정했던 룰인 표 8-1과 같이 코스피 종가가 0.6% 이상 상승할 것으로 예측한 경우 상승, 0.6% 이상 하락할 것으로 예측한 경우는 하락, 그 외에는 보합으로 정의한다.

이제 시뮬레이션을 진행하고 그 결과를 분석해 보자. 먼저 여러 가지 성과 분석 지표에 대해서 같은 기간 코스피와 시뮬레이션의 결과를 비교해 보면 표 8-9와 같다.

표 8-9 RNN 모델 vs 코스피 성과 지표 비교

	CAGR	MDD	샤프 비율	소티노 비율
RNN 모델	**0.485**	**−0.198**	**1.992**	**2.166**
코스피	0.327	−0.357	1.143	1.010

시뮬레이션 결과 모든 성과 분석 지표에서 RNN 모델이 코스피보다 우수했음을 알 수 있다. 이어서 누적 수익률을 비교해 시각화해 보면 그림 8-18과 같다.

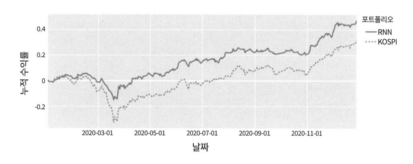

그림 8-18 RNN 시뮬레이션 결과

누적 수익률에서도 RNN 모델이 코스피보다 우위에 있음을 알 수 있다. ETF 기반 수시 리밸런싱 대비 2020년 3월~4월 구간에 수익을 내지는 못했기 때문에 변동성은 훨씬 작음에도 불구하고 MDD를 포함한 모든 성과지표와 수익률 부분에서 ETF 기반 수시 리밸런싱보다 낮은 성과를 기록했음을 확인할 수 있다.

8.2.3.2 SCINet

기존에 ETF 기반 수시 리밸런싱에서 설정했던 룰인 표 8-3과 같이 코스피 종가가 1% 이상 상승할 것으로 예측한 경우 상승, 1% 이상 하락할 것으로 예측한 경우는 하락, 그 외에는 보합으로 정의한다. 이를 바탕으로 시뮬레이션을 진행하면 아래와 같은 결과를 얻는다.

RNN 모델과 같은 방식으로 시뮬레이션을 진행하고 그 결과를 분석해 보자. 먼저 여러 가지 성과 분석 지표에 대해서 같은 기간 코스피와 시뮬레이션의 결과를 비교해 보면 표 8-10과 같다.

표 8-10 SCINet 모델 vs 코스피 성과 지표 비교

	CAGR	MDD	샤프 비율	소티노 비율
SCINet 모델	**0.479**	**−0.214**	**1.951**	**2.100**
코스피	0.327	−0.357	1.143	1.010

시뮬레이션 결과 모든 성과 분석 지표에서 SCINet 모델이 코스피보다 우수했음을 알 수 있다. 이어서 누적 수익률을 비교해 시각화해 보면 그림 8-19와 같다.

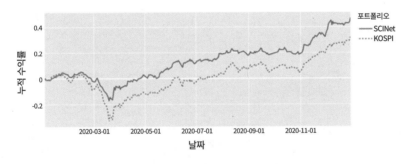

그림 8-19 SCINet 시뮬레이션 결과

누적 수익률에서도 SCINet 모델이 코스피보다 우위에 있음을 알 수 있다. 마찬가지로 ETF 기반 수시 리밸런싱 대비 MDD를 포함한 모든 성과지표와 수익률 부분에서 ETF 기반 수시 리밸런싱보다 낮은 성과를 기록했음을 확인할 수 있다.

8.2.3.3 NLinear

기존에 ETF 기반 수시 리밸런싱에서 설정했던 룰인 표 8-5과 같이 코스피 종가가 0.8% 이상 상승할 것으로 예측한 경우 상승, 0.8% 이상 하락할 것으로 예측한 경우는 하락, 그 외에는 보합으로 정의한다.

SCINet 모델과 같은 방식으로 시뮬레이션을 진행하고 그 결과를 분석해 보자. 먼저 여러 가지 성과 분석 지표에 대해서 같은 기간 코스피와 시뮬레이션의 결과를 비교해 보면 표 8-11과 같다.

표 8-11 NLinear 모델 vs 코스피 성과 지표 비교

	CAGR	MDD	샤프 비율	소티노 비율
NLinear 모델	**0.516**	**−0.221**	**2.081**	**2.240**
코스피	0.327	−0.357	1.143	1.010

시뮬레이션 결과 MDD를 제외한 모든 성과 분석 지표에서 NLinear 모델이 코스피보다 우수했음을 알 수 있다. 이어서 누적 수익률을 비교해 시각화해 보면 그림 8-20과 같다.

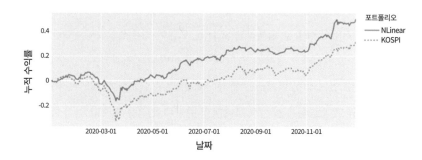

그림 8-20 NLinear 시뮬레이션 결과

누적 수익률에서도 NLinear 모델이 코스피보다 우위에 있음을 알 수 있다. 마찬가지로 ETF 기반 수시 리밸런싱 대비 MDD를 포함한 모든 성과지표와 수익률 부분에서 ETF 기반 수시 리밸런싱보다 낮은 성과를 기록했음을 확인할 수 있다.

8.2.4 시뮬레이션 결과 비교

이 절에서는 8.2.1 ETF 기반 수시 리밸런싱과 8.2.2 평균-분산 전략 기반 수시 리밸런싱에서 각각의 딥러닝 모델 결과를 비교한다. 결과 비교는 절대적이지 않기 때문에 기간이나 시장 상황, 모델 파라미터와 하이퍼파라미터 튜닝 등에 따라 결과가 달라질 수 있음을 유의한다.

8.2.4.1 누적 수익률

모델별 시뮬레이션의 누적 수익률을 정리해 보면 아래 표 8-12와 같다.

표 8-12 모델별 누적 수익률

	ETF 기반 수시 리밸런싱	평균-분산 전략 기반 수시 리밸런싱
RNN 모델	246.7%	47.6%
SCINet 모델	149.8%	46.9%
NLinear 모델	**273.5%**	**50.6%**

시뮬레이션 결과 ETF 기반 수시 리밸런싱과 평균-분산 전략 기반 수시 리밸런싱에서 RNN 모델과 NLinear 모델이 SCINet 모델 대비 높은 누적 수익률을 기록했다. 단순하게 생각했을 때 더 복잡한 과정을 거쳐서 예측을 수행하는 SCINet 모델이 기본적인 RNN 모델이나 NLinear 모델보다 성능이 높을 것이라고 생각할 수 있다. 이와 상반되는 결과가 나온 데에는 여러 가지 원인을 추측해 볼 수 있는데 첫 번째로는 분석 내용이 너무 단순하기 때문이라고 할 수 있다. 이 장에서는 딥러닝 모델을 활용한 시장 모니터링 방법에 초점을 맞추고 있기 때문에 이전 코스피 종가들로부터 바로 다음 날의 종가만을 예측하도록 설정했다. 따라서 적은 특징들로부터 예측을 수행하는 데는 단순한 모델이 오히려 높은 성능을 보일 수 있다. 두 번째로는 하이퍼파라미터 튜닝을 원인으로 볼 수 있다. 하이퍼파라미터 튜닝 결과에 따라서 위의 성능 순위는 얼마든지 뒤바뀔 수 있다.

또한 5장에서 전략별 누적 수익률 표 5-15와 위의 표 8-10을 비교해 보면 딥러닝을 기반으로 한 시장 모니터링이 기술 지표를 기반으로 한 시장 모니터링 대비 압도적인 누적 수익률을 보임을 확인할 수 있다. 이 결과만 보고 딥러닝을 기반으로 한 시장 모니터링이 기술 지표를 기반으로 한 시장 모니터링보다 항상 좋다고 단정하지 말기를 바란다. 시장 상황에 따라서 기술 지표를 기반으로 한 시장 모니터링이 딥러닝을 기반으로 한 시장 모니터링보다 우수할 수도 있다.

8.2.4.2 성과 분석 지표

각 모델별 시뮬레이션의 성과 분석 지표를 정리해 보면 아래 표 8-13과 같다.

표 8-13 전략별 성과분석지표

	ETF 기반 수시 리밸런싱				평균-분산 전략 기반 수시 리밸런싱			
	CAGR	MDD	샤프 비율	소티노 비율	CAGR	MDD	샤프 비율	소티노 비율
RNN	**2.538**	−0.149	**2.958**	**3.450**	0.485	**−0.198**	1.992	2.166
SCINet	1.535	−2.000	2.168	2.204	0.479	−0.214	1.951	2.100
NLinear	2.803	**−0.148**	2.909	3.005	**0.516**	−0.221	**2.081**	**2.240**

누적 수익률과 마찬가지로 ETF 기반 수시 리밸런싱과 평균-분산 전략 기반 수시 리밸런싱에서 RNN 모델과 NLinear 모델이 SCINet 모델 대비 우수한 성과 분석 지표를 보여준다. 이는 두 모델의 SCINet 대비 높은 누적 수익률에서 기인한 결과라고 해석할 수 있다.

딥러닝을 통한 시장 모니터링을 제대로 활용해 보고 싶은 독자는 다양한 거시 경제 지표나 딥러닝 기법을 활용해 모델 성능을 끌어올려 보기를 추천한다. 또한 수익률을 높일 수 있는 수시 리밸런싱 전략도 고안한다면 본인만의 시장 모니터링 기법을 탑재한 로보어드바이저를 구성할 수 있을 것이다.

참고문헌

8-1   Liu, M.; Zeng, A.; Chen, M.; Xu, Z.; Lai, Q.; Ma, L.; and Xu, Q. 2022. SCINet: Time Series Modeling and Forecasting with Sample Convolution and Interaction. Thirty-sixth Conference on Neural Information Processing Systems.

8-2   Ailing Zeng, Muxi Chen, Lei Zhang, and Qiang Xu. Are transformers effective for time series forecasting? In AAAI, 2023.

8-3   Taesung Kim, Jinhee Kim, Yunwon Tae, Cheonbok Park, Jang-Ho Choi, and Jaegul Choo. Reversible instance normalization for accurate time-series forecasting against distribution shift. In ICLR, 2022.

8-4   https://github.com/cure-lab/SCINet.git

8-5   https://github.com/cure-lab/LTSF-Linear.git

8-6   https://github.com/ts-kim/RevIN

CHAPTER 9

고급 최적화 전략

선배 "평균-분산 모델의 수익은 좀 어때?"

나 "꽤 괜찮은 편이에요. 꾸준히 수익을 내고 있어요."

선배 "안정적인 수익을 올리고 있다니 다행이네. 그런데 혹시 **블랙-리터만**Black-Litterman 전략이나 **리스크 패리티**Risk Parity에 대해 들어본 적 있니?"

나 "블랙-리터만 전략과 리스크 패리티 전략이요…? 들어는 봤는데 자세히 알지는 못해요. 평균-분산 모델보다 더 좋은 전략인가요?"

선배 "평균-분산 모델도 충분히 좋은 전략이지만 시간이 흐르고 모델의 한계점을 극복하기 위해서 수많은 포트폴리오 최적화 이론이 등장했어. 대표적인 전략이 블랙-리터만 전략과 리스크 패리티 전략이야. 이 중 블랙-리터만 전략은 골드만삭스의 **피셔 블랙**Fischer Black과 **로버트 리터만**Robert Litterman이 만들었어."

나 "피셔 블랙이면… 파생 상품 가격 결정 모델인 **블랙-숄즈 모델**Black-Scholes mode을 만드신 분이죠? 경제학의 거장이 제시한 이론이라니 설레네요!"

선배 "하하, 반응이 멋진데! 리스크 패리티 전략도 아주 유명한 전략이야. 이 전략은 특정한 개인이나 조직이 만들었다기보다는 여러 연구자가 발전시킨 전략인데 미국 헤지펀드인 **브리지워터 어소시에이츠**Bridgewater Associates와 그 창립자인 **레이 달리오**Ray Dalio가 구체적인 방법을 제시하고 대중화했어. 이 두 전략을 알아보면 더 좋은 투자 성과를 낼 수 있을 거야(그림 9-1 참조)."

이번 장에서는 평균-분산 모델의 한계를 넘어서 블랙-리터만과 리스크 패리티 전략 같은 포트폴리오 최적화 알고리듬을 알아본다.

9.1 블랙-리터만 알고리듬

블랙-리터만 모델은 피셔 블랙과 로버트 리터만이 만든 포트폴리오 배분 이론이다. 이 모델은 평균-분산 모델의 단점을 극복하기 위해 등장했다. 평균-분산 모델은 좋은 이론적 배경을 가지고 있지만 기대 수익률을 정확하게 예측하는 것이 매우 어렵다는 점과 기대 수익률의 작은 변화에도 포트폴리오 최적해가 크게 변동하는 단점이 있었다.[1] 이에 피셔 블랙과 로버트 리터만은 1990년에 새로운 방법인 블랙-리터만 모델을 제안했다. 이 모델은 과거 데이터의 기대 수익률 대신 내재 균형 수익률과 투자자의 주관을 사용해 문제를 해결했는데, 모델이 처음 등장했을 때 많은 투자가는 투자자의 주관적인 견해를 최적화에 사용한다는 점에서 혁신적이라고 평가했다.

9.1.1 블랙-리터만 전략 이론

블랙-리터만 모델은 다음과 같은 식으로 정의되며 효율적인 포트폴리오의 자산 편입 비율 w를 구하는 것이 목표이다.

블랙-리터만 모델(Black-Litterman Model)

투자자 전망이 반영된 자산별 기대 수익률

투자자 전망이 반영된 자산 수익별의 공분산 행렬

$$\max_{w} \mu_{BL}{}^{T}w - \frac{\lambda}{2}\, w^{T}\Sigma_{BL}w$$

λ: 위험 회피 계수

w: 자산 편입 비율 $w^{T}\mathbf{1} = 1$

μ_{BL}: 투자자 전망이 반영된 자산별 기대 수익률

Σ_{BL}: 투자자의 전망이 반영된 자산 수익률의 공분산 행렬

---

1   현대 포트폴리오 이론에서 제안된 평균–분산 모델의 장단점은 1.2.8에서 확인할 수 있다.

이 식에서 첫 번째 항은 포트폴리오의 기대 수익률을 최대화하고 두 번째 항은 포트폴리오 위험을 최소화하는 역할을 한다. 이는 평균-분산 모델에서 기대 수익률과 공분산 행렬의 값을 블랙-리터만 모델에서 계산한 μ_{BL}과 Σ_{BL} 값으로 대체한 결과이다. w로 미분해서 정의한 최적해는 다음과 같다.

$$w_{BL} = (\lambda\Sigma_{BL})^{-1}\mu_{BL}$$

9.1.1.1 블랙-리터만 모델의 기대 수익률

블랙-리터만 모델의 포트폴리오 기대 수익률 공식은 다음과 같다.

$$E(R) = [(\tau\Sigma)^{-1} + P^T\Omega P]^{-1}[(\tau\Sigma)^{-1}\Pi + P^T\Omega Q]$$

$E(R)$: 블랙-리터만 모델의 기대 수익률($N\times1$ 열 벡터)

τ: 스케일링 상수

Σ: 초과 수익률의 공분산 행렬($N\times N$ 행렬)

P: 전망과 관련된 자산을 식별하는 행렬($K\times N$ 행렬)

Ω: 전망에 대한 불확실성 행렬($K\times K$ 행렬)

Π: 내재 균형 수익률($N\times1$ 열벡터)

Q: 전망 벡터($K\times1$ 열벡터)

N: 투자 자산 수

K: 투자자 전망 수

기대 수익률을 구하기 위해서는 위와 같이 여러 변수가 필요하다. 이 변수에 대한 값이 모두 얻어지면 블랙-리터만 모델의 기대 수익률을 구할 수 있다. 기대 수익률을 구하는 공식은 복잡해 보이지만 개념적으로 살펴보면 내재 균형 수익률 Π와 투자자가 예상하는 전망 Q를 조합한 결과이다.

9.1.1.2 내재 균형 수익률 계산

먼저 내재 균형 수익률(Π)을 살펴보자. 내재 균형 수익률이란 시장 포트폴리오의 기대 수익률을 수정해 새롭게 도출한 수익률이며 모델 내에서 시장의 균형을 조절하는 역할을 한다. 내재 균형 수익률은 그림 9-1과 같이 (1) 내재된 위험 회피 계수 λ (2) 공분산 행렬 Σ (3) 시장 포트폴리오 비중 w_{mkt}을 이용해 구할 수 있다.

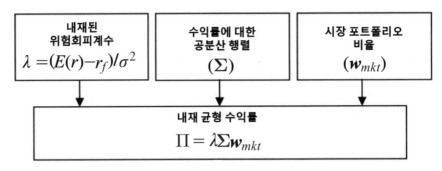

그림 9-1 내재 균형 수익률

(1) 내재된 위험 회피 계수란 투자자가 위험을 회피하는 정도를 나타낸다. 이 값이 클수록 투자자가 위험을 더 많이 회피하는 것으로 해석된다. 이 값은 투자자가 원하는 값으로 설정할 수 있지만, 아래와 같이 시장의 초과 수익률을 시장 변동성으로 나눠 계산할 수도 있다〈참고문헌 9-1〉.

$$\lambda = \frac{\text{시장 초과 수익률}}{\text{시장 변동성}} = \frac{\text{시장 포트폴리오의 기대 수익률-무위험 수익률}}{\text{시장 변동성}} = \frac{E_m(r) - r_f}{\sigma^2}$$

$E_m(r)$: 시장 포트폴리오의 기대 수익률

r_f: 무위험 수익률

σ^2: 시장 초과 수익률의 변동성(분산)

(2) 블랙-리터만 모델에서 공분산 행렬은 사람이 소유한 자산의 수익률에 대한 공분산 행렬[2]이다. (3) 시장 포트폴리오란 시가 총액 비중을 기준으로 포트폴리오 편입 비중을 결정한 포트폴리오를 말한다. 예를 들어 A, B, C 주식의 시가 총액이 30억, 120억, 50억이라면 이 3가지 주식으로 구성한 시장 포트폴리오는 A주식 $\frac{30}{(30+120+50)} \times 100 = 15\%$, B 주식 $\frac{120}{(30+120+50)}$ $\times 100 = 65\%$, C 주식 $\frac{50}{(30+120+50)} \times 100 = 25\%$가 된다.

---

2 2.1.3의 공분산 행렬 정의 참고

9.1.1.3 투자자 전망 정의

다음으로 살펴볼 항목은 투자자 전망이다. 블랙-리터만 모델은 기대 수익률을 계산할 때 투자자 전망을 반영한다. 투자자 전망이란 투자 전문가나 개인이 특정 자산이나 포트폴리오에 대해 주관적으로 제시한 예상 수익률이다. 2002년 **토마스**[Thomas M. Idzorek]가 발표한 논문에 소개된 투자자 전망의 예시는 다음과 같다〈참고문헌 9-2〉.

- 전망 1: IT 섹터의 초과 수익률이 2%가 될 것이다.

- 전망 2: 통신 서비스 섹터의 수익률이 유틸리티 섹터의 수익률보다 3% 높을 것이다.

- 전망 3: 에너지 섹터의 수익률이 경기 소비재, 필수 소비재 섹터 수익률보다 1% 높을 것이다.

투자자는 3가지 전망을 제시했다. 전망 1은 자산의 수익률을 독립적으로 제시하는 절대적 전망이며, 전망 2와 3은 다른 자산과 비교해 전망을 제시하는 상대적 전망이다. 논문에서는 이러한 투자자 견해를 행렬 형태로 표현하고자 전망 행렬 Q와 자산 행렬 P를 고안했다.

먼저, 전망 행렬 Q는 전망의 내용 중에서 수익률 정보를 담는 행렬이다. 앞에서 제시한 전망을 전망 행렬 Q로 표현하면 [0.02, 0.03, 0.01]이 되는데 이것은 전망에 담긴 수익률이 각각 2%, 3%, 1%이기 때문이다.

다음으로, 자산 행렬 P는 전망 행렬 Q에서 표현하지 못한 내용을 담는 행렬이다. 수익률 정보 외에 담아야 할 정보는 'A 자산의 수익률이 -%가 될 것이다' 또는 'A 자산의 수익률이 B 자산보다 -% 높을 것이다'와 같은 자산에 대한 정보이다. 자산 행렬 P는 이러한 정보를 $k \times N$ 행렬로 표현하는데 여기서 k는 전망 수를 의미하고 N은 자산 수를 의미한다. 자산 행렬 P를 정의하는 방법을 절대적 전망과 상대적 전망으로 나눠서 살펴보자.

절대적 전망

절대적 전망이란 다른 자산과 관계없이 독립적으로 제시하는 전망이다. 절대적 전망을 자산 행렬 P에 표현하는 방법은 해당 자산의 열에 '1'을 표기하는 것이다. 예를 들어 첫 번째 전망에서 '자산 8의 수익률이 -%가 될 것이다'라고 했다면 자산 행렬 P의 1번째 행, 8번째 열에 '1'을 표기한다.

상대적 전망

상대적 전망이란 다른 자산과 비교해 전망을 제시하는 방법이다. 상대적 전망을 자산 행렬 P에 표현하는 방법은 다음과 같다.

- 비교 대상 중 더 높은 수익률을 예상하는 자산을 +1로 표기한다.

- 낮은 수익률을 예상하는 자산의 합을 −1로 표기한다.

예를 들어 전망 2에서 더 높은 수익률을 가지는 자산은 통신 서비스이다. 따라서 통신 서비스에 해당하는 열에 +1의 값을 할당하고 유틸리티 섹터에 해당하는 열에 −1을 할당한다. 전망 3은 더 높은 수익률을 가지는 자산이 에너지 섹터이다. 따라서 에너지 섹터에 해당하는 열에 +1을 할당하고 경기 소비재와 필수 소비재에 해당하는 열에 −1을 할당한다. 이때 두 자산의 합이 −1이어야 하므로 −0.5씩 할당한다.

아래 행렬은 앞에서 제시한 3개의 전망과 10개의 자산으로 포트폴리오를 구성하는 경우의 전망 행렬 Q와 자산 행렬 P를 나타낸 것이다. 각 전망이 어떻게 반영됐는지 각자 살펴보자.

9.1.1.4 투자자 전망과 불확실성

블랙-리터만 모델의 투자자 전망은 전망에 대한 불확실성을 나타내는 행렬(Ω)과 함께 사용된다. 이 행렬은 각각의 전망에 대한 불확실성을 나타내는 $K \times K$ 대각 행렬[3]이다.

---

3   대각 행렬이란 대각선 위치에만 0이 아닌 값이 있고 그 외에는 0이 있는 행렬을 의미한다.

전망에 대한 불확실성

$$\Omega = \begin{bmatrix} \omega_1 & 0 & 0 \\ 0 & \ddots & 0 \\ 1 & 0 & \omega_k \end{bmatrix} \quad k = 1,2,3...,k$$

이 행렬에서 원소 ω_k는 전망 k에 대한 불확실성을 나타낸다. ω가 클수록 해당 전망에 대한 불확실성이 높다는 뜻이다. 불확실성 행렬 Ω는 대각선 외의 값이 전부 0인데, 이것은 자산에 대한 견해가 서로 독립이라고 가정하기 때문이다. 투자자는 이러한 불확실성을 직접 입력할 수도 있지만 아래와 같이 공분산을 이용해 계산할 수도 있다. 아래 행렬은 Ω를 계산해 사용하는 경우에 대한 일반화 식이다.

$$\Omega = \begin{bmatrix} (p_1\mathbf{\Sigma}p_1^{'})*\tau & 0 & 0 \\ 0 & \ddots & 0 \\ 1 & 0 & (p_k\mathbf{\Sigma}p_k^{'})*\tau \end{bmatrix}$$

이 행렬에서 원소 p_k는 전망 k에 대한 전망 행렬을 나타내며 $p_k^{'}$는 p_k의 전치 행렬이다. Σ는 공분산 행렬이고 τ는 스케일링 상수이다. τ 값은 불확실성을 조절하는 데 쓰이는데 직접 불확실성을 입력하는 경우에는 값 설정에 유의할 필요가 있지만 지금과 같이 계산해 사용하는 경우에는 0 이외의 어떤 값이든 기대 수익률 $E(R)$에 영향을 미치지 않는다. 왜냐하면 모델에는 ω/τ 비율만 반영되기 때문이다. 예를 들어 스칼라 τ의 값을 0.025에서 15로 변경하더라도 Ω의 대각 원소의 값이 크게 변할 뿐 블랙-리터만 모델의 기대 수익률 벡터 $E(R)$의 결과는 동일하다 〈참고문헌 9-3〉.

9.1.1.5 블랙-리터만 기대 수익률과 공분산 계산

이제 최종적으로 내재 균형 수익률과 투자자 전망을 이용해 블랙-리터만 모델의 기대 수익률을 계산하면 된다. 블랙-리터만 모델의 기대 수익률 공식은 다음과 같다.

$$\mu_{BL} = E(R) = [(\tau\mathbf{\Sigma})^{-1} + P^T\Omega P]^{-1}[(\tau\mathbf{\Sigma})^{-1}\Pi + P^T\Omega Q]$$

우리는 앞에서 식을 구성하는 각 항목에 대해 살펴봤다. 값을 공식에 대입하면 기대 수익률을 얻을 수 있다. 기대 수익률을 구했다면 다음 식을 이용해 블랙-리터만 모델의 공분산을 구한 뒤 최적화를 수행하면 된다.

$$\Sigma_{BL} = \Sigma + [(\tau\Sigma)^{-1} + P^T\Omega^{-1}P]^{-1}$$

9.1.1.6 블랙-리터만 전략 최적화

블랙-리터만 모델은 다음과 같은 식으로 정의한다고 9.1.1에 소개했다.

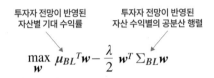

지금까지 μ_{BL}과 Σ_{BL}을 계산하는 방법을 알아봤고 이제는 최적화 식에 대입해 최적화를 진행할 차례이다. 9.1.2를 통해 블랙-리터만 전략을 구현하고 최적화를 수행해 보자.

9.1.2 블랙-리터만 전략 구현하기

이번 장에서는 코드로 블랙-리터만 전략을 구현한다. 앞으로 구현할 전략은 다음과 같다.

- 투자 기간: 2020년 7월 10일부터 2023년 9월 27일

- 투자 전략: 블랙-리터만 전략을 이용한 자산 배분

- 투자자 전망 1: POSCO홀딩스 수익률이 2%가 될 것이다.

- 투자자 전망 2: NAVER 수익률은 POSCO홀딩스 수익률보다 3% 높을 것이다.

- 리밸런싱 주기: 1개월

- 투자종목: 표 9-1 참조

표 9-1 투자 종목

종목 코드	주식명
005930	삼성전자
000660	SK하이닉스
207940	삼성바이오로직스
051910	LG화학
006400	삼성SDI
005380	현대차
000270	기아
005490	POSCO홀딩스
035420	NAVER

9.1.2.1 코드 개요

코드 구현 순서는 그림 9-2와 같다. 먼저 라이브러리와 데이터를 불러오는 코드를 구현한다. 그 후 블랙-리터만 전략을 시뮬레이션하는 코드부터 시작해 세부적인 함수를 구현할 것이다.

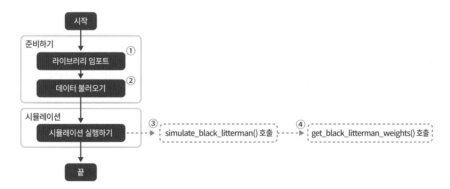

그림 9-2 블랙-리터만 전략 구현 순서

9.1.2.2 라이브러리 임포트하기

코드 9-1은 블랙-리터만 전략을 위한 다양한 모듈과 라이브러리를 불러온다.

코드 9-1 라이브러리 임포트하기

```python
# coding: utf-8
from typing import Dict, Optional

import numpy as np
import pandas as pd
import plotly.express as px
from numpy.linalg import inv, pinv
from pypfopt import EfficientFrontier

from data.data_loader import PykrxDataLoader
from simulation.account import Account
from simulation.broker import Broker
from simulation.utility import get_lookback_fromdate
from simulation.utility import rebalance
from simulation.metric import cagr, mdd, sharpe_ratio, sortino_ratio
from simulation.visualize import plot_cumulative_return
```

설치하지 않은 라이브러리가 있다면 미리 설치하고 임포트하자.

9.1.2.3 데이터 준비하기

다음으로 블랙-리터만 전략에 필요한 데이터를 준비한다. 이 전략에는 주가 데이터와 시가 총액 데이터가 필요하다. 따라서 주가 데이터(코드 9-2 참조)와 시가 총액 데이터(코드 9-3 참조)를 가져오고 두 데이터를 병합(코드 9-4)할 것이다.

코드 9-2 주가 데이터 불러오기

```python
# 데이터 시작과 끝 날짜 정의
fromdate = '2020-07-10'
todate = '2023-09-27'

# 투자할 종목 후보 정의
ticker_list = ['005930', '000660', '207940',
               '051910', '006400', '005380',
               '000270', '005490', '035420']
```

```
# 기간 정의
window = 10

# 기간을 고려한 데이터 시작 날짜 가져오기
adj_fromdate = get_lookback_fromdate(fromdate=fromdate, lookback=window, freq='m')

# 데이터 불러오기
data_loader = PykrxDataLoader(fromdate=adj_fromdate, todate=todate, market="KOSPI")
ohlcv_data = data_loader.load_stock_data(ticker_list=ticker_list, freq='m', delay=1)

# 데이터 확인하기
ohlcv_data.head()
```

코드 9-2는 주가 데이터를 불러온다. 코드의 실행 순서는 다음과 같다.

- 데이터 시작 날짜(fromdate)와 끝 날짜(todate)를 정의한다. 이 날짜는 시뮬레이션 기간을 의미한다.

- 투자 종목(ticker_list)을 정의한다. 투자 종목은 종목 코드로 표현하고 있다(표 9-1 참조).

- 공분산 계산 기간(window)을 정의한다. 현재는 10개월로 정의했다.[4]

- 주식 데이터를 가져오기 전에 공분산 계산에 필요한 기간(10개월)을 고려해 데이터 시작 날짜를 조정한다. 사용하는 함수는 get_lookback_fromdate()이다.

- PykrxDataLoader 클래스의 load_stock_data() 메서드를 이용해 주식 데이터(ohlcv_data)를 불러온다.

- 불러온 데이터의 형태를 확인한다.

다음으로 코드 9-3을 통해 시가 총액 데이터를 가져오자.

코드 9-3 시가 총액 데이터 불러오기

```
# 시가 총액 데이터 가져오기
market_cap_data = data_loader.load_market_cap_data(
    ticker_list=ticker_list, freq='m', delay=1)
```

---

4 블랙−리터만 전략의 내재 균형 수익률을 구할 때 공분산 행렬이 사용된다. 자세한 내용은 9.1.1.2에 있다.

```
# 데이터 확인하기
market_cap_data.head()
```

이 코드는 월간 시가 총액 데이터를 불러온다. 코드의 실행 순서는 다음과 같다.

- PykrxDataLoader 클래스의 `load_market_cap_data()` 메서드를 이용해 시가 총액 데이터(market_cap_data)를 불러온다.

- 불러온 데이터를 확인한다.

마지막으로 주식 데이터와 시가 총액 데이터를 병합해 보자(코드 9-4 참조).

코드 9-4 주가 데이터와 시가 총액 데이터 합치기

```
# 데이터 합치기
data = pd.merge(ohlcv_data.reset_index(),
                market_cap_data[['market_cap', 'ticker']].reset_index(),
                on=['date', 'ticker']).set_index('date')

data.head()
```

코드의 실행 순서는 다음과 같다.

- 주가 데이터(ohlcv_data)에 `reset_index()` 함수를 적용해 인덱스인 날짜를 컬럼으로 변환한다.

- 시가 총액 데이터(market_cap_data)에서 시가 총액(market_cap) 컬럼과 종목 코드(ticker) 컬럼을 가져오고 `reset_index()` 함수를 이용해 인덱스로 설정돼 있는 날짜를 컬럼으로 변환한다.

- 주가 데이터(ohlcv_data)와 시가 총액 데이터(market_cap_data)를 날짜(date)와 종목 코드(ticker)를 기준으로 병합하고 날짜(date)를 인덱스로 설정한다.

- 최종 데이터의 형태를 확인한다.

9.1.2.4 시뮬레이션 실행하기

블랙-리터만 전략에 필요한 데이터는 준비됐다. 이제 전략에 필요한 변수를 정의하고 시뮬레이션을 실행하는 코드 9-5를 살펴보자.

코드 9-5 블랙-리터만 전략 실행하기

```
# 1. 무위험 수익률, 위험 회피 계수 정의
risk_free = 0.00
risk_aversion = None

# 2. 투자자 견해 정의
Q = np.array([0.02, 0.03])
P = np.array([[0, 0, 0, 0, 0, 0, 0, 0, 1],
              [0, 0, 0, 0, 0, 0, 0, -1, 1]])

# 3. 블랙-리터만 전략 실행하기
account = simulate_black_litterman(ohlcv_data=data,
                                   window_length=window,
                                   views=Q,
                                   relation_matrix=P)
```

코드의 실행 순서는 다음과 같다.

- 무위험 수익률(risk_free)과 위험 회피 계수(risk_aversion)를 정의한다. 무위험 수익률(risk_free)은 0%로 정의했으며 위험 회피 계수(risk_aversion)는 None으로 정의했다.[5]

- 투자자 견해[6]를 정의한다. 투자자 견해는 전망 행렬(Q), 관계 행렬(P)로 정의할 수 있다. 사용한 투자자 견해는 다음과 같다. 네이버(9번째 주식)는 2%의 수익을 얻을 것으로 예상되며 POSCO홀딩스(8번째 주식)보다 3% 더 높은 수익률이 기대된다.

- simulate_black_litterman() 함수를 이용해 블랙-리터만 전략을 시뮬레이션한다. 이 함수는 주가 데이터(ohlcv_data), 공분산 행렬 계산에 사용할 기간(window_length), 투자자 견해(views), 관계행렬(relation_matrix)을 파라미터로 받는다.

---

5 위험 회피 계수(risk_aversion)를 None으로 정의하면 위험 회피 계수 값을 내부적으로 계산($\frac{초과수익률}{분산}$)해 사용한다. None 외의 값을 지정하면 해당 값을 그대로 사용한다.
6 투자자 견해에 대한 설명은 9.1.1.3에 있다.

사실 블랙-리터만 전략은 시뮬레이션 환경에는 잘 맞지 않는 전략이다. 장기간에 걸쳐 시뮬레이션이 진행되는데 모든 시점에 대한 투자자의 주관적 전망을 정의하기는 현실적으로 어렵기 때문이다. 따라서 시뮬레이션보다는 투자하려는 시점에 맞춰 전망을 정의해서 사용하는 것이 좋다. 여기서는 모든 리밸런싱에 동일한 투자자 견해를 사용하도록 설정했다.

9.1.2.5 시뮬레이션 함수 살펴보기

9.1.2.4에서 블랙-리터만 전략을 실행하는 simulate_black_litterman() 함수를 언급했다. 이번에는 코드 9-6을 통해 함수의 내부를 살펴보자.

코드 9-6 블랙-리터만 전략의 시뮬레이션 함수

```python
def simulate_black_litterman(ohlcv_data: pd.DataFrame,
                             window_length: int,
                             views: np.array,
                             relation_matrix: np.array,
                             risk_aversion: Optional[float] = None,
                             risk_free: Optional[float] = 0.00) -> Account:
    # (1) 계좌 및 브로커 선언
    account = Account(initial_cash=100000000)
    broker = Broker()

    # (2) 수익률 계산
    return_data = calculate_return(ohlcv_data=ohlcv_data)

    for date, ohlcv in ohlcv_data.groupby(['date']):
        print(date.date())

        # (3) 주문 집행 및 계좌 갱신
        transactions = broker.process_order(dt=date,
                                            data=ohlcv,
                                            orders=account.orders)
        account.update_position(transactions=transactions)
        account.update_portfolio(dt=date, data=ohlcv)
        account.update_order()

        # (4) 블랙-리터만 전략을 이용해 포트폴리오 구성
        return_data_slice = return_data.loc[:date].iloc[-window_length:, :]
        weights = get_black_litterman_weights(
            return_data=return_data_slice,
            ohlcv_data=ohlcv,
            risk_aversion=risk_aversion,
```

```
                    risk_free_rate=risk_free,
                    views=views,
                    relation_matrix=relation_matrix)

        print(f'Portfolio: {weights}')
        if weights is None:
            continue

        # (5) 주문 생성
        rebalance(dt=date, data=ohlcv, account=account, weights=weights)

    return account
```

이 함수는 주가 데이터(ohlcv_data), 공분산 행렬 계산에 사용할 기간(window_length), 투자자 견해(views), 관계 행렬(relation_matrix)을 입력으로 받아 계좌에 대한 정보(Account)를 반환한다. 코드 9-6은 평균-분산 전략의 시뮬레이션 함수와 대부분 동일하며 (4)번 과정에서 평균-분산 전략의 시뮬레이션 함수와 차이가 있다. 함수의 실행 순서는 다음과 같다.

- 계좌(account)와 중개인(broker)을 생성한다.

- 주식 데이터(ohlcv_data)를 이용해서 수익률(return_data)을 계산한다.

- for 루프를 돌며 날짜(date)와 주가 데이터(ohlcv)를 가져오고 시뮬레이션을 진행한다.

- 주문 목록(accounts.orders)을 검토하고 처리하지 않은 주문을 집행한다. 주문이 집행되면 거래(transactions) 결과를 반환한다.

- 거래(transactions) 결과에 따라 계좌(account) 내 자산 포지션을 업데이트한다.

- 포트폴리오와 주문 목록도 업데이트한다.

- 수익률 데이터(return_data)의 시작부터 시뮬레이션 날짜(date)까지의 데이터를 가져오고 시뮬레이션 날짜(date)부터 공분산 행렬 계산 기간(window_length)만큼의 과거 데이터를 가져온다. 그 결과를 수익률 데이터(return_data_slice)에 할당한다.

- get_black_litterman_weights() 함수를 이용해서 포트폴리오의 자산 편입 비중(weights)을 계산한다. 이 함수는 종목의 매도/매수를 결정할 때 블랙-리터만 전략을 사용한다. 이 함수는 9.1.2.6에서 자세히 설명한다.

- 자산 편입 비중(weights)이 None이면 for 루프의 첫 부분으로 이동하고 None이 아니면 rebalance() 함수를 활용해 주문을 생성한다. 주문은 rebalance() 함수의 파라미터로 받은 계좌(account)의 주문 목록(accounts.orders)에 추가된다.

9.1.2.6 블랙-리터만 전략 함수 살펴보기

블랙-리터만 전략을 이용해 종목별 가중치를 계산하고 반환하는 함수는 코드 9-7과 같다.

코드 9-7 블랙-리터만 전략

```python
def get_black_litterman_weights(return_data: pd.DataFrame,
                                ohlcv_data: pd.DataFrame,
                                views: np.array,
                                relation_matrix: np.array,
                                risk_aversion: Optional[float] = None,
                                risk_free_rate: Optional[float] = 0.00) ->
                                Optional[Dict]:
    # 1. 데이터 준비하기
    # -- 공분산 행렬 계산 (N x N)
    if return_data.isnull().values.any():
        return None
    covariance = return_data.cov().values
    if np.isnan(covariance).any():
        return None

    # -- 시장 포트폴리오 비율 계산 (N x 1)
    market_weight = ohlcv_data['market_cap'] / sum(ohlcv_data['market_cap'])
    market_weight.index = ohlcv_data['ticker'].to_list()
    ticker_order = return_data.columns
    market_weight = market_weight.reindex(ticker_order)

    # -- 위험 회피 계수 계산
    expected_return = return_data.mean().multiply(market_weight).sum()
    variance = market_weight.T.values @ covariance @ market_weight.values
    excess_return = expected_return - risk_free_rate
    risk_aversion_coefficient = (
            excess_return / variance) if risk_aversion is None else risk_aversion
    if risk_aversion_coefficient < 0:
        # 2.15 ~ 2.65 사이의 값 (BLM 관련 연구자료들의 추천 결과 값)
        print(
            f'risk_aversion_coefficient is negative: {risk_aversion_coefficient}.'
            f'\nTherefore, it is replaced with the value of 2.3.')
        risk_aversion_coefficient = 2.3
```

```
# 2. 내재 균형 수익률 계산
equilibrium_returns = risk_aversion_coefficient * covariance.dot(market_weight)

# 3. 불확실성 행렬 계산 (K x K)
tau = 0.025
K = len(views)
P = relation_matrix
omega = tau * P.dot(covariance).dot(P.T) * np.eye(N=K)

# 4. 기대 수익률 및 공분산 계산
# E(R)=[(τΣ)^(-1)+P^T ΩP]^(-1) [(τΣ)^(-1) Π+P^T ΩQ]
BL_expected_return = equilibrium_returns + tau * covariance.dot(P.T).dot(
inv(P.dot(tau * covariance).dot(P.T) + omega).dot(Q - P.dot(equilibrium_returns)))

# ΣBL= Σ + [(τΣ)-1+PTΩ-1P]-1
# ΣBL= Σ + Alpha
# When using inv() instead of pinv(), Alpha becomes asymmetric.
Alpha = pinv(pinv(tau * covariance) + P.T @ inv(omega) @ P).round(9)
BL_covariance = covariance + Alpha
BL_covariance = pd.DataFrame(data=BL_covariance,
                             index=ticker_order,
                             columns=ticker_order)

# 5. 최적화
ef = EfficientFrontier(
    expected_returns=BL_expected_return,
    cov_matrix=BL_covariance,
    solver='OSQP'
)

ef.max_quadratic_utility(risk_aversion=risk_aversion_coefficient)
weights = dict(ef.clean_weights(rounding=None))

return weights
```

이 함수는 수익률 데이터(return_data), 주가 데이터(ohlcv_data), 투자자 견해(views), 견해에 대한 관계 행렬(relation_matrix), 위험 회피 계수(risk_aversion), 무위험 수익률(risk_free_rate)을 입력으로 받는다. 또한 포트폴리오가 없다면 None을 반환하고 포트폴리오가 있다면 딕셔너리 형태로 값을 반환한다. get_black_litterman_weights() 함수는 복잡해 보이지만 크게 분류해 보면 5단계, 즉 (1) 데이터 준비하기 (2) 내재 균형 수익률 계산 (3) 불확실성 행렬 계산 (4) 블랙-리터만 기대 수익률 및 공분산 계산 (5) 최적화로 설명할 수 있다. 각 단계를 하나씩 살펴보자.

1) 데이터 준비하기

데이터 준비하기에서는 2~4번 단계에서 필요한 데이터를 준비한다. 준비하는 데이터는 공분산 행렬, 시장 포트폴리오 비율, 위험 회피 계수다. 함수의 실행 순서는 다음과 같다.

- 수익률 데이터(return_data)에 결측치가 있는지 확인한다. 결측치가 없다면 공분산 행렬(covariance)을 계산한다.

- 시장 포트폴리오 비중(market_weight)을 계산한다. 시장 포트폴리오의 비중은 으로 구할 수 있다.

- 시장 포트폴리오 비중(market_weight)의 인덱스를 종목 코드(ticker)로 설정한다.

- reindex() 함수를 이용해 시장 포트폴리오 비중(market_weight)의 인덱스 순서를 수익률 데이터(return_data)의 컬럼 순서(ticker_order)로 정렬한다.

- 위험 회피 계수(risk_aversion_coefficient)를 계산한다. 위험 회피 계수(risk_aversion_coefficient)는 으로 구할 수 있다.

- 기대 수익률(expected_return)은 수익률 데이터(return_data)의 평균과 시장 포트폴리오의 비중(market_weight)을 곱하고 이 결과를 합해 구한다. 수익률 데이터(return_data)는 종목별로 10개월 치 수익률을 가지고 있다. 이 10개월 치 수익률을 종목별로 평균을 내고, 10개월 평균 수익률에 시가 총액 비중(market_weight)을 곱해 가중치를 준 뒤 모두 합해 포트폴리오의 기대 수익률을 구하는 것이다.

- 시가 총액 비중(market_weight)과 공분산 행렬(covariance)을 이용해 분산(variance)을 구한다.

- 기대 수익률(expected_return)에서 무위험 수익률(risk_free_rate)을 빼서 초고 수익률(excess_return)을 구한다.

- 위험 회피 계수(risk_aversion_coefficient)를 계산한다. 위험 회피 계수(risk_aversion_coefficient)는 위험 회피(risk_aversion) 변숫값이 있을 경우 그 값을 그대로 사용하고 None일 경우에는 $\dfrac{\text{기대수익률(expected\_return)} - \text{무위험 수익률(risk\_free\_rate)}}{\text{분산(variance)}}$ 로 계산해 사용한다.

426

- 계산해 사용할 경우 음수가 나올 수 있어 이 부분을 핸들링하는 코드가 추가돼 있다. 음수인 경우에는 값을 람다(λ) = 2.3으로 대체해 사용하는데, 이는 블랙-리터만 연구자들이 추천한 값 중 하나이다.

2) 내재 균형 수익률 계산

내재 균형 수익률(equilibrium_returns)은 위험 회피 계수(risk_aversion), 공분산 행렬(covariance), 시장 포트폴리오 비중(market_weight)을 이용해 구할 수 있다. 코드에서는 아래 식을 그대로 구현했다.

내재 균형 수익률

$$\Pi = \lambda \Sigma w_{mkt}$$

Π: 내재 균형 수익률($N \times 1$ 열 벡터)

λ: 내재된 위험 회피 계수

Σ: 초과 수익률의 공분산 행렬($N \times N$ 행렬)

w_{mkt}: 시장 포트폴리오 비중

3) 불확실성 행렬 계산

다음으로 불확실성 행렬(Ω)을 계산해 보자. 관련 이론은 9.1.1.4에 있다. 앞서 스케일링 상수(τ)는 불확실성 행렬(Ω)을 직접 계산해 구하면 어떤 값을 사용하던 영향을 미치지 않는다고 설명한 바 있다. 여기서는 아래 수식과 같이 값을 계산해서 사용하므로 어떤 값을 사용하든 상관없지만 0.025를 초깃값으로 설정했다.

$$\Omega = \begin{bmatrix} (p_1 \Sigma p_1')*\tau & 0 & 0 \\ 0 & \ddots & 0 \\ 1 & 0 & (p_k \Sigma p_k')*\tau \end{bmatrix}$$

Ω: 전망에 대한 불확실성 행렬($K \times K$ 행렬)

K: 투자자 전망 수

Σ: 초과 수익률의 공분산 행렬($N \times N$ 행렬)

N: 투자 자산 수

τ: 스케일링 상수

p_k: 전망 k에 대한 전망 행렬

p'_k: p_k의 전치 행렬

실행 순서는 다음과 같다.

- 스케일링 상수(τ)와 전망 수(K), 관계 행렬(P)을 정의한다.

- 불확실성 행렬(omega) 계산에 필요한 값을 모두 준비한 뒤에는 `tau * P.dot(covariance)``.dot(P.T)`를 이용해 불확실성을 구하고 이 값을 `np.eye(N=K)` 함수[7]와 곱해 불확실성 행렬(omega)을 생성한다.

4) 블랙-리터만 기대 수익률 및 공분산 계산

내재 균형 수익률과 투자자 전망까지 계산하고 나면 블랙-리터만 기대 수익률과 공분산을 구할 수 있다. 코드는 아래 식을 좀 더 구현하기 쉬운 방식으로 정리해 구현돼 있다. 코드에는 `dot()`, `@`, `pinv()`가 등장하는데, 앞의 2가지는 행렬 곱을 계산하고 `pinv()`는 의사역행렬pseudo-inverse을 계산하는 함수이다. 의사역행렬은 특히 행렬이 정방행렬이 아니거나 역행렬이 존재하지 않는 경우에 사용된다.

$$\boldsymbol{\mu}_{BL} = E(R) = [(\tau\boldsymbol{\Sigma})^{-1} + P^T\Omega P]^{-1}[(\tau\boldsymbol{\Sigma})^{-1}\Pi + P^T\Omega Q]$$

$$\boldsymbol{\Sigma}_{BL} = \boldsymbol{\Sigma} + [(\tau\boldsymbol{\Sigma})^{-1} + P^T\Omega^{-1}P]^{-1}$$

실행 순서는 다음과 같다.

- 블랙-리터만 기대 수익률(BL_expected_return)을 계산한다. 이 값은 내재 균형 수익률(equilibrium_returns), 스케일링 상수(tau), 공분산 행렬(covariance), 불확실성 행렬(omega)을 이용해 계산한다.

---

7 np.eye(N=K) 함수는 대각선 요소는 1로 채우고 나머지 요소는 0으로 채운 행렬을 만드는 함수이며, 이 행렬은 주로 항등 행렬(identity matrix) 또는 단위행렬(unit matrix)이라고 불린다.

- 블랙-리터만 공분산(BL_covariance)을 계산한다. 블랙-리터만 공분산(BL_covariance)은 공분산(covariance)에 $[(\tau\Sigma)^{-1} + P^{T}\Omega^{-1}P]^{-1}$ 항을 더해서 계산되는데 코드에서는 이 부분을 알파(Alpha)로 표현하고 있다.

5) 최적화

블랙-리터만의 기대 수익률(BL_expected_return)과 공분산(BL_covariance)까지 계산한 후에는 이 값을 이용해 최적화를 수행한다. `EfficientFrontier()` 함수는 μ_{BL}과 Σ_{BL}을 파라미터로 받고 최적화를 수행해 준다. 'OSQP'는 QP$^{Quadratic\ Programming}$ 문제를 푸는 데 사용되는 솔버이다. QP 문제는 주어진 목적 함수가 이차 함수인 최적화 문제로 블랙-리터만과 평균-분산 모델은 QP 문제로 모델링된다.

이로써 시장 데이터와 투자자 견해를 기반으로 포트폴리오 투자 가중치를 계산하는 블랙-리터만 함수까지 살펴봤다. 전략을 실행하는 데 필요한 모든 코드를 살펴봤으니 시뮬레이션 결과 분석으로 넘어가 보자.

9.1.3 블랙-리터만 전략 시뮬레이션

블랙-리터만 전략과 코스피 지수의 성과 비교 결과는 표 9-2와 같다.

표 9-2 코스피 지수와 블랙-리터만 전략 성과 비교

	CAGR	MDD	샤프 비율	소티노 비율
블랙-리터만	**0.044**	**−0.329**	**0.301**	**0.482**
코스피	0.018	−0.346	0.190	0.270

블랙-리터만 전략은 연평균 상승률, 최대 손실 낙폭, 샤프 비율, 소티노 비율 모두에서 코스피보다 좋은 성과를 냈다. 연평균 상승률은 블랙-리터만 전략이 0.044로 안정적인 투자 수익을 제공했고 코스피 지수는 상대적으로 낮은 0.018의 연평균 상승률을 기록했다. 최대 손실 낙폭에서도 블랙-리터만 전략이 −0.329, 코스피 지수가 −0.346으로 블랙-리터만 전략이 더 좋은 기록을 냈다. 하지만 절대적인 기준으로 봤을 때 최대 손실 낙폭이 30%를 넘는다는 것은 손실이 큰 것이므로 주의를 기울일 필요가 있다. 샤프 비율에서는 블랙-리터만 전략이 0.301, 코스

피 지수가 0.190을 했다. 마지막으로 소티노 비율은 블랙-리터만 전략이 0.482, 코스피 지수가 0.27을 기록했다. 코스피 지수와 블랙-리터만 전략의 누적 수익률은 그림 9-3과 같다. 누적 수익률을 봤을 때도 코스피 지수보다 항상 높은 수익을 기록하고 있음을 알 수 있다.

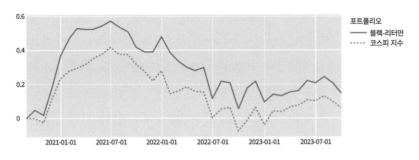

그림 9-3 코스피 지수와 블랙-리터만 전략의 누적 수익률

9.2 리스크 패리티 알고리듬

나 "드디어 마지막 포트폴리오 최적화 모델인 리스크 패리티 모델까지 왔네요...! 정말 뿌듯해요."

선배 "포기하지 않고 따라오다니 대단한걸. 앞으로 소개할 리스크 패리티 모델은 간단하지만 많이 활용되고 강력해. 평균-분산 모델이 위험을 최소화하고 수익을 최대화하는 모델이라면 리스크 패리티는 위험을 분산하는 데 집중하는 모델이거든. 예를 들어 주식과 채권에 돈을 투자한다고 가정해 보자. 채권은 위험이 적지만 높은 수익을 내기 어렵고, 주식은 높은 수익을 낼 수 있지만 위험도 큰 게 특징이지. 리스크 패리티 모델은 이런 서로 다른 자산의 특성을 반영해 포트폴리오에 미치는 자산별 위험 기여도가 비슷해지도록 투자하는 방법이야. 이렇게 투자한다면 포트폴리오에 미치는 위험을 관리하기 쉽다는 장점이 있지."

나 "아하, 그렇군요! 리스크 패리티는 조금 더 안정적인 투자를 할 수 있게 도와주는 전략 같네요."

선배 "맞아. 이런 식으로 포트폴리오를 구성하면 수익을 유지하면서도 위험을 효과적으로 조절할 수 있어. 그럼 리스크 패리티 알고리듬을 좀 더 본격적으로 살펴볼까?"

리스크 패리티 알고리듬은 자산 배분 기준을 위험으로 설정한 최적화 모델이다. 이 모델은 각 자산이 포트폴리오에 미치는 위험을 동일하게 분배해 전체 포트폴리오의 위험을 최소화하는 것을 목표로 한다. 즉, 각 위험이 비슷해지도록 포트폴리오의 가중치를 조절하는 최적화 알고리듬이라고 할 수 있다.

9.2.1 블랙-리터만 전략과 리스크 패리티 전략

리스크 패리티 전략은 위험 관리의 중요성이 부각되면서 등장한 접근 방식 중 하나이다. 이 전략이 평균 분산 전략과 블랙-리터만 전략의 한계를 극복한 점은 다음과 같다.

9.2.1.1 기대 수익률과 위험 배분

블랙-리터만 전략의 첫 번째 문제점은 기대 수익률 변화에 민감하게 반응하는 것이다. 이 문제는 평균 분산 모델을 기반으로 해 생긴 문제이다. 내재 균형 수익률을 사용해 기대 수익률을 추정하는 방법으로 해결을 시도했지만 완벽하게 해결되지 않았다.

리스크 패리티 전략은 이러한 문제점을 기대 수익률 대신 자산의 위험을 균형 있게 배분하는 방식을 사용함으로써 피했다.

9.2.1.2 투자자 전망과 위험

블랙-리터만 전략의 두 번째 문제점은 주관적인 투자자 전망을 반영하는 것이다. 투자자가 정확한 정보를 수집하고 반영한다면 문제가 크지 않지만 투자자가 항상 합리적인 판단을 한다는 보장은 없다. 따라서 이러한 주관적 전망은 투자자의 오류 가능성을 내포하며 결과적으로 포트폴리오의 불안정성을 초래하기도 한다.

리스크 패리티 전략은 오직 위험에 기반한 수학적 모델링을 사용하며 객관화된 자산 배분을 수행함으로써 이 문제를 해결했다.

9.2.1.3 시가 총액과 위험

블랙-리터만 전략의 마지막 문제점은 글로벌 시장에 맞지 않는 것이다. 이 모델을 글로벌 시장에 적용하면 시장의 시가 총액 차이로 인해 선진국에 주로 투자하는 결과가 나타난다. 따라서 블랙-리터만 전략을 글로벌 시장에 적용하기 위해서는 지역 경제 차이를 고려해 모델을 수정하는 절차가 필요하다.

반면, 리스크 패리티 전략은 시가 총액 데이터를 사용하지 않기 때문에 자연스럽게 글로벌 시장에서의 문제점도 해결된다고 볼 수 있다.

9.2.2 리스크 패리티 전략 이론

리스크 패리티 모델은 다음과 같은 식으로 정의되며 효율적인 포트폴리오의 자산 편입 비율를 구하는 것이 목표이다.

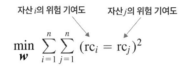

리스크 패리티 모델(Risk-Parity Model)

자산 i의 위험 기여도   자산 j의 위험 기여도

$$\min_{\boldsymbol{w}} \sum_{i=1}^{n} \sum_{j=1}^{n} (\mathrm{rc}_i = \mathrm{rc}_j)^2$$

rc_i: 자산별 위험 기여도(risk contribution)

w: 자산 편입 비율 $\boldsymbol{w}^T \mathbf{1} = 1$

이 식은 자산 간 위험을 균등하게 분산시킴과 동시에 전체 포트폴리오의 위험을 최소화하는 문제를 의미한다. 여기서 rc_i는 자산 i의 위험 기여도를 나타내고 rc_j는 자산 j의 위험 기여도를 나타낸다. 위험 기여도를 균등하게 조절하는 부분은 자산 간의 위험 기여도 차이인 $(\mathrm{rc}_i - \mathrm{rc}_j)^2$ 항을 통해서 구현하고 있다. 전체 포트폴리오에 대한 위험 기여도를 최소화하려면 수식 $\Sigma\Sigma(\mathrm{rc}_i - \mathrm{rc}_j)^2$을 사용해 각 자산 간의 위험 기여도 차이를 모두 비슷한 값으로 조정해야 한다.

9.2.2.1 포트폴리오의 위험과 자산별 위험 기여도(RC, Risk Contribution)

나 "최적화 식이 간단하네요! 선배 덕분에 식의 전체적인 구성이 이해됐어요! 이제 rc로 표현돼 있는 위험 기여도에 대해 좀 더 설명해 주실 수 있나요? 자세한 설명을 듣고 싶어요."

선배 "물론이지! 그런데 자산별 위험 기여도와 포트폴리오의 위험 사이의 관계도 궁금하지 않니?"

나 "음… 그러게요. 자산이 포트폴리오에 기여하는 위험을 모두 합치면 포트폴리오의 위험이 되는 걸까요?"

선배 "오, 정확해! 포트폴리오의 위험은 자산별 위험 기여도를 모두 합한 값이야. 이제 원래 궁금했던 위험 기여도에 대해 좀 더 살펴볼까?"

나 "네, 좋아요!"

포트폴리오 위험

$$\sigma_p(\boldsymbol{w}) = \sqrt{\boldsymbol{w}^T \boldsymbol{\Sigma} \boldsymbol{w}} = \sum_{i=1}^{n} \text{rc}_i = \sum_{i=1}^{n} w_i \frac{\partial \sigma_p}{\partial w_i}$$

포트폴리오 위험은 자산의 위험 기여도의 합

주어진 식〈참고문헌 9-4, 9-5〉은 포트폴리오의 위험(표준 편차)을 계산하는 공식이다. 이 공식은 포트폴리오 내의 각 자산의 가중치 변화가 포트폴리오의 위험에 어떻게 영향을 미치는지를 나타낸다. 식을 살펴보면 우리가 위험이라고 정의했던 표준 편차가 자산별 위험 기여도의 합으로 표현되고 있으며 rc_i는 $w_i \frac{\partial \sigma_p}{\partial w_i}$로 표현되고 있음을 볼 수 있다.

자산별 위험 기여도(risk contribution)

$$\text{rc}_i = \boldsymbol{w}_i \times \text{mrc}_i = \boldsymbol{w}_i \frac{\partial \boldsymbol{\sigma}_p}{\partial \boldsymbol{w}_i}$$

자산별 한계 위험 기여도(marginal risk contribution)

$$\text{mrc}_i = \frac{\partial \boldsymbol{\sigma}_p}{\partial \boldsymbol{w}_i}$$

자산의 위험 기여도는 위와 같이 자산 i의 포트폴리오 가중치 w_i와 **자산별 한계 위험 기여도** (MRC, Marginal Risk Contribution) $\frac{\partial \sigma_p}{\partial w_i}$의 곱으로 해석할 수 있다. 자산별 한계 위험도란 포트폴리오의 위험을 나타내는 포트폴리오의 표준 편차를 각 자산 가중치로 편미분 한 값으로, 자산의 가중치를 변화시켰을 때 포트폴리오의 표준 편차가 어떻게 변하는지를 의미한다. 즉 자산의 위험 기여도는 각 자산이 전체 포트폴리오의 위험에 미치는 영향에 그 비중을 곱해 나타낸 값인 것이다.

9.2.3 리스크 패리티 전략 구현하기

이번 장에서 구현할 리스크 패리티 전략은 다음과 같다.

- 투자 기간: 2020년 7월 10일부터 2023년 9월 27일

- 투자 전략: 리스크 패리티 전략을 이용한 자산 배분

- 리밸런싱 주기: 1개월

- 투자종목: 표 9-3 참조

표 9-3 투자 종목

종목 코드	주식명
005930	삼성전자
000660	SK하이닉스
207940	삼성바이오로직스
051910	LG화학
006400	삼성SDI
005380	현대차
000270	기아
005490	POSCO홀딩스
035420	NAVER

9.2.3.1 코드 개요

코드 구현 순서는 그림 9-4와 같다. 먼저 라이브러리와 데이터를 불러오는 코드를 구현한다. 그 후 리스크 패리티 전략을 시뮬레이션 하는 코드부터 시작해 세부적인 함수를 구현할 것이다.

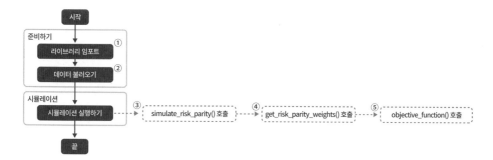

그림 9-4 리스크 패리티 코드 구현 순서

simulate_risk_parity() 함수는 시뮬레이션의 전반적인 프로세스를 총괄한다. 이 함수는 여러 내부 함수를 순차적으로 호출하는데 get_risk_parity_weights()도 그중 하나이다. 이 함수는 최적화 식의 목적 함수를 구현한 objective_function()이라는 하위 함수를 호출한다.

9.2.3.2 라이브러리 임포트하기

먼저 필요한 라이브러리를 불러온다. 코드 9-8은 리스크 패리티 전략을 위한 다양한 모듈과 라이브러리를 불러온다.

코드 9-8 라이브러리 임포트하기

```
# coding: utf-8
from typing import Dict, Optional, Union
from typing import List

import numpy as np
import pandas as pd
from scipy.optimize import minimize

from data.data_loader import PykrxDataLoader
from simulation.account import Account
from simulation.broker import Broker
from simulation.utility import get_lookback_fromdate
from simulation.utility import rebalance
from simulation.metric import cagr, mdd, sharpe_ratio, sortino_ratio
from simulation.visualize import plot_cumulative_return
```

설치하지 않은 라이브러리가 있다면 미리 설치하고 임포트하자.

9.2.3.3 데이터 준비하기

다음으로 코드 9-9를 통해 리스크 패리티 전략에 필요한 데이터를 준비한다. 이 전략에는 주가 데이터가 필요하다.

코드 9-9 주가 데이터 불러오기

```python
# 데이터 시작과 끝 날짜 정의
fromdate = '2020-07-10'
todate = '2023-09-27'

# 투자할 종목 후보 정의
ticker_list = ['005930', '000660', '207940',
               '051910', '006400', '005380',
               '000270', '005490', '035420']

# 룩백 기간 정의
window = 10

# 기간을 고려한 데이터 시작 날짜 가져오기
adj_fromdate = get_lookback_fromdate(fromdate=fromdate, lookback=window, freq='m')

# 데이터 불러오기
data_loader = PykrxDataLoader(fromdate=adj_fromdate, todate=todate, market="KOSPI")
ohlcv_data = data_loader.load_stock_data(ticker_list=ticker_list, freq='m', delay=1)

# 데이터 확인하기
ohlcv_data.head()
```

이 코드는 블랙-리터만 전략에서 주식 데이터를 가져오는 코드와 동일하다. 따라서 설명은 생략한다(코드 9-2 참조).

9.2.3.4 시뮬레이션 실행하기

리스크 패리티 전략에 필요한 데이터는 준비됐다. 코드 9-10은 리스크 패리티 전략을 실행하는 코드이다.

코드 9-10 리스크 패리티 전략 실행하기

```python
# 초기 자산 가중치 (예시: 균등분산) 설정
initial_weights = np.ones(len(ticker_list)) / len(ticker_list)

# 리스크 패리티 전략 실행하기
account = simulate_risk_parity(ohlcv_data=ohlcv_data,
                               window_length=window,
                               initial_weights=initial_weights)
```

실행 순서는 다음과 같다.

- 초기 가중치(initial_weights)를 설정한다. 이 변수는 scipy.optimize 라이브러리의 최적화 함수인 minimize() 함수가 초기 가중치로부터 최적화를 시작하기 때문에 필요하다. 초기 가중치(initial_weights)는 투자자가 선호하는 값으로 설정하면 된다. 여기서는 가중치를 균등하게 배분했다.

- simulate_risk_parity() 함수를 이용해 리스크 패리티 전략을 시뮬레이션한다. 이 함수는 주가 데이터(ohlcv_data)와 룩백 기간(window) 그리고 초기 가중치(initial_weights)를 파라미터로 받는다.

9.2.3.5 시뮬레이션 함수 살펴보기

9.2.3.4에서 리스크 패리티 전략을 실행하는 simulate_risk_parity() 함수를 언급했다. 이번에는 코드 9-11을 통해 함수의 내부를 살펴보자.

코드 9-11 리스크 패리티 전략의 시뮬레이션 함수

```python
def simulate_risk_parity(ohlcv_data: pd.DataFrame,
                         window_length: int,
                         initial_weights: np.array) -> Account:
    # 1. 계좌 및 브로커 선언
    account = Account(initial_cash=100000000)
    broker = Broker()

    # 2. 수익률 계산
    return_data = calculate_return(ohlcv_data=ohlcv_data)
```

```
    for date, ohlcv in ohlcv_data.groupby(['date']):
        print(date.date())

        # 3. 주문 집행 및 계좌 갱신
        transactions = broker.process_order(dt=date, data=ohlcv, orders=account.orders)
        account.update_position(transactions=transactions)
        account.update_portfolio(dt=date, data=ohlcv)
        account.update_order()

        # 4. 리스크 패리티 전략을 이용해 포트폴리오 구성
        return_data_slice = return_data.loc[:date].iloc[-window_length:, :]
        weights = get_risk_parity_weights(return_data=return_data_slice,
                                          initial_weights=initial_weights)

        rounded_weights = (None if weights is None else
                           {k: round(v, 3) for k, v in weights.items()})

        print(f'Portfolio: {rounded_weights}')
        if weights is None:
            continue

        # 5. 초기 가중치 업데이트
        initial_weights = list(weights.values())

        # 6. 주문 생성
        rebalance(dt=date, data=ohlcv, account=account, weights=weights)

    return account
```

이 함수는 주가 데이터(ohlcv_data), 룩백 기간(window) 그리고 초기 가중치(initial_weights)를 입력으로 받아 계좌에 대한 정보(Account)를 반환한다. 블랙-리터만 시뮬레이션 함수와 대부분 동일한데 4번과 5번 부분이 다르다. 4번과 5번은 다음과 같다.

- get_risk_parity_weights() 함수를 이용해서 포트폴리오의 자산 편입 비중(weights)을 계산한다. 이 함수는 종목의 매도/매수를 결정할 때 리스크 패리티 전략을 사용한다. 이 함수는 9.2.3.6에서 자세히 설명한다.

- 최적화 함수를 통해 결정된 편입 비중(weights)을 다시 초기 가중치(initial_weights) 변수에 할당해 다음 최적화에서 사용할 수 있도록 한다.

9.2.3.6 리스크 패리티 전략 함수 살펴보기

get_risk_parity_weights() 함수는 리스크 패리티 전략을 이용해 주식의 편입 비중을 계산하고 반환해 주는 함수이다. 이 함수는 수익률 데이터(return_data), 초기 가중치(initial_weights)를 입력으로 받는다. 또한 포트폴리오가 없다면 None을 반환하고 포트폴리오가 있다면 딕셔너리 형태로 값을 반환한다.

코드 9-12 리스크 패리티 전략 함수

```
def get_risk_parity_weights(return_data: pd.DataFrame,
                            initial_weights: Union[np.array, List]) ->
Optional[Dict]:
    # (1) 공분산 행렬 계산 (N x N)
    if return_data.isnull().values.any():
        return None
    covariance = return_data.cov().to_numpy()
    if np.isnan(covariance).any():
        return None

    # (2) 제약 조건 추가
    tolerance = 1e-10
    constraints = ({'type': 'eq', 'fun': lambda w: np.sum(w) - 1},
                   {'type': 'ineq', 'fun': lambda w: w})  # non negative

    # (3) 최적화
    result = minimize(fun=objective_function,
                      x0=initial_weights,
                      args=covariance,
                      method='SLSQP',
                      constraints=constraints,
                      tol=tolerance)
    optimal_weights = result.x

    # (4) 종목별 가중치 할당
    weights = {}
    for k, v in zip(return_data.columns, optimal_weights):
        weights[k] = v

    return weights
```

코드 9-12는 크게 네 단계로 구성돼 있다. 네 단계 중에서 가장 중요한 부분은 최적화를 실행하는 (3)번 단계이다. (1)번과 (2)번에서는 최적화에 필요한 변수를 준비하는 역할을 하고 (4)번은 최적화 결과를 딕셔너리 형태로 바꿔주는 역할을 한다. 함수의 실행 순서는 다음과 같다.

- 수익률 데이터(return_data)에 결측치가 있는지 확인하고 결측치가 없다면 공분산 행렬(covariance)을 계산한다.

- 최적화 중단 시점(tolerance)을 1e-10으로 설정한다.

- 최적화 문제의 제약 조건(constraints)을 설정한다. 리스크 패리티 전략에서는 두 개의 제약 조건이 필요하다. 첫 번째 제약 조건은 종목별 포트폴리오 편입 비중의 합이 1이 돼야 한다는 것이다. 이 부분은 코드상에서 {'type': 'eq', 'fun': lambda w: np.sum(w)21}로 나타낸다. 이 제약 조건은 포트폴리오 최적화에서 자주 볼 수 있는 제약 조건이다.

- 두 번째 제약 조건은 편입 비중이 0 또는 양수 값을 가져야 한다는 것이다. 이 제약 조건은 {'type': 'ineq', 'fun': lambda w: w}로 코드상에 반영돼 있다. 이 제약 조건은 편입 비중이 음수가 아니어야 한다는 조건이다. 이는 투자 전략에서 고려하는 자산에 대한 편입 비중이 음수(공매도)가 아닌 양수(매수)여야 함을 나타낸다.

- 최적화를 수행한다. 리스크 패리티 전략의 최적화 식은 $\min\Sigma\Sigma(rc_i - rc_j)^2$이다. 따라서 최적화 과정에서 사용되는 함수가 minimize() 함수임을 볼 수 있다. 이 함수는 최적화 식을 정의한 함수(fun), 초기 가중치(x0), 최적화 식 정의 함수의 파라미터(args), 솔버(method), 제약 조건(constrints), 최적화 중단 시점(tol)을 받는다.

- fun은 최적화 식의 목적 함수를 받는 파라미터이다. fun에 들어갈 함수는 9.2.3.7에서 자세히 설명한다. 다음으로 x0는 최적화를 시작할 초기 가중치를 의미한다. 이 파라미터에는 입력으로 받은 initial_weights 변수가 할당된다. args는 fun함수에 필요한 파라미터 값을 받는 역할이다. 최적화 식의 목적 함수에서 포트폴리오의 표준 편차를 사용하므로 표준 편차 계산에 필요한 공분산 값을 입력으로 주고 있다. method는 최적화를 실행할 때 사용할 최적화 알고리듬을 의미한다. 여기서 SLSQP는 Sequential Least Squares Quadratic Programminig의 약자로 목적 함수와 제약 조건을 각각 이차 함수

로 근사화하고 최적화 과정에서 이차 근사치를 사용하는 알고리듬이다. 특히 SLSQP는 이차 함수로 근사화할 때 최소 제곱법$^{\text{Least Squares}}$을 사용한다. 마지막으로 constraints 는 최적화 문제의 제약 조건을 받는 파라미터, tol은 최적화 중단 시점을 나타내는 파라미터이다. 연속된 두 반복 사이의 차이가 tol보다 작아지면 알고리듬이 수렴했다고 판단하고 실행을 중단한다.

- 마지막 (4)번 단계는 minimize() 함수의 결과 값이 딕셔너리가 아닌 편입 비중만을 담은 리스트여서 {'종목': 편입 비중} 형태의 종목별 편입 비중으로 만들어 주기 위해 있는 코드이다.

9.2.3.7 최적화 식 정의 함수 살펴보기

9.2.3.7에서 minimize() 함수의 fun 파라미터에 할당한 objective_function()을 언급했다. 코드 9-13은 최적화 식을 정의한 함수로 리스크 패리티 전략의 최적화 식을 코드로 표현하고 있다.

코드 9-13 리스크 패리티 최적화 식 정의 함수

```python
def objective_function(weights: np.array,
                       cov_matrix: np.array):
    # (1) 포트폴리오 표준 편차 계산
    weights = weights.reshape(-1, 1)
    variance = weights.T @ cov_matrix @ weights
    sigma = np.sqrt(variance)

    # (2) 한계위험기여도 계산
    mrc = 1 / sigma * (cov_matrix @ weights)

    # (3) 위험 기여도 계산
    rc = np.multiply(weights, mrc)
    rc_matrix = rc / sum(rc)

    # (4) 최적화 함수
    objective = np.sum(np.square(rc_matrix - rc_matrix.T))

    return objective
```

이 함수는 가중치(weights)와 공분산 행렬(cov_matrix)을 입력으로 받은 후 최적화 식에 따라 목적 함숫값을 계산해 반환한다. 여기서 공분산 행렬(cov_matrix)은 minimize() 함수의 args 파라미터에 들어온 값을 받는다. 함수의 실행 순서는 다음과 같다.

- 리스크 패리티 전략은 표준 편차를 포트폴리오의 위험으로 사용한다. 따라서 (1)번에서 분산(variance)을 계산하고 그 값에 루트를 씌워서 표준 편차(sigma)를 계산하는 식이 있다.

- (2)번에는 한계위험기여도를 계산하는 코드가 있다. 앞에서 살펴본 한계위험기여도(mrc) 계산식은 $\frac{\partial \sigma_p}{\partial w_i}$였다. 코드상에 구현된 식은 합성 함수의 미분을 이용해 포트폴리오의 표준 편차(σ_p)를 w_i로 미분한 결과이다.

- 한계위험기여도(mrc)를 계산한 후에는 (3)번에서 위험 기여도(rc)를 계산한다. 위험 기여도 rc_i는 $w_i \frac{\partial \sigma_p}{\partial w_i}$식으로 정의했었다. 코드에서도 np.multiply() 함수[8]를 이용해 위험 기여도(rc)를 계산했다.

- 마지막 (4)번에서는 최적화 목적 함수식 $\sum\sum(rc_i - rc_j)^2$를 구현했다.

9.2.4 리스크 패리티 전략 시뮬레이션

리스크 패리티 전략의 코드를 모두 살펴봤다. 리스크 패리티 전략의 투자 성과를 확인해 보자.

표 9-4 코스피 지수와 리스크 패리티 전략 성과 비교

	CAGR	MDD	샤프 비율	소티노 비율
리스크 패리티	**0.107**	**−0.282**	**0.574**	**0.916**
코스피	0.018	−0.346	0.190	0.270

표 9-4를 통해 지표별로 어떤 전략이 더 우수한 성과를 보였는지를 파악할 수 있다. 표를 살펴보면 모든 지표에서 리스크 패리티 전략의 성능이 우수함을 알 수 있다. 또한 리스크 패리티 전략이 위험기여도를 분산하는 전략인 만큼 앞의 다른 전략과는 다르게 MDD도 낮은 것을 볼 수 있다. 블랙-리터만 전략의 MDD가 −0.329였던 것과 비교해 봐도 더 좋은 성과를 낸 것을

---

8 np.multiply() 함수는 두 배열의 동일한 위치에 있는 요소들끼리 곱한 결과를 반환한다. 예를 들어 a = np.array([1, 2, 3])이고 b = np.array([4, 5, 6])이라면 result = np.multiply(a, b)는 [4 10 18]이다.

알 수 있다.

구현한 전략의 누적 수익률을 시각화하면 그림 9-5와 같다. 그래프의 y축은 누적 수익률이고 x축은 날짜이다. 이를 통해 리스크 패리티 전략이 코스피보다 월등히 좋은 성과를 낸 것을 알 수 있다. 리스크 패리티 전략 역시 각자의 스타일대로 투자 기간, 투자 종목을 조정해 더 높은 수익을 내보자.

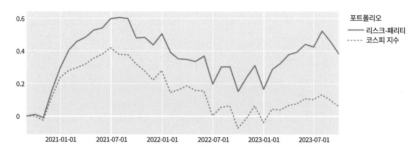

그림 9-5 리스크 패리티 전략의 누적 수익률

참고문헌

- https://www.kiri.or.kr/pdf/%EC%97%B0%EA%B5%AC%EC%9E%90%EB%A3%8C/%EC%97%B0%EA%B5%AC%EB%B3%B4%EA%B3%A0%EC%84%9C/nre2007-03_04.pdf
- https://hwangheek.github.io/2021/black-litterman/
- https://www.stat.berkeley.edu/~nolan/vigre/reports/Black-Litterman.pdf

9-1   Active Portfolio Management. 2nd ed. New York: McGraw-Hill, Grinold, R.C., and Kahn, R.N, 1999

9-2   A STEP-BY-STEP GUIDE TO THE BLACK-LITTERMAN MODEL, Thomas M. Idzorek, 2002

9-3   A STEP-BY-STEP GUIDE TO THE BLACK-LITTERMAN MODEL, Thomas M. Idzorek, 2002, 15p

9-4   김영훈, 최흥식, 김선웅. "XGBoost를 활용한 리스크패리티 자산배분 모형에 관한 연구." 지능정보연구 26.1 (2020): 135-149.

9-5   Qian, Edward. "Risk parity portfolios: Efficient portfolios through true diversification." Panagora Asset Management (2005)

찾아보기

ㅎ

A

B

C

D

E

파이썬으로 구현하는 로보어드바이저

포트폴리오 최적화에서 마켓타이밍, 팩터 투자, 딥러닝까지

발 행 | 2024년 7월 31일

지은이 | 윤성진 · 리준 · 이유리 · 조민기 · 허재웅

펴낸이 | 옥 경 석
편집장 | 황 영 주
편 집 | 김 진 아
        임 지 원
디자인 | 윤 서 빈

에이콘출판주식회사
서울특별시 양천구 국회대로 287 (목동)
전화 02-2653-7600, 팩스 02-2653-0433
www.acornpub.co.kr / editor@acornpub.co.kr

한국어판 © 에이콘출판주식회사, 2024, Printed in Korea.
ISBN 979-11-6175-827-5
http://www.acornpub.co.kr/book/robot-advisor

책값은 뒤표지에 있습니다.